告別娑婆

目次

自序

當我還住在緬因州的鄉下時，兩位自稱為白莎和阿頓的高靈上師活靈活現地出現於我眼前。他們日後透露了自己的前身曾是耶穌的門徒St. Thomas與St. Thaddeus——雖然教會將他們封為聖人，其實那並不是他們的最後一世，他們並沒有在那一世成道。

這兩位來訪者無意老調重彈眾所周知的靈修觀點，他們揭示了宇宙最深的奧秘，探討人生的真正目的，對近代新出土的〈多瑪斯福音〉也著墨不少；最重要的，他們針對近年來流傳甚廣、將人類思潮推向新禧年的一部曠世靈修經典，做了一番澄清，而且還生動地點出了書中的精髓。

至於你信不信白莎和阿頓的現身，那並不重要，也絲毫影響不到本書的訊息所能帶給你的啟發和助益。但我敢跟你保證，若無兩位上師提供靈感，我這個胸無點墨的一介凡夫是不可能寫出這樣一本書的。不論如何，我讓讀者自己決定這本書的來歷。

我個人相信，只要心胸夠開放、夠寬闊，《告別娑婆》能為修行人士節省下大量時間，無需尋尋覓覓地迂迴於靈修道上。一旦真正讀懂了書中的訊息，你再也不可能用以前的眼光來看自己的生活和這個娑婆世界了。

對我而言，這一切，正是如此。

本書是根據一九九二年十二月到二〇〇一年十二月的會談資料而寫成的，全書以三人對話的方式呈現，亦即葛瑞（也就是我），以及化身為人形的高靈上師阿頓和白莎。我個人的敘述文字並沒有特別標示出來，只有當我必須在三人的對話中插入解說時，會加上一個「註」字。有一點，我必須解釋一下，雖然在準備這些文稿的漫長過程中，每次讀到書中呈現的那個囂張跋扈又幼稚無知的自己時，簡直如坐針氈，但我仍然堅持不去修飾那些對話以及處處出言不遜的語氣。直至今日，回顧起來，我不得不承認，自己是一直拖到最後幾章的那一段時日，才算真正用心在練習寬恕。

兩位上師的解說化為白紙黑字以後，有時會顯得咄咄逼人，然而，我可以作證，他們的神態始終是溫柔、幽默、謙和、充滿慈愛的。就好比有經驗的父母，不但知道如何運用兒女的語言來修正他們的錯誤，而且知道何時應該立場堅定，毫不妥協，然而他們用心良苦的修正，背後的動機其實是善的。因此，如果你感到某些說法過於嚴厲，請記住，他們是為了我好的緣故。阿頓和白莎在跟我說話時，特意用我所習慣的那種對話語調，慢慢將我誘導入他們的教誨裡頭。白莎事後透露，他們故意用那種調調兒跟我對話，我才可能聽得進去。由此，你不難想見我的「程度」了。

說實在，我已經盡了最大的努力來正確地傳達他們的訊息，但我不是完美的，因此本書也不是完美的，如果書中仍有謬誤之處，無需分說，那必定是我的錯誤，而非出自兩位來訪者。還有一點，我需要釐清的，阿頓和白莎不僅允許我，還鼓勵我用日後的一些對話來增補先前的討論，偶爾有些句子也無需拘泥於當時的逐字記錄稿，這類的指示，有一部分已順理成章地納入書中了。總而言之，這本書的緣起雖然是出自他們的指引，仍應視為我個人的作品。

書中所引用的《奇蹟課程》章節，也都編入書後的「本書引文與《奇蹟課程》章句代碼對照索引」中。對於默啟這一部課程的「那聲音」，我心懷無盡的感激，兩位上師也談論到「那聲音」的真實身分。

最後，我必須向這些年來協助我完成此書的眾多師友們致謝：Chaitanya York, Eileen Coyne, Dan Stepenuck, Paul D. Renard, Ph.D., Karen Renard, Glendon Curtis, Louis Flynt, Ed Jordan, Betty Jordan, Charles Hudson and Sharon Salmon，尤其是「奇蹟課程基金會」會長肯尼斯（Kenneth Wapnick）。讀者隨後會讀到，我的上師特別叮囑我向他請益就教，因而，本書的內容也自然呈現出我從他那裡受惠無盡的點點滴滴。不過，我仍需聲明，《告別娑婆》裡的觀點純屬於我個人的詮釋與了解，未必代表《奇蹟課程》的立場。

葛瑞・雷納

上篇

夢中細語

已經能與上主直接相通的人，會圓滿地憶起自己的終極身分，再也不受世間的種種限制所束縛了。他們可說是「眾師之聖師」；雖然他們已無形體可見，我們仍能向他們的形象求助。他們會在對眾生最有益的時刻及場合中出現。如果以形現身可能會引起驚嚇不安，他們就會透過心念傳遞訊息。任何人向他們祈求，都不會落空的。他們不會忽略任何一人的需求。[1]

1 阿頓與白莎的出現

天人交流本來就不限於這個世界所懂的狹隘管道。[2]

一九九二年聖誕節那一週，我覺得自己今年的生活與心境似乎改善了不少。猶記得去年聖誕，生活蠻困頓的，我深為物質生活的匱乏而煩惱。雖然我以前還算是相當成功的專業樂師，卻不曾存下多少錢，後來又轉行為股票交易員，做得也很辛苦。加上那一段期間，我認定某位相交多年的同事詐欺了我，而提出法律訴訟，那時，我自己還在四年前的破產陰影下苟延殘喘（這都怪我急功近利，奢侈浪費，加上時運不濟，過去所有的投資都血本無歸）。我毫不知情，在那一段日子裡，我其實是在與自己交戰，而且敗得很慘。我也毫不知情，那時大部分的人也都活在交戰狀態下，即使外表上好像偶佔上風，其實也輸得很慘。

突然，我內心深處發生了某種轉變——十三年前，我就開始追尋靈性的生活，我學到不少東西，但從未認真地將那些課程運用到生活中。此刻，我似被一股不可抗拒的念頭所攫獲：「非改不可了，一定有比這更像樣的過日子法！」

我寫信給正跟我打官司的朋友，告訴他，我決心放下這種充滿衝突的生活形態，撤回法律訴求。他在電話裡感謝我，我們重新建立友誼。事後，我才發現，在過去十年中，這類情節不知在人間上演了幾千遍，只是形式不同而已。世上不少糾纏在某種矛盾中的人，不約而同地在那一段時間內開始聆聽內在更高的一種智慧，慢慢放下了手中緊握的攻擊武器。

面對每天的挑戰，我試著發揮出寬恕與愛的精神（當然，我只能按照當時所了解的程度去做），有時，效果不錯，但對方一旦觸及我的要害，我便故態復萌了。不論如何，我感到自己的生活確實轉向了，在這一段期間，我留意到有一種亮光在眼角處閃爍，或是籠罩著我所見之物。這些晶瑩的亮光並沒有影響我的視線，它只是集中在某個角落而已，我根本不了解它的意義，直到後來「他們」為我解釋了原委。

在這轉變期間，我不時向J祈禱求助。他在我的心目中，是最有智慧的先知，與他，我感到一種說不出的緣分。我常在祈禱中向他表示：我多麼希望自己能回到兩千年前，作他的門徒，體會一下親炙於他的教誨的感受。

到了一九九二年聖誕週，不可思議的事情發生了。我當時獨自在家裡，因為我是在家工作的人，我的妻子凱倫則每天通勤到路易斯頓上班，我們膝下無子，除了愛犬努比偶爾的吠聲以外，我常在家獨享緬因州鄉下寧靜的生活。那天，我在客廳裡靜坐一會兒，當我從冥想中回過神來時，張開眼睛，驚愕地發現不是只有我在家裡，一男一女正坐在對面的沙發上，微笑地看著我，清澈的眼神好似穿透了我的肺腑。他們毫無敵意，事實上他們看起來如此祥和，讓我頓時安下心來。事後回想起來，也奇怪當時自己並沒有想像中那麼驚駭。兩個活生生的人不知從哪兒冒出來的，是如此不可思議，我當時大概連害怕都忘了。

這兩人看來約莫三十歲左右，很健康，穿著也很合乎時尚，一點都不像傳說中的天使、高靈，或是某方神聖，沒有耀眼的光明，身上也沒有光圈，他們若在餐館裡吃飯，也不致惹人注目。望著沙發上的兩個人，我的眼光情不自禁地落在那動人的女子身上，那女子見此情景，便先開口了。

白莎：嗨，我親愛的弟兄，我看得出來，你很驚訝我們的出現，但還不算太害怕。我叫白莎，這是我們的弟兄，阿頓。我們出現在你眼前的形式，只是一種象徵性的化身而已，它所帶來的訊息會幫你們解除這個虛幻的娑婆世界。我說我們只是象徵，因為任何東西，只要有形有相，都屬於幻化之身，唯一真實的存在只有真神或純靈。在天堂裡，兩者是同一回事。真神與純靈是不具任何形相的，是以天堂也沒有男女性別的觀念。屬於五蘊六識的娑婆世界裡的任何形相，包括你所感受到的身體在內，既稱之為「形相」，表示它只能算是另一物的象徵。許多聖經學家常對十

※我們出現在你眼前的形式，只是一種象徵性的化身而已，它所帶來的訊息會幫你們解除這個虛幻的娑婆世界。

誡中第二誡「你不可製造偶像」感到百思不解，為什麼真神不讓你為祂塑像？摩西以為這條誡文是針對異教的神像而說的，其實它真正的意思是，你不該塑造任何神像，因為祂根本無形無相。這一觀點對我們日後所要談的內容非常重要。

葛瑞：你究竟在說什麼？能不能再重複一遍？

阿頓：我們會不斷重複，直到你領會了為止。葛瑞，你會發現，我們交談的用語好似仿效你的說話格調，我們也絕不拐彎抹角，我們認為你承受得了這一挑戰，我們不是來這兒與你窮耗的。你向J兄求助，他很樂意親自前來，但目前的情形不太合適，因此我們代表他出面。在此順便一提，他同意我們直稱他為J兄，待時機成熟時，我們自會告訴你原因的。

你想要知道兩千年前門徒在他跟前受教的情形，我們很樂意與你分享自己的親身經驗。你也許會驚訝，作他現代的學生，遠比我們那個時代要容易多了，我們會以J兄以前或未來（根據你們的時間觀念）挑戰我們的方式來挑戰你，我們不會輕易放過你，也不會盡挑你愛聽的講。你若怕碰傷跌痛，應該去兒童遊樂場，你已準備好接受成人的待遇了。你應先明白，為什麼你們的娑婆世界從長遠來看是沒有出路的，我們才能言歸正傳，教你認清這一切是如何開始，又是如何結束的。怎樣？有話要說嗎？

葛瑞：我不知道該說什麼。

阿頓：好極了，這正是學徒最佳的學習條件，此外還需具備另一條件，即是有心學習的意願。我知道你具備了這一條件，我也知道你不多話，你這種人可以悶不吭聲地在修道院裡混上幾年。

你也有超乎常人的記憶力，這對你將來的工作會帶來許多方便。實際上，我們對你的一切瞭如指掌。

葛瑞：我所有的事情？

白莎：對，你的一切。放心，我們不是來找碴的，所以你不必費神隱瞞，也沒有什麼好難為情的。我們會出現於此時此地，純粹因為時機到了，你不妨藉這千載難逢的機會將我們物盡其用一下，心裡想到什麼，就問什麼吧！

你此刻心裡挺納悶我們這一身打扮，答案是，不論我們去哪裡，一向入境隨俗，這一身世俗的穿著，表示我們不代表任何宗教或學派。

葛瑞：哦，所以你不是那個不請自來的耶和華見證人（Jehovah's Witnesses）的傳道員，我已經跟他們講明了，我是不會參加任何宗教的。

白莎：我們是真神道道地地的見證人，不是那個教會的「見證人」。他們依舊活在舊時代的信仰下，認為只有少數人才能與祂同享天國；當天國來臨時，他們的肉身會轉化為不朽的身體……。這絕不是我們要傳授的道理。我們可以不信別人的教義，但不去批判，應尊重每個人都有權利信仰自己願意接受的那一套。

葛瑞：酷！不過我不太喜歡天堂裡沒男沒女這類觀念。

白莎：天堂裡的一切，無二無別，永不變易，全都具有恆常的本質。唯有如此，它才安穩可靠，永不混亂。

葛瑞：那不是挺乏味的嗎？

白莎：我問你，葛瑞，你覺得性交很乏味嗎？

葛瑞：呵！呵！根據我的經驗，一點兒都不。

白莎：那麼，想像一下性高潮的滋味，那種感覺不僅持續不斷，而且力道不減。

葛瑞：你這番話倒激起我的興趣了。

白莎：肉體的性經驗比起天堂的福樂，差得可遠了，那只是天人合一的一個拙劣仿製品而已。它成了你們崇拜的虛妄偶像，目的是把人的注意力吸引到身體以及世界上，勾引你們不斷回頭光顧它的生意罷了，說穿了，它跟麻醉劑沒有兩樣。天堂正好相反，它的福樂完美得不可思議，而且永無終極。

葛瑞：聽起來，妙極了。你不是指靈魂出體、瀕死經驗，與亡靈溝通那類「彼岸」的經歷吧！

阿頓：不論你稱它為此岸或彼岸，都是一個銅幣的兩面而已，仍屬於五蘊六識的娑婆世界。即使在死亡中，你的身體停止了運作，其實，你的心識仍照常運作下去。你喜歡看電影，對不？

葛瑞：人總得有一點嗜好吧！

阿頓：當你由此岸過渡到彼岸時，不論是由今生到來世，或是再度投胎，就像你看完一場電影，再走進另一場電影一樣。唯一不同的，是你的影片比較像未來的那一種虛擬實境的影片（virtual reality），每一個情節，經由觸覺，帶給你身臨其境的真實感。

葛瑞：這說法讓我想起我讀過的一篇報導，麻省理工學院實驗室裡有一部機器，你若把指頭伸進去，會經驗到根本不存在的東西。你説的可是這一類科技？

阿頓：正是，你們的發明絕大部分都是仿照你們心識本有的功能。當你落入生死輪迴時，你好似再度進入一具肉體，忘記過去的一切（至少失去絕大部分的記憶），這都是心識玩的把戲。

葛瑞：你好像説，我的一生都存在我的腦袋裡？

阿頓：存在你的心識裡。

葛瑞：我的腦袋不在心識裡？

阿頓：你的頭腦，你的身體，你的世界，整個娑婆世界，甚至三千大千世界，只要是有形可見之物，都是心識的投射。它們不過是同一個心念的種種示現而已。

我們以後會告訴你那個心念究竟是什麼。還有一個更貼切的描述法，你可以把整個娑婆世界視為一場夢。

葛瑞：老兄，它顯得比夢真實多了！

阿頓：日後我們自會告訴你，為什麼它顯得那麼真實。你還需要先預修一些課程，別跳得太快了。白莎不過是讓你知道，沒有人要求你放棄一堆東西來換取那個「空」，正好相反，你遲早會看清，你放棄之物才是空的，卻換得了一切。那個境界是如此莊嚴美善，那種福樂超乎一切言語所能形容，你若想達到實相的境界，就必須心甘情願地接受聖靈指導的「修正課程」，那確實不太容易。

※沒有人要求你放棄一堆東西來換取那個「空」，正好相反，你遲早會看清，你放棄之物才是空的，卻換得了一切。

葛瑞：你所謂的「修正課程」跟西方所謂的「政治觀念正確」（political correctness）有關嗎？

阿頓：無關！「政治觀念正確」不論出發點多好，它還是侵犯了人們的言論自由權。你會發現我們的發言自由得很，我們所謂的「修正」二字，不可按照字面去解，因為「修正」通常意味著你把一物修理好了，繼續使用下去；但娑婆世界一經聖靈的修正，它就結束了，消失了蹤影。

結束或消失的是它的表相，因為在實相裡，它根本從未存在過。真正的宇宙乃是神的宇宙，我們稱為天堂，天堂跟這虛妄的娑婆世界一點兒邊都沾不上。然而，仍有一種宇宙「觀」，能領你返回真正的天鄉。

葛瑞：你把這個娑婆世界講得好像是個「錯誤」似的。可是《聖經》明明講了，神創造了世界，而且大部分的人類都如此相信，更別提宗教信徒了。我與我的那一夥朋友都認為，真神為了經驗自己，才造出了世界，我想這也是新時代普遍接受的觀念。世上主客二元的對立存在，難道不是神的傑作？

白莎：不！神並沒有創造二元性的存在，祂也沒有創造世界。如果世界是祂造的，那麼祂一定是莎士比亞筆下「白癡說的荒誕故事」的作者了。然而，神沒有那麼愚癡，我們會證明給你看的。祂只有兩種可能：一是《聖經》說的，祂是完美的愛（《聖經》偶爾也會歪打正著地說出幾句真理的話的），要不，祂就是白癡，你只能二選一。J兄也不是白癡，因為他沒有被虛妄的娑婆世界所蒙蔽。他的事情，我們會慢慢地告訴你，保證不是你期待聽到的那套官方說法。你可記得《新約》中「浪子回頭」的故事？

葛瑞：當然！不過，你不妨再給我一點提示。

白莎：你把那兒的《新約》拿來，唸給我們聽，我們就會幫你解釋的。請跳過最後的一段。

葛瑞：為什麼要我跳過最後的一段？

阿頓：口耳相傳之際，難免加油添醋一番。不少地方是〈路加福音〉與〈使徒行傳〉的作者自己增添進去的。

葛瑞：好吧！我姑且相信你一次，RSV版本的《聖經》還可以接受吧！

阿頓：這本譯得比較貼合現代口語，翻到〈路加福音〉第十五章十一節。

葛瑞：好的，這是J兄說的故事，對吧！

阿頓：是的。J兄並不像福音所描寫的那麼多話，他每次說話都被別人誤解，打從一開始，他的話一直被扭曲，包括我們在內。我們對他的認識還算是不太離譜的，但我們仍有許多地方還沒開竅，我們今天對你所說的一切，乃是後來繼續學習的成果。

別人任意改變他的話，原是為了增加戲劇效果，成了當代流行傳誦的版本，結果全都編入了福音裡。他確實說了一些金玉良言，但並不是福音裡所有的話都出自他的口；同樣的，他確實行了幾件奇妙的事蹟，但並非福音裡記載的每一件事情。

葛瑞：就像電視劇開頭時，常寫著「這是根據一個真實的故事改編的」，其實絕大部分都是他們自己編出來的。

阿頓：正是，你這學生挺不錯嘛！《新約》的另一半幾乎全出於使徒保羅之手，他很知道怎樣吸引群眾，可是他教的根本不是J兄的那一套。寫《新約》的那一批人，沒有一個見過J兄，除了〈馬可福音〉的作者以外，那時他還是個小娃兒呢！你讀一讀《新約》的〈啓示錄〉，那簡直像是科幻小說家史蒂芬金（Steven King）的故事，把J兄描寫成一個披著血袍，騎在馬上的鬥士，太離譜了！他絕不是什麼靈性的鬥士，「靈性」與「鬥士」這兩個詞本身就是荒謬的結合。

葛瑞：在進入故事以前，希望你別介意我再問一個問題。

白莎：請說，我們不趕時間。

葛瑞：「神並沒有創造世界」，這不是諾斯替教派（Gnostic）的說法嗎？

阿頓：這一觀念並非始於諾斯替教派，許多宗教與學派早就有此一說了。提到諾斯替教，他們相信神沒有創造世界，是正確的，但他們犯了其他人所犯的另一錯誤，就是在心理層面上，他們照樣把這虛妄的世界當真了。他們視世界為邪惡的，必欲除之而後快。J兄的態度正好相反，他以聖靈的眼光去看世界，把世界看成寬恕與得救的最好機會。

葛瑞：所以我們不該抵制世界，而應設法把它當成回家的途徑。

白莎：一點也沒錯，真是好學生！J兄曾說過：「你們聽見有人說，『以眼還眼，以牙還牙』，只是我告訴你們，不要與惡人作對。」這說法在當時不只駭人聽聞，還與《舊約》的信念相牴觸。但它正好答覆了你的問題。你何不開始唸一下這個「浪子回頭」的故事，J兄的用心便不說自明了。

葛瑞：好吧！這一方面，我還算是個生手，請多包涵。故事是這樣的：

一個人有兩個兒子。小兒子對父親說：「父親，請你把我應得的家業分給我。」他父親就把產業分給他們。過了不多幾日，小兒子就把他一切所有的，都收拾起來，往遠方去了，在那裡任意放蕩，浪費貲財。既耗盡了一切所有的，又遇著那地方大遭饑荒，就窮苦起來。

於是去投靠那地方的一個人，那人打發他到田裡去放豬。他恨不得拿豬所喫的豆莢充飢，也沒有人給他。他醒悟過來，就說，我父親有多少的雇工，口糧有餘，我倒在這裡餓死麼。我要起來，到我父親那裡去，向他說，父親，我得罪了天，又得罪了你。從今以後，我不配稱為你的兒子，把我當作一個雇工罷。

於是起來往他父親那裡去。相離還遠，他父親看見，就動了慈心跑去抱著他的頸項，連連親著他。兒子說：「父親，我得罪了天，又得罪了你，從今以後我不配稱為你的兒子。」父親卻吩咐僕人說：「把那上好的袍子快拿出來給他穿，把戒指戴在他指頭上，把鞋穿在他腳上。把那肥牛犢牽來宰了，我們可以喫喝快樂。因為我這個兒子，是死而復活，失而又得的。」他們就快樂地慶祝起來。（路加福音15:11～24）

阿頓：多謝，葛瑞。這個故事還算保留了它的原貌，但我可以跟你擔保，若用亞美文（Aramaic）來讀，更為動聽。J兄說故事時，當然會用在場聽眾所習慣的事物來做比喻，但我們若能心無成見且不加詮釋地去聽這個故事，會領悟得更深更多。

首先，你該明瞭，這個孩子不是被踢出家門的，他只是單純又無知地認為：如果他自己出去闖的話，可能會混得更好。這是J兄對伊甸園故事的詮釋，上主並沒有把你驅逐出樂園，你離開祂以後的種種境遇，不是祂的責任。

其次，你該注意的是，這孩子耗盡了他有限的財力資源，開始經驗到匱乏了，那是天堂不曾有的經驗。自從他感覺到與自己的無限資源切斷以後，他首度有了「需求」之感（我們以後會找合適的機會跟你探討這個主題）。請留意一下，我們在此說的是他「感覺」到「好像」發生了這事，其實，在實相裡，根本就沒發生過。我們了解你們很難接受這種觀念，我們慢慢講下去，就會逐漸澄清這問題的。

這孩子如今經驗到了匱乏，他試著跟當地的人合夥營生，來填補這個匱乏的洞，這象徵著你們試著在自己身外尋求解決問題的辦法，建立各式各樣的「特殊關係」。你們向外追尋無盡也無望的解決途徑，直到像那浪子一樣，有一天突然醒悟過來，明白了，唯一能夠真正解決他的問題的辦法，就是回到他父親家裡，而且把回家當作比世上任何事情都重要才行。

於是，我們進到這個故事的核心了：這孩子心目中對自己的看法和他父親對他的看法兩者有天壤之別，這孩子「認為」自己犯了罪，不配被稱為他父親的兒子，但愛他的父親根本不理他那一套，他既不憤怒，也不想懲罰他，連一點教訓他的意思都沒有。這才是天父的真實面目！祂沒有我們人類的想法，因為祂根本不是一個人。

這個故事只是個比喻，顯示出天父的愛是怎樣衝過去迎接祂的孩子，祂知道自己的聖子永遠純潔無罪，因為他是祂的孩子，沒有一件好似發生的往事能夠改變這一事實。如今，這個浪子回到生命之源了，不再流轉於那匱乏、無常與死亡的夢境裡，理所當然應該慶祝一番！

葛瑞：我並不是說你講得沒道理，但我有幾個問題。第一，你是說，整個娑婆世界裡的一切都是這個浪子的傑作，而不是天父的責任了，但世界、自然以及這一具血肉身軀，在我的眼中相當壯觀偉大。我可不是你認為的那種無可救藥的樂觀主義者，但宇宙蘊藏的美麗、次序以及複雜性，在我眼裡，堪稱神的造化。其次，如果我跟別人講，世界不是神所創造出來的，我可以預測，那比在電梯裡放屁還會激起眾怒。

阿頓：讓我們先處理那個屁再說。其實，你不必跟任何人講任何事情，你大可以閉門自修我們教你的靈修理念，沒有任何人知道你在幹嘛，這完全是你與聖靈或J兄之間的私事。不論你選哪一個，聖靈與J兄之間唯一的差異，就是一個是抽象無形的，一個是具體有形的存在，他們其實完全一樣，而你的任務不過是在自己的心裡跟他們一起修而已。

沒有人要你去拯救世界，外面的一切都是虛無的，你要拯救世界的話，應該把你的精力都集中在你自己的寬恕課程上面。如果每個人都能專心去做自己的功課，而不管別人的或是全人類的閒事，這個浪子早就咻一聲回到家了。

在你們的時間觀念裡，這事要等到世界末日才會發生。我們以後還會談到時間的問題，慢慢教你看出，娑婆世界內的一切，沒有一樣是你眼中所看到的樣子。不管在何種情況下，你不需要等到未來，你的時刻就在眼前，只要你願意聽從聖靈的思想體系，而不再拽著地球團團轉。

世界不需要另一個摩西，J兄當年也沒有建立宗教的意思。不論是過去或未來，宗教對於世界，就像臭氧層的那個大洞一樣。J兄本人可算是最上乘的學徒，因為他後來只聆聽聖靈了。當時，他曾與我們分享他的經驗，但他明白，我們了解的能力有限，有一天我們也會抵達他的境界的。

至於你所說的宇宙的美麗與精密，那好似你用一個有瑕疵的畫布、劣質的畫筆作畫，還沒等你畫完，顏料已經開始剝落，圖像開始變形了。人類身體看起來像是鬼斧神工的傑作，直到它出了問題，就是另一回事了。我不必提醒你，你父母離世以前的那個模樣。

葛瑞：拜託別提此事了。

阿頓：你們的娑婆世界，沒有一樣東西不是受制於成住壞空的運作模式的，而且你們這兒沒有一個生命不是靠著另一生命的死亡而生存下去的。你的世界確實相當動人，但你必須懂得如何真正去看。然而，人們並不想要真正地去看事情的，不只是因為那實在不好看，而是因為世界存在的目的就是為了要遮蔽潛意識隱藏的思想體系，人類毫不自覺地被那一妄念系統掌控著。因此，你得讓我們賣個關子，等你有了整體的概念以後，再容我們進一步的解釋。

> ※世界存在的目的就是為了要遮蔽潛意識隱藏的思想體系，人類毫不自覺地被那一妄念系統掌控著。

葛瑞：我想，不妨再給你們一些自我澄清的機會，大概無礙吧！但你別怪我心裡充滿了懷疑。我有個作牧師的堂弟，他一定會說，你們兩個是撒旦的使者，絕不是來自真神的。

白莎：這是意料中的事。J兄在世時一再受人指責褻瀆神明，福音對此也直言不諱。我敢跟你保證，如果他現身於此，依舊會受到與過去一模一樣的責難，而且大都來自基督徒。他當時不曾因此而避諱不言，你也別寄望我們會緘口不語，我們一定會實話實說的。

有些人需要糖衣的哄騙，有些人可以挨得起幾棒，像禪宗那樣。我們不會不好意思去搖撼一下那囚禁你們的鐵籠子的，你怎麼想我們，對我們沒有一點作用，我們自願當教師，而不是來當政客的。我們不會拍你的馬屁，讓你飄然欲醉，結果什麼也沒學到，你不需要附和我們所說的話，我們也不想譁眾取寵，我們更無意征服這個光怪陸離的世界，硬要人們聽我們的話，否則，我們跟那個傳誦荒唐故事的白癡就沒什麼兩樣了。我們的心態雖然寧靜平和，但我們的訊息卻是立場堅定，不容妥協的。

我們只會幫你澄清一些靈修原則，並無意取代它們，我們的話也只不過是學習的教具而已，目的只是幫你了解某些觀念，使你在閱讀過程以及日常經驗裡比較容易向聖靈開放。

我們先前說過，我們會先談一談過去，然後再進入J兄的新教誨，這些教誨必須等到今日，你們才有了解的能力。葛瑞，有一部靈修經典，在八〇年代，跟你一起上過六天EST的那位學員曾經跟你提過，那時你連翻都沒翻。這也沒關係，只是在以後的幾個禮拜裡，你該讀一讀它了，書裡的訊息雖然出自你的時代，卻不出自這個世界。這書已經傳布到不少國家了，而且也已經開始被人扭曲，受人誤解了，正如兩千年前J兄的訊息所受到的扭曲一樣。這原是預料中的事，為此，我們在你開始進入那一形上經典之前，幫你開一個正確的起頭，這樣你才可能聽清它的訊息。

葛瑞：你認為自己無所不知，甚至知道我的未來，我為你高興；但我要讀什麼書，什麼時候去讀，由我自己決定。不過，我一直認為J兄是個很酷的傢伙，你也提到不少他的事情，只是我的新時代朋友很少提及他，覺得提到J的名字不是一件風光的事情，你知道是什麼原因嗎？

阿頓：他們嫌的，其實不是真正的J兄，只是《聖經》裡描寫的J兄，他們從小就被灌輸一堆J兄的言行故事，直到倒盡胃口為止。這還牽涉到另一個問題，我們不久就會談到。其實你也不能怪朋友對J兄的誤解，基督教不惜強詞奪理地公然推銷許多自相矛盾的教義，你叫他們怎麼忍受得了？然而，人們遲早得停止把教會藉他之名而幹的好事這一筆爛賬算在J兄的頭上。那些事根本與他無關，就像娑婆世界中的一切根本與神無關一樣。

葛瑞：你跟我講的這一套，聽起來挺極端的。

阿頓：啊，精彩的還在後頭呢！

在過去幾十年間，出現了好幾本違反傳統教條的流行書籍，它們就像過去的宗教一樣，擺出一副直接來自神或聖靈啓示的姿態，其實那些書籍不過反映出某種靈性意識，說不上有什麼獨到之處。從整個意向與目的來講，全世界的思想層面都屬於二元論的（我們下次再來拜訪的時候，會幫你界定這個名詞），連大多數自認為皈依「一體不二」（nondualism）靈修傳統的人，仍然不免掉回二元性的思維。

雖然聖靈確實是用人們所能了解的形式與他們互動（這就是為什麼人間需要這麼多種的靈修法門），我們在此的一個重任即是幫你由「二元性」的學說，慢慢帶向「半二元」、「非二元」的修持理念，最後臻至「純一體論」，如此你才可能經驗到真神之愛。聽起來好像挺複雜的，你放心，其實道理簡單得很，我們會一步一步地向你解釋。

在你們這世代，有不少人幻想自己已經準備好從地球上幻化而去，一走了之；不幸的是，事情不是想像中那麼容易，如果你們真有本事一個彈指咻地一聲就到了樂園淨土，你們早就進入「天國」了；然而，你們還覺得自己仍在此地，否則你們心裡不會有仍在此地的那種感受。你的那批新時代朋友還沒突破一個關鍵問題，那是許多新時代的暢銷書籍避而不談的。

幾乎所有的宗教、學派，包括形形色色新時代思潮，都忽略了一個重大的關卡，它們沒有了解到，即使你學了積極思考、活在當下、祈禱求助、用肯定語、否定負面想法、聆聽名家演說，對你都能產生一時的效益，卻無法釋放你鎖在潛意識下的東西。那個早已被你徹底遺忘的潛意識（否則，它就不叫潛意識了），受制於一種病態的思想體系，凡是來到這個虛妄的娑婆世界的人，不論在個體層面或集體層面，都存著同樣的思想體系，否則他們不會全都集中到這兒來。

這就是你們的處境，直到你們懂得透視心裡隱藏的念頭，真實地寬恕它們，交託給聖靈，以祂的思想體系取而代之為止。在那以前，你們的隱藏信念還會繼續用那預設好的方式來操控且維繫自身的存在。世界不過是那些信念的化身而已，每個人來到此地以前都已建立某種共識了。

葛瑞：這個世界有時確實很糟糕，這一點用不著你來提醒，但它也有一些不錯的東西，每個人都有過一段美好時光，你又怎麼講呢？

阿頓：在此世上，你們所謂的美好時光，只是跟不幸的時光對比之下的感覺，這種對比並沒有太大的意義，因為表面上美好或不美好，都不是天堂，你遲早會懂得，這不過是你的知見與感受欺騙你的伎倆。偏偏這兩個傢伙都是你最信賴的夥伴。

※在此世上，你們所謂的美好時光，只是跟不幸的時光對比之下的感覺，你遲早會懂得，這不過是你的知見與感受欺騙你的伎倆。

就算你的潛意識決定不再隱瞞而跟你講實話，你也不屑聽那一套想法的，因為你若仔細瞧進去，它顯得如此齷齪，聽它看它，實在是一種折磨，讓你不能不落荒而逃。J兄會陪你一起去看的，他會教你如何把潛意識的東西提到意識層面，那方法絕對是佛洛伊德作夢都想不到的，我們日後的討論就是以此為目的，但我們還有其他幾件事情需要先談一下。

葛瑞：你能不能說一些比較好聽或談些積極的事？

白莎：當然，你若想回家的話，J兄就站在地球這瘋人院的門外，喚你出來，要你到他那裡去，但你老想把他拉到瘋人院裡。兩千年前的人類就幹過這事，如今還在幹同樣的事情。有人說過：太陽底下無新事，人世間萬變不離其宗，這句話一語刺入了娑婆世界的要害。然而，人生是有出路的，這句話夠光明夠樂觀了吧！

阿頓：為了幫助你，我們不會給你所謂的萬古長新的智慧哲學，那是你們這一代心靈術士的最愛了；反之，你會慢慢懂得，世上認為萬古長新的智慧其實都是胡扯，「宇宙的神聖智慧」這些名稱，你可以把它全都丟到垃圾桶裡去。你會逐漸明白，嬰兒降生時絕不是一張純淨的白紙，或是原本充滿了愛的能量，都怪世界污染了他。你也愈來愈清楚，你想回到天鄉的話，你有不少工作要做，我不是指世上的工作，而是你心念上的功夫。

當我們在教你時，你會感到我們一直在批判，毫不留情，這實有不得已的苦衷，因為具體比較一下聖靈的想法與世界的想法，是你能聽懂的唯一方式。如此，你才會看出，祂的判斷真實不虛，直指天國；而你的判斷大有問題，讓你一而再、再而三地輪迴此世。

白莎：你還會從我們的訪談裡重新認出自己的真實面目，你是怎麼淪落此地的，徹底明瞭你和他人為什麼會有這種感覺，做出這類事情，為什麼娑婆世界不斷重複同樣的生存模式，為什麼人們會生病，以及所有的失敗、意外、上癮和種種天災人禍背後的原因；你也會了解世上的災難、罪行、戰爭以及恐怖份子的真正起因，以及真正能夠解決這些問題的唯一辦法，還有該如何應用於生活當中。

葛瑞：如果你真能告訴我那一切，我一定給你一個大獎牌！

白莎：世上的人只應對一個獎賞有興趣。

葛瑞：天堂？

阿頓：對了。你聽過這話：真理帶給你自由；説得沒錯，但沒有人告訴你真理究竟是什麼。你也聽人説過：天國就在你內；説得也沒錯，但沒有人告訴你怎麼到達那裡。就算有人告訴你，你肯聽嗎？我們只能把人帶到水泉那裡，卻不能勉強他喝下去。我們會為你指出水泉所在，等到你真的準備好修自己時，自會飲用那一活泉了。我們所要介紹的這種靈修，跟真理一樣，是超乎這個娑婆世界的。

J兄的教誨與人間的教誨最根本的不同是：人間的教誨是分裂的潛意識心態發展出來的。在那層面上，你不能不委曲求全；然而你一旦妥協，便錯失了它的全面真相。

我們不會跟你妥協周旋的，有時可能還會讓你不高興，不要緊的，如果我們給你心目中想要的一切，下個月你又會要其他東西了。我們無需幫你增加對這娑婆世界的好感，它實在不值這個票價的，永遠都不值得的。

人間還有更值得你追求的事情，就是懷著神的祝福，沿著路回家去，我們來此的目的就是幫你找回你的路的。我們很快會回來二度拜訪，預計會拜訪你十七次，下一次的會談將是最長的一次。在這期間，你不妨思考一下，如果你覺得我們所教的這些原則確實具有靈性智慧，顯然，它不可能來自人類或世界，因為這些原則把世間認為天經地義的事全給翻案了。

2 地下份子J

只為上主及其天國而儆醒。1

阿頓與白莎瞬間消失了蹤影，我卻感到暈頭轉向，這究竟是怎麼一回事？難道只是我的幻覺？他們真會再度來訪嗎？我連他們怎麼來的或是他們究竟是何方神聖都忘了問，他們究竟是天使？高靈上師？超越時空的旅者，還是什麼玩意兒？更重要的是，他們為什麼會出現在我這兒，給我這麼深奧的形上課程？我不過是個凡夫俗子，只是對於靈修有一點兒興趣而已，連大學的門都沒進過。

我立刻決定隱瞞這一事件，連凱倫我都不準備向她提起此事，她在公司裡正面臨相當大的工作壓力，我不願讓她憂心分神，她現在絕對無法承受她的丈夫竟然在家跟一些活生生的角色上演一齣「聖女貞德與神對話」的鬧劇。

我只跟我的愛犬努比說，牠永遠是個不批判不置評的可靠朋友。然後我試著退一步，放鬆下來，抱著「等著瞧」的心理，看看這個怪異的幻覺究竟是我冥想過度的後遺症，還是它真的會再度發生。

那一晚，凱倫已經沉沉睡去，我還清醒地回想兩位不速之客所說的話。我心裡對於「神根本沒有創造世界」這個觀念感到很大的抗拒，因為這違反了我前半輩子的教育。但我仔細一想，這個觀念確實答覆了許多難解的人生疑問。我常不解為什麼上主容許這麼多的痛苦及恐怖發生在這世上？為何許多好人常得承受地獄般的煎熬？如果阿頓與白莎說的是真話，一句話就把真神和人間的苦難撇清關係了，上主反倒不再顯得那麼可怕了。

當我迷迷糊糊快睡過去時，我還在懷疑，我們若不把創造世界的責任栽贓給真神，是否真的有辱真神的地位？還是污辱了自古傳下的宗教「迷思」（myth）？但若把阿頓與白莎的觀點當真，我又怎麼知道這不是自己一廂情願的把戲，想把真神變得平易近人一點？

一週之後的星期二晚上，我一人在客廳裡準備我生意所需的資料，白莎與阿頓意外地二度出現了，這回，我坐在沙發上，他們兩人各坐在椅子上，阿頓一點都不浪費時間，即刻發言了。

阿頓：我們選擇今天來訪，因為我們知道凱倫跟朋友出去了。你不打算告訴她我們的會晤，是正確的決定，她目前有她該忙的事情，讓她去學她該學的吧！有些老師會告訴你，人生並不是一個教室，你也不是來這兒修課受教的，只是來經驗一下你內在的實相而已。這說法是錯誤的，你的人生是個道道地地的教室，你若不學好你的課程，是不可能經驗到你內在的真相的。

去經歷你這一生的說法，本身並不錯，實際上，以你們的存在狀態，也不可能不去感受或經驗。只是，除了感受與經驗以外，還有另一種對人生更好的「看法」。

白莎：這一個禮拜以來，你想了不少事情。我們可以繼續嗎？

葛瑞：在這之先，我想要多知道一點關於你們的事情，例如：你們究竟是什麼東西？你們是如何示現在這裡的？為什麼來找我？為什麼不去找那些憂國憂民的先知們？我這一生最大的目標就是有一天能搬到夏威夷去住，浸潤在大自然裡，喝喝啤酒（當然，優先順序可以前後調換的）。

阿頓：我們明白。首先，我們都是高靈上師，不是天使，因為天使從未投胎成人間的形體。我們就像你一樣，在人間投胎了上千次，至少從表相來說是這樣的。如今，我們已經脫離了輪迴。其次，我們的形體所顯示的，乃是我們最後一世的身分，我們不會告訴你那是什麼時代，因為它是你們的未來，我們不願向你透露未來可能的模樣。

葛瑞：你們不想干擾時空世界的自然律，對不？

阿頓：我們對時空這個大迷宮一點兒興趣都沒有，我們只是不想剝奪你們人生課程的第一手學習經驗，加速你們回歸天鄉的旅程。大部分的高靈上師都用最後一世的身分來進行他們的教育任務，但記住，「最後」兩字實際上也是個幻相，一個直線式的時間觀念。

有一些靈魂顯現世間，他們自稱為上師高靈，其實那只是他們一廂情願的心念所投射出來的幻影而已。那種顯現好像一種幽靈或失落的靈魂，更好形容為一個狀似分裂的個別靈魂體；真正的高靈上師知道自己從未與真神或任何人分開過。

葛瑞：你說你們在兩千年前曾與J兄在一起，不是逗著我玩的吧！能否告訴我你們那時是誰？

阿頓：那時的我們正是你們現在所稱的聖人。你以為所有的聖人都是高靈上師？其實並非如此，不是因為教會封他們為聖人，就表示他們已經達到了J兄的境界。我一直感覺到教會封我為聖，實在過於慷慨了，因我從來沒進過他們的教會。我們是猶太人，像J兄一樣，你們若問我們任何一位門徒有關基督教會的事，我們大概會反問：「那是什麼東西？」

我們當中確實有人根據恩師的教誨組織了一些猶太人的團體，但絕不是另一個宗教。教會是經過幾百年才慢慢形成宗教的，與我們扯不上任何關係，它至今還在繼續塑造中。在當代的美國基督信徒中有多少人明白，他們所重視的一些神聖詞彙，例如「被提拔升天」（Rapture）這字，是到了十九世紀才產生的字眼，這些觀念隨著世間的潮流起起落落。一些早期的信徒（現代也有不少這類基督徒），認為J兄很快就會以一具榮耀的身體再度來臨。但你會看出，J兄現在的教法，就像聖靈一樣，專門從你的心靈下手。

白莎：至於我們怎麼現形的，這事不是你所能了解的，但我們會告訴你，身體形象都是心靈投射出來的。你以為肉體是來自於另一具肉體，大腦負責思考，其實，只有人的心靈具有思考能力[2]，大腦只是肉體的一部分而已，每一具形體，包括你的身體在內，都是心靈投射出來的。我說的不是你自以為是的那個小小心智，我指的是超越時間、空間與形體的那整個心靈，那是佛陀當時所悟入的「心」（許多人並不明瞭，他那時離那圓滿的合一之境還有一段距離呢），整個娑婆世界以及世上每一個形體都是由此心靈營造出來的。問題在於，為什麼？

※整個娑婆世界以及世上每一個形體都是由此心靈營造出來的。問題在於，為什麼？

我們會為你解釋，在你們的世界裡，為何要造出形體，原因都藏在潛意識裡；但活在覺醒之境的我們，所現的形體則是另一回事。我們能夠刻意造出這種身形，純粹是依你們所能了解以及接受的形式，才好通傳聖靈的訊息。對於自己，我們很清楚，除了與聖靈認同以外，我們沒有其他的身分，因此我們只是為祂「示現」，為祂傳話。

當J兄被釘十字架之後，顯現在我們面前時，也不過是為了與我們溝通而造出另一具身體。他的心靈可以讓這身體出現或消失，例如在墳墓裡的那一景。我們那時根本無法了解是怎麼一回事，因此犯了很大的錯誤，把他有形的顯現大肆渲染，其實，那根本不算什麼；他的心靈境界才是真正的核心。[3]

然而，你也不能怪我們當初興奮過度，如果你明知你認識的某人千真萬確地死了，卻前來跟你聊天，甚至讓你摸摸他，證實他是真貨，你又會怎麼反應？

葛瑞：我不知道我會做出什麼愚蠢的反應。

白莎：我們當時的反應也夠笨的，只是表達的形式有所不同。讓我問你，你可記得雷蒙神父？

葛瑞：當然。

白莎：你可記得他告訴過你有關佛洛伊德同時代的人Groddeck？

〔註：我雖然不是天主教徒，我答應陪一位朋友（就是我撤回官司的那人）去參加麻州天主教會舉辦的三天靈修活動，叫做Cracille。那活動特別強調歡笑、唱歌和寬恕，讓我耳目一新，因為我很少遇到真正快樂的天主教徒。在那個週末，我認識了同時是心理學家的雷蒙神父，他跟我提起，他對一個叫做Groddeck的人做過一番研究，這個研究深深震撼了他。〕

葛瑞：記得。他跟我說了一些事，很像你講的這一套。雷蒙神父說，Groddeck很受佛洛伊德的敬重，他才是真正具有革命精神的人。Groddeck在世時已經下此結論：大腦與身體其實都是心靈的產物，心靈絕不是大腦或身體的產物；而且心靈——Groddeck當時稱之為勢能（force）之所以這樣做，是有它自己的企圖的。

白莎：嗯，相當貼近，你真是個好學生，有絕佳的記憶。Groddeck博士雖然沒有J兄的整體視野，結論卻是正確的。順便一提，Groddeck博士並沒有像耶穌的門徒與早期教父那樣認為自己無所不知，他只說自己所懂的那一點，但他比他那批崇拜頭腦的後學們先進多了！結果可想而知，他的觀點讓世人敬而遠之，我以後還會提到他。我不過在此先提示一下，世上不乏聰明絕頂的人，他們對人世的觀察遠超過同時代的人，與真理實相相去不遠。

葛瑞：我還有另一個問題，你為什麼不顯示給其他比我更有資格的人？

白莎：我們上回已經告訴過你，你卻聽不進去，因為你覺得那個解釋太平凡了。我們會在此示現，只因「此刻」出現於「此地」的因緣已經具足了。你只需要知道這一點就夠了。

葛瑞：若這麼說，我不知道自己在你們的示現中扮演什麼角色，究竟是我的心靈投射出了你們，還是這純粹是你們心靈的投射？

阿頓：這問題有問題，因為心靈只有一個，問題也只有一個，即是關於「最終的目的」這一問題。但在娑婆世界裡，思想與它引發的經驗確實會顯示出層次不同的幻相，我們以後還會回到這一主題的。

葛瑞：你知道我不能不問，你們究竟是教會裡哪兩位聖人？

白莎：我們確實該告訴你，這是合情合理的問題，但我們只想點到為止。我們寧願利用造訪的機會為你澄清J兄的角色以及他的教誨，不想把時間浪費於介紹我們自己無足輕重的角色上。

我們願你學到東西，你得信任我們知道怎樣跟你講對你的學習最有益。根據歷史檔案，我是多瑪斯（Thomas），被人稱為聖多瑪斯，也是目前流行的〈多瑪斯福音〉中部分資料的作者。我也該事先跟你講明，在埃及的Nag Hammadi附近出土的Coptic語文版的〈多瑪斯福音〉，是經過增修的版本，包含了某些J兄不曾說過的話，在我的原著裡本來是沒有的，我不久就會概略地跟你談一談這部福音，但我們並不打算深入這一問題。反正那本書我並未寫完，否則我會把「浪子回頭」的比喻放在最後，結果還沒寫到那兒，我就被殺了。

葛瑞：現實很殘酷，對不？

白莎：那就看你怎麼詮釋了。對了，我假定你見多識廣，知道人們可以有幾世生為男人，有幾世生為女人，這是很常見的事。

葛瑞：這我還能了解。你呢，阿頓？你不會告訴我你是童貞聖母馬利亞吧！

阿頓：我不是。馬利亞倒真是個了不起的女性，你大概對我沒印象，因我不是那麼有名，我不在乎這些。我是達太（Thaddaeus），我的本名是 Lebbaeus，J兄幫我取了 Thaddaeus 的新名字。我那時挺謙退且不多話的，我是個乖學生。教會稱我為聖達太，也稱我雅各的聖猶大，但請別把我跟伊司卡略的猶大（出賣耶穌的門徒）混為一談了。我並沒有什麼豐功偉業值得教會封聖的，有些人以為我寫了〈猶大書〉（*Jude*），其實我根本沒有。我跟多瑪斯一起建立過一個小門派，造訪過波斯，但我沒有參與歷史所謂的那個殉道熱潮，我只是正好趕上了時機，就被封為聖人了。

葛瑞：你這幸運的傢伙！達太，我能不能應徵你這類工作？

阿頓：你現在已經在做了啊！你到底要不要我們繼續教你？

葛瑞：要！主要是因為自從上次跟你們會面以後，我對真神的看法改變了，我覺得祂比較值得信賴了。也許祂真的無意跟人作對，也許我過去的痛苦或現在的問題並不是祂的責任。

阿頓：不錯，我的弟兄，你很不錯。

葛瑞：但我得再確認一下，你並不是說，上主沒有創造某一部分的娑婆世界，你是說，祂跟整個宇宙一點關係都沒有，〈創世紀〉裡的創造論全是胡扯！

阿頓：這樣吧！我們還是先把過去的舊帳為你澄清一下吧！我們來此的目的並非要貶低某人某派，

然而，你若不接受他們的教條，便已觸犯了他們的大忌，我們已經表示過了，我們不過重申彼此都有不同意（agree to disagree）別人教義的權利而已。

大家都不難看出，《舊約》裡最重要的一面就是法律，以及對不遵守法律條文的懲罰。雖然罪與罰這個因果的真正目的並不是你們想的那樣，但為了建立一個有秩序的社會，訂立法規本身並沒有錯。兩千年前的多瑪斯和我都十分尊重《舊約》，但我們那時已經逐漸看清，當時的法律跟你們現代的法治體系一樣，後來只為維護法律條文而存在，逐漸和正義脫節了。

《舊約》裡除了一些可怕的威脅語句以外，也有不少相當優美深奧的句子，即使到今天，我們依舊能夠接受。

但你若翻一翻〈創世紀〉的故事，就會碰到相當嚴重的問題，早在《聖經》尚未寫成以前，就有不少頗具思想的教派中人，看出這個故事的破綻了。故事是這樣說的，上主創造了世界，看到樣樣都很好。

葛瑞：祂在為自己的作品吹噓。

阿頓：於是，上主繼續創造了亞當，並且幫他找了伴侶夏娃，生活像個樂園似的。但是，上主為他們訂了一條法規：你們樣樣事情都可以做，盡量繁殖下去，甚至把自己整個半死都行，但絕對不可吃那棵知識樹上的果子。於是，蛇開始幹牠的好事，夏娃咬了一口，還引誘亞當（那你們就有理由把所有的帳都算在女人頭上了），結果，亞當也咬了一口。於是，代價可大了，那個怒氣衝天的大造物主一腳把亞當夏娃踢出了樂園，甚至還警告夏娃，為了她的好，從此她生小孩時會受產痛之苦，這下子她總該學乖了吧！

暫時在此打住一下，如果上主是真神的話，祂不是全知全能的嗎？那祂豈會不知道一切後果？連現代的父母都知道，你只需告誡孩子不可以做某件事，保證他一定會去做。如果上主是個無所不知的真神，祂究竟在幹什麼？

葛瑞：顯然，上主設計陷害自己的兒女犯錯，如此祂才有理由且得意地為自己所主導的事情將人類痛懲一番。

阿頓：聽起來確實是這樣，不是嗎？但上主真會幹這種事嗎？你如果有孩子，你會做這種事嗎？你怎麼可能信任這種神呢？若在現代，祂一定會被控告為「虐待兒童」。那麼，真相究竟如何？答案非常明顯，任何人只要願意摘下眼罩，都能看出，真神絕不會幹這種事的，祂不是白癡。〈創世紀〉的故事不過是象徵性的，比喻無意識的心靈是怎樣造出世界和一具一具形體的。

你們一向不敢面對背後的理由，但那正是你們來到世間所要學習的悟性與覺力。

葛瑞：從你這些話和先前講的那一套，我可以推測，J兄並沒有接受〈創世紀〉與《舊約》裡面的侏儸紀觀念；他所教的其實更具有原創性，只是大部分的人都無法接受，所以他們用自己相信的一套去取代J兄的說法了。

白莎：對。J兄通常不提那些與真理不符的《聖經》章節，他為人詮釋的《聖經》，不只正確還有事實憑據。他絕沒講那些地獄之火或懲罰報應那類陳腔濫調，那是施洗者約翰的説法，但約翰也有他寧靜的時候，「愛你的仇敵」這句話就是出自於他，而不是J兄説的，J兄連仇敵的概念都沒有。人們不知道，在那時代，約翰比J兄有名多了，約翰説的才是當代人真正想要聽的話。這是世間成功的關鍵，不論從事哪一類行業，「供應」必須對上「需求」，只要你有別人想要的東西，你就會成功。

人們（包括你們的心靈領袖在內）總想要把世間的富裕靈性化，你不知道這觀點真夠庸俗的，你在世上多有錢或多成功與你在心靈上悟性多高，根本是兩碼子的事。「五餅二魚」的故事只是一種比喻，實際上並沒有發生，它只表示，即使在物質世界裡，你也可能接受上天的指引，學習如何活在世上。這事我們以後會提到，但別再企圖把金錢靈性化了，雖然金錢和成功本身沒有錯，但它們根本沒有什麼靈性。順便在此一提，教會把J兄的一句話「凱撒的歸凱撒，上帝的歸上帝」詮釋得妙不可言，教會卻利用這説法來鼓勵信徒捐獻去了，J兄當時根本不是談錢的事情，他只是説：「讓凱撒擁有世上的一切，因為它們原是虛無；讓上主擁有你的靈性，因那才是一切的一切。」他真是一位充滿愛與智慧的恩師。

許多人認為約翰和J兄都屬於厄色尼派（Essenes），他們當時確實拜訪過厄色尼派，也有些交情的，但他們都是雲遊者，從未參加過這個門派，後來厄色尼派慢慢冷淡了J兄，比較喜歡施洗者約翰，因為他比較尊重他們的法律與信條。他們最後開始憎恨J兄，因為他不太買那些寶貝法律的帳了，當J兄死亡的消息傳到Qumran時，為他掉淚的寥寥可數。

三十五年後，大部分的厄色尼派信徒都跑到耶路撒冷去參加反抗羅馬統治的革命了，他們和大夥兒一樣都認為末日快到了，你知道，就是光明之子大戰黑暗之子這類無聊的故事，結果慘不忍睹。厄色尼信徒靠刀劍而活，結果也死在刀劍之下，現代的神學家把他們和〈死海卷軸〉（*Dead Sea Scrolls*）推崇得像什麼似的，就像你們老愛把過去的一些人歌功頌德成靈修大師，其實根本就不是那麼一回事，他們跟你一樣都是普通老百姓。

你們這一代有人認為馬雅人由地球上羽化升到某個靈性悟境去了，究竟是什麼讓你們以為他們都大徹大悟了？他們還停留在殺人祭天的階段呢！你想他們的靈性會高到哪裡去？他們只是一堆老百姓，就像厄色尼派、歐洲人、美國印地安人，跟你沒兩樣。接受這一事實之後，我們就可以繼續探討下去了。

葛瑞：這麼說來，我實在無需如此崇拜古代的經典書籍，就像我目前為了做生意而鑽研的那本《戰爭的藝術》？〔譯註：*The Art of War*，即《孫子兵法》〕

白莎：戰爭哪有什麼藝術可言，根本就是精神錯亂，其實這也不足為奇，你們一心想要提昇世界的意境，故意把什麼都精神化了。我不只是指《孫子兵法》一書而已。你們遲早會明白，你不可能把根本沒有靈性的東西靈性化，也就是說，你不可能把娑婆世界裡的任何東西靈性化，真正有靈性的都在世界之上，那才是你的真正歸宿，也是你遲早要回去的家鄉。

※你不可能把娑婆世界裡的任何東西靈性化，真正有靈性的都在世界之上，那才是你的真正歸宿，也是你遲早要回去的家鄉。

你們有意把世界萬物靈性化的另一個例子，就是你們把南美洲熱帶雨林想得那麼浪漫，好像地球上最神聖之地似的。如果你們能用快速放映影片的方式，觀察到地底下發生的事情，就會看出那兒的樹木都在彼此搶奪水源，如同雨林中所有生物一樣，都在為生存而鬥得你死我活。

葛瑞：乖乖，原來那兒也是「樹咬樹」的世界！抱歉，我又插嘴了！

白莎：這一切再把我們領回到我們的弟兄J兄和他的訊息這兒來。當初有幾個相當關鍵的因素讓我們當時無法領會J兄的教誨，故在此提出，因為那將來也可能妨礙了你了解他的訊息。

首先，這些話是直接針對你而說的，不是為其他人講的，因為沒有所謂的其他人存在，外面沒有任何人在那裡；但光是這樣說還不夠，你必須遲早經驗到這一事實才行。這個經驗遠比世上任何法寶更具有釋放的力量。我們當初聽不懂J兄的訊息最大的原因在於，我們老把自己先入為主的信念硬套在他頭上，J兄在那邊激勵我們提昇到他的層次去，我們這群門徒卻在這邊拼命把他往下拉到我們的層次來。

我們那時虔信《舊約》，我現在可以告訴你，我們那時對J兄的認識，不可能不透過當時舊信念的過濾網。他確實是個救主，他所傳揚的絕非當時那種代罪羔羊式的救恩，他一直想要教我們如何善盡自救的責任。當他說，他是道路、真理、生命時，意思是說，我們可以跟隨他的楷模，而不是相信他這個人。你不該榮耀他那有形的身體，連他都不信賴自己的形體，你幹嘛要信呢？我們那時都犯了這個錯誤，希望你不要重蹈覆轍。今日，許多人透過

《新約》的眼光或是新時代的角度去看他，但你如果真的懂了他的訊息，你絕不會把它跟一般教誨相提並論的。

葛瑞：歷史上不也常常出現一些跟J兄一樣大徹大悟、了解終極真相的人嗎？

白莎：有是有，但並不常見。代代確有高人出，未必來自同樣的心靈學派，這已將我們帶入另一個重要的主題了。不論你信仰哪一個宗教或學派，並不足以評斷你的覺性或悟境有多高，有些教會人士已經修證到極高的境界，有些信徒則是信口雌黃的愚人，這在所有的宗教、學派或靈界裡都一樣，毫無例外。

葛瑞：為什麼呢？

白莎：阿頓，你願意答覆這一問題嗎？

阿頓：當然！其原因是，在回歸上主的路上，你需要歷經四種基本的學習境界。而在學習過程中，人往往會不由自主地從一種境界到另一種境界之間跳來跳去。每一境界都有它特殊的想法和隨之而來的經驗，也因此，人會根據自己當前的學習心態對同樣的經典做出完全不同的詮釋。

二元論可以說是娑婆世界中人們的普遍心態，相信世界可分為主體與客體兩種領域，對於信仰真神的人來講，他們相信兩種世界，神的世界與人的世界都一樣真實。在人的世界裡，你很具體也很客觀地相信，真的有一個存在

※二元論可以說是娑婆世界中人們的普遍心態，他們相信兩種世界，神的世界與人的世界都一樣真實。

主體，就是你自己；還有一個客體，包括外在的一切存在。這種普遍心態，已在牛頓的物理原則裡徹底表達出來了。

構成人類這個娑婆世界的一切客體存在，在過去幾百年間，你們稱之為世界，作為一切「形」與「色」的總稱，你們相信它存在於你的色身之外，受你的掌控。所謂的「你」，則指這一具由大腦來操作的肉體。我們先前已經提過這一點了，你稱之為自己的這個身體與大腦，看起來好像是世界的產物，我們會證實，事實正好相反。

在這一學習心態下，你對神的觀感必然是：祂存在於你身外的某一處，你和祂，好似互不相屬的兩個個體，那真實不虛的真神，顯得如此遙遠，如此虛幻；那個虛幻不實的世界，反而顯得既切身又真實了。

我們以後還會詳細解釋其中原委的，你的分裂心識就像那個離家出走的浪子一樣，下意識地把自己分裂的心理取向套在神的身上，於是「上主」和那好似來自祂的「訊息」之間，顯出了矛盾。

不要忘了，所有這些，都是在你的潛意識中進行的，也就是說，看起來屬於外在世界的一切，其實是存在於你自己分裂的意識中。於是，在我們心目中，上主既是寬恕的神，也是義怒之神；祂是仁慈的，但也會遽下殺手，全憑祂當時的心情而定。這種心態，用來描述自相矛盾的二元世界，倒很貼切，但套在神的身上，顯然有些離譜。

我們不難想見，這種妄見會牽引出多少荒謬的觀念和怪事，認為上主會命令一個民族去侵犯另一民族，奪取所謂的福地，或是讓一個國家把自己的正義觀念或正統宗教帶給其他的國民，這類不可理喻的二元對立的人間悲劇，瘋狂到了極點，卻被現代的社會視為天經地義的事了。

在回歸上主的道路上，你下一階段該學習的課程，可稱之為「半二元心態」，它比一般的二元心態還要良性一點，因為心靈到了這一階段，能夠開始接受一些「真實」的觀念了。不妨再提醒你一下，這和信仰什麼宗教一點關係都沒有，正因如此，所有的宗教裡，都會出現一些相當善良且已不再批判的人。

這一階段的心靈逐漸能夠接受「神是愛」這類單純的概念。我們若真的信得過這句話，這一個簡單的概念便足以引出種種難以作答的問題，例如：神既是愛，祂可能恨人嗎？神若是完美的，祂可能有缺陷嗎？神若是造物主，祂可能報復祂自己所創造出來的一切嗎？

如果你心裡相當清楚它的答案是「當然不會」，一扇封閉已久的大門頓時就被推開了。在這「半二元」心境下，你對上主秘而不宣的恐懼心態會慢慢鬆綁，神對你的威脅也逐漸降低。這現象已經顯示在你身上了，寬恕的雛形已經進入你心中了。

雖然你仍視自己為一具肉體的存在，視上主與世界為「身外」之物，至少你已經體會出一點，神不是你目前處境的始作俑者，當你到處碰壁時，也只跟一個人脱離不了干係，那就是你自己。

完美的愛只可能帶來善，任何不善必然來自他處。不過，等我們進入下一學習階段時，你便能看出，根本沒有什麼「他處」。

白莎：現在，我們可以進入一體論的主題了。請記住，不論我們在談學習心態還是靈性慧見，指的都是一種心境，一種內在心態，不是世間肉眼所能看到之物。讓我們由一個簡單的觀念開始，你可記得一個古老的謎題：森林裡的一棵樹倒下時，若沒有人在那兒聽，它依舊會發出聲音嗎？

葛瑞：當然知道，因為它無從證明，這個謎題常常引起熱烈的爭辯。

白莎：你如何答覆這個問題呢？我保證不跟你爭辯。

葛瑞：我會說，樹總會發出聲音的，不論有沒有人聽到。

白莎：那你就大錯特錯了，即使從物質世界的層面來講，樹木最多只能送出音波，而音波就像收音機的電波一樣，需要一個收聽器才能接收得到聲音。此刻，房間裡充滿了種種電波，但你卻聽不到一點聲音，就是因為這兒沒有收聽器的緣故。人類與動物的耳朵是個收聽器，如果森林裡的一株樹木倒下去，沒有人在那兒聽的話，它不會有聲音的，因為在你聽到以前，聲音不算聲音。同樣的，在你看到或觸摸到以前，能量磁波也不會構成物質的。

總而言之，需要兩個人才舞得出探戈來，互動需要二元，一點也沒錯，若非二元對立，你就沒有東西可以互動了。鏡子的對面如果沒有一個形象扮演觀者的角色，鏡子就顯示不出任何東西。若非二元對立，就沒有森林裡的樹木。

有些量子物理學家已經明白了「二元的存在」只是一個迷思（myth），如果二元存在之境根本是個迷思的話，那麼，根本就沒有樹，也沒有這個宇宙了，除非有你在那兒知它、覺它，否則宇宙等於不存在。

按照這個邏輯推論下去，宇宙若不存在，那麼你也不存在了，如要維繫存在的幻相，你必須把那個一體做一些表面的分割，這正是你們人類一直在進行的伎倆，說穿了，它純粹是一套花招而已。

一體論在現代並不是什麼新奇的觀念，只是很少人追問下去：我究竟跟什麼玩意兒一體？而能夠提出這問題的，通常又會自答：跟神一體；接著很可能引伸出錯誤的結論，認為那個神聖的生命源頭創造了眼前的我和這個宇宙。

事實不然。這一誤解使得尋道者無緣一探真神的境界——即使是已經悟入自性的佛陀。佛陀確實已經悟入那營造出二元世界的心性真相了，他這一悟，超越了人類所有的存在層面，悟入了空性，跳脫了時、空、形三界之外。這是一體論必然導向的境界，但它還沒有抵達神的境界。說實話，它雖帶到了一個盡頭，其實，那只是山窮水盡之後的一個新開始而已。

我們至此便不難了解，為什麼堪稱為世上最具心理哲思的佛教，竟然絲毫不談神的問題，因為佛陀在世的那一段因緣，並沒有處理神的問題。為此之故，我們下面所談的一體論，會分別由「傳統的一體論」與「純粹一體論」兩種層次來講。

當佛陀說「我已悟道」時，是指他已經徹悟：原來他並不是這虛幻世界的一份子而已，他其實是整個幻境的創造者。

至此，這個營造出整個幻境的心，還需要向前再推進一步，心必須徹底放棄自己的存在而選擇神的存在境界。像佛陀已經證入這麼高境界的人，對神的境界當然會有驚鴻一瞥的經驗，與J兄證悟的境界相去不遠了，但佛陀在另一世才成就了那一境界，活在世間的人類根本不可能知道這些事的。

許多證入和J兄類似境界的高人，在他們悟道的那一世通常沒沒無聞，但世界可能會在他的前幾世就將他奉若神明，其實他那時可能根本還沒到那一境界。這種事情我們已經看多了。

在靈修上真有造詣的人，根本沒有興趣去做領導人物，至於那些曝光率甚高的人，也往往未必是真正的靈修導師；顯赫的名聲，不過顯示出他們外向的個性，或愛炫的特質罷了。

葛瑞：那麼J兄又是怎麼悟入他與上主一體的？

阿頓：這事我們會慢慢講到，上述的開場白，不過是給你一個整體的背景介紹，你才能了解他的言行事蹟。J兄不能只悟出娑婆世界的空幻，還得悟出他是個純粹的「靈」，他的存在與整個物質世界毫不相干。

沒有人真正想知道這一人生真相的，因為它會激起潛意識中最深的恐懼，深恐轉眼失落了自己的個別身分，或是個人獨特的存在價值。

葛瑞：我曾聽過 Deepak Chopra 對他的聽眾說：「我不在這兒。」你是指這類經驗嗎？

阿頓：這位醫師只是個辯才無礙的聰明人。你對人生真相若缺乏整體的認知，只說「我不在這兒」，對你一點好處都沒有；當然，它至少也能把你引到正確的方向。我此刻所說的，不只是「我不在這兒」，而是連「自我感」都沒有了，不論從任何角度來講，既沒有個別的靈魂，也沒有印度教的梵我，那都是對心靈的一種誤解而已，唯一的存在只有上主，真神。

葛瑞：你是說，你不在這兒，你根本就不存在，只是心靈投射出來的二元磁波，顯示成某種物質存在，才好跟人溝通，就像電影一樣。你又說，很少人意識到他們投胎人世的真正原因，對嗎？

阿頓：你還真不錯！我說過，我們代表聖靈而來。大部分的人完全搞不清自己究竟是誰，怎麼混到這兒來的，你所說的只呈現出問題的冰山之一角而已。不只我不存在，你也不存在，整個虛妄的娑婆世界都不存在。我們所謂的回歸實相，回歸上主，絕非故弄玄虛，你不可能同時擁有自己及上主，兩者是相互牴觸的，你必須選擇其一。但不急，因為你有的是時間，時間才是故弄玄虛的煙幕彈，我們會傳授給你J兄的一些教誨，教你如何出離娑婆。

※你不可能同時擁有自己及上主，兩者是相互牴觸的，你必須選擇其一。

這確實不簡單，卻是可能做到的，聖靈不會給你一個行不通的出路。失去存在感的那種恐懼會不時的衝擊著你，為此，我們才在此多繞了一些路，讓你看清，你真的只是放棄虛無而換得一切。但你還需要一些時日，一些經驗，才可能消化得了我們所說的這些話。

葛瑞：是否可以這樣說：一體論，就像傳統宗教所說的，表面上你活在世界中，其實你心裡卻有兩種渾然不同的世界：真理的世界與幻覺的世界；唯有真理是真的，其餘的一切全然非真？

阿頓：對，你這學生真討人喜歡。即使在那傳統教義中，人們仍然犯了一個錯誤，以為幻覺世界是從真實世界裡生出來的。所以他們依舊想盡辦法把幻相合理化，而不肯徹底放棄；只要這個謬誤不除，你是無法切斷輪迴的。但人在潛意識中千方百計想要迴避神的存在這一實相，不管是假裝祂根本不存在，或是由這一體之境慢慢退化到二元的心態。最明顯的例子就是印度最偉大的吠陀哲學（Veda）。

吠陀哲學原屬於一體論的靈性學說，它主張梵（Brahman）是一切的一切，除此之外，都是幻相，非真，虛無，空。僅此而已。商羯羅（Shankara）智慧地把吠陀思想詮釋成「一體論」，那不是夠好了嗎？不！一千人中大概有九百九十九個人不滿意這個答覆，後來才會衍生出種種違背經義卻大受歡迎的學派，糟蹋了那「一體不二」的形上理論，把它改造得面目全非，例如Madvas的學說，就想把「不道地的一體論」轉為「不道地的二元論」。

我們發現印度的吠陀思想與J兄的教誨所遭受到的命運極其相似，J兄當初也是傳授「純粹一體論」的，卻被世界詮釋成了二元論；吠陀原來也是一體學說，同樣被世界詮釋成了二元論。如今，世上兩大宗教都操縱在自衛性頗高的反動派（reactionary）的強勢團體手中，兩派都費盡心思地爭取這虛幻世界中的人，一個宗教發展成金錢帝國的象徵，另一個宗教成了政權的象徵，隨時準備跟另一個同它一樣又自衛又反動的鄰國掀起核子大戰。

這類怪現象，對地球上的某些人來講尚可接受，但你無需如此委曲求全。一體論告訴你，你眼前所見的一切都不是真的，既然不是真的，你又如何論斷？你一論斷，不就把它當真了？但你又怎麼可能用論斷把那根本不存在之物弄假成真？它若真的不存在，你們幹嘛奪個你死我活？把某些東西捧得更神聖、更珍貴？為什麼你們會把人間的某一處看得比其他地方更重要？為什麼虛幻世界裡的林林總總被看得那麼嚴重？除非你已經賦予那幻相本來沒有也永遠不可能擁有的力量？為什麼某一事件或處境會帶給人那麼巨大的影響？除非你已經在那事件下開始你的造神運動了？為什麼你對西藏的關心遠超過其他地方？

我知道這一套說法，你聽不太進去，但是不論你在世上採取什麼行動或不採取行動，原本沒有什麼大礙；只是，你的行動下面所懷的眼光與心態，則有很大的影響。當然，只要你的形體還活在這複雜的世界裡，不可能沒有現實上的顧慮，我們也無意忽略你在世上的需求。我們說過，聖靈沒有那麼笨！你目前既然已經覺得自己活在世界上了，那麼，有一種過日子的方法，能帶領你去做你這一生本來就想做的事情，只是，如今，你不再獨自去做了。

你從未真正落單過，這才是你該學的課程。

因此，我們並不要求你：不要那麼現實！別老顧著自己！我們只是告訴你，你的真正老闆不在這個世界上。但你也無需告訴任何人你不是老闆，除非你想要如此；如果你想要成立公司，讓自己「像個」老闆，也無傷大雅。怎樣做對你最合適，聽從你的感覺，並且不妨對自己好一點。我們真正關心的是你的心態，而不是你外在的表現。你遲早會發現的，不論你以什麼方式謀生，只是幫幻相中的你撐腰，這個了悟便能讓你不再繼續為幻相撐腰了。

根據上述所言，你不難體會到，一體心境能逐漸培養出你反身質問自己的判斷與信念的能力。你現在可能了解了，並沒有主體或客體的分別，只有一體。你目前還無法看清的是，那種一體論說穿了，只能算是「純粹一體論」的仿冒品而已，因為極少人能夠分辨得出，「與心合一」的境界（此心很可能仍陷於天人分裂的幻覺中）和「與神合一」的境界有何不同。這顆心必須回歸於祂那源頭才行。[4]

然而，「傳統一體論」仍是靈修必經之道，你必須先學會沒有一物是跟另一物分開的，你也不可能跟任何東西分開的。

我先前稍微提過，量子物理學已經把這觀念闡述得相當清楚了，牛頓物理學主張客體存在於主體之外，且是一個真實而且個別之物；量子物理則證實了這一理論的謬誤，宇宙並非你們原先認定的樣子，狀似存在的個體其實都是出自本質上不可分的念頭。你的觀察本身都會引起此物「次原子」層次的變化，一切都存在你的心內，連你的身體都包括在內。

佛教說得很正確，由心念幻化出紛紜萬象的心，其實只是「一心」，而此心是全然超越時空幻相之外的。說到究竟，連這顆心本身都是幻的[5]。只有這一套學說是真的，一般人卻很難接受這種說法。

無庸贅言，如果只有一個「一體」的話，那麼其他狀似存在之物都成了虛構。它虛構得這般有模有樣，一定有它充分的理由（人類歷史上一直沒有在這理由上給人一個滿意的解釋，這類靈性訊息直到最近才開始傳到地球）。因此，與其批評世界及萬物，不如去反問自己，你當初是什麼動機而打造出這樣一個虛擬世界的？這樣對你可能更有幫助；或是反問自己，你現在該如何答覆這一真相？這才是上智之舉。

白莎：這一反問將我們引向J兄的教誨，他已經證悟了「純粹一體境界」、靈修的終點、最後的一站了。

你得記住，上述所說學習過程中的四種關鍵心境，各有作用，你會像乒乓球一樣在它們之間來回彈跳，但聖靈會一路指導你，將你帶回正路。就算是一時誤入迷途，也無需氣餒，世上沒有一個人，包括J兄在內，能保證不陷入誘惑的。想在世上表現得十全十美，這種迷思本身便是自討苦吃，根本不必要；必要的只有一件事，就是隨時甘心接受糾正。

好比飛機上的電腦導航裝置，每一分鐘都在調整飛行路線，聖靈也一直在糾正你，不論你外表上在忙什麼，不論你的悟境有多高。飛機會不斷偏離航線，經過不斷地修正，它終將抵達目的地的。因此，你也會抵達目的地的，這是註定的事，不論你怎麼努力，都不可能把事情搞砸的，真正的問題在於，你究竟還想受苦多久？

※你也會抵達目的地的，這是註定的事，不論你怎麼努力，都不可能把事情搞砸的，真正的問題在於，你究竟還想受苦多久？

時候已經到了，你該開始學習「純粹一體論」思考了，即使你難以貫徹始終，但總該有個開始吧！你得開始學習J兄的思考方式，像他一樣聆聽聖靈的指導了。我們接下來會由兩個不同層面來解釋這「純粹一體」境界的。

葛瑞：為什麼？

白莎：那是因為你們人類已經分裂為兩種存在層面了，代表天上「老大」的那個「聲音」若要跟你講話，就不能不把你當成真的活在世上的樣子，否則，你怎麼可能聽得到他？

阿頓：我們先從「純粹一體論」的一般觀念開始，至於它該如何應用於生活，留待以後再說。

J兄所修的寬恕屬於高層次的，不要和世間偶爾倡導的那種比較原始且落伍的寬恕搞混了，你對這方面的了解，尚待加強。好，讓我們言歸正傳吧！

只要是心理還算正常、智商不太低的人，翻一翻《新約》，不難看出，J兄並不是一個喜歡批判的人，也不屬於那類自衛心超強的反動份子。

葛瑞：不像「基督徒聯盟」那批人吧！

白莎：你對他們沒啥好感，是吧？

葛瑞：我早已聽煩了那些自稱為基督徒的右派政客那一套毫不寬容的政見。耶穌出現在他們眼前，他們大概都認不出來！

白莎：小心這個隱形陷阱，一不小心人就栽進去了。從有形世界的層面來說，沒錯，大部分基督徒所信仰的宗教，都可以改名為「批判教」（Judgmentalism），但你若批判他們的批判，那麼你跟他們所做的又有何不同？你們陷入了同一困境，都被鎖在形體與世界裡面了。你若不懂得寬恕，那麼形體與世界在你心裡便會變得真實無比。

覺得難以全然寬恕別人的人，絕大多數都先認定那是生死攸關的事情，其實，這種心態對你「真正」的生命而言，才真有生死攸關的影響。與其提醒你，J兄在世時連殺害他的人都能寬恕（而今日許多基督徒連那些從未對不起他們的人都難以寬恕），還不如幫你問清楚：J兄是怎麼做到的？這對你反倒實用一點。

我們慢慢講下去，你就會逐漸看清，人間的組織，像共和黨、民主黨、基督徒聯盟、美國民權自由聯盟，它們成立的目的跟你心目中所認為的，差了十萬八千里。

葛瑞：我想，最好讓你講下去，但能否容我再問一下有關一體論的問題？

白莎：只要你問得有水準一點，哈！別打斷了我說話的興頭了。

葛瑞：我記得有個物理系學生曾對我說，物質是由空中生出的，它幾乎全由空虛的空間所組成，而你說，物質是出自思想？

白莎：沒錯，物質是由空中生出的。但一般人沒有注意到，也是你必須學會去看的，就是：即使物質現形以後，仍然不存在於任何地方。一切空間都是空的，都不存在，即使是那好像含有某些實質的極小元素，也不存在。

以後，我們會解釋那些元素究竟是怎麼一回事。至於，你說不同的思想造出種種形象，更準確地講，應該說是一個思想造出一切形象，因為它們外表好似不同，所代表的卻是同一個東西。這觀念在J兄最近傳到人間的一本書裡談得比較多，它故意寫成你們現代人看得懂卻不易消化的語言。現在，我們還是回到主題，先把過去的事情交代一下，你才知道該如何進入目前的課題。

葛瑞：好吧！反正你們已經到這兒來了……喔，不，我是說，反正我們曾幾何時集體創造出目前這一會晤了。

阿頓：我說過，J兄不喜批判，也不像反動派那般自衛，再加上先前我們對一體論的簡單介紹，你大概已經有一點概念了：他是很有邏輯原則、不輕易妥協的人。既然沒有一物存在於你心靈之外，那麼你一旦開始論斷它，就無異於賦予它力量來控制你：你若不去論斷，等於是撤回了控制你的力量。這一原則一定有助於消除你們人間的痛苦，然而，我們的J兄，並沒有就此打住。

他的「純粹一體論」，對神的主權肯定得如此全面，能夠消除人們對「非神」的一切所懷的心理執著。這種心境強調出了所謂「同氣相求」的原則：凡是出自真神的，必然肖似祂。在「純粹一體論」下這一原則是不容妥協的，它甚至說：凡是出自真神的，必然「完全」肖似祂，真神不可能創造出不完美之物，否則祂本身就不算完美了。這一邏輯真實不虛，真神若是完美且永恆的，在此前提下，祂所創造的一切也必是完美且永恆的。

葛瑞：你的說法，真是深得我心。

阿頓：世上的一切顯然沒有一物是完美及永恆的，J兄由此認清了世界的虛無真相。但他也知道，世界的出現必有其因，最終目的不過是誘騙人們遠離上主及天國的實相。

葛瑞：它為什麼要誘騙人們遠離真理實相？

阿頓：我們以後會解釋。你應明白，J兄在上主以及萬物之間作了絕對的劃分，萬物的存在本身微不足道，只是給人一個學習聆聽聖靈的機會，不再聽信世界的詮釋。只要是可知可覺之物，本質上便不可能完美的，柏拉圖很早就談到了這點，只是他那時還未能推論到神的層面而已。J兄在世時即已超越了知見，時時刻刻都能選擇靈性完美的聖愛。

當他看透了無常世界與完美靈性兩種境界徹底的不同，聖靈的聲音便愈來愈清晰了，他也愈容易寬恕了。真理之聲愈來愈響，愈來愈強，到了某個地步，他便只能聽見那一個「聲音」，萬物的假相在他眼前破滅。最後，J兄變成了，更好說是，「再度成為」那聲音所代表的境界，也就是他與你同樣屬靈的本然境界，與天國融為一體了。

記住，你若相信上主和這個充滿知見與無常的娑婆世界有任何瓜葛，或是，你若相信那營造出世界的妄心和上主有任何瓜葛，你便不可能聽到聖靈之聲，為什麼？原因之一與你潛意識的罪咎有關，我們日後會討論到這一問題。另一個原因是，若想獲得天國的力量與平安，有一先決條件，即是你必須放下自己的假權威和搖搖欲墜的王國。你若還相信自己妄造出來的一切是出自神的旨意，怎麼可能放棄得了它？你若把自己的弱點視為力量，又怎麼可能放得了手？

你必須甘心把「主權」交回上主，你才能享有真實的權能，而這，唯有謙虛一途；但不是自慚形穢的謙虛，而是道地的謙虛：就是認出上主是你唯一的根源。你會發現，除了祂的聖愛以外，你一無所需，而這一無所需的人，值得你將一切委託給他。

所以當J兄說「靠自己，我什麼也不能做」，還有「我和父原是一體的」這些話時，不是為了顯示他的獨特地位，而是在放棄自己的特殊性及自主權，接納他真正的力量，也就是上主的力量。

從J兄的角度來講，當時並沒有J這個人，事後果然也沒有這個人。他目前的真實面目是純粹的靈性，全然超乎幻相世界之外，這一真實面目也全然超乎那造出娑婆世界的心靈之上；人們常常誤把那個心靈與真正一體的心靈源頭混為一談了。

J兄深知，虛妄的娑婆世界和真理實相兩者毫不相干，他的終極身分乃是與神一體，此外無他。「上主那超乎人所能理解的平安」也不再是苦修而來的境界，就擺在眼前等著他去領取，更好說是，等著他恢復記憶。他不再去追求完美的愛，因為他所做的種種明智選擇，已經移除了橫亙在他與完美實相之間的一切障礙。

他的聖愛，一如神的愛，毫無保留，非個人性的，不加揀擇，而且是無所不容的。他對所有的人，上自教師，下至妓女，都一視同仁。他已非關形體的存在，不再是一個人而已，他已經「穿越了針孔」，恢復了與上主同樣的純靈身分。

這就是「純粹一體」的境界，屬於一種心境，在聖靈的指引下，回歸本來面目。你和J兄都是一樣的，我們全都一樣，此外無他。但你還需要一些訓練和修持才可能經驗到這一境界。

葛瑞：我曾聽某位老師說：「我是上主的創造同工（co-creator）。」這是真的嗎？

阿頓：不是在你目前這個層面上，只有在天堂裡，你才真的算是上主的創造同工，因為在那兒，你跟祂既無相異之處，跟祂也無任何隔閡，那你怎麼可能不是祂的創造同工？但在人間，你仍有門路可循，只要像J兄一樣，接受聖靈的思想體系，反映天堂之律，那便是你回家之路。

我們會慢慢深入「純粹一體論」的特質，以及如何在生活中實踐的問題。此刻，你只需試著銘記於心，上主是完美的愛，祂不是任何東西，你也一樣。事實上，你根本就是上主之愛，你真實的生命與祂同在，你會像J兄一般，慢慢了悟，甚至親身體驗到上主並不在你之外。形體不過是你為存在畫地自限而已，你再也不會把自己視為一具脆弱的身體或任何有限之物了。反之，你會悟出自己純粹屬靈的真實身分，那是永恆不變，凜然不可侵犯的。

葛瑞：你知道，我最近聽到不少人嘲弄這類靈性觀念。有個人，他原是魔術師，現在自稱為「專門拆穿西洋鏡的懷疑論者」，這類人通常會說靈性的話題缺乏科學根據。他主張我們應隨時聆聽身體感官與經驗給你的訊息，我該怎麼應付這些人呢？

阿頓：寬恕他們吧！我們會告訴你怎麼做；這類人真可憐，絲毫不覺察他們已經像恐龍一樣過時了。他自認為重視科學，難道愛因斯坦不算科學家嗎？

葛瑞：我想愛因斯坦比他有名多了。

阿頓：你可知道愛因斯坦怎麼形容人世的經驗？

葛瑞：他怎麼說的？

阿頓：他說，人的經驗乃是他意識中所產生的視覺性的幻相。

〔譯註：眼睛所接收到的影像其實是外界物體的顛倒形象。〕

葛瑞：愛因斯坦說過這話？

阿頓：沒錯！你那專拆西洋鏡的朋友，在做假設前提時，應該謙虛一點。那人其實非常聰明，可惜沒有用在正途上。但是，我們來此不是為了談他的事情，時候一旦到了，他自然會認出真理的。

還有，不要期待他或世界會蜂擁到你家門口，向你求教。你只需看一看J兄最後一天被釘在十字架上的景象，你真的認為當時在場的人真想聆聽他最後的遺言嗎？你真的認為其他的外邦人會比那群猶太人更有智慧嗎？算了吧！那些西方的小笨蛋得等到一千兩百年以後才開始學習阿拉伯的數字和算術呢！當時他們忙著燒殺擄掠，整個歐洲大陸根本還鎖在黑暗時代裡。

葛瑞：你是否在說，基督教會是黑暗時代的遺物？

阿頓：我只是說，歐洲人跟世界各地的民族一樣，都還沒有準備好接受真理，娑婆世界並不真想由夢中醒過來；娑婆世界只想要一點蜜糖讓它好受一點而已。但蜜糖的設計就是要讓你繼續戀棧於娑婆。

※娑婆世界並不真想由夢中醒過來；娑婆世界只想要一點蜜糖讓它好受一點而已。但蜜糖的設計就是要讓你繼續戀棧於娑婆。

白莎：這樣跟你概要性地講解了靈性發展的過程以後，你才會明白為什麼J兄會說：「你們要從窄門進去，因為寬門和大路導向喪亡，但有許多人喜歡走大門。那導入生命的門是多麼窄，路是多麼狹，找到它的人的確不多。」當時他並沒有用末世毀滅的論調來嚇唬那些不肯去走那一窄門的人，他只是告訴他們，他們目前的生活，並沒有活出真正的生命，然後為他們指出生命之路。

你們在此經驗到的只是死亡與毀滅，J兄卻找到了出離之道，因此他說：「歡樂吧！因為我已戰勝了世界。」如果他不是跟你同樣是有課程待修的凡人，哪裡需要去戰勝世界？他的人生體悟多得不勝枚舉，我們當時卻懵懂無知，他所悟出的道理最後都可連結成一貫的思想體系，那便是聖靈的思想體系。例如：他知道《舊約》的某些經文未能反映出完美而平等的聖愛來，所以不可能是上主的話。

葛瑞：例如？

白莎：有些例子，明眼人一看便知。例如，你真的相信〈利未書〉第二十章所說的，上主告訴摩西：淫婦、術士、靈媒、同性戀都該處死？

葛瑞：確實過份了一點，我一向對靈媒頗有好感的。

白莎：正經一點！

葛瑞：正經地說，不，我不相信神會說出這種話來。

阿頓：於是，你面對了一個基本（fundamental）的問題。

葛瑞：哈！這基本問題（funda）一定屬於心理（mental）方面的。

阿頓：世界的出現本來就顯示了人類的心智出了問題。但我們此刻所要指出的是：人們硬要融合兩種根本無法相容的思想體系。我指的不是《新約》與《舊約》的問題，新舊約的分歧點主要是針對J而發的，不是針對真神，但初期教會想盡辦法要把J跟舊時代連線，結果他們最多只能編出一部「新版的舊時代思潮」而已。

我們要對照的是世界與J兄兩套不同的思想體系，不論在《舊約》或《新約》中，你都能看到世界的思想體系的陰影，但你卻無法在這兩部書中真正看到J兄的思想體系；雖然你偶爾也能從沙中淘金地瞥見J的蹤影，但最多也不過如此了。

我不是在比較猶太教或基督教哪一個比較道地，我已經說過，所有的宗教裡都有聖賢，也有傻蛋，然而連這個都是虛幻的，因為J兄早已看破這一具身軀的虛幻。

說到這裡，你已經看到了那個使得世界的想法與J兄的想法勢不兩立的關鍵因素，因為J兄所講的真相與形體毫無關係，而世界的想法徹頭徹尾與形體脫不了關係，而且還把那形體視為真實的你。

即使有些人的眼光偶爾能夠超越形體之上，但仍然會把個別存在的意識抓得緊緊的，那種自我意識其實跟一具身體沒有兩樣。事實上，正是這種分別意識，以及由它生起的紛紜萬象，你把自己繼續囚禁於人影幢幢的娑婆世界裡。

你認為我們的恩師為什麼能夠一反當代的習俗，對男男女女一視同仁？

葛瑞：還是你告訴我吧！我猜他不是想跟那些女人胡來吧！

白莎：因為他從不由外在形體的角度去看人，他本人沒有「男女」的觀念。他知道每個人都是個靈，不受任何限制，因此也沒有男性女性的分別心。現代女性主義老想鼓吹女性的偉大，把女性稱為女神，把神的代名詞改成「她」，真是有趣！這些努力不過是以訛止訛而已。

當J兄用「祂」來稱呼上主時，不過是沿用《聖經》的語言，一種比喻而已。他若要與人溝通，不能不用一些比喻，但你們把一切都看得太嚴重、太刻板了。J兄深知，真神是沒有性別的，人也一樣沒有，因為他們並不是真正的人，你如果不是這一具身體，怎麼可能稱得上是個人？這事遠比你目前的種種疑問更值得去推敲。

J兄既已悟入了真理實相，故能對一切形體一視同仁，反正都不是真的存在。為此，他的眼光才可能完全越過外形而看到永恆不易又永恆不朽的靈性之光，那才是我們所有人的唯一存在真相。

總之，我們那時跟你們大家一樣，只想去看或聽我們想要看或聽到的事情，並沒有真心聆聽J兄教導的一切，只想用他的話來證明自己的看法是對的，為自己活在這一具身體內的特殊經驗撐腰。很自然的，我們也把他當成一個有形有相而且極其特殊的個人。當初我們都是這樣看自己的，而至今你們仍是如此看待自己。

縱然我們中間有幾個人顯得比較有學問，其實，早期門徒的信仰單純得很。J兄被釘死之後，我們都看過他，只因我們那時還無法了解他的整套教誨，所以各門各派流傳出種種穿鑿附會的解釋，例如，說他將來會以同樣的方式重回人間，還會把我們帶回天國去。眾人當時認為這是即將兌現的許諾，不必等到久遠的未來，而且它會發生在人間這塊土地上。

我當初難以苟同這樣的說法，在我的福音中，J兄說過，天國早已來臨了，只是人們看不見而已。總而言之，我們從一開始就意見紛歧，絕大多數的門徒仍懷著期待，等著他重返人間。

一年一年地過去，環境愈來愈難熬了，一些團體領袖為了繼續維繫人們的信仰熱忱，不能不因應當時的需要而發展出一個新的宗教來。

沒有多久，就有一批人把J兄塑造成超越一切個體之上的特殊人物。他們早已相信上主創造了一群隨時會犯錯的亞當夏娃這類不完美的人，活在充滿缺陷的世界。絲毫不顧邏輯上的矛盾：上主既能創造不完美之物，表示祂自身亦有不完美之處；否則祂就是故意創造一群會犯錯的人，藉機來懲罰他們，把他們遺棄在這個瘋狂的星球裡受苦受難。

根據這個新興宗教的觀點，這位真神還不可思議地把祂的寶貝獨生子（他當然遠比地球上的其他混蛋神聖多了）送上了血淋淋的祭台，讓他痛苦地死在十字架上，好為其他人贖罪。

這個邏輯又帶出了另一個嚴重的問題，根據教會自己的信仰解說，J兄的死亡似乎並沒有真正贖清所有人的罪，因為如果罪都已經贖清的話，那一切問題不都解決了嗎？然而並沒有！每個信徒仍需盲目地接受教會為他們訂立的一套生活規範，否則他們仍會遭受地獄之火的焚燒。教會還進一步把另一群生於其他文化、其他時空、連聽都沒有聽過這個宗教的人，一起打入地獄，竟然宣稱這是神的旨意。

葛瑞：經你這一講，確實不合乎情理，那一套思想體系實在有辱真神的本性。

阿頓：如此一來，神的形象成了可怕的象徵，而非愛的象徵。我們無意蔑視這個宗教，但我們必須提出一些值得討論的問題，你們社會裡很少人願意去碰這個問題。

J兄在世時，確實是有史以來靈性發展得最高的人物，但每一個人，包括你在內，遲早也會達到同樣境界的，絕無例外。J兄與其他人毫無不同之處，只是他已徹底了悟了，沒有一個人會被棄於天堂門外，因為我們都是同一個生命，並非你目前夢境裡形形色色的人物。

葛瑞：你是說，連殺人犯都會上天堂嗎？

阿頓：即使是聖保羅（他原先叫做掃羅，為了入境隨俗而改名為保羅，他在改邪歸正之前，也是個殺人兇手）。你這個問話顯示你還不明白我們所要說的重點，根本沒有聖保羅的存在，他並非是真的，沒有一個人是真的，包括J兄在內，都是夢中幻影而已。說到究竟，什麼人也沒有，真正存在的，只有一個上主之子，就是你。

你遲早會懂的，只是還需要修持一段時間，才可能經驗到這個境界，但你必須先有這種意願。我知道你確有此願。

葛瑞：如果我們都在作夢，為何我們儘管各有各的夢境，卻會有類似的經驗？就像我們從不同的窗口看去，看到的卻都是同一座山。

阿頓：那是因為終究來講，整個世界只是一個人生大夢，這解釋了人們共有的經驗；但心靈會在幻境中把自己分裂成小小的單元，再從不同的角度去看同一個夢，這解釋了你們個人的經驗。

這一訪談難免會勾出你許多疑問，這是意料中的事情，並無大礙，但還是請你盡量不要偏離主題。其他的事情，我們日後自會談到的。

葛瑞：好吧！你說，J兄認為所有的人和他自己跟真神都一樣，都具有無限的生命，同樣的完美，如果我們在他人或真神身上看到了不同的本質，其實都是潛意識中我們對自己的信念的投射而已。

白莎：我知道你並不像看起來那樣笨，你知道我是說著玩的吧！

葛瑞：當然，我只是走運，有個靈界的上師來找我麻煩。

白莎：這個麻煩也是幻相而已，純粹是為了教學的目的。讓我再提醒你一點……

葛瑞：你說吧，我哪有選擇的餘地？

白莎：你當然有！言歸正傳，你該明白，當初身為猶太後裔的我們，打從心裡相信我們的宗教才是人類由多神教進化到一神教的一個大躍進。我們當時毫不知情，一神教其實是源自古埃及的Akhnaton派，經過我們的推廣而演變成一神論。說穿了，那不過是把過去「一切神明」好好壞壞的性格特質一股腦地套在「一神」的身上而已。

葛瑞：你是說，我們送走了「一群」糊里糊塗的神明，迎來「一個」糊里糊塗的神？

阿頓：說得好。你當然懂得，事實上，只有一個真神，祂從不糊塗，也不會亂來。那已經寬恕了世界的J兄也是如此，他的心靈已經回歸聖靈根源了，那也是你心靈的歸宿。你曾把心給拐跑了，現在你得把心歸還原處。[6]

而且容我提醒你一聲，你若不這樣做，是不可能真正快樂的，不論你這一生夢到自己有多大的成就，你裡面始終會感到自己缺了什麼，因為在夢幻世界裡，你確實缺了某個東西！

葛瑞：你說，你會告訴我，J兄是怎樣的人，讓我想起，大多數人都認為他姓基督，名叫耶穌。

白莎：是的，姓與名之間，還有一個H呢！幸好，大多數人都知道，基督只是希臘文的一個心理學名稱，可以套在任何人身上，並不是J兄的專屬名號。我告訴你，當J兄被釘死後，數次向我們顯現，我們每次想要描述給別人聽時，都感到詞窮，不知從何說起。哦！對了，忘了跟你提一件事。

葛瑞：連你也會忘事？真丟人，若再犯一次，你就得接受審判了。

白莎：我要說的是，我們當初有少數幾個人對復活事件有所存疑，我們認為復活只是發生在心理上的經驗，和這具人身並沒有關係。這一論調被保羅和教會徹底推翻，卻在諾斯替「靈知」教派（Gnosticism）中傳留了下來；我後來才搞明白，這一說法其實完全正確。

這一切，都不是教會所能教你的，卻也因此促成了阿頓和我來此的因緣。我們要教你J兄的新課程，這些訊息，以後都會有科學印證的；《聖經》裡許多說法如今已經被科學推翻了，科學還會繼續證明它的謬誤的。凡是真正來自上主的訊息，本來就該經得起科學的考驗的，不是嗎？

依照福音的記載，我有時被人稱為「缺乏信心的多瑪斯」，跟J兄的遭遇差不多。你們都被福音裡多瑪斯的故事給誤導了，傳說中的故事往往反映不出歷史的真相，雖然許多人寧願如此相信。聖靈真實的教誨所帶給人的經驗，都是不證自明的。

葛瑞：那麼，歷史上的J兄又是怎麼一回事？

白莎：他從來沒有咒死過任何樹木，也不曾在聖殿前大發雷霆，掀翻商人的桌子；不過，他倒真的治癒了幾個已經宣告死亡的人。他的身體也確實死在十字架上，但不是你們所想像的那般慘烈。

至於他的臨在，是完全無法用一般言詞來形容的。那種經驗如此特別，只會讓你神往不已。他那穩定不移的平安與愛，能把你完全罩住，有些人甚至會受不了而移開自己的眼光。他的心境如此平和而肯定，讓你震懾，一心只想知道究竟他是怎麼達到這種境界的。我們那一批人有不少跟他獨處的機會，就以我自己來說吧，每次跟他私下談過話後，都會被他對上主的那種全然信任而鼓舞不已。

這裡有個經常被人誤解的弔詭現象：J兄徹底地信賴上主，而這種信賴，絕非世間眼中的馴服或無能，反而帶給他不可思議的心理力量。嚇唬得了猛士悍將的事情，也無法動他分毫，因為那些事情在他心中根本不算什麼，他內沒有恐懼。他對世事的心態好比你昨晚做的一個夢，不同的是，你當時很清楚那只是一個夢而已。正因為你知道自己在作夢，自然知道夢中的一切絕對傷害不了你。你也明白，夢裡的一切都不是真的，自己只是旁觀種種象徵性的影像而已，它們其實並不真的活在你夢裡。

J兄與我們私下相處時，常說：世界只是一個無足輕重的夢，但大部分的人都沒有準備好接受這種觀念，因為他們所經驗到的，不只與此說相反，而且強勢得讓你難以招架。J兄還進一步強調了，知道世界是個幻境，還不夠，諾斯替「靈知」教派以及初期教會都說世界是個夢，印度稱為「瑪雅」，佛教稱為無常，意思大同小異。但你若不知道作夢的企圖何在，不知道該如何去詮釋夢中的形象（這一點，我們日後還會深入），那麼「世界只是夢幻泡影」的概念，對人並沒有多大的益處。

當時，他也曾說過，時機成熟時，聖靈會教導人們這一切，讓人們明白，只有上主才算真實的存在，我們這回前來想要與你分享的正是J兄這個新教誨。J在世時，有時會在我們私下談話的最後，撂下一句話：「祂是（God is）！」就離開了。7

還有一件事，人們很少提到的，J兄挺有幽默感的，有時還不太正經，他喜歡大笑，引發別人內在的喜樂。

※世界只是一個無足輕重的夢，但你若不知道作夢的企圖何在，不知道該如何去詮釋夢中的形象，那麼「世界只是夢幻泡影」的概念，對人並沒有多大的益處。

葛瑞：這樣還算是大徹大悟的人？

阿頓：當然，不過我們最好再澄清一下，我們並不是說，在人生夢境裡，他比較清醒一點而已，而是說，他已經由夢中覺醒過來了。兩者之間可說是咫尺天涯。真的，葛瑞，在夢境中顯得比較清醒，會給大部分的人一種「悟道」的形象，但這絕不是我們所要說的。你可以把一隻狗訓練得更機警，引人注目，活出牠所謂的「一生」所有的潛能；你也不難教人提升他們的意識境界，你甚至有辦法找出一套更聰明的「思考模式」，為你的夢境帶來更多、更好、更不同的東西。但J兄已經完全出離了夢境。

他並無意改善你的幻境，也不會教你怎樣發揮潛能，表達自己，讓你死而無憾。那些技巧也許會帶給你一時的滿足，但你仍是在沙堆上建造城堡。

當然，J兄不會反對你在人間活得更好一點，但他關心的不是你接受「什麼樣」的指引，而是那個指引究竟來自「哪一個」源頭？因為他知道，你若忠實地追隨聖靈的指引，那源源不絕的智慧寶藏就在你的指掌之間。他真正的目標不在美化你的人生，而是要將你由你自認為的那個人生中喚醒。那樣，你的城堡才算是建造在岩石上。

J兄的訊息不是幫你去修整世界，想一想，當你的肉體眼看著就要消逝時，你要把這個世界扛到哪裡去？這個世界，你可以盡量美化它，但你無法把它帶到任何地方去！

葛瑞：這些觀念好像在某些福音中提到過，後來卻被教會否定掉了，不是嗎？

白莎：你這說法，算是客氣的了。在許多案例中，好幾部福音已經被教會毀掉，人們再也讀不到了。現代人忽略了一樁事實，當君士坦丁大帝尊奉基督教會為羅馬帝國的國教時，根據這一法律，其他宗教或靈修學派頓時變成「非法」組織了，只要你的信仰不符合這個方興未艾的新宗教，一夜之間，你便成了「異端」，隨時會面臨死刑的懲罰。

這情形好比是你們的國會突然通過了一項法案，規定凡是與「基督教聯盟」教條不合的宗教信仰，一律禁止，任何異議者都將視同殺人犯來處置。

葛瑞：看起來，君士坦丁大帝的包容性並不比先前迫害教會的皇帝們好到哪裡去！

白莎：君士坦丁大帝是軍人、政客，也是殺人王，他除了處心積慮地擴展權勢以外，沒幹過什麼正經事。他看到當時的教會在羅馬帝國內已經成了最受歡迎的宗教了，他只是擁「宗教」而自重而已。對於這些殺人不眨眼的人，你不至於認為他真的有什麼宗教修養吧！

葛瑞：不也有人相信「聖戰」是合乎天理的嗎？

阿頓：「聖戰」！又一個自相矛盾的大帽子！

葛瑞：連近人 Edgar Cayce 也說過，戰爭有時是必然的。

阿頓：「神聖」與「必然」之間可有天壤之別。Edgar 是個頗具天賦與品格的人，但他會毫不猶豫地告訴你，他不是J。J兄對於這類「宗教暴力」的說法只會一笑置之，整個世界對他都是很好笑的事。

葛瑞：好吧！讓我們再回到那個虛有其名的朋友君士坦丁以及早期教會上去。你說，其他幾部福音以及有關J兄的不同觀點都被教會廢除了？

白莎：不錯，這讓你不得不重新去看一看歷史為你們保留下來的東西。你大概以為我們正在給你另一個修正版的歷史，卻不知道，整個歷史都是經過修正的版本，不論是宗教史、自然史或政治興亡史。說真的，你根本不知道你們真正的歷史。不論你把歷史稱作 history，或是女性主義改成的 herstory，都是根據「勝者為王，敗者為寇」的原則而寫出的。

如果軸心國在二次世界大戰中獲勝的話，你們今天大概就會讀到希特勒、墨索里尼，和日本天皇是何等的時代偉人，只有極少數不怕死的地下份子會講出猶太集中營與南京大屠殺的真相。你們算是幸運的一代，同盟國最後獲勝，今天才能自由地學靈性課程，而不是去讀法西斯主義。歷史上並不是每一個時代的人都這麼幸運，有權相信自己想要信的東西。

J兄被釘死以後，我的宣道活動大多集中在敘利亞，比保羅早了十四年。我也長途跋涉到過埃及、阿拉伯、波斯，甚至印度。我為J兄作的見證相當直接而單純，完全根據我由他那兒聽到的，包括他公開的演講和私下的教誨。在那段期間，我們並沒有刻意渲染J兄的事蹟。其中最早的一部福音，稱為〈福音語錄〉（*Sayings Gospels*），就是根據門徒口述而記錄下來的J兄言論。

後來被編入「正統福音」的種種故事，都是後期的創作，它雖然排在保羅書信的前面，其實比保羅書信晚了二十到六十年。由於我當時只引用J的公開和私下的言論，還有我與當代人來往的信件，包括我的福音在內，常給人一種比較理性的感覺。不論如何，我福音中許多說法對當時中東文化的意義遠大於對現代西方文化的衝擊。因此，我只舉出幾個對你們可能比較有意思的觀念來講。

在美國城鎮長大的你，可能很難相信我的說法。當時的阿拉伯世界在各方面都比歐洲或羅馬帝國先進多了。你的歷史包袱，讓你以為歐洲是世界文明的高峰，其實，跟中東皮特拉（Petra）城相比，那時的歐洲簡直像個貧民窟。

埃及的金字塔也不像你們今天所看到的樣子，它壯麗的外表，和磨得發亮的石灰岩，你在百哩之外的沙漠，都能看到它熠熠生輝。埃及的亞歷山大圖書館，擁有上百萬種文件，囊括了人類歷史累積的知識之總和。我們都知道它的命運，一部分毀在入侵的羅馬人手裡，又歷經一連串匪夷所思的人為糟蹋與掠奪，再加上幾場火災⋯⋯。

我說這些，並無意把幻境當真，也不想把夢中故事講得更詩情畫意，我們只是點明事實，讓你知道你們的歷史觀經過多少扭曲。你們罔顧黑暗時期，認為那時的歐洲文明以及後來稱為基督教的教會，好似比起世界各地都更為文明。其實，那時最野蠻的地區首推歐洲，不論是北方的族群，羅馬族群或是後來的教會族群，他們的暴虐事蹟證明了他們的野蠻。可想而知，他們對J兄教誨的詮釋，也不會高明到哪裡去。

沒錯，後來當其他國家開始衰退、沒落之際，歐洲的情況慢慢好轉，但基督教會在這之前已經成型了。不僅如此，它還全力抵制歐洲文藝復興運動，而這正是它的一貫作風，只要是不合乎教會狹隘鄙俗的神學的，它一律予以銷毀。

葛瑞：你對教會的看法好像不太友善。我所認識的基督徒中大多數都是好人。

阿頓：我並沒有說，教會裡沒有好人，也不否認基督徒有時確是「地上的鹽」，但這個宗教龍蛇雜處，世界既是人心的投射，它便成了龍蛇混雜的一個大袋子。人心若想得到治癒，必須仰賴這個袋子以外的東西。總而言之，別笨到這種地步，以為你們很知道自己的歷史，其實，你們所知道的，只是極小而且相當扭曲的一部分。

再看一看自然史，人類在地球上的存在，遠遠早於你們科學家願意承認的年代，即使證據確鑿，科學家也不敢公佈這類資訊，唯恐有損他們的職業聲譽。他們的研究若不符合當代的科學「典範」（paradigm），就申請不到研究經費；沒有錢，一切研究計畫只好停擺了。

也別寄望你們的政府以及接受企業資助的高等學府會在不久的將來向你們透露真相。事實上，人類這種生命形式的存在，已經在地球上開創過也毀滅過許多高度科技文明了。開創文明，再毀滅文明，這一模式在地球上已經重演過好多次，你們只是渾然不覺而已。傳說中的亞特蘭底斯（Atlantis）不過是其中一例而已。你們一直在重複同樣的模式。

> ※人類這種生命形式的存在，已經在地球上開創過也毀滅過許多高度科技文明了。開創文明，再毀滅文明，你們一直在重複同樣的模式。

偉大的靈魂甘地曾提醒世人說：「人生除了往前衝以外，還有更值得活的事情。」世界從他那兒學到的非常少，卻還以為自己學到很多智慧。

葛瑞：你這講法讓我想起，我曾讀過一組聖經學家的研究，他們結論說：在福音所記載的耶穌言論中，只有百分之二十可能是J說的。

白莎：事實上，這數字還算高估了呢！他們斷定J兄說的或沒說的例子，有時並不正確。不論如何，我們來此的目的不是為了助那批聖經學者一臂之力。那一學派雖有它的貢獻，但研究的方法卻有問題。

葛瑞：怎麼說呢？

白莎：他們設定一個原則，例如，在不同的版本來源出現的次數愈多時，那些言論的可靠性便愈高。好比說，〈馬可福音〉、〈馬太福音〉和〈路加福音〉都是抄襲早期的資料，〈馬太〉與〈路加〉也抄襲同一資料以及〈馬可書〉。

〈馬可福音〉寫成的時間雖然早於其他三部正統福音，在《聖經》中卻排名第二，主要是因為那些孩子們想要用〈馬太福音〉中的耶穌族譜作為《新約》起頭，便硬把耶穌的身世推溯到大衛王那裡，以為那才算符合了《聖經》的預言。這簡直是畫蛇添足，因為後面所記載的馬利亞「童貞」生子的傳奇，已經把耶穌跟約瑟的血統撇清關係，前面的族譜變得毫無意義了。

實際上，根據原始的《聖經》記載，只說這位彌賽亞將生自一位年輕的女子，根本沒說她是童貞女子，童貞生子的記載其實都是竊取當時各宗教流行的故事而編造出來的。

葛瑞：人們喜歡預言故事。

阿頓：他們可喜歡得很呢！我們其實可以這麼說，早期教會內許多故事都是借用古代的宗教傳說或《聖經》故事，包括了後來失傳的〈死海卷軸〉。順便在此一提，我們先前對厄色尼派不太客氣，其實，他們非常擅長抄經及經卷維護，在這一方面，他們的貢獻超越當代所有的教派。

葛瑞：你好像愈講愈不留情了！

阿頓：你慢慢就會了解，人，不是好壞的問題。我們上面對聖經學者的釋經原則所做的評論，只是讓你明白，如果福音作者本來就是你抄我的、我抄你的（這在當時是很常見的事情），那麼現代學者若憑著哪些故事或言論出現次數的多寡來斷定那些章節的可靠性，這種結論自然錯誤百出。更何況，他們抄來抄去的原始資料本身就未必正確，再加上，那些經過抄經者竄改過的原始資料也早已失傳了，從此更是死無對證。

葛瑞：你是說，抄襲下來的資料未必就是真的，查不出源頭的資料也未必是假的？

阿頓：對！你這學生真行。現在，我也給你一個預言，你將來會寫出一部關於我們的書，把我們的對話內容流傳出去。

葛瑞：寫書？我連支票都寫不好。

阿頓：這是一個讓你發揮記憶力的大好機會，還有你記的這些筆記。

葛瑞：如果我跟別人講你們現身於我家的事，鬼才會相信呢！

阿頓：事實上，有些人會相信，有些人不信。這樣吧，讓我給你一個建議，幫你開始時安心一點。你何不試著「不要企圖」去說服別人？就像講故事一樣地開始，好像是你編出的故事，甚至告訴他們，一切都是杜撰出來的。弟兄，這正是我們所要傳遞的關鍵訊息。

葛瑞：我不敢說，我大概連標點符號都搞不清。

阿頓：那又有何妨？只要人們看得懂書中某些觀念就夠了，不要擔心細節問題，只需寫出我們跟你講的這一切。訊息本身比什麼都重要，而非傳遞的形式工具。就算你的標點符號搞錯了，實質內容和它的一貫思想自然會彌補這些缺陷的。此外，你若試著祈求聖靈協助，你會驚訝地發現，一切問題都會迎刃而解。

葛瑞：你這建議不是跟你先前所說的自相矛盾嗎？你說過，我若不想告訴任何人的話，我就不需要說什麼；你也說了，你不會告訴我將來會發生的事情，不是嗎？

白莎：我們不會告訴你未來的事情，如果你不想寫的話，就不要寫；就算你寫了這一部書，但如果你不習慣公開演講，你也不必成為公眾人物的。你不喜歡在大眾場合說話，對吧？

葛瑞：我情願坐針氈，下油鍋。

白莎：不必這麼誇張，我的意思是，你想做或不做什麼，悉聽尊便，只希望你聰明一點，別隻身奮鬥。有時間的話，不妨問一問J兄或聖靈，讓他們來幫你做決定。

我們之所以這樣有把握，因為將要發生的事情，其實已經發生了。我們並非給你什麼特殊任務，只是告訴你已經發生的事情。以後我們還會回到這個問題上的。

葛瑞：我還沒告訴凱倫這件事情，感到有些不安。如果她在場的話，也能看到你們嗎？

白莎：當然！我們投射出來的形體跟你們的肉體具有一樣的密度，只是腦袋不太一樣。我是說著玩的，任何人都能看到我們，就像看到你一樣。可是你暫且別讓她知道，可能對她更好。

葛瑞：怎麼說？

白莎：你若現在告訴她我們的事，她會相信你，但那會改變她的生活軌道，引出一連串不必要的事情。你最好等我們的「示現」結束以後再告訴她。目前我們只希望你一人參與此事。

葛瑞：我可以為你們拍照，錄下你們的聲音嗎？

阿頓：可以是可以，但最好不要，理由有三：首先，你很想向別人證明我們的存在，但你隨便請一位演員，一樣可以扮演我們的角色，假冒我們的聲音，這並不能證明什麼；其二，我們並無意去說服任何人，證明你沒說假話，我們的目的不過想分享一些觀念，幫他們這一路上走得順當一點而已；其三，利用我們的現身來誘使人們相信我們，有違我們教導的初衷。

我們會提供一些具體的應用方法，讓人們得到一些具體經驗，藉著這種教學方式來鞏固你們的信心，這才是比較究竟的方式。

葛瑞：萬一別人排斥你們這套說法，或是有些人中途而廢，去找其他法門……

阿頓：這將是絕大部分人的反應，但總會有一小部分的人踏實地修下去，而且獲益良多的。我們說過，別擔心這些枝節問題，沒有任何學習經驗是白費的，不論你們學到什麼，永遠都會存留在心裡，不可能失落的；即使你意識不到，它仍在那兒。為此，你大可不必擔心你這輩子可能到不了天堂。

學習過程不是直線式的，不只你學到的一切都存在心裡，你可以放一百個心，那些讓人陷入輪迴的種種選擇，看起來像是直線性的，其實它們不是出自你們的身體或大腦，那是你們的心靈在另一個全然不同的層面所做的決定。關鍵在於你究竟有沒有盡你的本分協助聖靈來治癒你潛意識裡的罪咎[8]。我們說過，不論外表上發生什麼事情，你其實是心知肚明的。

葛瑞：酷！所以沒有一個人真的像我們外表看起來那麼笨！

阿頓：沒錯，所有的無知，其實都是一種壓抑，它是為了某個理由而造出的結果罷了。我們將來還會談到的。

> ※所有的無知，其實都是一種壓抑，它是為了某個理由而造出的結果罷了。

葛瑞：嗯！很有意思，你說的種種，都是我第一次聽到的，心裡卻生出本來就是如此的共鳴。

阿頓：那是因為你前幾世對這類靈性哲學並不陌生。過去幾年裡，你也曾經看過自己前幾世的形象，你具有看到神秘意象的天賦。這一世，你之所以會有許多靈性經驗，是因為過去幾世的學習成果仍然存在你內，這也是你為什麼會熱中靈性的追求，就像鴨子熱中於水塘一樣。

葛瑞：你可以簡述一下我的過去嗎？

阿頓：我可以很簡單地講一些。記住，過去那些事情並不會讓你顯得獨特或與眾不同，每個人到了最後都會被類似的東西所吸引。

有一世，你很幸運地拜在猶太神秘學派 Kabbalah 的偉大先知 Moses Cordovero 的門下，他有句名言：「上主是一切實相，但並非一切實相就是上主。」這句話說出了一個非常重要的觀點，成了 Kabbalah 派與一般泛神論的重要分野。

在你的輪迴道上，有一站，你是回教神秘學派的蘇菲（Sufi）。

葛瑞：真有趣，猶太人與阿拉伯人如此不共戴天，其實，在許多世裡，他們兩邊都活過。

阿頓：說得好！即使在有形的層面上，阿拉伯與猶太人，塞爾維亞人和回教徒，基本上都是一樣的。這顯示出，人們是如何不惜任何代價也要顯得跟別人不一樣才行。這是人們共通的習性，只不過有一些例子在我們眼中顯得特別極端而已。

即使今日，猶太人、黑人、印地安人一樣覺得歷史對不起他們，絕大部分的人如果知道他們過去幾世是怎樣做盡壞事，迫害他人的話，一定會大吃一驚。同理推之，許多童年遭到虐待的受害者，在他們這一生內，很可能搖身一變，成為虐待別人的迫害者。受害者與迫害者的雙人舞就這樣不斷地演下去，讓每一個人都有機會穿上正義法官的血腥長袍。

當你還是回教蘇菲的那一世，你精進地修練「一體」或「一神」的觀念，頗有成就，你能透過表面分立的事物悟出那就是真神的實相，也認清了萬物的無足輕重。你特別喜歡《可蘭經》的一句話：「一切受造之物都得承受斷滅之苦，而那兒恰是上主崇高而富裕的面容所現之處。」

你同時了悟了，每個幻相的核心都會變化；你身為佛教徒的那一世，知道那叫無常、空幻，它的反面則是淨光（Clear light）。這一切學習經驗，正好與你在另一世所學的相互呼應，那就是柏拉圖的學說。他在演說與著作中提到世上一切不完美事物背後的完美理念，他稱之為「至善」（the Good），還把它描述成永恆的實相，駕馭於一切榮衰、浮沉的循環之上。

六個世紀以後，你的另一位老師，新柏拉圖學者，叫做普羅汀（Plotinus），沿襲柏拉圖的學說，又往前推了一步，說：「至善，是至上的一位。」（the Good is One）他企圖把這個至善界定為萬物的終極根源。

然而，我們敢這樣說：除了J兄以外，歷史上所有偉大的哲學家幾乎都不了解這世界究竟是「從何」而來，尤其是，這世界究竟是「為何」而來的。

葛瑞：柏拉圖的寶貝徒孫普羅汀大概也只是抄襲柏拉圖的學說而已。

阿頓：你再口無遮攔，就要被罰了。你現在應該聽得出我們什麼時候是說笑的了吧！言歸正傳，柏拉圖在世的話，大概會很喜歡普羅汀。

在此要提醒一下，我們所說的每一個事件，對你而言，都是一生的經歷，我們只能簡單地一語帶過，只為了讓你看出，你確實花了好幾輩子研究過它們了。永恆不易的實相，這個觀念不可輕忽了。為什麼？讓我們先看一看「陰」與「陽」的觀念，你有好幾世投胎在遠東地區，學過道家與佛家的傳統。

葛瑞：乖乖，我還挺會跑的呢！

阿頓：每個人遲早都會這樣繞一圈的；說到究竟，其實它們全都發生在當下。愛因斯坦說過：過去、現在與未來是同步發生的。

葛瑞：那個愛因斯坦可真靈光啊！

阿頓：對，但他卻不知道，這一切其實根本沒有發生過，你遲早會明白的。就以我們今晚的聚會為例，結束時，你會覺得我們在此跟你混了好幾個鐘頭，其實，根據你手錶上的時間，才過了二十分鐘。

（此刻，我瞄了一眼手錶，果然，只過了十一分鐘，我卻感到白莎和阿頓已經跟我講了一個多鐘頭了！)

葛瑞：赫！真不是蓋的！我手錶的秒針走得挺正常的，你這花招可真開了我的眼界！

阿頓：放心，我們知道這次對話是最長的一次，所以我們決定在時間上動一動手腳，以免讓你熬夜，我們知道你需要充足的睡眠，明天你還得幹活呢！

時間是可以改變的，雖然你的經驗屬於直線性的，但你其實是「非直線性的存在」。我們通常不喜歡玩這些花招，但以後我們還會玩一下空間的花招（不是外太空的空間，而是指一般的空間），無非為了讓你明白，你也不是「空間性的存在」，而是「非空間性」的存在。若用物理學的說法，你的經驗雖然屬於區域性（local experience）的，但你其實也不屬於「區域性的存在」。

言歸正傳，我們剛才提到陰與陽的學說，也遇到類似的情形，這類學說一樣存在於其他著名的哲學及靈修體系中。陰，屬於被動陰柔之氣，陽，屬於主動陽剛之氣；陰所代表的原始意義是這樣的，它源自「道」，絕對的寂靜，但是「道」無法反觀自身的存在，故一分為二，顯現於外，於是出現了一股狀似永遠變易、生生不已且相互消長的平衡能量。我只能如此點到為止，我不想全盤搬出道家思想發展史，那過程可長的了，你對這類概念不太陌生吧！

葛瑞：不陌生。所以，新時代的觀點其實是非常古老的，連柏拉圖的觀點都得藉助於他的先賢們。

阿頓：我們都是如此，連「至上的一位」（the One）的概念也不是新創的，但柏拉圖仍不失為一位傑出的哲學家。J兄的境界雖然高出他一大截，仍然十分推崇他那洞穴神話（The Cave）的故事。

葛瑞：我記得那故事，小時候，我媽媽曾唸過這故事給我聽，我記得那時感到這故事挺恐怖的。

阿頓：你可想過，你母親明知你不可能真正了解這故事的意義，為何還要選這故事？

葛瑞：因為她要開啓我的思想，讓我知道，除了社會塞給我們的一堆垃圾以外，還有許多不同的觀念存在。

阿頓：正是，她是個很不尋常的母親，我們等一下再回到這個故事。我們說到，陰與陽背後的含意，這跟其他種種哲學思想並沒有太大的不同，不幸的是，它也犯了其他學派一樣的根本錯誤。陰與陽不斷相互消長，你能在一切陽中找到陰，也能由一切陰中找到陽；同時，世界嘲笑人生這樣轉啊轉的，直到你忍受不了為止。

然而，哲學只假定意識、氣及知見都是構成生命的要素，卻從未深究此這一觀念的漏洞，等你聽完我們講的話以後，便會明白問題的真相了。我們也會藉著第一次複習，教你怎麼去處理這些重要的人生因素。目前你只需記住一件事：這些靈性祖師們私下都已實證出，有個不易而永恆的「至上的一位」（the One）存在。在這方面，他們確實說對了！

還有一個觀念他們也說對了，即是，凡是不在「至上的一位」（the One）之內的，就是虛幻的，連我們用來分別一物是善是惡的這類基本判斷，也同樣的虛幻，因此，我們才會說，所有的判斷都是站不住腳的。

葛瑞：你說的就是《薄伽梵歌》（*Bhagavad-Gita*）所謂的「痛苦等同於喜悅……」。

阿頓：對，你講話有點兒像聰明的印度人了。你有一世是印度人，那時，聰明的你對政治活動一點兒興趣都沒有，你只用它來幫你認清世事的虛幻。然而，認出萬物的虛幻只是J兄所教的寬恕課題的一小部分而已，並非全部。接下來，好戲快要上場了，你已經不知不覺地成為地下份子J兄的同夥了。

葛瑞：什麼意思？

阿頓：我們很愛J兄，他像是引領一群孩子回到天鄉的一盞明燈。有一次，我跟他在一起時，談起寬恕的話題，他說我已經成為地下份子J兄的同夥了。他後來解釋，這不過表示我的思想路線愈來愈接近他的了。他說，那時他才能夠深入我心中，甚至比我還接近我自己，因為我開始能用同樣的內在智慧去思考或看事情了，這就是所謂的「靈性慧見」。

我們說過，這跟肉眼之見是兩回事，雖然那些「內在智慧」所展現的「外在標記」有時也是肉眼可見的。讓我們再提醒一下，無法看到這類標記的人，不該感到難過，或自嘆不如人，這種能力並不必要，只是有些人像你一樣具有這類天賦，有些人則有其他的天賦，這些外表的特異功能其實都是多餘的，我們關心的只是它背後的「因」而已。

當然，J兄既然已經與聖靈全然認同了，他對我說的那一番話，不過是要我跟他一樣接受聖靈的思想模式，而非跟他那具血肉之軀認同。要是有人對J兄之名感到不太自在，他們隨時都可以換成聖靈。只不過，當你還把自己看成一具形體或靈魂時，如果你感到有個跟你一樣具體的人（而不是一個抽象的靈）在一旁幫你慢慢跨越有形的象徵，效果可能更好一點。

葛瑞：克里希納、佛陀、瑣羅亞斯德，或其他一夥祖師爺們還不夠用嗎？

阿頓：如果夠用，你就不必去學J兄的那一套了。你認為他們講的都是同一回事，但在內行人眼中，幾個重要的分野，足以失之毫釐差之千里。我們無意貶低其他學派，反正所有的人最後都會抵達同一目的地。事實上，他們已經抵達同一目的地了，這一說法已經超越你目前的了解極限，你還沒有準備好。目前，只需記得一事：你若決心與J兄合作，大可放一百個心，他一定會幫忙的。

白莎的福音有一兩處為你做了很清楚的解說。

葛瑞：我正耐心地在此候教。

阿頓：我知道，我們快要進入那一主題了。讓我們把你的輪迴故事做個結束，你有幾世活得不錯，也有幾世好像虛度了。你不時夢到它們，有些是噩夢，有些是好夢。讓我問你一下，你還常夢到自己是個印地安人活在大河交會的那個城鎮裡嗎？

葛瑞：你怎麼知道？喔，我忘了，你是無所不知的。

白莎：對，我只是提醒你，我們只能用你所懂的詞彙和意象來教你，你已經輪迴上千次了，包括各門各派的教會，還加入過別人聽都沒有聽過的宗教。例如：在你身為土著的那一世，你經驗到某種靈性世界，你當時稱它為Ika，你感到它是如此的真實，甚於你醒時的世界。

在你所有的前世經驗裡，有一世最為豐富，那時，你拜印地安的靈性大師「偉大的太陽」（Great Sun）為師，兩人親密如友。一千年前那個人口聚集的城市，跟十九世紀初期的波士頓或費城差不多大，散佈在目前的聖路易士城附近，只是居民中沒有一個白種人。那時已經有房子了，不是印地安人的帳棚（teepees），當時只有在草原上隨著季節遷徙的游牧民族才使用帳棚。

你當時是住在城內的印地安人，你認識了傳說中「來自太陽而冥想於天地之間」的這位智者，人們尊稱他為「偉大的太陽」，遠在白人將《聖經》引進美洲的前五百年，他已經廢除人頭祭，發佈近似「十誡」的誡條，傳授類似J兄的道理。他有點兒像現代的皇帝或教宗，當地的百姓基於愛慕和尊敬，為他建造了一座讓人嘆為觀止的建築。

那時印地安人雖然還沒有書寫文字，那城市的名稱若用今天的文字寫出的話，近似Cahokia。「偉大的太陽」英名遠馳於整個美洲內陸，幾條大河將這城市跟美洲其他區域聯繫在一起。你當時是靠交易皮貨為生的，你總是不忘向與你交易的其他族人分享你恩師的教誨，然後高高興興地回家，繼續跟這位覺悟的靈性導師學習。

葛瑞：我心裡確實常有這類畫面出現，他是不是摩門教聖經裡提到的那個傢伙？

白莎：不是。連約瑟·史密斯（Joseph Smith，摩門教主）都不知道他的存在，大部分的白人對他也一無所知。印地安歷史是靠口耳相傳的，史密斯的訊息另有來路，他聲稱自己的記錄是譯自一些金屬版上的訊息。總之，那「偉大的太陽」的教誨非常近似J兄，不過晚了一千年而已。

我們不打算跟你細講你那一世或那位大師的長篇故事，我們關切的是你這一世，我們之所以給你這些背景介紹，只是幫你準備接受J兄最新也是最高的教誨而已。也藉機提醒你，不要重蹈「偉大的太陽」的覆轍了。

然而孰能無過？即使是開悟之人！地球本來就不是一塊完美之地，當初設計出它來，目的就是要「完美」無法在此立足。你們認為宇宙正朝著完美進化，這觀念是錯誤的，娑婆世界的設計只是讓人看起來好像是《薄伽梵歌》所說的，一直在原地打轉，不斷重複同一模式，形式花招有些不同而已。你以後便會看出其中的玄虛了。

※你們認為宇宙正朝著完美進化，這觀念是錯誤的，娑婆世界的設計只是讓人一直在原地打轉，形式花招有些不同而已。

你犯的錯誤跟那些覺悟者所犯的錯誤唯一不同之處，即在於「真寬恕」的功夫。他們悟出，如果他們應該當下寬恕別人的錯誤，那麼他們理當寬恕自己的錯誤；他們也明白，做什麼並不重要。但是很少人能夠接納這一觀點，大多數的人生生世世扛著自己的錯誤和內疚，其實大可不必。

葛瑞：那他究竟什麼地方搞砸了？

白莎：他並沒有真正搞砸，癥結所在，端賴他原本想要怎樣活這一生而定。他若單純地教人真理的話，可能對人類更有幫助。不論是以前還是現在，不論東西南北，世界處處需要人拉一把。

世上有不少的人，心裡不斷攻擊別人，卻毫不自覺，只認為自己是對的，很酷，不惜活得像是一個受害者。「偉大的太陽」為了應觀眾要求而偏離了人類最需要的精神訊息。

我們早就告訴過你，真正開悟的人很少想作領袖的。兩千年前，多少人期望J兄成為彌賽亞君王，而不只是一個祭司而已，但他只有傳授真理的興趣，讓人感受到上主之愛，這才是他真正關切的事情。

然而，「偉大的太陽」慢慢變得像教宗一般，最後和其他傳統的大師幾乎沒兩樣了，他把時間浪費在政治事務上，給百姓的只是一些靈修上的陳腔濫調，沒能提升人民的意識層次，而那才是他們迫切需要的。讓政客去管政治吧！把凱撒的歸於凱撒。人們需要教育，但你若真正告訴他們真理，保證你不受歡迎，你必須接受這一事實，但是「有耳朵的」還是會聽見的。

於是，那位「偉大的太陽」成了一個決策人物，當時人們認為那是很重要的事，其實，真正有益的，是當他跟人一對一的談話，或在小團體傾囊相授自己所知的一切，不必擔心那可能會引起人們誤解而有所保留。

我們先前說了，除非真心想講，否則你無需告訴任何人有關我們的事情，但如果你心血來潮決定開口時，最好實話實說，寧願看到有些人拂袖而去，總比只說他們想要聽的話要好得多了。

世上所謂的成功，就是看到一堆人向你俯首稱是，但真理不會讓人變得唯唯諾諾的，它必會震撼人心，至少，也會讓人開始質疑許多問題。「偉大的太陽」後來確實希望少管一些政務，多傳播一些真理，到了晚年，他才寬恕了自己的錯誤，只是對於自己沒有更正面地發揮天賦而有些許遺憾，但最後，他連這一點遺憾也寬恕了。

我們之所以在此提起往事，是為了給你一個前車之鑑，你將來最好別想變成什麼名人，還是專心真理吧！其餘的事情讓聖靈去操心。你多花一些時間向祂學習，別想成為明星。

葛瑞：你說我在那一世進步神速？

白莎：對。你可知道為什麼嗎？因為你很少花時間去教人，大部分時候你都在聆聽那位良師益友。你有許多機會私下聽他講話，何其幸運，那通常是他講得最深厚也最詳盡的時刻。換句話說，你是學生，這是我們給你的另一個指標，雖然你現在正扮演學生的角色，但將來你一定要時時提醒自己，若想進步神速，通常不是在當大師之時，而是當一個好學生的時候。

葛瑞：那個「偉大的太陽」真的是從太陽來到地球的嗎？

白莎：千萬別把宣傳當真了。

阿頓：你的良師益友曾經告訴過你，他的出身無異於常人，但人們老是喜歡在出身上大做文章，對於怎麼回歸天鄉這類人生大事反而漠不關心。

葛瑞：那麼J兄的出身也跟凡人一樣囉？

阿頓：只有死抓著人身不放而且認定J兄形體的重要性超越一切的人，才會這麼重視這個問題。我們繼續討論下去，你就會明白，「人心」才是問題的最後答覆。答案不在外界，也不在形體上，我指所有的形體，包括了J兄的身體。這是他的關鍵訊息之一，若不了解這一點，其餘的就別提了。

你會懂得的，你終會明白人身是多麼無足輕重，那時，你才可能體會出自己的身體也是同樣的無足輕重，除此之外，你還有什麼更好的解脫方法？當你明白了，原來是你自己打造形體的桎梏來綑綁自己的，你才算是真正脫「身」了。

※當你明白了，原來是你自己打造形體的桎梏來綑綁自己的，你才算是真正脫「身」了。

葛瑞：你曾提到，門徒保羅反對「復活的是心靈而非身體」的主張，但我對他印象最深刻的一次，是他說服了猶太裔的基督信徒，允許外邦人入教時只接受洗禮而不必接受猶太人的割損禮。

阿頓：我跟你說過，他善於譁眾取寵。請別誤會，我們並不否認保羅在歷史上是個相當聰明又有影響力的人，他在書信裡的辯才無礙頗有懾服人的氣勢。他在去大馬士革（Damascus）的路上與J兄的會晤，也真實不虛。但若追根究柢，他自成一家的論點，很多都不是J兄所教的。

講到這裡，你大概不難明白，J兄要傳授的是那真理的全貌，至今仍是如此。先他而生、後他而出的人，所教的都是部分的真理，人們常會因為一部分聽起來一樣，就妄下結論，認為他們講的都是同一回事了。J兄的教誨有他獨到之處。

葛瑞：你是說，J兄只贊同克里希納、老子、佛陀、柏拉圖這些人的「部分」說法，而非「全部」？

阿頓：是的。他還很欣賞後他而出的保羅、華倫底奴斯（Valentinus）和普羅汀某部分的觀念。在某些「放諸天下皆準」的真理上，J兄和他們的觀點常是一致的，等你了解了他整體的教誨以後，就會看出他的思想體系的原創性，跟其他學派不盡相同，抓到這一點，你便已找到回家的捷徑了。

白莎：講了這麼多，我們總算可以進入J兄的教誨了，我會用一小部分的時間談一談我的福音（多瑪斯福音），你不妨先跟我簡單地講一下你對這部福音的了解，這樣有助於你澄清自己的思想。

葛瑞：我所知不多。好像是二次世界大戰之後，有個人在埃及偶然間發現了這個手抄本，還有一堆其他諾斯替教派的文件。天主教教會說，那些資料都是諾斯替教派的異端份子捏造出來的。我又聽說，最近有些聖經學家開始重視這些資料了。

白莎：沒錯，你並沒有真正讀過它，是吧！你只是在書店裡翻了一下，那次，你大部分的心神都在看書櫃另一端的妙齡女郎。

葛瑞：你的語氣裡，好像有一點批判的意味嘛！

白莎：沒有，我只是說，你那時的腦袋裡只有跟那女人身材有關的膚淺念頭，怎麼可能讀得下我的福音？

葛瑞：嘿，你這樣講真不公平，你怎麼知道我膚淺的念頭不是在想她的「心」？

白莎：那麼，你且說說那次翻閱的感受或心得？

葛瑞：我沒怎麼深入，你何不親自介紹一下，讓我茅塞頓開？

白莎：好，但我們說過，我們只會點到為止，如果你想知道更多，不妨自己去研讀一番。

我的福音是一九四五年發現的，人們聲稱那是一千多年來首次出土的完整版本，其他存留下來的版本，只有先前發現的希臘文的斷簡殘篇而已。關於我的福音，足夠你寫一本書了，目前已經有不少人寫了，你同時也需要特別留意三百年的埃及文明和諾斯替教派哲學在Nag Hammadi版本中留下的痕跡，這樣你才能懂得某些說法的意思。

此外，這福音並沒有包含J兄私下傳授我的所有資料，原因之一是，我那時完全沒有預料到那一群人會置我於死地，我只是跟他們談論平安。大家都想要平安，包括你在內，但，葛瑞，我得跟你講，除非世上的人心中先有平安，這世界是不可能安寧的。雖然我沒有活太久，至少我成了J兄最早的傳道者之一。儘管《聖經》裡對我和達太頗有微詞，但我們實感榮幸，能把J兄當面教我們的那一套傳播出去。

葛瑞：確實榮幸，你可曾被教會祝聖過？

白莎：我天生就已蒙受上天的祝聖了。

葛瑞：你也被釘了十字架嗎？

白莎：沒有，在印度被斬首了。活在肉體裡的人永遠無法預知當天會發生什麼事。事實上，那一天是個很適合去彼岸的大日子，出乎意料地快！說到這裡，我想談一談有關釘十字架的事，那是羅馬帝國獨有的刑罰，沒有任何地方有這類儀式。後期的福音作者很厭惡賽杜黨

（Sanhedrin）和法利賽黨（Pharisees）人，想要歸咎他們，因此把審判J兄的過程安排在逾越節（Passover），其實那些黨派裡的人是不可能違反猶太傳統的，除非他們真想激起百姓的公憤，因為那對他們而言，簡直是違反天條。他們都是聰明人，不會幹出這類沒頭沒腦的事情。

福音所描寫的審判過程也不符合當時的法律規定，是後來你們之間某種可笑的政治糾紛，才編出《新約》那種受難故事的。

在那期間，唯有羅馬人擁有公民權，如果你想在那時的猶太人中尋找共識的話，只有一個，就是我們對羅馬人的厭惡。當時並沒有多少猶太人排在路邊辱罵J兄，大多數是羅馬人。當時路過的猶太人最多只是把他當成另一個外邦帝國統治下的犧牲品而已。

下次，當你們想起那些謀害了你們的「主」的兇手時，放猶太人一馬吧！我們是上十字架的人，而不是十字架下的劊子手。猶大萬萬沒有想到J兄會被釘上十字架，他只是犯了一個無心之過而已，為此內疚到極點，最後只好自縊身亡。寬恕他吧！J兄都寬恕了，你們也能寬恕的。你既能寬恕猶大，也就能夠寬恕羅馬人，是他們釘死了後來被尊之為「主」的這具人身。J兄在被釘的現場就已寬恕了他們，因為他知道，真實的他是不可能被殺害的。

根據你的了解，為什麼一代又一代自稱為他門徒的人，非要把這筆帳算在素昧平生的人身上？

葛瑞：我猜你一定會告訴我的。但我對你的解說，還有個疑問，J兄真的說過猶大用親吻來背叛他嗎？

白莎：沒有。在最後晚餐以前，猶大已經酩酊大醉，要錢買酒和泡女人去了。一位羅馬官員曾經看到他跟J兄在一起，就向他打聽消息。你知道，彼拉多（Pontius Pilate）不過是想找個替死鬼來殺雞儆猴一番，設法要把他的威權延伸到逾越節中罷了。彼拉多也不曾用「洗手」的動作來撇清關係，他根本就是整個事件的主腦。

猶大為了一些銀兩向那官員透露了J兄和我們當晚的行蹤。在你們的世界裡，多少悲劇都被酒精所操縱，讓人做出悔恨莫及的事。

葛瑞：你是說，猶大那時已經一半不省人事了，又急著找女人，所以根本沒有想到他那個舉動可能導致的後果。

白莎：沒錯，我相信你對這類處境並不陌生。只需在此補充一點，猶大當時已經四分之三不省人事了。

葛瑞：你先前提到，J兄在十字架上並沒有受到太大的苦，實在難以置信。你能告訴我，他怎麼能夠寬恕所有的人，同時又感受不到十字架之苦的？

白莎：我們當然會講到，但不是在這次的訪談，等到最後一次拜訪結束，我們會給你做個整體的結論，好送你上路，其餘的，就看你自己了。我們會毫不保留地全盤相告，而且絕不要弄教會最愛玩的「這是一個超乎理解的奧秘」那類把戲。聖靈的思想體系不會留給你一堆無解之謎，也許有些答覆會讓你聽了不悅，但我們早已聲明在先，我們不會只說一些你喜歡聽的話而已。

現在，我要非常坦白地告訴你，我的福音究竟講了什麼，或根本沒講過什麼。〈多瑪斯福音〉並非宗教史上的「聖杯疑雲」（Holy Grail）〔譯註：教會史中盛傳一個以耶穌最後晚餐所喝的聖杯作為象徵的「教會陰謀論」〕。它的真相無法徹底扭轉你的心，也不會將你帶回救恩的正道上去；但它對人類心靈的成長仍有三個重要貢獻。

首先，不論你怎麼認為，這部福音並不屬於諾斯替教派的思想，只要是有心看清真相的人都不難看出，它有一部分包含了教會最早的福音史料，而那時根本還沒有一個所謂基督教會的宗教出現，我們屬於最早期的猶太裔基督徒團體。

沒錯，當初教會內派別林立，對J兄懷著上述看法的人絕不限於我們這一幫而已，教會才會變得那麼緊張，非把我的福音打入諾斯替教派的異端不可！因為他們不想讓教會成員發現早期教會的真相，教會裡許多教義根本不符合J兄當時的教誨，他們想盡辦法掩飾這一事實。但這並不表示J兄就不寬恕他們了。

有一些聖經學者已經看出，我的福音與《新約》福音來自不同的源頭，它的一些說法可能比家喻户曉的後期對觀福音更為原始而貼近真相。這些聖經學者說得沒錯，只是，某些他們認定是真的經句，其實是假的；我福音中某些真的教誨，卻因不符合他們現有的鑑定原則而被否定了它的真實性。

試想，假如J兄私下給我們的開導，只是針對我們一小群門徒所說的話，為什麼非要跟

〈馬可〉、〈路加〉與〈馬太福音〉一致才算是真的？這幾部福音的作者，都不是我們那一代的人，差不多晚了四十到八十年，他們只是抄襲早期福音言論的史料，擷取自己喜歡的，刪除自己不喜歡的，再加入幾個吸引人的故事，以及合乎他們自己教義的傳說或觀念。

第一批福音，包括我的在內，都是亞美文（Aramaic）寫出的，你難道不覺得奇怪，這個新興宗教竟然沒有保存一部以J兄自己的母語傳下的比較完整而原始的版本？你真的以為這是偶然的嗎？

更妙的是，不到幾個世紀，連後期福音也被竄改，如〈馬可福音〉的結尾就全被改掉了。至於神學觀點的改變，更是從來沒有停過。你覺得阿頓所謂的「基督教會至今還在繼續塑造中」這一說法太誇張了嗎？不！一點都沒有言過其實，想一想，教會一直到十八世紀才把達太（Thaddaeus）封為聖猶大（St. Jude），專司天災人禍的主保，教徒們才開始向他祈禱。

從學習過程這一角度來講，「延續性的啓示」本身並沒有什麼不好，只是教會企圖把《新約》當成絕對的真理，其實，《新約》充其量只能算是一種「宗教作品」而已。藝術家透過藝術來表達他們心目中認為真實的感受經驗，這也無傷大雅，但人們總不至於把達文西所畫的「最後的晚餐」當成那個逾越節前夕的聚會的寫實史料吧！

葛瑞：那你自己呢？你不也在告訴我那個絕對的真理嗎？

白莎：在這一連串的拜訪結束前，我們會把J兄親自給我們的教誨傳授給你，那確實道出了絕對的真理。這真理其實可以濃縮為兩個字，但只有準備好的心靈才能領會，我其實已經說出這兩個字了，只是你還沒有意識到而已。它一語道出了真理，如此絕對而全面，足以修正整個娑婆世界。

容我們繼續講下去吧！我們不會刻意隱瞞，但它代表著一種選擇。為了幫你準備好做此選擇，你得隨時警覺，你究竟是在哪兩種可能性中做選擇的。

葛瑞：到目前為止，你這種講法，還算公允，請繼續說吧！

白莎：多謝。我已說過，我那部被保存下來的福音，雖然經過多次修改，仍算是比較忠實地代表了恩師教誨的一部。這部猶太裔基督徒語錄福音，比諾斯替派的福音資料還早。諾斯替派的福音資料是把某些古代哲學融合了J兄的部分言論（或後人以為是他的言論）而寫成的。

你甚至可以這樣說，J兄的學說確實具有諾斯替教派的色彩，但諾斯替教派的說法並非全是新說，某些觀點其實可以推溯到猶太教的神秘學派那兒。

你若想知道後期的諾斯替神學的話，不妨去讀一讀華倫底奴斯學派的〈真理福音〉（*Gospel of Truth*），它是諾斯替文學的傑出代表作，有些詞彙對你可能太艱澀了一點，但它至少給了你一個梗概，讓你明白諾斯替教派的基本信念。

J兄接受了它部分的理念，尤其是「世界確實如夢，不是真神的創造」這說法，但〈真理福音〉是在我的原始福音流通了一百五十年以後才寫成的，它引用了一部分J兄的真實教誨。

我前面已經解釋過了，為什麼我只說「一部分的教誨」，而且強調「原始」福音。這些解釋可以讓你清楚地看出我的福音的三大貢獻。第一個貢獻是：世界終於可以親眼看見教會是怎麼演變成基督教會的，它與歷史上真正的J兄（也是我們的智慧導師，彌賽亞）差距極大；後期福音故事逐漸把J兄塑造成為了「末代英雄」。

第二個貢獻是有關教誨的風格。J兄是中東人，不是來自密西西比，他說話的格調偏向於東方冥想式的，而不像西方二元論的死忠派那樣離「心」愈來愈遠，這些西方的色彩都是後來摻雜進去的。

第三個貢獻是關於教誨的內涵。我已說過，我們那時還無法完全了解J兄的教誨，但〈多瑪斯福音〉所說的，確實比其他福音更貼近J兄的言論。我不妨舉出幾個〈多瑪斯福音〉中的例子（雖然那已經經過後世的修改）來幫你了解我的看法。

請注意一下，〈多瑪斯福音〉裡的語錄並非按照時間先後的次序，我在此所引用的例子是我親耳由J兄那兒聽來的。為了配合這次訪談的目的，我只能挑幾個說一說，我們還有更重要的主題有待討論，這些例子只是為以後的訪談鋪路而已。

在〈多瑪斯福音〉的一一四條語錄中，J兄真正說過的，只有七十條，這是大約的數字，其餘的四十四條都是後來「偽造」出來的。教會一度最愛用「偽經」這個字眼來形容我這部福音，多虧近代聖經學者的研究成果，教會批判的聲音不像以前那麼響亮了。

葛瑞：抱歉，有個問題我實在耐不住要問了。

白莎：小鬼，小心一點，你打斷我們的話太多次了，小心燃起但丁的地獄之火。

葛瑞：我常聽到一本傳言中的神秘Q福音，許多學者相信上述的三部對觀福音都是根據這一份源頭史料寫成的。我記得你曾提過源頭史料這一字眼，你的福音是否就是那個失傳的Q文件？

白莎：我們說了，我們來此不是幫聖經學者排除疑難的，反正聖經學者也不會聆聽我們這來路不明又無法考證的觀點。你既然想要知道，我就告訴你Q文件究竟是什麼。〈馬太福音〉與〈路加福音〉確實是根據這文件抄襲而來的，但〈馬可福音〉則不是，〈馬可福音〉有它自己的來源，Q文件不是我的福音，一般學者都知道，你不知道是情有可原的。

葛瑞：那它究竟是什麼？

白莎：J兄被釘上十字架以後，他的弟兄雅各（人們通常稱他為James the Just）在其他門徒的心目中很自然地承繼了J兄的權威，他們知道J兄深愛雅各，而雅各為人確實誠懇穩重，然而他的個性相當保守。「保守」絕不是J兄本人的風格，J兄是極端新潮的，我是指他的思想與教誨，而不是性情方面。

為此之故，雅各的三位門徒雖然十分尊敬他，仍然決心把他們在公開場合中親自聽到的J兄的言論為後代子孫保留下來。他們不太相信雅各或其他團體能夠忠實地傳遞J兄某些震撼性的觀點，於是他們蒐集成了一部類似語錄的福音，就稱為〈師父的話〉。

這些語錄的原始記錄人，在後來的四十年間相繼離世，於是，他人的言論，包括了施洗者約翰，或其他門徒認定那是J兄相信之事或誤以為是他說過的話，慢慢地，也都被編入

〈師父的話〉裡了——現代人稱之為Q文件，Q是德文的「源頭史料」一字的字首。

兩部正統福音的作者採用了這個文件，抄襲了一些語錄，揉入他們的故事裡。他們也抄襲了〈馬可福音〉裡的資料，因為〈馬可福音〉的作者採用了當時普遍被人接受的言論。至於〈約翰福音〉，根本是後期的作品，那時，這個新興教派已經與猶太教明顯地分道揚鑣了。

有趣的是，好幾種版本的〈師父的話〉和〈多瑪斯福音〉的手抄本在不同地區流傳，流傳之廣，超乎你的想像。一直到第四世紀，在你們的聖人奧斯丁的策畫下，徹底銷毀所有不符合教會法定信條的史料。他燒書的盛況，連納粹黨的焚書都遜色三分，而他當初是打著上主的名號燒書的。

雖然〈師父的話〉與〈多瑪斯福音〉並不屬於諾斯替派，卻遭到跟諾斯替文學同樣的命運，一起被燒燬，只因它們有些說法確實不像教會的官方言論，所以被打成了異端。

幸虧有河邊挖出來的Nag Hammadi版本，還有我的福音，否則世人根本無從得知J兄真正的觀點。

現在，我們開始說一說〈多瑪斯福音〉吧！它是這樣開始的：

這是生活的耶穌在世時私傳的語錄，Didymus Judas Thomas記錄。

§1：他說：凡是發現這一語錄的詮釋之人，不會嚐到死亡的滋味。

雖然我的原始版本裡沒有章節號碼，但我在此還是採用後世的編號。這一句話的序號是

1，因為後人不敢確定這話究竟是我說的，還是J兄說的。這話是我說的，它原屬於簡短的前言，不該列入J兄的語錄中。

我用「私傳」兩字只是表示，這些言論許多都是J兄私下跟我們說的，或是針對小團體說的，絕無什麼「秘訣」或「私藏秘密」之意。

「不會嚐到死亡的滋味」，因我前面說過，J兄為我們指出了生命的道路，意味著我們在世上所經歷的一切，不論活得多麼認真，都並非真實的人生。我用「生活的」(living)一詞來形容J兄，因為他已經大徹大悟，天人一體了。「生活的」這一詞所指的，不是那個活在肉身的他（雖然表面看來他確實活在形體內）；這一詞指向我先前為你解釋過的「心靈的復活」。同時也指向我福音中的另一句語錄，等到下回訪談時，我再跟你解釋。總之，「生活的」一詞跟所謂的肉體復活無關，雖然J兄釘死之後，確實顯現給我們。

在此，我也不妨簡單地向你澄清一下名字的問題。其一，J兄原名並非耶穌(Jesus)，他的希伯來名字是耶穌雅（Y'shua），但我們很少這樣稱呼他。在我們面前，他就是師父，不是因為他要我們這樣稱呼，純是出於我們對他的尊敬。他的名字若譯為希臘文或英文，應該是耶穌雅（Jeshua），而不是耶穌。其實這些事一點都不重要，名字算得了什麼呢？你若用其他名字來稱呼基督，還不是同樣一個人？

葛瑞：如果不重要，你為什麼又稱他為J而不叫他耶穌或耶穌雅？

白莎：或者為什麼不把兩個名字都列入？你不是猶太人，但你將來的讀者群中有猶太人。他們若繼續漠視J兄的存在，等於糟蹋了自己民族最重要的一項遺產。

說到名字，人們當時稱我為Didymus，意思是雙胞胎，我謙卑地把這諢名放在序裡，人們才知道我是誰。我和J兄長得非常相像，常常有人把我誤認為他，有些人還真的相信我是J兄的雙胞弟兄，但事實絕非如此。

後期出現的諾斯替派的〈多瑪斯使徒行傳〉把我說成J兄的雙胞弟兄，我得向被誤導的讀者致歉。無庸贅言，〈多瑪斯使徒行傳〉中有些記錄是真的，有些是假的，如果要徹底說清我身為多瑪斯的那一生的事蹟，大概用盡我們所有的訪談時間也講不完。

還有另一件事，只有達太和我才可能知道的事情。由於我長得很像J兄，當我聽說他要被釘十字架時，我想做他的替身，好讓他脫困。達太和我試過幾次想接近他，第一次是在監牢裡，後一次是在去刑場的路上。悲哀得很，我們始終沒有找到掉包的機會，我多麼想為J兄獻出自己的生命，我們並不像當時的謠傳，情勢一緊張便鳥獸散了，傳播那些謠言的人當時根本不在場。

一直到J兄死後顯現給我們時，我才明白，整個事件原來是他自選的一種教學示範。起初，世人根本不了解這個十字架的課程是怎麼一回事，至今，J兄擔任世界導師的歷程還沒結束，我親愛的弟兄，你日後就會明白其中奧妙的。

葛瑞：哈！根據我筆記裡的記錄，你和一些門徒當時都犯了過度依戀J兄的人身這一錯誤；可是後來又說，你認為復活是心靈層面的事情，與身體無關。你那時究竟相信哪一種信念？可別把我當傻瓜！

白莎：很好，我們一直在挑戰你的想法，偶爾，你反過來挑戰我們一下也不錯。答案是：我們那時兩種信念都有，我們內心是分裂的。我們曾經解釋過，你現在由我們這兒聽到的，是受惠於我們後來學到的智慧，等我們繼續講下去，你就會更清楚我們所說的意思。

當我記錄這部福音時，我對J兄所強調的心靈的重要性，大都屬於理性方面的了解，而非經驗層面。我們當時挺執著於自己的身體，尤其是J兄的形體價值；不只我如此，其他門徒更是如此。

我那時的情況跟你現在沒有多大的差別。目前，你和一群好友都相信身、心、靈三重的存在，在你們的人生哲學裡，平衡三者是很重要的事；但你會慢慢明白，那個好似自成一格的「心」，雖然營造出形體，也不斷利用形體，但它必須在永恆不易的「靈性存在」和虛幻不實且變化無常的「形體世界」之間作一選擇。「靈」的層面代表著上主及天國的境界，「身」的層面則包括了任何可以感知之物，不論它有沒有形體。這是J兄最根本的教誨。

> ※同等重視身、心、靈三者，其實就是造成我們一次又一次投胎為人身而無法解脫的原因所在。

下面這話確實是他所說的，我記錄下來了，編號是四十七：

一個人無法同時騎兩匹馬或是拉兩張弓；僕人也無法同時伺候兩個主人，否則他不是迎合這

一位，就是冒犯了那一位。

葛瑞：你是否在說：同等重視身、心、靈三者，其實就是造成我們一次又一次投胎為人身而無法解脱的原因所在？

白莎：對！但我並非要你不管自己的身體，我們只是提出另一種看待身體的方式。關於我過去的信念，一言以蔽之：我的福音只記錄J兄曾經説過的話，我並沒有像後期的福音，不斷插入自己的意見。因此，〈多瑪斯福音〉只是記錄他的觀點，並沒有摻雜我個人當時的了解程度。例如下面這一段話，標號為六十一：

我是來自那完整無缺的一位，我是來自天父之境，因此我說，一個人若是完整無缺的，必然充滿了光明，一個人若是分裂的，他必然充滿了黑暗。

它重申了先前的觀點，你不能腳踏兩條船。你不可能只擁有一點點的「一體性」，就像一個女人不可能只懷一點兒孕一樣。你的忠誠不能三心兩意，你必須只為上主而儆醒，這種心境不是一朝一夕之事，需要持久的修練。任何有價值的事物，豈是一朝一夕可以學成的？想一想，你花了多少時間才成為一個吉他好手的？

葛瑞：嗯！我花了好幾年的時間才算得心應手，但十年後，我發覺自己仍在不斷進步當中。

白莎：你難道會認為，達到J兄的境界是一件輕而易舉之事？

葛瑞：我不在乎修持，我只想確定自己走對了路。

白莎：很好。讓我們繼續吧！你不妨先把自己的想法擱到一邊，耐著性子聽下去再說。

葛瑞：看樣子，你是有備而來的。

白莎：你一定會覺得不可思議，像J兄那樣跟聖靈完全認同的人，竟然想要與你全然合一。他在編號一〇八條中這樣說：

凡是能飲自我口中的人，必會肖似於我，我會親自變成那個人，人生的奧秘從此向他開啟了。

J兄在此談到的神秘結合，不只是一種比喻而已，那是道道地地的結合，必須透過道道地地的寬恕過程才能達成，不是每一個人隨時都能經驗到的。那人必須準備好接受自己個別的生命課程才行。

我將揀選你，一千人中選出的一位，一萬人中選出的兩位，但他們其實只是純然的一個。

J兄當然揀選每一個人，而且沒有一刻停過。但是，有多少人準備好聆聽呢？這句話顯然已經預告了，聖靈的課程不是大眾喜歡聽的。不論是誰，只要聽進去，便已受到了揀選，而且他們全成了一個，因為那是他們的存在本質。上主之子將會完整而圓滿地回歸天國的。到了最後，每一個人都會跟我們在一起，地下份子J兄是不可能失敗的。

若想打贏這一場戰爭，你必須像第五條語錄所說的：

看清你面前事物的真相，那千古之秘便會為你開啟，因為所有的奧秘都會啟示出來了。

「你面前事物」指的就是幻相，而那狀似隱秘之事，則是指天國。你只要像J兄一樣願意聆聽聖靈，寬恕眼前的一切，你就會看見天國。你遲早會與他合而為一的。那時，一切都消失了，在你面前只有天國的喜悅。

葛瑞：你簡直在唱高調！白莎，別忘了，在娑婆苦海裡，世界的紛擾，如影隨形，終日迫在眉睫，讓你很難看到聖靈的笑臉。

白莎：我豈會不知？別忘了我也輪迴過不少趟了。我跟你保證，我們不會只給你一些靈修高調而已，我們會教你非常具體的方法去面對難纏的人生處境，開啓你的潛能，最後像J兄一樣進入上主的平安。

目前，你還認定世界必須給你某些東西，你才可能快樂；但當你獲得上主的平安時，不論世上發生什麼事情，你都有能力找回生命的喜悅的。

在第一一三條語錄裡，J兄還教你看出天國已經來臨此地了，即使你還無法意識到它的存在。

門徒問他說：「天國何時才會來臨？」他說：「它不會因著你的追尋而來臨的，它絕不是人們所指的『看哪，在這裡！』或是『看哪，在那裡！』其實，天父的國已經遍佈大地，人們卻視而不見罷了。」

在此，J兄並不是說，天父的國在這個地球上，因為他知道，地球只存在於我們的心中。他指的是人們看不見的那個東西，因為，天國是無法用肉眼看到的。人的眼睛只能看見非常有限的有形標記，而天國不存在於人的感官世界裡，它屬於真正的生命形式，你遲早會徹底意識到它的。

就像毛毛蟲蛻變為蝴蝶的過程，你也會這樣變成基督，且與上主的整個造化同歸一體。你會意識到你與上主的一體性的，這是你的天賦能力，你只是忘了而已，這能力仍然埋藏在你心裡。**9**

確實有些方法能幫你憶起這一真相，當你記起來時，你便找回了自己的生命本質以及你真正的家鄉。我們這一趟來此，正是要幫你完成此事的，也將要透過你，來幫助其他的人。〈多瑪斯福音〉中有些言論和《新約》的說法十分相近，那確實是J兄教給我們的。我簡單地為你舉出幾條語錄。

§26：你看到你弟兄眼中的木屑，卻看不到自己眼中的大樑。當你把自己眼中的大樑取出時，才能看得清楚，並且幫弟兄取出眼中的木屑。

§31：先知在自己的家鄉是不受歡迎的，醫生也治不好自己的親友。

§36：不要從早到晚，從晚到早地操心你的穿戴。

§54：貧窮的人是有福的，因為天國屬於你的。

請注意，最後兩段都不是指物質層面的事情，它們只是說，心裡不要執著於這些事物。它絕對無意要你捨棄人間的財物，你若認定自己非得犧牲不可，那麼，你跟貪戀財富的人一樣，都把幻相當真了。J兄最短的那一條語錄說得再清楚不過了：

§42：作一個人間的過客。

我再舉出兩條《新約》抄襲自〈多瑪斯福音〉的言論：

§94：凡是尋找的，必會找著；凡是敲門的，必會為他打開。

§95：你若有錢，不要出借以索取利息，而應施捨給那些無法償還的人。

你偶爾會聽到我們引用這類真正出自J兄口中的話，但我們對它的了解，未必跟你們的認知一樣。讓我再借用幾個〈多瑪斯福音〉中的例子，讓你體會一下J兄真正要表達的那個思想體系，也就是聖靈的思想體系。

§11：死人活不起來，活人則死不了的。

§22：你若能把兩個視為一個，你若能把內在的視為外在的，外在的視為內在的，高高在上的當成低低在下的，你若能把男的女的都視為同一個，那麼男的就不是男的，女的也不是女的了……那麼，你就能進入天國了。

§49：獨自蒙受上天揀選的人是有福的，你必會尋得天國；因為你來自那兒，也會重返那兒。

還記得「浪子回頭」的故事嗎？你終會再度返回家門的。若要如此，你得一步步回溯你在無始之始與上主分裂的那個決定，因為正如下一段J兄所說的：開始與結束，Alpha and Omega，其實根本是同一回事。

§18：門徒問J說：「告訴我們最後的結局吧！」他說：「你已經找出了開始的起點了嗎？
所以你才會探索終點的問題？因為起點在何處，終點便在何處。穩立於起點上的人是有福的，因為他會知道終點是怎麼一回事，而且不會嚐到死亡的滋味。」

還有一條語錄，我必須澄清一下，因為它是歷年來爭議最多的話題，這不只是最近五十年的事，早在福音完成後的四百年間，就已經眾說紛紜了。那是第十三條，J兄跟群眾說完話以後，要我跟他去。

他帶著他，引退下去，跟他講了三件事，當多瑪斯回到朋友那裡去時，他們問他說：「J跟你說了什麼？」多瑪斯跟他們說：「我只需跟你們講其中的一條，你們大概就會拿石頭砸死我了，那麼連石頭都會起火，把你們燒死的。」

最後一句話中的「火」是指上主的義怒，你知道，在猶太人的傳統中，用石頭砸死人，是專門用來懲罰褻瀆神明之罪的，只是發生的次數並沒有你們想像中那麼頻繁而已。許多人，包括了《新約》作者在內，都在猜測J兄究竟跟我說了什麼。這些作者老想跟我的福音比個高下，因而把彼得形容成J的最愛，而不是我，他們有意冷落我。

總而言之，J兄跟我說的這類好似褻瀆的話，並非擔心他自己的安危，他之所以叫我不要對外宣揚，是為了保護我。那一天他說了三件事：

你夢到一片沙漠，在那兒，統治你而且折磨你的不過是個海市蜃樓，那些影像全來自於你自己。

那個沙漠並不是天父創造出來的，你的家鄉仍在祂那兒。

你若要回家，寬恕你的弟兄，因為唯有如此，你才寬恕得了你自己。

那時，我若公然宣稱「上主從未創造過這個世界」，一定是死路一條。那是以前，現在不同了，因著你們的「言論自由權」，我們可以慢慢解說這三個觀念，直到一個完整的思想體系呈現出來為止。它不是直線式的，而是全像式的（holographic），也就是說，你能在每一部分看到整體。

關於〈多瑪斯福音〉，再講幾個小時也講不完，我不打算這樣做，何況我說過，這部福音並不是靈修學上的「聖杯疑雲」。目前，地球上已經出現了一部靈修文獻，是世間種種經典中最吻合J真正想要說的話。我絕非憑空下此斷語，因為那是他一字一字親口說給一位女士聽的，也是她花了七年的時間記錄下來的一部文獻。

書中的觀點全然來自J兄，它不曾為了迎合宗教而遭人竄改，也不曾為了譁眾取寵而加以虛矯修飾，連它最後的編輯都是J兄親自指導這位女士的。這部書跟〈多瑪斯福音〉不同，它是一套完整的論述，同時也是一部博大精深的培訓課程。沒有人能把它奉為宗教經典或倫理規範。這一套思想體系告訴你，只要你好好照顧你的心，其他的一切自會水到渠成。

✻它是一套完整的論述，同時也是一部博大精深的培訓課程。沒有人能把它奉為宗教經典或倫理規範。這一套思想體系告訴你，只要你好好照顧你的心，其他的一切自會水到渠成。

這一套教材，叫做《奇蹟課程》，它的宗旨不是建立另一個宗教，來改造夢中的世界；它真正要改變的，是那個「作夢者」的心靈。它屬於一套自修式的課程，讓你跟J兄或聖靈（看你喜歡哪一個）在心靈層面進行「一對一的轉化」過程。

你是何等幸運逢此盛會，假如你已經準備好善用這一機緣，你能向這位大師學到的必然遠勝過兩千年前我們所學的。他確實堪稱為大師。你看，不少人自稱為大師，也不曾見過他們四處治癒病人，讓死人復活。

有些事情確實要等到這個千禧年的來臨，人們才可能了解，以前的人是無法了解那種理念的。J兄的教誨本身並沒有變，變的是你們了解的能力，因為你們對心靈和世界的眼光開拓了，J兄也只能用一般人所能了解的觀念，領導著人們前進。

終究說來，除了上主是真實的以外，其他一切都只能當作比喻來看待。但在這過程中，還是有不少「教」與「學」的工作得做。

我以前跟你說過，除非世人的心靈獲得平安，否則，世界是永無寧日的。心靈的平安和它的真實力量乃是《奇蹟課程》的宗旨所在，它教你如何從「心」裡去修，那方法確實是獨門絕活，世界會因著此書而有所改變，但這並不是這套課程的目的。它是為「你」而來的，是給「你」的一份禮物，也是一個挑戰。你偶爾會聽到人們說，這套課程很簡單，但你很少聽人說，這套課程很容易。

你眼前的世界會隨之變化，因為這個課程乃是處理一切問題之因，而不是果，世界不正是一切因果之「果」嗎？世界當然不會相信這套說法。然而，世上的一切本來就乏善可陳。

阿頓：在我們離開前，我們要讓你準備好接受下三個禮拜的課程，聖靈自會引導你該做的事情；你有空時，別忘了向祂請教請教。腳踏實地一點，別問祂該不該喝咖啡這類事情（除非此事真的經常困擾你）。任何重要的決定，都別再靠自己了（除非狀況緊急，來不及請教）。慢慢的，你需要指引時，你就會得到的。

關於下一次的造訪，二十一天以後，我們會再來。在這期間，你得做一些功課。現在，請你簡單敘述一下，你記憶中母親唸給你聽的床頭故事，就是柏拉圖的「洞穴神話」那個寓言，只要說出你腦海裡尚存的一些記憶就夠了。

葛瑞：那故事很離奇，當然沒有我們的會晤這麼離奇……。我大約記得，有一群人被囚禁在一個洞穴裡，他們被綁得很緊，緊到連轉個頭或轉個眼睛都沒辦法。他們所能看到的只是洞穴裡的一面牆而已，他們在那兒待了那麼久，那是他們唯一記得也唯一知道的東西。他們能夠看到牆上的一些陰影，聽到一些聲音。因為這是他們所能知道的一切，所以他們認為自己所看到的便是「實況」；雖然陰森可怕，但他們已經習以為常，所以也就不以為意了。

後來，有個囚犯設法掙脱了鎖鍊，他一轉身，看到自己原來是在洞穴裡面，洞口還透出一些亮光，花了好些時候，他才慢慢適應那個光芒。當他走到出口時，看到洞外有人在走動，原先他們在牆上所看到的陰影正是那些人物的投影。

他知道其他囚犯們不可能知道牆上的影子並非真人實物，於是這個已獲自由的囚犯，又轉回洞裡，設法敘説他的發現。但那些囚犯早已習慣自己的想法，根本不想聽這個自由人的説明，不僅如此，他們還要置他於死地。正如你一直跟我講的，人們也許會認為自己希望自由自在，其實他們並不真想放棄自己固有的看法。

阿頓：謝謝你，葛瑞，你母親聽了一定大感欣慰。在柏拉圖的心目中，那個自由人就是他的啓蒙師蘇格拉底，結果他被迫服毒而死。你也不難想出人間無數的先賢，一生都在敦促他人提昇到世界之上去看，最後往往不得好死。柏拉圖想要告訴世界的也是同樣的故事：你的存在真相根本不是你心目中所想的那樣。

連柏拉圖這麼偉大的哲學家，都不知道那些陰影究竟是怎麼來的，而你會知道。柏拉圖以為那光明來自於「至善」，象徵性地講，也沒有錯，但他同時以為人們一輩子用肉眼看到的陰影，是來自每一物的「完美理念」的投影，這觀念就大有問題了。J兄知道那陰影究竟是從哪兒來的，以及，人們該如何面對它，而這正是我們要教你的事。

要知道，J兄的存在實相跟世界的存在實相是兩回事。他並不活在此地的幻境裡，就像你早上由夢中醒來，你就不在那個夢境裡了；有時你會感到那個夢真實得很，其實它並非真的。

也許你會希望把J兄請入你夢裡跟你一起混日子，但他還有更好的主意。他要你醒過來，好跟他在一起，他要幫你恢復自由，徹底出離夢境，走出柏拉圖的洞穴，走出所有的限制，超越一切的疆界。

你常常以為，你必須精進修行，才能變成比較有愛心的人，才能顯示出J兄的愛來，其實並非如此。你若想成為完美的愛，如J兄之愛或真神之愛的話，你只需藉聖靈之助，學習移開你堆在自己和神之間的那些障礙，如此，你必然而且自然會意識到自己真愛的面目的。

你一心想要消除生活裡種種衝突的決心，實在可敬可佩，它表示你內心已經準備好邁上「快車道」了。這個靈修上的獨門絕活，只等著你開口去要，只等著你真心想學的願心。

J兄的教誨雖然未必適合所有的人，但我們仍將跟你分享。我或許可以這樣說，在這直線式的世界幻境裡，並非所有的人都能立刻學習他這絕活的；但它很適合「你」，你自己會慢慢領悟這一事實。你若領悟不出，隨時告訴我們，我們就不會再來打擾你了。

我們不是要帶給你什麼上天的指令，你也許不敢相信，上主對人類真的一無所求。你以為此地所發生的事，都出自上主的旨意？你和世界都想錯了，世間不斷上演的連續劇，並不是你眼中認定的那一回事，它演出的乃是一齣「天人分裂」的虛構故事。

目前，你跟上主之間這種表面的互動，其實是你自己潛意識中分裂心識之間的互動，也就是忘記自己真相的那一部分心靈跟聖靈仍在的那一部分心靈的互動。祂從未離開過你，祂神聖的聲音正是你對上主的記憶，也是你對自己家鄉的記憶。我們會教你如何覺醒於這神聖之音的。保持儆醒吧！這神聖之音代表了你早已忘懷的真相。

你當前的課程便是學習「選擇」，正如洞穴神話裡的囚犯。有些東西你會誓死抗拒到底，你必須學習在代表你的真我的聖靈以及代表你的假我的那個小我之間作一選擇。你遲早會學成的，直到你那被囚禁的潛意識終於獲得解放為止。

你絕不可能靠自力修成的，倘若不信，你不妨試試看；但你若肯向祂求助，我敢保證，會為你省下很多的時間。

那麼你就會像我們一樣，跟地下份子J兄合為一體了，你平常大概很少想到這一類的事情，其實這才是你這一生真正的工作。至於你在世上為餬口而忙的事，全是混跡市井的身分喬裝，從現在起，你真正的工作乃是學習及操練寬恕，遲早你會像J兄那樣寬恕得既圓融又深刻的，那麼，聖靈便能引領你回家了。

你目前還像世間的人一樣，認為能夠作出正確判斷的人才是真正有智慧的人，等到下回我們再度造訪時，就會告訴你，什麼才是真正的智慧。從現在開始，到我們再度拜訪之間，讓聖靈引導你的心思，每天至少拿出幾分鐘想一想上主以及你心中對祂的愛，就像我們初次顯現於你面前那樣，讓你的心安靜下來。我親愛的弟兄，你會發現，寧靜的心往往是走得很深的。

許多人跟你一樣，時時刻刻擔心自己會被打入十八層地獄，卻渾然不覺，你們其實已經在地獄裡了。古老的希伯來神秘學派有一句話：遠離上主即是地獄，接近上主即是天堂。這説法挺正確的。

當你的心靈被領上這一新旅程時，試著記住，在這由知見而投射出來的娑婆世界裡，你所見到的一切，都具有兩個目的供你選擇，一個目的是繼續囚禁你，另一個則會釋放你。你若能選擇聖靈的眼光來詮釋你所見的一切，那麼你就會如那一部新經典中所説的：

上天賜給了你所有的解脫途徑：眼光、慧見及內在的「嚮導」，它們都會帶領你和你所愛的人，連同整個宇宙，一起出離地獄。[10]

※在這由知見而投射出來的娑婆世界裡，你所見到的一切，都具有兩個目的供你選擇，一個目的是繼續囚禁你，另一個則會釋放你。

3 奇蹟

奇蹟像是由天而降的甘霖，落在有如荒漠的人間，這人間已到了饑渴交迫、奄奄一息的地步。[1]

翌晨，清醒過來時，仍為昨晚那一席長談而震驚，暗暗感激他們在時間上動了手腳，讓我一夜好眠。我心中有數，昨晚的種種可說是自己一生中最關鍵的經歷，同時也感到徬徨，不知後續又會如何演變。但我立刻打住而反問自己：世上有哪一件事能預料得到它的後續發展呢？

那一週的禮拜五，我照例去看了午場的特價電影，回家的途中，我不經意地想起一家書店，已經好幾個月沒去逛逛了，剎那間，我感到身不由己地轉向那家書店 Holistic Books & Treasures。跨進店門時，我突然想起自己曾有過一種「光明現前」的經驗，上回忘了請教阿頓與白莎其中的意義。

接著，我走到一排書架前面，看到《奇蹟課程》（*A Course in Miracles*），暗想，這大概是我今天被領到此地的原因吧。我隨手拿起來翻讀了幾頁，才知道，它原是來自同一源頭的三部書的合訂本——〈正文〉、〈學員練習手冊〉以及〈教師指南〉。此時，我的眼光不自覺地移向它旁邊的一本小書，那是羅伯・史考區（Robert Skutch）所寫的《無程之旅》（*Journey Without Distance*），它簡要地介紹了《奇蹟課程》的來龍去脈。我問聖靈該怎麼做，卻聽到一個念頭：「它不會咬你的。」

當天晚上，我讀了一部分的〈正文〉，才知道傳遞這一訊息的「聲音」是以第一人稱的語氣傳授的，「他」不但毫不客氣地自稱為歷史上的耶穌，甚至還膽敢澄清及糾正《聖經》裡的說法。對這些，我的心態相當矛盾。一方面，我忍不住懷疑這是否真的出自耶穌；千百年來，我們都在期待他以人身的形式重返人間，而今，他怎麼會以「聲音」的形式出現？

另一方面，在那個平靜、肯定又充滿啟發性的「聲音」下，我分明感受到它的真實，卻又說不出什麼具體的理由來。那晚，我沒請教聖靈，心中逕自打定主意：如果未來的發展顯示出它真實不虛，確確鑿鑿是來自於耶穌，那我一定會好好研究這部經典；但如果日後逮到它的破綻，即使阿頓及白莎現身於我，我仍要全力揭發《奇蹟課程》的騙局。

在那三個禮拜裡，我確實一頭栽入了這本書，準備向阿頓和白莎提出問題，我幾近狼吞虎嚥地讀完〈正文〉的全部，對那「聲音」所說的內容有了粗略的概念。我也明白，用這種囫圇吞棗的速讀法，是無法真正吸收到《奇蹟課程》的精髓的。不論如何，〈正文〉的最後一節「重新選擇」，提到「選擇基督（自性）的力量」，那個說法，徹底震撼了我，我這輩子從沒讀過這樣的書，它把

J兄對他學生的要求（毋寧說是他給學生的禮物），綜合地如此簡潔而深刻，讓我由衷心悅誠服。

我同時讀了一遍《無程之旅》，讓自己熟悉一下《奇蹟課程》這本鉅著的來歷，以及參與記錄和推廣的幾個核心人物。然而，我愈讀愈擔心，看樣子，自己將來不僅無法置評，還可能會投拜到它門下。光憑著初步的接觸，事實已然擺在眼前，這部課程不只來自J兄，而且根本不可能來自任何其他人物。

我也花了不少時間上網查詢有關《奇蹟課程》的資訊，很驚訝地發現，這部艱澀難讀的書僅憑口耳相傳，就已經賣出了上百萬本，而且自它逐漸流通以後，顯然已在西方國家匯聚了相當廣大的奇蹟族群。

對我而言，這部課程最美妙而且最有創意的地方，正是白莎強調過的，它是一部自修式的培訓課程，純粹靠讀者自行與J兄或聖靈的互動。即使人們對書中的內涵以及該怎麼去修，看法不一，但只要這個《課程》保持原貌，不被竄改，任何人隨時都能從書中發現自己的生命真相。

此外，儘管它謙虛地自稱，本書不過是眾多靈修法門中的一種而已，但我仍能看出《課程》所提真理的絕對性，毫不曖昧，毫不妥協。根據作者原意，這部課程其實並不需要後人的詮釋，只等著你去明白並且應用到生活上。當學員自認為能夠「解說」此書而非致力去「了解」它，或者意在「掌控」此書而不是虛心「追隨」它，這類心態，正是人們當初陷入這個混亂世界的根本原因。有鑑於此，我更加感謝阿頓與白莎說他們會在我開始學《課程》時，幫我調整腳步。

我更高興看到這部課程不像《聖經》那樣，匯集了數百年來不同作者不同來源的作品而成的叢書，各部經書之間還不乏矛盾之處。這本「三合一」的《課程》來自同一個導師，書中若干說法乍看不一致，但這當中，只有一個原因，即是：《奇蹟課程》是由兩個不同層次開講，一個層次純然指向形上的理念，另一個則指向具體應用的層次，也就是在日常生活中所修的「寬恕」，這大概跟J兄在〈多瑪斯福音〉所說的：「看清你面前事物的真相」是同樣的道理。

總之，我開始明白了，如果人間所有的問題或事件都能放在《奇蹟課程》那個更深刻的寬恕理念下（當然不是指世間的寬恕），那麼原本有待寬恕的問題或事件，不管它們何等紛紜、被如何嚴重看待，也都會自然而然冰消瓦解，不復存在。但這並不表示，所有的事件都是徒然的，或是所有的行動都是多此一舉的；我只是說，只要學員在心裡隨時為聖靈保留一點空間，他們不難獲得可靠的指引，知道在何種情況下該採取什麼行動。

一天早上，我初醒之際，感到腦子特別清醒，有個聲音由心中浮現，又彷彿籠罩了全身，如此清晰，又帶有絕對的權威，簡直不容我一絲懷疑。我聽見的這一句話是：

捨棄這個世界，以及世界的生活方式，把它們視為毫無意義的事情。

雖然當時我腦子裡難免把它理解成「我該作犧牲」，但我仍被那句話震懾住了，我本能地答覆說：「我願意，但不知如何著手。」那「聲音」極其篤定地說：

我會告訴你怎麼做。

那「聲音」對我這一生的影響具有立竿見影的淨化作用，我從未

※捨棄這個世界，以及世界的生活方式，把它們視為毫無意義的事情。

聽過這麼奇妙的音聲，它是如此豐富、完整而徹底，相形之下，我感到過去所聽到的一切都好像缺少了什麼似地。從那一刻起，我知道J兄不只與我同在，而且還意識到我的存在，隨時在身邊指引著我。

我並沒有時時刻刻活在這一記憶裡，尤其是當諸事不順、橫逆現前之際；但這個記憶或快或慢都會回到我心裡，我愈快記起它來，受的折磨就愈少。過了好久，我才明白，根本沒有人要我作任何犧牲。我一直很感謝白莎先前的提示，J兄從不要求人們在物質層面作任何犧牲，我已經很清楚了，J兄的開示都是指向心靈層面（或說是「因」的層面），而不是世界的層面（或說是「果」的層面）。我不斷想起那個訊息中「毫無意義」這幾個字眼，迫不及待地想跟阿頓和白莎談談這個經歷。

正如阿頓與白莎許諾的，分手後的第二十一天，他們第三次現身我面前，一點招搖的架勢都沒有，他們的出現，跟離去時一樣，僅僅發生於一瞬之間，乾淨俐落。這一回，照舊仍由阿頓開啟話題。

阿頓：這幾個禮拜，你過得很充實吧！開始閱讀那本書了嗎？

葛瑞：你是指那個《課程》？

阿頓：對。

葛瑞：還沒，我計畫等《奇蹟課程》拍成電影以後再去看。

阿頓：幫幫忙吧，老弟！我只是開個話題而已。我知道你已經讀完〈正文〉了，但你還需要再多讀幾遍。〈學員練習手冊〉雖然設計成一年的課程，人們通常需要更長的時間才能進入狀況。我湊巧知道你會花一年又四個半月的時間做這項練習。〈教師指南〉算是最容易讀的一部分，只是絕大多數的人都忘了，成為上主之師，說穿了，仍然只是在練習寬恕而已。《奇蹟課程》說：

教人，其實就是以身作則。2

許多學員仍然以為他們的教師角色該以傳統的師徒關係為模式，其實，《奇蹟課程》一點都不傳統，他們若肯腳踏實地去「學」，而不是急著去「教」這門課程，對他們可能更好一些。

葛瑞：我想每一個人都喜歡自行詮釋經典，這是自然的傾向。

阿頓：如果J兄給這《課程》時，僅憑他的解說還不夠，還需要你來詮釋，那他幹嘛要給你這個課程，何不乾脆讓你去編寫自己的課程算了？這正是活在分裂狀態下的人類一直在幹的事情。事實上，你若真正了解《奇蹟課程》（這種人可說是鳳毛麟角），便會知道，只有一種詮釋的可能，你若想改寫它（這正是學員常犯的老毛病），那它就不是《奇蹟課程》了。你可記得〈正文〉裡提到無明亂世的第一條法則？

葛瑞：有點兒印象，我最好還是查一查原文，比較保險。

阿頓：好，從「以下即是操控你的世界……」地方唸起。

葛瑞：好的。

以下即是操控你的世界的幾個基本法則。事實上，這些法則控制不了任何東西，你也不必費心破除，只需正視一眼它的真面目，便可棄之而去。

第一條無明法則即是「真理因人而異」。這條法則和其餘法則一樣，強調每個人都是獨立的個體，各有各的想法，因此與眾不同。這條法則是由「幻相有層次之分」的信念衍生出來的，**它相信某些幻相較有價值，故也比較真實。3**

白莎：每個人都想要找到自己的真理、傳揚自己的真理；其實那一套「真理」，正是人們始終掙脫不出現狀的圈套。J兄在《課程》中教你看出，你的真理和每一個人的真理都完全一樣，絕不是因人而異的相對性真理。而他所說的真理，不論你了解與否或同意與否，仍然都是真的。真理無需靠你的詮釋，這部課程也是如此，它是老師，你是學生；若非如此，你何需操練這個課程，不如索性去異想天開，或乾脆去尋歡買醉算了。

※每個人都想要找到自己的真理、傳揚自己的真理；其實那一套「真理」，正是人們始終掙脫不出現狀的圈套。

葛瑞：你福音裡有一句話：「凡是發現這一語錄的詮釋之人，不會嚐到死亡的滋味。」就是指這唯一的詮釋，對吧？

白莎：很對，老弟，你愈來愈上道了。請記住，這部《課程》能夠寫得如此精深，因為J兄與那位女士折騰了整整七年的時間，排除一切障礙，才能正確無誤地傳達他真正要跟你們說的話。

葛瑞：關於這些，我還需要思考一番，這聽起來跟《聖經》裡那一套陳腔濫調沒有兩樣。

白莎：你應該看得出來，這部課程跟《聖經》大不相同。《課程》所表達的「一體」論點，你必須字字當真；至於聽起來像是二元論的說法，你只需當成一種比喻來理解。兩者並無矛盾，你若抓不到這個竅門，必會誤以為這部課程自相矛盾！

我先前說過，說到究竟，除了有關「上主」的說法以外，其他一切都只能算是一種比喻而已，如果要用你們的語言來形容那終極之境，就不能不藉助於象徵或比喻。這部課程講的是聖靈如何治癒你深藏在潛意識裡的罪咎，如何透過寬恕的互動而回歸天鄉，而所有這些，你必須使盡吃奶之力才作得出這類的選擇。

J兄說過：

此書是一部訓練你起心動念的課程。4

又說：

沒有經過鍛鍊的心靈是無法成就任何事情的。5

葛瑞：但也有一位教師說過：你應該跟隨那些承認自己還在尋找真理的人，而盡量避開那些宣稱已經找到真理的人。

阿頓：有朝一日，如果你碰到一位真正徹悟真理的人，這話就不管用了，不是嗎？屆時，你若蓄意迴避，只會害你多跑一些冤枉路。J兄真的已經大徹大悟了，但如果你和那些教師都一心一意只想當老師，而不願當學生，你們哪有機會接受進一步的訓練？

葛瑞：我懂你說的道理，即使在電影裡，也不難分辨師父跟學徒的功力。

阿頓：沒錯，但一般人所援引的常是宇宙裡頭有限的力量，而我們追尋的則是上主的力量，關於這一點，之前我們已經澄清過了，它們真的不可同日而語。

葛瑞：多久才可能出師呢？

阿頓：人人都愛提這類問題，但沒有人喜歡所聽到的答案（至少乍聽之下）。答案是，時候到了，他就成了；但這要等到你欣然發現這一問題已經無關緊要時，時候才會到。

不論如何，既然你心裡有聖靈為師，只要還活在形體內，你隨時都應把自己當成學生。對那些真心想要由世界中解脫、及時回家的人而言，這是終身的心靈之旅。不過，我也並非要人們把世間的事情看得過於認真，《奇蹟課程》一再提醒我們，別把世界當真。

葛瑞：好吧！但假如我現在並不想只走一趟心靈之旅的話，又會如何？假如我還想多混一混呢？

阿頓：你高興在「吃到飽」的心靈自助餐廳逗留多久，悉聽尊便。顯然，除非一個人有心受教，否則他的心是無法受益的。但別忘了，是你自己一直很想知道直接受教於J兄究竟是怎樣的經驗，現在，你的機會總算來了。

葛瑞：我想問一問關於參與筆錄《奇蹟課程》的那些人……。

阿頓：我們不打算深入這個《課程》的來龍去脈，你已經讀過一本書了，還有其他幾本也值得參考，你有興趣的話，以後有的是時間去讀。對於某些人，《奇蹟課程》序言裡那幾段話，已經足夠交代他們需要知道的形成背景。到目前為止，你對他們的背景故事有何看法？

葛瑞：我覺得那故事很有意思，我知道，海倫・舒曼博士（Dr. Helen Schucman）是筆錄之人，逐字記下那「聲音」所說的話；比爾・賽佛博士（Dr. Bill Thetford）是促成此事的功臣。兩位都是實驗心理學家，一起在紐約工作，兩人的關係向來很差，直到有一天比爾說，他要找出另一種方式來處理人際關係的問題。**6**

阿頓：你對他心裡的問題大概心有戚戚焉吧！

葛瑞：當然，比爾的宣言壓根兒跟我如出一轍，都透露了內心的一個決定，想要找出更好的一條路。

阿頓：對，這等於向天發出了邀請，藉著這項邀請，J兄才有機會給出這一《課程》，你也才有機會讀到它。這部課程不是只給海倫和比爾的，也是為了所有準備好聆聽的人。對海倫而言，這簡直是個沒完沒了的大工程；她雖然是筆錄之人，若非比爾在旁鼓勵支持，她根本不可能獨力完成這一任務。當初，海倫由她的速記簿裡唸給比爾聽，是比爾一字一字幫她打字成稿的。

順便在此一提，別把他們當成聖人了，讓我再次提醒你，他們跟你一樣，只是一般人，雖然他們的關係有所改善，但仍然時好時壞。比爾退休以後，就搬到加州去了，他們仍是凡人，但他們已經開始學了。

葛瑞：還有「心靈平安基金會」那一群元老呢？他們與海倫、比爾攜手合作，把這部課程帶入了世界。肯尼斯（Dr. Kenneth Wapnick）是第三個上場的人，在出版《奇蹟課程》以前，他與海倫一起研究校訂了好幾年，是他跟海倫一起釐定全套課程的章節段落，還決定了大寫小寫及標點符號這類事情的。

茱麗（Judy Skutch Whitson）則把《奇蹟課程》由海倫、比爾和肯尼斯的手中帶到她的朋友及新時代社群裡去。還有羅伯・史考區，我不太清楚這人的背景，他在書中並沒有敘述自己的事情。後來J兄指示他們，依照成規，一般出版社免不了會另加編纂，甚至增刪修改出版品，因此他們必須自己出版這部書。我想這些人大概註定要結為「心靈家庭」的，目的是讓他們練習寬恕，對吧？

白莎：你說的沒錯。《奇蹟課程》說：

救恩中沒有偶然的事。7

茱麗與羅伯把這部課程帶入世界，功不可沒。此外，J兄還在這小團體中指定肯尼斯負起教授《課程》的真諦之責，因他與海倫密切地琢磨了好幾年。直至今日，每當《奇蹟課程》要譯成其他語文時，肯尼斯負責確保譯者真正懂得這將近一千三百頁的書中每一句話。這並不表示，肯尼斯是《奇蹟課程》的唯一教師，但在千年以後，他會被推崇為最偉大的老師之一。而你這鬼靈精，如果有心的話，這一生仍有機會向他學習的。

葛瑞：我既然有你們了，還需要他嗎？

白莎：你確實有我們，但我們不會一直這樣定期拜訪你，我們還有其他地方要去，還有許多心靈等著我們去激盪一下。不論我們將來是否還會現身於此，你都該繼續學習下去，我向你保證，我們會一直與你同在，J兄也是。

葛瑞：等你們走以後，我再想一想該去跟誰學才好。對了，我一直都以為瑪麗安是《奇蹟課程》的首席教師呢？上個禮拜我還在CNN賴瑞金（Larry King）的節目中看到她，要不是先讀過這些資料，還真會以為《奇蹟課程》是她寫的呢！

〔譯註：瑪麗安（Marianne Williamson）即是《發現真愛》（*A Return to Love*，新譯《愛的奇蹟課程》）之作者。〕

白莎：我們的姊妹瑪麗安只是教師之一，我稱她為「神聖饒舌藝術師」（holy rap artist）。她辯才無礙的天賦及個人氣質，使她的名氣壓倒其他老師，也順利地把《奇蹟課程》帶向更廣大的讀者群。至於教師本身的成長，就憑他們個人的選擇跟造化了。

葛瑞：你說，這部《課程》已經譯成其他語文了？

白莎：你可具備了雙語能力？

葛瑞：光是英文，已把我搞得手忙腳亂了。

白莎：僅從翻譯的角度來講，J兄的這一《課程》傳播得比基督教當年快多了。一百年以後，世上會有相當高比率的人接受《奇蹟課程》確是出自J兄的「上主聖道」。但是，人們若不實際應用在生活中，又有何用？為此之故，我們要幫你了解《奇蹟課程》究竟在講什麼，至少也要把你送上場去。

這並不如你想像中那麼簡單，自從一九七五年《奇蹟課程》問世以來，爆發了通靈的熱潮，各式各樣的通靈資料模仿這部課程的技巧與方法，那些通靈書籍的追隨者講的跟《奇蹟課程》幾乎一樣。然而在內行人眼裡，其他的教誨缺少了《課程》裡頭最關鍵的部分，而那些部分正是《奇蹟課程》之所以成為《奇蹟課程》的原因。

你固然無需去批判其他教師，但並不是說，你就不該全心投入《奇蹟課程》這部最道地的「一體性」訊息。

不同意其他教師的觀點，本身並無大礙，然而，有一點你務必當心——《奇蹟課程》裡面許多關鍵性的要點，構成此書的原創性，也代表著人類靈性發展上革命性的跳躍（quantum leap）。可是，絕大部分的奇蹟教師或學員在詮釋過程中常會忽略這個特質。這情形跟兩千年前J兄的教誨一樣，世界仍想重施故技：僅擷取書中某些觀點，摻雜著假相世界的概念，遮蓋了聖靈的真實訊息，抹煞了實相的真面目。

將來，我們絕不會因為你不喜歡某些觀念就避而不談。等你聽完以後，你若還想抗拒，或不願接受，那是你的決定，至少不是由於我們未曾說過的緣故。

葛瑞：你以前提到，那絕對的真理可以用「兩個字」道盡，我大概可以由最近讀到的猜出幾分，但我還是需要你確認一下這兩個字是什麼？

白莎：老弟，請稍安勿躁，那得等到五次訪談以後，當我們論及「悟道」的真相之時。不過，我知道，有一天早上，J兄給了你一個驚喜。

葛瑞：那可不是說著玩的！那經驗真棒，我感到那真的是他。

白莎：是的，那確實是J兄的「聲音」，既是代上主發言的天音，也是聖靈的聲音。而你遲早會認出，那不過是真實的你的一個「象徵」而已。說到究竟，聖靈在這部課程裡不過是：

祂是代上主發言的天音，因此具有某種形式。這種形式並非祂的實相，只有上主偕同基督（即祂的真實之子，也是祂的一部分）方知那一實相。8

總之，那「聲音」也只是聖靈的象徵而已，它一直與你同在。你不難根據我們前面所說的推想出，聖靈沒有男女陰陽之別，基督也是如此，J兄在書裡不過利用《聖經》的象徵詞彙來修正基督教的觀點而已。

上主之子，或基督自性，沒有性別之分，是你的生命實相。你其實也不是一個人，你只是「覺得」自己是個人而已。你的訓練課程應該從你此刻感覺得到的經驗層面下手，然後帶領你去超越眼前的經驗世界之上。當《奇蹟課程》提到你以及弟兄時，它講的是象徵集體意識的那個「浪子」，活得分崩離析、各自為政的「片面存在」，你觸目所及的一切，都只是它所象徵的那個虛妄形象而已。

阿頓：那「聲音」可以用許多方式跟你溝通，但通常不採取那天早上你聽到的方式。說真的，人們根本不需要像海倫那樣聽到那「聲音」，大部分的人也永遠不會有這類經驗。海倫在前幾世裡練就了一種特殊能力，而J兄則因勢利導，在她同意下發揮妙用而已。大抵而言，他（你也可以稱他為聖靈）能用各種不同的方式與人合作，他可以把自己的念頭給你，作為一種溝通方式，那些念頭好像自動在你心裡浮現，大多時候，你根本沒有意識到那是天賜的禮物；另一些時候，你感到它們好像來自「彼岸」，其實，並沒有此岸或彼岸的分別。

※你其實也不是一個人，你只是「覺得」自己是個人而已。

這個「聲音」，也可以說是佛陀的聲音，或是最後跟J兄一起成就的所有高靈上師之聲。J兄與佛陀從來不會相互較勁、一比高下的，那全是宗教信徒搞出來的幻相，跟他們毫無干係。他們的聲音也可以在你睡夢中與你溝通，而那些夢境並不比你白天投射出來的世界顯得更真實。

聖靈最喜歡幫助人的方法，就是在睡夢裡與你溝通；有時，那「聲音」也會透過某個深得你心的人，來讓你聽到。

至於J兄那天早上給你的訊息，你事後了解得很正確，那訊息中最重要的字就是「毫無意義」，人們開始學習這一課程時，常誤以為上天要他們犧牲或捨棄什麼，〈教師指南〉說得很清楚：

它會讓人感到好似失落了什麼；很少人一開始即能看清那是因為自己認出了那東西毫無價值之故。9

針對這一點以及幻相世界的「無意義」，《奇蹟課程》闡釋得非常詳盡。葛瑞，你知道，每一個人都希望自己的生活富有意義，只是往往找錯了地方，總是從世界中尋找。人們在內心深處感到空虛，卻企圖用物質世界的成就和人際關係來填補那個洞，但物質層面的東西，顧名思義，再好再迷人，也只是過渡性的。因此，你需要明白J兄在〈正文〉一開始給人的勸導：

與上主分裂之感是你唯一有待修正的「欠缺」。10

這部《課程》中的J與基督教的J屬於不同的版本，這兩套思想體系是無法同時並存的。在基督教中，J兄的受苦形象使得「身體」的價值變得無比重要，寓意著他那具人身跟你的大不相同，因為只有他才是神的獨生子。但《奇蹟課程》的J兄卻告訴你，正因為你跟他是一體不分的生命，所以你也同樣是神的獨生子或基督，跟他毫無二致，而且你也一樣能有下面的經驗：

我所有的一切，沒有一樣你不能得到。我所有的一切，也無一不是來自上主。此外，我一無所有，這是我們目前不同之處。11

葛瑞：如果這兩套思想體系互不相容，那麼基督徒如何去練習這部課程呢？

阿頓：非常容易，至少和其他人的練習一樣容易，因為《奇蹟課程》一向只在心靈層面下功夫，從不著眼於外在世界的層面。你可以上教堂，去寺廟，或是任何宗教禮拜的場所，把它們當成一種社交活動。有些大眾性的宗教儀式已經成了社區活動舉足輕重的一部分了，無可否認的，當前許多宗教機構對它們所在的社區確實發揮了正面的影響。

但真正能夠讓你找到救恩的，是在你心裡。放眼看去，這個世界沒有一處或一物具有內在的神聖性，它們全是象徵而已。因此，你很容易一邊隸屬某個宗教或社團，或去從事現實生活中的種種職責，一邊仍能在心靈層面操練《奇蹟課程》的思想體系。

你也無需苦心孤詣去勸導別人接受這一課程，除非你內心指引你去與人分享，然而，關鍵在於，連這也非必要。無論如何，你的見證究竟要公開或隱秘，一切由你自行決定。重要的是，我再重複一遍，《奇蹟課程》跟這個物質世界一點兒關係都沒有，它只跟你如何看待世界的這個選擇有關。

葛瑞：你是說，天主教徒可以到「苦難聖母教堂」去望彌撒，心裡卻完全明白，J兄根本不要他們作任何犧牲或受任何苦？

白莎：親愛的，不只是天主教徒而已，每個宗教裡都有快樂的信徒和受苦的孽子，不妨看一看某些印度瑜珈師為了表現他們對神的臣服所選擇的苦行。在其他宗教裡，即使是快樂的信徒，遲早也會遭到痛苦的打擊，因為苦因早已深植在人類潛意識裡的思想體系了。這就是為什麼基督徒如此堅持J兄是為他們的罪過受苦而死的；你還記得那位漂亮的南方浸信教會的女士嗎？她曾告訴你，除非你蒙受耶穌寶血的洗滌，否則進不了天國的大門。

葛瑞：記得。我當時還問她我該去哪裡訂購幾兩寶血。

白莎：別忘了我們一直跟你說的，這個課程著重的是心理過程，非關形體或形式；你遲早會明白的，所有的事情其實都屬於心理過程，非關形體。一談到天主教與浸信會，讓我想起另一個有關「詮釋」的問題，你可知基督教在當今有多少個派系？我是指對基督信仰的詮釋都已能自成一家之言的大大小小宗派。

葛瑞：我猜，有上百吧！

白莎：兩萬個以上。

葛瑞：天哪！

阿頓：這並非他們的錯！讓我再問你，假如當今已有兩萬個教會組織，他們不但不懂J兄的道理（我敢說，他們真的不懂），而且，還對J兄的教誨各持己見；在這同時，你也看到世界並沒有因之而進化；那麼，如果《奇蹟課程》日後也衍生出兩萬種不同的詮釋，你真的相信它對人性的進化會有任何幫助嗎？

葛瑞：你話裡頭已有答案，而非徵求我的意見，對吧？難怪你一再強調，如果我真懂了J兄這部《課程》的訊息，那麼，正確的詮釋只有一種。我想，唯有極少數心胸寬大的人，才放得下自己的詮釋，但我也明白，一旦能夠放下自己的詮釋，真正受益的是自己。

阿頓：頗有見地！

葛瑞：你在推崇「知見」？

阿頓：別忘了，世間確實有「正知見」，我們很快就會談到的。我們已經指出，你必須自願放棄你對《奇蹟課程》的詮釋，才可能換得正確的觀點；我們還要提醒一點，你的書若要引用《奇蹟課程》的話語，就必須一一註明所有的章節出處。你對這些瑣碎細節可能不太感興趣，但相信我，唯有如此，才能保持《課程》的原貌，才不致扭曲文字而喪失了原意。兩千年前的人沒有能力保存真理的原貌，即使到了今天，想要不讓J兄的訊息變質，仍是困難重重，但我們何妨放手一試？

葛瑞：兩千年前，人們開始把自己的觀點添加在J兄的言論上，修改他的訊息來鞏固自己的信念；沒多久，人們便已分辨不出究竟哪些話出自他、哪些不是他說的了。

阿頓：一點也沒錯，你真想舊事重演嗎？

葛瑞：不想。但如何防止《奇蹟課程》重蹈基督教的覆轍，難不成要設立中央集權的教廷、制訂一大套法律規章？

阿頓：非也！真正的防範之道，全靠《課程》自身的特質。《奇蹟課程》不是宗教，你早已看出了，只要它能不受扭曲，維持原狀，盡量保存訊息的完整性，它的「自修性」特質會為自己走出一條路的，這才是長遠之計。這部課程確實走在時代的先端，但話說回來，你該好好去作練習了。

葛瑞：聽說教會成立以後，只有神職人員才准接觸《聖經》、閱讀《聖經》，其他人只能恭聽教會講的那一套，這是真的嗎？

阿頓：真的。反正當時絕大多數的人根本是文盲。許多事情，你已視為理所當然，但別忘了，印刷術一直到一四五〇年左右才問世。教會嚴密地控制資訊，包括了所有經典，如果大眾的知識全是聽來的，怎能期待他們想出不同於教會權威的結論？

直到十八世紀，才有足夠的知識份子跟充分的書籍，將社會往前推進一步，如今人們總算能夠普遍閱讀，也愈來愈能獨立思考了，資訊的普及可謂空前。你也許會問，J兄為何拖了那麼久才傳出這個《課程》，原因是，直到如今才有足夠的人可能讀得懂它。

葛瑞：嘿，我無意改變話題，只是不願錯失機會請教你，有關我看到光明的那幾次經歷。我假定你知道我在說什麼，因為你好像對我的底細一清二楚，這種光明經驗跟《奇蹟課程》扯得上關係嗎？

阿頓：有的。是在一年前你就開始有了那些經驗，它們跟你讀了這部課程後內心所做的決定有關。我得再聲明一下，很多人沒有這類經驗，但並無礙於《課程》對他們的實效性。你還沒開始練習《學員練習手冊》，如果你不介意，請唸一下第十五課第三段，你會看到J兄也提過這類現象。你現在願意唸一下嗎？

葛瑞：好的。

※你也許會問，J兄為何拖了那麼久才傳出這個《課程》，原因是，直到如今才有足夠的人可能讀得懂它。

在我們前進的路上，你會經歷許多「光明的插曲」。它們會呈現出種種不同的形式，有些可能出你意料之外。不要怕。這只是顯示你已經張開眼睛了。它們不會久留的，因為它們只是正見的象徵，與真知無關。[12]

阿頓：我們會談到「真知」以及導向真知的正見兩者的差別，你不必急。我們一路講下去，還會談到你那神秘經驗的。我知道你心裡還有其他的問題。

葛瑞：只想確定一下我的看法是否正確。我很想問你們關於《奇蹟課程》的事，還有它跟佛教和基督教的關係。傳統佛教有個重要觀點：人們受苦是因為他們懷著永遠滿足不了的無限慾望。佛教徒相信，克制慾望會帶來幸福，生出慈悲；那也是一種解決「匱乏」的途徑，不是嗎？

但你曾引用《奇蹟課程》的話：「與上主分裂之感是你唯一有待修正的『欠缺』。」[13]你是否在說，佛法乃是修正思想，與聖靈的治癒仍然有別？而基督教的方法，比起佛教，似乎又隔了一層，只想修正有形的層面，而非心理層面？

阿頓：你說得沒錯。是的，你若真的了解我們先前所說的，便會看出，佛教已經踏上正途了，它不像基督教那樣仍然在迴避心靈層面。無怪乎連當今的教宗，在他的書裡也忍不住要貶抑佛教，對於佛教的企圖超越世界，他深不以為然。根據他的觀點，活在宇宙之間，人必須先有一番作為或表現，才可能找到真神。你看，如此一來，他豈不是本末倒置了？要知道，不管是論究有神或無神，佛教根本不談神的事，而且每個時代、每個教派的經論大師，也都有他們不同的詮釋。

我們在第一次造訪時，已經指出，僅憑自己做一些心理方面的觀想，是無法治癒潛意識裡的問題的。日後，我們會跟你細說J兄的思想體系，只要你肯跟他或聖靈合作，必能培養出正知正見，那絕對有助於聖靈的治癒，並且引領你回歸本來的真相。

如此一談，又引出了「奇蹟」的一個有趣特性，「奇蹟」在這部《課程》裡，是指「知見的轉變」**14**，意思是說，轉向聖靈的思考方式，並不只是調整自己的念頭，改變生活形態或外在環境而已。它明確地告訴你，「奇蹟」能加速你靈修道上的進步，遠甚於其他的法門：

你若想掌控時間，唯一操之於你的學習教具便是奇蹟。15

以及：

奇蹟足以取代千百年的學習過程。16

這絕非誇大其詞，他只是根據心靈的法則及上主的法則來揭示真相，我們會在另一次造訪中專門解釋《奇蹟課程》裡的時間觀念。

你若希望節省時間，最好把這個課程視為一種全新的思想體系，不要視它為基督教的新版，它絕對不是；也別把它當成《舊約》與《新約》之外的「第三約」。它不折不扣地，就是一部「課程」；你也只有J兄，而別無宗教。他會告訴你許多跟《聖經》牴觸的觀點，因此，無需浪費時間去幫它們拉關係。

《聖經》一開始便說：「在起初，神創造了天地。」然而，神並沒有創造天地！你若真想了解J兄給你的訊息，就不能輕易妥協《奇蹟課程》裡的話：

你眼前的世界只是一個幻相而已。上主從未創造過這樣的世界，因為祂的創造必是永恆的，如祂自身一般。然而，你眼前的世界沒有一物是永世長存的。[17]

葛瑞：那麼能量呢？不是說能量不滅，只會變化嗎？

阿頓：是的，在有相的層面裡，「能量」好像是不滅的，但究竟說來，它並非能量，它其實是一種「念力」，說得精確一點，它是「妄念」，雖然它遲早也會匯入永恆之境界。請注意，《奇蹟課程》同時也給了一個極簡單的標竿，幫你分辨真實與虛妄之別。

凡是真實的，必是永恆的，它絕不變易，也不受改造。它不會朝三暮四，因為它已圓滿無缺，但心靈卻有權選擇自己要事奉哪一個。唯一的限制是，它不能同時事奉兩個主人。[18]

因此，「能量可以轉變」這一事實，正意味著它在本質上的「非真」。我們並無意去澆新時代弟兄的冷水，他們對能量如此瘋狂，其實能量什麼也不是，那實在是浪費精力，這不過是另一種在沙灘上建立城堡的花招罷了。當然，對於熱中不可見之物甚於可見之物的人而言，能量的觀念對他們會有若干幫助，但我們是來幫你節省時間的，因此我們該說什麼，就會直言不諱地說。「能量可以轉變」這句話，絕對稱不上是福音；「造出能量的心靈是可以轉變的」，這才是福音之所在。

葛瑞：我懂了。我還有一個疑問，是否必須相信《奇蹟課程》真的來自J兄，而且還得與他建立情誼，才能學這部課程？

白莎：不！人們無需相信這書是出自J兄之口或之手，一樣能夠從中獲益。我們說過，你可以好好跟聖靈學習這部課程，也可以追逐時尚地只去沾一點靈氣；若是佛教徒或其他宗教徒，可以把宗教名稱改掉，照學不誤；你可以用佛心來取代基督之心，或改成自己喜歡的任何名稱；女性運動者也可以把「他」改為「她」。

不過，在改名換姓的過程中，到了某一地步，人們就會看清，他們之所以要這樣改，表示他們心裡仍有東西尚未寬恕。若非他們已在這些名相上附加了極大的意義，而且還非常當真，否則他們是不會這樣大費周章地非改不可的。

至於那些已經跟J兄建立私人關係的，當然應該繼續這一情誼，他們遲早會發現這關係原是超越世俗的，因為你與J兄或聖靈的結合，純然屬於心靈層次，絕非世間關係所可比擬。起初，人們常常認為J兄會幫他們在世間混得更好，其實，《奇蹟課程》是要帶領他們跨越世間這一階段的。

最後，每個人都會了解你即將明白的事實：那代天發言的「聲音」，原來就是你自己的「聲音」，是你真實的「聲音」，因為你就是基督。在實相之境，天父、聖子、聖靈之間毫

❈「能量可以轉變」這句話，絕對稱不上是福音；「造出能量的心靈是可以轉變的」，這才是福音之所在。

無差別；但是如今你尚未活在實相之境，你仍活在這裡，至少你感覺到你活在這裡。在聖靈治癒你的心靈以前，你需要有人拉你一把，而《課程》裡的種種「象徵性的角色」就是為了拉你一把。

許多人初讀《奇蹟課程》〈正文〉時，難免會抱怨說，乾脆用外星人的語言來講可能還容易懂一些！這是因為J兄傳遞《課程》的心態是當作你冥冥中其實知道他在講什麼；雖然他也明白，活在形體中的你，很多地方你並不了解。於是，他先帶入幾個觀念讓你淺嚐，隨即擱置一邊，然後又在後文反覆追擊，不斷深入。這樣盤根錯節地建構出一個獨特的思想體系，給你機會慢慢消化吸收。

學習《奇蹟課程》，不是一個事件，而是一個過程。不幸的是，除非去參加讀書會，否則許多人只會去讀比較平易近人的〈學員練習手冊〉，卻對〈正文〉視若無睹。然而若不真正了解〈正文〉，就不可能真正體會〈學員練習手冊〉的旨趣所在。

葛瑞：我也必須參加讀書會嗎？

白莎：不是必須，你若想去你就去，我湊巧知道你會參加的。整部《課程》從未提到「讀書會」的事情，你可以把讀書會當作上教堂一樣，都是一種社交活動而已，它們還未必能提供你正確的資訊呢！但如果成員們都能夠將自己託付給聖靈，並以寬恕為目標，你放心，祂一定樂於參與其中的。

阿頓：人們常常忽略了了解《奇蹟課程》真正旨趣的重要性，他們會斷章取義地引用〈學員練習手冊〉前面幾課，也就是J兄那天早上給你的那個訊息。他們會這樣說，既然《奇蹟課程》的形上觀點是「一切毫無意義」，那麼這部課程本身也不具任何意義了。現在，讓我們再次強調一下：從《奇蹟課程》針對目前所在的這一層次而言，它所說的一切絕對有其意義。這一點很重要，你必須徹底了解，否則這書對你就一文不值了。正因為《奇蹟課程》旨在重新詮釋世界，也就是你所謂的人生，它要你放棄自己所賦予世界的意義，而轉換成聖靈賦予的意義。你必須具備這一認知，聖靈才可能將你由夢中輕輕喚醒。任何人讀了〈學員練習手冊〉的導言，不可能不知道「徹底明白《奇蹟課程》的真義」是何等的重要。

〈正文〉中所提供的理論基礎，是〈練習手冊〉中不可或缺的架構，它賦予了每個練習的意義。**19**

以及：

你只要按照指示去運用這些觀念即可。請勿妄自評判。只要你發揮其用。就在運用之際，你會看出它的意義，明白它真實不虛。**20**

讓我們寬恕那些人吧！他們老想挑揀速成的路而非難《奇蹟課程》，說它的內容了無新意，也無異於其他的書。讓我們只把心思集中在《奇蹟課程》究竟在講什麼。你應明白我們先前所說的，J兄叫你把世界當成「對你」毫無意義之物，他是要你放下你加在世界上的價值，轉而接受聖靈賦予它的意義，例如：他在第二十四章開頭所說的：

要學習本課程，你必須自願反問內心所珍惜的每一個價值觀。[21]

葛瑞：他總不會質疑家庭、母親以及蘋果派的意義吧！

阿頓：你慢慢會明白的。白莎先前說過，J兄的思想體系是「全像式」(holographic)的，你一旦了解了整個體系，便不難在書中每個角落看見它的影子。為了說明這一點，何不讓我們看一看〈正文〉的導言，不是序，而是導言。你現在就唸一下好了，然後，我會幫你導讀一下。

葛瑞：當然，唸出聲來，總比我喃喃自語要好一點。

> 這是闡釋奇蹟的課程。是一門必修的課程。只有投入時間的多少是隨意的。隨自己的意願並不表示你可以自訂課程。它只表示在某段時間內你可以選擇自己所要學習的。本課程的宗旨並非教你愛的真諦，因為那是無法傳授的。它旨在清除使你感受不到愛的那些障礙；而愛是你與生俱來的稟賦。與愛相對的是恐懼；但無所不容之境是沒有對立的。
>
> 因此，本課程可以簡單地歸納為下面這幾句話：
>
> **凡是真實的，不受任何威脅；**
>
> **凡是不真實的，根本不存在。**
>
> 上主的平安即在其中。[22]

阿頓：多謝，葛瑞。「這是必修的課程」，因為它講的是真理，如果這句話讓你覺得大言不慚或不夠謙遜，很抱

※已經生病的心靈豈有治癒自己的能力？由世界的角度來講，答案是不可能的。你們需要外援，需要奇蹟。

歉；要知道，它並不是說，《奇蹟課程》是幫你找到真理的「唯一途徑」。真理重在覺知，而不在於白紙黑字中，但你是無法自行找到這一覺知的。已經生病的心靈豈有治癒自己的能力？由世界的角度來講，答案是不可能的。你們需要外援，需要奇蹟。

你什麼時候決心要學，什麼時候要把《課程》的原則應用在生活中，完全操之在你，你想拖延多久，也都悉聽尊便。課程早已制訂好了，你有權利決定「何時」去學「什麼」，但你終將明白，你以為眼前自己擁有千萬種的人生選擇，其實你只有兩種選擇。[23]

《奇蹟課程》從不自恃凌駕其他靈修法門之上，但它也毫不客氣地指出一個事實，那就是，你絕對需要去學這一課程。

愛的真諦是無法傳授也無法學習的，愛自會照料自己，導言說：「你」的任務是學習跟聖靈一起清除那讓你無法覺知自己的天賦產業的那個障礙（你錯以為自己早已忘失了那個覺知）。上主及天國的反面就是「非上主」及「非天國」，然而，上主根本沒有反面，祂是無所不容的。

你一定曾經聽說過，《奇蹟課程》要你選擇愛、勿選擇恐懼，一點也不錯，但這仍是不夠的。在七十年代《奇蹟課程》問世以前，已有上千個作家要人選擇愛而勿選擇恐懼。而且，你若告訴別人選擇愛、勿選擇恐懼，他們都會以為你要他們選擇的是「他們」的愛，但這絕非《奇蹟課程》的本意。

你日後便會明瞭，這部課程把人間的愛稱為「特殊關係」[24]，與聖靈之愛根本是兩回事。《奇蹟課程》裡的「愛」與「恐懼」這兩個詞，代表著兩種截然相斥的思想體系，你必須先釐清這兩個體系，才可能明白自己究竟是在哪兩種可能性之間作選擇。

事實上，正因為「不敢去看」的緣故25，你已經把信念體系打壓到潛意識底下去了，長此以往，還一味逃避、壓抑、否定，再投射到外界去，形成一套「恐懼的思想體系」26。要知道，你若無法幫人正視這些，讓他們明白，若想由此脫身，必須仔細檢查那些信念是如何在現實生活裡運作的，否則，那一套理念是不會帶給人們任何助益的；你若無法幫人看透幻相，讓他們知道，永遠不可能從有形的層面去解決人間的關係，否則，那一套理念也稱不上是什麼珍貴的禮物。

「凡是真實的」，是指你永恆不易的靈性，即《課程》所謂的「愛的思想體系」，它既是不受任何威脅，且將帶領你回歸靈性。「凡是不真實的」，是指其他的一切，也就是「恐懼的思想體系」所帶給你的一切後果，但在實相中，它根本不存在。「上主的平安」，乃是《課程》的目標，你必須先進入這種平安，才能重新覺醒於你在天國內的生命實相。27

葛瑞：如此說來，這一切必須在超乎形體及世界的層面進行，就如同你反覆說明的觀念，而這也正是兩千年前J兄看待身體的心態：外在形體的種種，其實與生命實相根本無關。還有，你好像在說，即使你還活在血肉之軀內，復活仍是發生在你心裡的事件，跟身體毫無關係。肉體的復活，或肉體的不朽，說穿了，不僅僅是一種幻相，而且根本就無此需要。

阿頓：真是孺子可教也！是的，實相及愛，原屬自然之境，是抽象的；而身體與恐懼，則是反乎自然的，是具體的，正如《奇蹟課程》所說：

心靈的本來境界，是徹底抽象的。28

我們會在下次造訪中深入這個主題，屆時我們會解釋，你是怎樣落入「我是一具身體」這類想法的，以及「娑婆世界」又是如何形成的。

葛瑞：我開始明白你為何說《奇蹟課程》跟基督教思想是無法相容並存的。《奇蹟課程》說：身體是一種幻相，建築在一種與神對立的思想體系上（如果「反神論」可以成立的話）；基督教則在鞏固另一套思想體系，藉著推崇J兄這一具人身的獨特價值，重視人類個別（形體）的存在意義，滿足了人們想要肯定自己的個別性及特殊性的需求。

阿頓：一點都沒錯，《聖經》中的J兄成了世間「形體大夢」的偶像；其實，真正的J兄並非那一具身體，他是自由的，而且他也要把那自由傳給你。你必須藉由各種途徑去學習超越傳統宗教的思考模式，例如：猶太/基督教傳統信仰中的上主，不僅把人類的罪惡當真，還加以無情懲治。我們已經提過，在基督教思想體系裡，認為上主把J兄獻出，是為了贖清世人的罪而受苦犧牲。有些教派還百般強調身體的重要性，他們在聖體聖事或某些宗教儀式裡，象徵性地演出一場又一場享用耶穌「身體和寶血」的情節，他們真的相信，上主為了贖清人類血肉之軀所犯下的罪行，不惜犧牲自己聖子的肉體作為代價。

然而，上主不會窮極無聊到去反制你夢裡的故事的，就像你也不會去解決睡在枕邊的妻子所做的噩夢一樣。首先，你根本沒有看見那一件事情，因為它們並非真實發生的事件；其二，就算你能看到那個夢，你也不會插手解決，因為它既不是真的，就不可能影響到你。唯一合情合理的反應，乃是把妻子由噩夢中喚醒，但你會極其溫柔地輕輕喚醒她，免得再度驚嚇到她。

聖靈也是這樣輕輕地喚醒你，祂絕不是形體世界的神明，終日忙著處理你夢裡的事件。聖靈其實是代上主發言之「聲」，一直陪著你在幻境中流浪，漂流到如此遙遠的異鄉。29

聖靈會教你看出，你認定發生在眼前的事件並非真的發生了；這是祂喚醒人們的方式。真相是無形可見的，任何可以眼見耳聞的事物，即使可用科學方法測量，仍是幻相，這與世俗觀點正好背道而馳。

《奇蹟課程》還提出具體的方法，讓你藉用它思想體系裡的「真寬恕」來應付肉眼告訴你的事件，如此，你才能在社會裡進退自如。在幻相世界裡，沒有一項事物會比另一項事物來得更神聖，慢慢地，你會發現，你以前視為罪、攻擊、罪咎以及分裂的東西，原來也不是想像中那麼回事。你仍可平安自在地活在世間，同時也慢慢地、輕輕地由夢中清醒過來。

葛瑞：根據你的教導，以及我從〈正文〉中讀到J兄對自己被釘十字架的解說，十字架表面看來確是一種可怕的刑求，但對他其實不算什麼，因為他當時那麼徹底地認同了百害不侵的上主之愛。他知道自己真正是誰，並不是那一具虛幻的肉體。

我想，「J兄該在十字架上為人類受苦」這件事之所以成為基督教信仰的核心，正好顯示出J兄的訊息被後人誤解扭曲的程度。這樣說，對嗎？

阿頓：對，不過也別期待你在練習《課程》的第一年，就能達到他那樣不受痛苦凌虐的影響，那種理想境界需要很深厚的基礎。但那「再也不必受苦」的時刻遲早會來臨的，那是這一靈修的遠程回報，即使是活在身體之人，一樣可能保有百害不侵的心境的。《奇蹟課程》有言：

無罪無咎的心靈是不可能受苦的。30

但你仍需歷經一段時日，才能學會寬恕的課程而達到那個境界的。

葛瑞：但願如此，不過我真希望早一點抵達目標。

白莎：每個人都希望如此，我們來此就是要助你一臂之力的。現在，我們為你提出幾個要點，它們雖然不能涵蓋全書，但至少是書中的關鍵。開始時，你可能難以苟同，但不妨深思一下。

上回我們說過，這次來訪時會告訴你「真正的智慧」是什麼，我們這就言歸正傳。你會發現，我們的解說愈來愈傾向直線式的，那是為了配合你的理解能力。

關於智慧，根據世界的信念，通常是指你對外在事物判斷得又好又對；其實不然。「你是對的」這個意念，所帶給你的，只會讓你永遠陷身在這個娑婆世界。我要引用一段J兄在《課程》裡談到智慧和純潔無罪的說法。順便一提，這也是「心地純潔」的真正意義。純潔無罪不是一種片面的本性。它是完整的，否則就不是真的。片面的純潔無罪有時會顯得相當愚痴。他們的純潔無罪必須形成一種見地，能夠普遍運用於現實生活中，才會轉為智慧。純潔無罪或是正知正見意味著你不再落入妄見，永遠得見真實。[31]

葛瑞：你是說，不論別人怎樣，我都必須把每一個人看成純潔無罪？

白莎：對，再提醒你一下，別期待那是一蹴可成的事。

葛瑞：我不懂，像希特勒這種人怎麼可能是純潔無罪的？

白莎：這是最常見的問題了，答案和希特勒本人毫無關係。我還記得自己身為猶太人的那一世，對於納粹、光頭黨、三K黨這類病態的人間組織，確實不敢恭維的。他們之所以仍是純潔無罪，指的並非在有形身體的層面。要知道，希特勒，和世間所有的人，包括你在內，都同樣的純潔無罪，而所有的觀感或看法，只因為你們所見的其實並非真相[32]。正如《奇蹟課程》所云：這是你作的夢，不是別人作出來的夢。[33]

希特勒只是「恐懼思想體系」發展到極致的典型範例。你以為「猶太大屠殺」是一件非比尋常的歷史事件？不是的，只不過它波及的人數較廣，才顯得異乎尋常。其實，類似的事件在歷史上不斷在重演。你若仔細想一想，或稍稍研讀一下，就會發現，光是上一個世紀，這類事情，可說是屢見不鮮。你不必是猶太人或黑人，或印地安人，或任何不同膚色的族群，都可能成為受害者，可以說，幾乎在世間找不到一個沒有受過迫害的族群。即使是白人，只要他或她隸屬於某一特定階層的人，巧不巧地，再「躬逢其盛」一下，都可能成為那個年度的受害人選，他們也許是天主教徒，或基督教徒，或任何被貼上標籤的巫師。你若生在一六九二年的麻州薩林鎮（Salem），你知道當年那兒所發生「獵殺巫師」的事件吧！在那次審判巫師的官司裡，你知道多少人被判死刑？

葛瑞：大概有十九或二十人吧！

白莎：是的，那是人類「投射潛意識罪咎」極其殘酷的一個例子。但是，你可知道，在那次「巫師大審判」之前的歐洲，有多少人死於巫師罪名之下？

葛瑞：不太清楚；上百人嗎？

白莎：四萬人左右。

葛瑞：天啊！四萬人！

白莎：如果根據現代的人口比率來推算，當時的四萬人，差不多相當於現在的一百萬人。

葛瑞：我的天！除非有其他性醜聞跟它搶風頭，否則，那應該是最聳人聽聞的事件了！

白莎：的確是的，當人們內心深處有不可告人的隱痛，需要把潛意識中的罪咎投射到他人身上時，不論用什麼藉口，都會產生類似的結果。目前，我們談的都還是幾個極端的例子，其實，一般所謂的凡夫俗子，天天都在用各種手法幹類似的勾當。他們根本不知道自己有什麼需求，更不知道是為了什麼；他們若是知道，就不會幹這種事了。

等你慢慢看清人類的處境，就會徹底明白，為什麼「種族屠殺」這類慘無人道的瘋狂行徑，在歷史上是那麼司空見慣。你也會學到，唯有真正的寬恕，才足以打破這個可悲的模式。

好了，我們說過，你無需立即相信每個人都是全然純潔無罪的，而且也無需馬上接受《奇蹟課程》的其他觀點[34]，但只要你一路操練下去，有朝一日，你自會發現寬恕對「你」（而不只是你所寬恕的對象）的助益是那麼的不可思議。

《奇蹟課程》給了「恐懼的思想體系」以及天人分裂的心態一個名稱，那就是「小我」（ego）[35]。可別把這一名詞跟傳統心理學的「自我」（ego）混為一談了，J兄跟我們說話時採用的名詞通常都是「廣義」的，所以，他給小我的定義也不屬於任何學派。你只需記住，不論小我顯得多麼有能耐，它其實只是一種想法而已，而想法是可以改變的。

葛瑞：我知道你還沒講出全盤的故事，但你提到的寬恕，聽起來有點像是心理學的「否定現實」（Denial）。

白莎：等我們講完所要告訴你的一切時，你不只會看出真正的寬恕究竟是什麼，還會明白，「愛的思想體系」和「恐懼的思想體系」一樣，各有一套「否定現實」的手法。然而，聖靈所用的否定手法，用意是在揭發小我「否定真相」的企圖，順勢將它反轉過來，然後導向天堂。這是聖靈帶給人平安的途徑。

> **它「否認」了任何不是來自上主之物具有左右你的能力。這是使用「否認」最上乘的手法。**[36]

然而，到底什麼樣的寬恕，才能帶來平安？《奇蹟課程》說：

> **寬恕也屬於幻相的領域，只因它以聖靈的目的為目的，故能脫穎而出。寬恕能幫人遠離錯**

誤，不像其他的幻相反會導致錯誤。[37]

葛瑞：我若接受「上主以外沒有一物影響得了我」這個說法，是否表示我就該逆來順受，任憑別人的侵犯，也不自我保護？或者說，即使生了病，也不該去看醫生嗎？

白莎：當然不！我們先前說了，你一樣可以照常安心度日，這不是空話。你絕不該逆來順受，但也無需為了證明什麼而去自找苦吃。十字架是一個極端的教學工具，你並不需要親自受苦才能學會《課程》[38]。多半時候，你仍會照常度日，只是別再逞能，靠自己而活，盡可能祈求上天的指引，J兄親自傳遞的整套聖靈的思想體系就是你生活裡的靠山。他是人類夢境裡第一個圓滿成就的人[39]，不久的未來，你也會成為這個思想體系的一個發言人。

記住，J兄所謂的寬恕和他在《奇蹟課程》裡所說的，跟基督教所講的，或世界所接受的寬恕大不相同。如果仍是舊調重彈，他根本不必在此浪費唇舌。正因為基督教誤解了J兄，他才需要透過這部課程重新傳授「真寬恕」的道理。如今，我們固然在教導你，使你知道如何應付各種處境，但請記住，沒有任何人的解說能夠取代這部課程，你必須親自去讀，去操練，我們只能算是補充教材而已。

我們無意自成一家之言，你也不該自立門派。人們

※如果你繼續去做你一直在做的事情，那麼你就得繼續承受你一直在受的後果。「一直在受的後果」，就是一張重返這個「地球」精神病院的「回程車票」。

自作聰明，一意孤行，在人間混了百千萬劫，古諺有云：如果你繼續去做你一直在做的事情，那麼你就得繼續承受你一直在受的後果。「一直在受的後果」，就是一張重返這個「地球」精神病院的「回程車票」。時候到了，你該跳脫這個一點也不快樂的「旋轉木馬」了。

葛瑞：我想大多數的修行人都在追求斷絕輪迴的方法。你讓我明白了奇蹟的真正含意：雖然《奇蹟課程》有時把自己當成一個奇蹟，其實，所謂的奇蹟，與任何有形層面的事物無關，它是「知見上的轉變」，發生在人心裡面。

白莎：很對，這樣，你就開始處理問題的「因」了。《奇蹟課程》說：

本課程是一部強調「因」而不強調「果」的課程。**40**

又說：

為此，不要設法去改變世界，而應決心改變你對世界的看法。**41**

葛瑞：只需稍加觀察，不難發現，對人間事物的種種批判並沒有使人們更快樂一點。

白莎：一點也沒錯，事實上，這部《課程》後來會問你：

你寧願自己是對的，還是寧願自己幸福？**42**

葛瑞：我想，大部分的人都難免口是心非，嘴巴上說：我寧願幸福；但行動上，卻在在顯示著：我寧願自己是對的。

白莎：對，這就是小我的自欺手腕。當人們批判別人，並相信自己是對的，當下會產生一時的快感，因為他們成功地把潛意識裡的某種罪咎投射到別人身上去了。但是，隔了幾天，不知所然地，他們的內疚就來討債了（由於發生在潛意識裡，所以自己完全不清楚怎麼一回事）。也許是出了車禍，或是任何一種自我打擊的手法。當然，這樣說，只是一種虛幻的直線式解釋法，真相是：那一切早已預先設定好了。此中道理，我們以後還會講到的，此刻，我只是為你舉出世間萬象「因果相生」的一個例子而已。

葛瑞：你是說，人們批判別人，逞一時之快或一時之痛（全憑他把罪咎「向外」或「向內」投射而定）；然後，他們會懲罰自己。表面上，他們以為自己勝利了，其實是他們的信念敗在自己的業力之下，就如同被車輪輾過的一條狗（their karma runs over their dogma）。

白莎：嗯！你進步得挺快，但百尺竿頭，仍然有待加緊腳步呢！別忘了，「業」只是「果」而已，我們改變心，是要改變一切的「因」。物質世界中的「果」，不值得人們操心，因為它不是真的，你該關心的「真事情」是心靈的平安以及回歸天鄉。至於這個時空世界裡頭的利益，等我們論及「真祈禱」和「富裕」時，自會談到的。

阿頓：讓我們再重申一下，《課程》提到「不要判斷你的弟兄」，是要你勿定弟兄的罪而已 **43**。然而，你在過馬路前，不能不先作個判斷，缺了這種判斷，你大概連早上起床都成問題。我們要你放下的，不是那類的判斷，《奇蹟課程》無意推翻日常生活中的普通常識。

葛瑞：起床這類普通常識，對某些人來講，還真是一大挑戰呢！

阿頓：你可以判斷觀念，但不去批判人，只需接納真實的觀念就夠了。說起挑戰，我們一再跟你講，我們會不斷挑戰你，但總有一天，你的挑戰也會結束的。正如〈教師指南〉對資深教師的描寫：

對上主之師，並沒有什麼挑戰可言。因為挑戰意味著懷疑；而這群教師對上主的信賴是如此堅定，懷疑毫無立足之地。**44**

而你，鬼靈精，還沒到那境界呢！你該試著返回自己心靈的本然狀態了。

葛瑞：我很樂意，你說過，反正那個心也不是我的。但你老愛重申「不同」和「分別」，而不去強調「一體」，這讓我感到有一點兒不舒服。

阿頓：我很高興你提出這一疑問，因為其中的原委極為重要。那是因為分析到最後，只剩下兩種思想體系，所以聖靈才會使用「比較」和「對照」的方式來教導你。

奇蹟將你所造的一切與上主的創造相互比對，凡符合創造初衷的，便納為真實；與它牴觸的，便斥為虛妄。**45**

白莎：什麼是跟奇蹟及聖靈相應的？什麼又是跟祂及這《課程》牴觸的？人們對此常有爭議。在修行人中，包括奇蹟學員在內，爭議本是難免，這正是世界的一貫伎倆，就像顯微鏡下細胞的分裂，原是世界與生俱來的本質，因為小我的心確實像顯微鏡下的細胞那般不斷分裂，形成了一顆顆狀似分裂的心靈，有些人稱為靈魂。但你不必為那些爭議操心，也無需抵制它，你需要做的，只是回到問題的源頭「心」那裡去（而不是世界），透過寬恕來轉變你的心。

不論在奇蹟團體之內或之外，J兄並不奢望這部課程能夠免除那類爭議，就如同，他在《課程》最後的〈詞彙解析〉中所說的這段話，足以套用在整部書的任何一處：

所有的詞彙都有引發爭議的可能，喜歡爭議的人，不難找到藉口。而有意澄清自己觀念的人，也會如願以償的。然而，他們必須心甘情願地罔顧那些爭議，明白那只是一種抵制真理的反應、存心拖延的伎倆而已。46

在下回討論中，我們會解釋這些可能引起爭議的觀念，如：潛意識裡因罪而衍生的內疚，那正是背後推動著世界運轉的動力。然而，你心底那個罪的觀念其實根本虛妄不實，只要你不再定人之罪，它在你心裡便不會顯得那麼真實了。

阿頓：在我們下次來訪之前，我要你思考一下，人間的靈修道路原本各異其趣，你若想要合一，只能在目標上合一**47**，因為所有靈修之道目標都是一致的，都會回歸上主那裡，途徑儘管不同，好像各走各的陽關道，但最後還是會殊途同歸的。你不必為此難過，這是必經的過程。

不管透過任何靈修法門，只要你想從中獲益，就必須先徹底了解它，然後運用出來才行；若非真正了解，怎能運用出來？如果你說佛教跟基督教講的有所不同，並不會引起任何

> ❈潛意識裡因罪而衍生的內疚，那正是背後推動著世界運轉的動力。

爭議：那麼當你說《奇蹟課程》講的也跟它們有別，這又有什麼好怪異的？

《奇蹟課程》並非什麼「運動」，世間的運動五花八門，早已不計其數了，實在無需再用任何名目去標榜它。再說，《奇蹟課程》流不流行，一點也不重要，J兄知道他在做什麼，準備好接受這部課程的人自然會找到它的。

J兄的《奇蹟課程》有它獨到之處，它給予每個個別生命一個機會，讓它們看清自己原來根本不只是一個個體生命，而且也從未落單過。它給你一個機會，來和聖靈結合，最後與上主合一。它幫聖靈治癒你，加快你回歸上主的腳步。但要達此目的，你必須先學習J兄在《課程》裡提出的這個關鍵論點：

我們確實可以說，小我的整個世界都是建立在罪之上的。只有這種世界才會如此是非顛倒。就是這種詭譎而虛幻的「罪」撒出了「咎」的天羅地網，密不透風，把人壓得喘不過氣。整個世界就這樣在罪咎中找到一個穩固的基地。因為罪已將一切造化由上主的神聖理念改造為小我理想中的模樣，小我世界於焉形成。它造出了一堆喪失心靈的身體，逃避不了腐朽與死亡的結局。如果這只是一個誤解，真相便能輕而易舉地將它化解。只要你肯讓真相去評判，任何錯誤都會當下獲得修正。但錯誤一旦篡奪了真相的寶座，它還能往何處接受修正？[48]

白莎：我親愛的使者，時候到了，該放棄你自己加在世界的錯誤價值，開始試著接受聖靈所賦予的意義，祂看待世界的方式才是真正具有意義的。

阿頓：葛瑞，繼續研讀下去，下一次來訪時，我們會把你的錯誤帶入真理之內，有心釋放你的那一位自會幫你化解（undo）一切錯誤的。

4 人類存在的秘密

天堂之外沒有生命可言。
上主在何處創造了生命，生命就只可能存在那裡。[1]

我謹守阿頓的建議，加速閱讀，並開始練習〈學員練習手冊〉，通常一天一課。但碰到特別受用的那一課，我會反覆修練好幾天；也有那麼一兩次，我特意放自己一天的假，可是對前日學到的觀念仍然念茲在茲。如今，我開始操練「真寬恕」這門藝術，看來，這一修持所需之時日，遠比我想像的要長。

〈學員練習手冊〉分為上下兩篇，上篇旨在化解人們看待世界的方式[2]，尤其是前五十課的設計，完全是立意於這個目的。我在想，也許阿頓和白莎會等我完成前五十課的練習（大約需要兩個月的時間）才會再度現身。

一個月左右過去了，我的信心開始動搖，不敢確定我的朋友真的會重返此地，畢竟，在我心目中，我們已如至交一般了。只不過，當時我學得興致高昂，我知道，不論將來發生什麼事，或是什麼事也沒發生，我也都會繼續與《奇蹟課程》同行的。

一天，我回到當初買《奇蹟課程》的那個小書店，向櫃臺小姐打聽這一帶是否有《奇蹟課程》的讀書會。緬因州在美國算是比較沉寂的一州，幾乎沒有任何靈修活動由此發跡，然而她竟然還提供好幾個電話號碼，都是附近的奇蹟學員為了結緣而留下的。我斟酌了幾個，請求聖靈指引後，就開車到里茲鎮（Leeds），那兒離州政府奧古斯塔（Augusta）不遠，我碰到一群人，高高興興地跟他們共修了一陣子。

那位讀書會召集人已經研習這部《課程》多年了，他借給我兩本小冊子，是《奇蹟課程》唯一的補充教材，也是J兄傳授及海倫筆錄的。它們是〈心理治療—目的、過程與行業〉，以及〈頌禱〉。他還問我要不要聽一些錄音帶，可能有助於深入了解這部課程。我瞄了錄音帶外盒一眼，上面寫著「小我與寬恕」（*The Ego and Forgiveness*），是肯尼斯的演講。沒想到白莎才剛推薦肯尼斯不久，就有人主動借我他的錄音帶，可真湊巧！我把它們帶回來就擱置一旁，好一陣子也沒去聽。

日復一日地，我逐漸明瞭〈練習手冊〉導言裡的提示：〈練習手冊〉必須以〈正文〉的理論為基礎才有意義[3]。我清楚意識到，學員若不懂J兄在〈正文〉裡解說的原則，極易誤解那些練習，甚至會斷章取義地幫自己舊有的信念撐腰。

我們這些學生目前還無法正確地聽見祂的「聲音」，《奇蹟課程》也說過：「只有極少數的人聽得到上主的天音。」[4]但我們經常聽到學員們在網路上宣稱，聖靈指引他們說這個或做那個。我不想重蹈覆轍，因此，我不但要盡力了解《奇蹟課程》的原則，而且一定要在現實生活中實踐出來。在此之前，我必須幫聖靈清除過去讓我聽不清上主之聲的那些障礙。

正當我快要放棄再次見到阿頓和白莎的希望時，某個下午，我在家看租來的錄影帶，正看到一對男女親熱的香豔鏡頭，阿頓和白莎再次出現了，霎時，我窘困至極，趕緊抓起遙控器關掉電視。這次的訪談由白莎開始。

白莎：嗨，葛瑞，那是什麼？好像挺有意思的。

葛瑞：嗯，那只是「二元關係」的一種實驗。

白莎：實驗？原來如此。

阿頓：我們很高興看到你那麼認真地閱讀這部《課程》，還努力實踐書中的觀念，我們有意給你足夠的時間練習。對了，忘了告訴你，我們十七次的訪談會延續好幾年呢！

我們也很高興看到你找到了一個讀書會，你以後就會明白，讀書會的目的不是讓一群孤單的個體在有形的層面尋求慰藉，它是為了「寬恕」，你必須透過人際關係才能反照出自己的小我心態，才有機會練習寬恕。讀書會和教會或世上任何組織一樣，表面上好像有一堆老師及學生，

※讀書會的目的不是讓一群孤單的個體在有形的層面尋求慰藉，它是為了「寬恕」，你必須透過人際關係才能反照出自己的小我心態。

其實只有一位老師，也只有一位學生。

這個下午，我們要為你點明一些事情。你們美國人以為「上帝已死」的訊息首次是由一九七〇年間的《時代雜誌》刊登出來的；其實，早在一八八〇年尼采便已發表這個驚人之論了。這項宣言，十足道出小我的秘密心願：把上主幹掉，篡奪祂的寶座。但尼采本人並不知道這是小我的秘密，他正值四十歲的英年，便精神崩潰了，而且，終其一生都不曾掙脫精神病的魔掌。

自古以來，人們一直在思考人類存在的本質及起源，許多人自認為找到了終極答案，因而形成林林總總的人生哲學；其實，究竟而言，只有一個已經脫離肉身的人，才有資格告訴你人類的真正起源。我並無意貶抑尼采，他跟世上所有的人一樣，遲早會在上主之內找回自己的真實自性。我這樣說，是為了印證《奇蹟課程》的話：

世界最怕聽到的就是你這一自白：

我不知道我是什麼，也不知道自己在做什麼，或身在何處，更不知道該如何看待世界，或看待自己。

你若學會如此自白，救恩就來臨了。你的真相便會向你啟示它自己。[5]

白莎：讓我們先談談「你是什麼」以及「你來自何處」吧！從而，你才好決定你要多快去到自己真正想去的地方。我們要講一個關於世界的小故事，是根據J兄那部《課程》的資料，要不然，你是永遠記不得這件事的。別掉以輕心，你該慶幸自己有緣得知此事，若非J兄，這一真相會永遠壓在你的潛意識下面。

即使你聽懂了故事的原委，大部分的細節你仍然意識不到。我們下面要講的，至少給你一個機會，讓你借著聖靈的幫助，找到一條路，穿越「遺忘的帳幔」，而回歸你真正所屬之地。

宇宙形成之前可能發生的事情，是無法用象徵的比喻方法來說明清楚的；而超越時空的浩瀚心靈領域，也不是任何文字所能描繪明白的。然而，我們仍會試著讓你一窺所謂的「原罪」後面的內幕真相。我們可以告訴你，究竟是什麼引爆了那開天闢地的「大爆炸」（the Big Bang）。

沒有一位科學家能夠追溯「大爆炸」之前的事情，最多只能做一些推理猜測。其實，人們不但「可能」憶起宇宙的起源，也可以因之改變你們對那一件事的認知。然而，現在的你並無需記起宇宙之初究竟發生了什麼大事，因為你只需寬恕現實生活中「象徵」那一緣起的事件，當初構成天地之始的錯誤心念便即刻扭轉過來了。此言不虛，你的救恩一向也操之於你當下此刻所做的決定。阿頓，你願接著講下去嗎？

阿頓：在無始之始，沒有開始也沒有終結，只有永遠的恆存，它始終存在，也永遠存在，那就是唯一完美無瑕的一體覺性。這個一體性存在是如此完美莊嚴，在無限喜悅中推恩至無窮，沒有一物不在它的自我覺知之內，而它的唯一實相即是真神上主，也就是我們日後所謂的天堂。

上主在創造中將自己的圓滿生命延伸出去，我們稱之為基督（自性），基督與上主之間既沒有隔閡，也沒有分別，兩者全然等同。基督不是上主的一部分而已，它是那一整體的延伸；真愛必須分享，而真神的造化之內所共享的完美之愛，不是人類理性所能了解的。人類生命只有內在的基督（自性）那一部分才屬於那一整體。

如果勉強要分別上主與基督（自性）的話，唯一可能的分野即是上主創造了基督，祂是終極的創造者；基督並沒有創造上主，也不曾創造出自己。只因他們的一體是如此圓滿，些微的分別在天堂裡根本就微不足道。上主把基督（自性）創造得與自己全然一樣，分享祂的永恆之愛以及不可言喻的無盡喜悅。

那種永恆無間的喜悅覺境，是徹底的抽象、亙古常新、永遠不變，而且一體無別，與你目前所處身的現實世界全然不同。基督（自性）繼續向外推恩，不斷創造，於是它的創造也成了那一體生命的延伸，和基督（自性）、上主同樣地渾然一體。由此可見，基督（自性）與上主具有同樣的創造力，只因它與上主一體不二。這種延伸也可稱之為推恩，既非向內，也非向外，因為在天堂裡，根本沒有時空的概念，一切都是無所不包、無所不在的。推恩到最後，一切只是完美聖愛的無限分享，那是遠遠超乎你們所能理解的。

後來，好像出了一些狀況（就像作夢一般，它並非真正發生，只是彷彿發生了），在那一剎那、無足輕重的千萬分之一秒，基督（自性）裡某一層面出現了一個念頭，那是上主本來沒有的。有一點像是「萬一如何如何……」之念，它原是因天真無邪的遐想而起的一個疑問，不幸的是，卻引出了一個看起來無比嚴重的答覆。

如果用人間的語言來表達這個疑問，那就是：「萬一我能在上主之外自行發展，不知會怎樣？」這好比一個天真的孩子在玩火柴，結果把整棟房子給燒了。若非你當初那麼無端多事地自找答案的話，你現在的日子會好過多了。你那原本純潔無罪的心，一旦生起無謂的疑問，立刻就被恐懼所攫獲了；然後，你在情勢所迫之下，一個荒謬又冷酷的防衛系統便順勢而生了。

由於你那個想法並非上主固有之念，所以祂不作答覆；因祂一答覆，便等於賦予那念頭某種真實性了。如果上主在完美的一體性之外還知道其他狀況的話，那祂的一體性豈稱得上圓滿？而你也沒有一個完美的天堂供你回歸了。

你遲早會悟出，自己其實根本不曾離開過天堂，你仍在那裡，你只是進入了噩夢般的幻境而已[6]。你既然只是在夢中流浪，永恆一體的上主及基督（自性）當然如同過去那樣分毫無損，而且屹立不搖，始終不受《奇蹟課程》所謂的「小小的瘋狂一念」（即分裂的一念）所影響。[7]

在這個恍兮惚兮，好像真實存在於宇宙一瞬的個體生命內（不論你把這些個體生命想像得多麼美妙，它仍然只代表了一種「分裂體」而已），基督（自性）的某一層面如今經驗到另一種幻覺，也就是二元的經驗。於是，你在原本的「一」之外，經驗到「二」。然而，天堂裡只有完美的一體存在，此外別無他物。那是非二元、非二體的境界，它仍是一切之實相，除了那個「一」以外，全然沒有任何他物存在。

如今，你所經驗到的卻大異於此，好像除了上主那唯一的真神以外，還有其他東西存在，那就是二元的幻境。你眼前所見到的多元世界，乃至於無量眾生，其實都只是象徵那分裂境界的聚沫而已。雖然你還保有若干創造之意，但不知藉助上主的能力，你又豈能創造？難怪你自己妄造的那一切最後都註定要一一坍塌。

每當一個嬰兒來到人間，不過是重新上演一次它自認為脫離了上主完美境界的經驗。原本在寂靜涅槃裡，無憂無慮，一無所缺；剎那間，那嬰兒發現自己掉到一個活似地獄般的虛幻現實裡。你們也許把新生兒的誕生視為一個奇蹟，奇怪的是，嬰兒本人可不是滿臉笑容地來到人間的。

※每當一個嬰兒來到人間，不過是重新上演一次它自認為脫離了上主完美境界的經驗——他們拳打腳踢、大哭大叫地來到人間。

葛瑞：他們拳打腳踢、大哭大叫地來到人間。

阿頓：是的，心靈再度進入分裂的幻境裡，這跟人類陷入昏睡沒有兩樣，都只是一個無聊的噩夢，因為任何天堂之外的經驗，都成了天堂反面的象徵，自然顯示出與天堂相反的特質。我們以後才會深入這一主題，在此我們得先為你解釋清楚，你是如何從自以為分裂的「心靈境界」演變成一個個嬰兒形體相繼誕生的「娑婆世界」的；而且，為什麼你們會那麼執著它，把它搞得像真的一樣。

葛瑞：一定是我們深信自己所經驗到的世界是真實不虛的。

阿頓：不錯。因此需要有人告訴你如何走出這個現實經歷，你那個無意識的心靈就像在方向盤上面打盹的人，根本不懂出離之道。然而，你遲早會在宇宙的某一剎那清醒過來的。因為代表上主及天堂之聲（我們稱為聖靈）依舊在你內，隨時提醒你一切的真相，並呼喚著你回家[8]。你對自己的真相具有永不磨滅、也永不失落的記憶，因此，你遲早會覺醒於天堂的實相，這是你的宿命。

你若在夢裡盡作些不明智的決定，確實會延誤你憶起真相的機會，至少在假相世界裡是如此的，而你這一路走來，也的確作盡了不明智的決定。你原有能力去選擇上主的記憶與能力的，然而，你也能夠作更多其他的選擇；你只要誠實地自省一下，便不難發現，你通常都在作「其他的選擇」，與你心靈當初所作的分裂選擇如出一轍。它在驚慌恐懼與迷失中作了一連串不明智的抉擇，結果讓你淪落到今日的地步。

你至今仍不明白心靈的驚人能力，也不明白你仍有機會作出另一抉擇來結束這個分裂幻境。這事隨時都可能發生，我並不是說這對你目前來講是件輕而易舉的事，我只是說，只要有人拉你一把，這事並非你想像中那麼困難。

不要忘了，你若真的願意接受上主的助手聖靈的協助，就必須先信任上主才行；但除非你真正看清，是你自己而不是祂害你淪落至此的，否則你怎麼可能信任祂？又除非你徹底了解這個世界並非真實的，你經歷的一切都是夢中幻境，否則，你一定會對自己的一生充滿罪惡感。我並不是說，你不必對自己在幻境裡的行為負責，我只是再三強調，你必須先了解事情的真相，「真寬恕」才可能在你的生活裡發生效用。這正是聖靈最能幫助你的地方。

上主不可能創造這個世界的，因它根本不符合上主的本質，祂不可能這般無情的，正如J兄所說：

如果這是真實的世界，上主確實不仁。因為沒有一個有愛心的父親可能要求孩子為救恩付出這種代價的。9

幸好，這不是真實的世界，上主也不是殘酷無情的。因此我們才向你們這群邁入二十一世紀的學生反覆解說，所有跟天堂完美一體境界相反的種種現象，以及分裂之後宛如真實發生的一切事情，根本與上主無關。分裂的觀念，還有你在分裂中所作的種種決定，上主毫不在意，因為夢中不論發生了什麼事，都不會帶來任何後果，只因它們根本不曾真正發生過。

雖然那些事情對你來講，不只顯得真實，往往還嚴重萬分，其實你的宇宙仍然不過是一個無謂的妄念與造作而已，而宇宙中所謂的能量也不過是你們投射出來的念頭。就如同我們已經解釋過的，物質只是另一種形式的能量，絕非上主的真實力量；而極盡你心智能耐所及的，充其量，不過是分裂再分裂的幻境而已，你們居然還挖空心思去讚美那些分裂的結果。

不管如何，你其實仍安安穩穩地活在天堂裡（這一點我們以後還會談到），正因為你所見的一切均非真實，即使你夢到自己受傷，甚至身亡；事實上，你仍能隨時覺醒過來，繼續以前你在天堂裡完美一體的生活。只是你的心靈亟需修練，好讓聖靈作主，不再受制於小我的想法。你還需要培養一些功夫，才能作出符合聖靈思想體系的決定，不再依賴自己一向的思想模式。為此，我們不能不明白指出《奇蹟課程》跟其他靈修體系（包括史前文化、古埃及文明，到老子、印度教、祆教、舊約、可蘭經、新約，以及其他非二元的思想體系）之間的區別，它們其實全屬於二元論的思想體系，都不外乎尊奉某個神明為造物主——那造物主通常會創造出與自身截然不同之物，然後再與之交流。

如今已到了二十一世紀，市面上有一本相當暢銷的新時代書籍竟然還把上主說成祂創造了恐懼！錯得實在離譜，正因如此，我們才會不厭其煩地指出這一錯誤的嚴重性：上主不曾造出任何與完美一體的天堂相反之物。J兄在《奇蹟課程》一開始便把那些不能反映出聖靈思想體系之物，作了這樣的區分：

其餘的一切只是你虛擬的夢魘，並不存在。[10]

後來又說道：

你正安居於上主的家園，只是在作一個放逐之夢而已；你隨時可以覺醒於真相的。[11]

這兩句都屬於一體論的觀點，這類觀點能幫你省下百千萬劫的時光。《奇蹟課程》還有上千句類似的說法，之所以如此再三重申，就是擔心只講一次你聽不懂。你看，事實就擺在眼前，絕大多數的學員，即使聽了幾千遍，仍然聽不進去。

葛瑞：會不會是因為人們下意識害怕這類訊息？

白莎：沒錯，並非由於你們智力不足，而是因為潛意識裡有太多的抗拒。我們要你幫忙傳布這類不討人喜的訊息，正是因為大多數人都不願面對這個問題。

葛瑞，這個不討喜的任務，總得有人去做，我們不是派你去批判或攻擊其他教師，或與人爭辯，因為寬恕與爭辯是無法並存的，請記住，你應永遠以寬恕作為你的正道。然而，人間也不能光靠一些甜言蜜語，等你開始寫書時，我們不希望你一味附和別人的說法，你只需強調這部課程的自修性質，人們自然會去深入研讀，如此一來，書中的觀念自然就能傳達出去。

你在編寫時，無需有所顧忌或保留；眾所周知之事，也不勞你去重複。你若真的有心幫我們傳布訊息，唯一條件就是樂於宣說一些人們難以接受的學說。然而，我們敢向你保證，只要你肯忠實地傳布訊息，等到我們最後向你告別時，必然會有積極而光明的結果。你也會漸漸了解「結合」的真義，那是心靈的結合，超乎形相的，與外在形體的分合聚散無關。

葛瑞：你這樣強調二元論與一體論的差別，而且如此鄭重推薦《奇蹟課程》的真正教誨，想必有你的一番深意。

白莎：是的，只因這直接關係到心靈以及「真寬恕」的運作法則。葛瑞，你們必須了解，這部課程不是為了滿足人類的理性需求，推理能力真的不值幾文錢。《奇蹟課程》的精髓在於它能幫助人們應付現實生活的問題和外界的挑戰。日後，你跟J兄或聖靈一起發揮「真寬恕」時，一定會帶給你真實的喜悅平安，以及通往天堂的福樂。

葛瑞：好吧！希望你別嫌我的反問太愚昧，但我必須確認一下自己的了解是否正確。你是說，《奇蹟課程》的學說是道地的一體論，它聲稱，在你眼中雖有兩種世界：神的世界與人的世界，但只有神的世界才是真實的，它與人的虛幻世界毫無交集之處，只有一位聖靈在此引領我們回家。《奇蹟課程》所謂「上主為祂的兒女哭泣」這類說法，只是象徵性的比喻，不過表達出聖靈希望我們選擇聆聽祂的聲音，而非小我的聲音，是嗎？

白莎：說得好，葛瑞，你一點也不笨，雖然小我老想把你耍弄得笨一點；小我的世界本身即是愚昧至極的點子，因它原本就出自一個愚不可及的決定。

你剛才說的，有一點非常重要，它點出了人們應該看待這部課程的方式，然而，你若聽信當代大多數讀者所描述或教導的，並不足以了解《奇蹟課程》。連海倫在筆錄《課程》的前後七年間，以及完成此書後的整整八年中，包括她最親近的朋友肯尼斯，都始料未及還有其他詮釋這一課程的方式！才不過幾年的光景，這部《課程》會被扭曲到這種地步，簡直不可思議。對了，葛瑞，你該去聽聽肯尼斯的錄音帶了。

所以，讓我們繼續進行來此的任務，為你澄清這部《課程》是怎麼解釋「創造論」的，更正確地說，你們是如何打造出這個娑婆世界和芸芸眾生的。

阿頓：我們一開始便已指出，基督心中的某一層面……。

葛瑞：打個岔，我們的書中是否應把基督的「心」（mind）大寫？

阿頓：先別操心那些細節，《奇蹟課程》提到基督（自性）之心時，是用大寫字，但我們在此說的，屬於分裂之境，你可以大寫，也無妨小寫。你已經開始寫我們的書了嗎？

葛瑞：還沒呢！我還在思考書名。

阿頓：有何靈感？

葛瑞：目前為止，大概還在 *Love Is Letting Go Of Beer* 以及 *A Return To Beer* 兩者之間斟酌。

〔譯註：當前引述《奇蹟課程》觀點最通俗的兩本書：*Love Is Letting Go Of Fear* 以及 *A Return To Love*。〕

阿頓：繼續推敲下去，白莎提過，書名遲早會自動浮現的。

基督（自性）的某一層面好似打了一個小盹，夢到一個充滿個體的分裂之境。當我們談到時間觀念時，還會詳細解釋「打了一個小盹」是什麼意思，簡單地說，那只是小我的一個花招而已。

至於「個體性」，那是你們最引以為傲之物了，在斗大的生存空間裡，呼風喚雨。你很快就會認清，那個無聊花招是從何而起的。現在，我們的故事已經講到你開始產生意識的最初一刻了，而你對「意識」的重視，又是另一個敝帚自珍的典型反應。

若想擁有「個別意識」，你必須先有「分裂」才行，你不可能只有其一，而無其二的；你需要另一物，才可能意識到它的存在，這是構成心靈分裂之始。這一點，《奇蹟課程》可說是鐵口直斷：

意識（也就是知見層次），是天人分裂之後在心靈內所形成的第一道裂痕，從此，心靈由創造主體轉變為認知主體。意識，正確地說，已經淪入小我的領域。12

在這之前，它曾說過：

在天人分裂之前，這類「程度」、「角度」及「時段」的觀念或知見，根本就不存在。靈性之內原無層次之分，人間所有的衝突都是上述層次觀念所造成的。13

為此，我們先前才會提醒你，能量不是靈性；唯獨靈性方是你那不變的生命真相，能量不只會變化，還測量得出，充分表示它屬於知見世界的領域。J兄又說：

知見多多少少都涉及了心靈妄用自己的能力，因為它將心靈導向「不肯定」之境。14

天堂之內，絕無「不定性」，因為在那兒，一是一切，然而在這裡，你們卻營造出種種不同的身分，一生下來就活在各種特殊關係中，先是與你們的母親，然後，與父親。

葛瑞：你這麼說，讓我有些坐立不安。

阿頓：我們來此的目的原是讓你心安，但在過程中，難免會引發不安。你又為何不安了，老弟？

葛瑞：我十分懷念我的父母，也很珍惜跟他們朝夕相處的那段記憶，想到他們的存在只是一種幻覺，這令我感到難以忍受。

白莎：這是情有可原的。父母、配偶、孩子，都是你們最基本的人際關係。根據《奇蹟課程》的說法，世間所有的關係都會導向特殊關係。15

我們講到後面時，還會深入這個問題，並且談一談你們最不甘放棄的身分認同，不論是你的身分或是別人的身分。別忘了，J兄跟你一樣愛他的父母，石匠約瑟以及 Sepphoris 的馬利亞；但他也能同等地愛其他的人。「特殊的愛」常有限定的目標，唯有聖靈之愛，才能普及眾生。

葛瑞：我一直以為約瑟是木匠？

白莎：不是。但這並無關緊要，即使他是無業遊民，J兄對他的愛也不會減少分毫；也許他身邊那一夥人會有不同的觀感，J兄不會，他對任何人的愛都是無條件的。

葛瑞：那麼他也一樣愛聖保羅宗徒囉？雖然保羅宣揚的根本是他自己的一套神學。

白莎：當然啦！J兄對保羅的愛和對我們其他人的愛至今也無不同。猶記得有一回我在安息（Parthia，今日伊朗附近）宣講，聽眾老是想挑起神學辯論，我向他們直說了，J兄一點都不重視神學，他只重視真理。真理即是上主之愛，那也是J兄的存在本質。

如果你真的是愛，而不是一個人，你怎麼可能只愛這人而不愛那人？那是不可能的，若是如此，你就不可能是愛了，對不？

> ❋如果你真的是愛，而不是一個人，你怎麼可能只愛這人而不愛那人？

J兄確實愛他的父母，你也該如此，但他不會將父母或他人的看法框在那一具虛妄的形體內。他知道自己真正的家鄉，故也知道他們來自何處，都在耶和華之內。

葛瑞：在哪兒？

白莎：Yahweh，E'lo-i，God，Adonai，Elohim，Kyrios，都是那個「神聖境界」的別稱，一切語言文字，或一切神學，一面對上主，全都沉寂無聲了。沒有人會帶著《聖經》或《奇蹟課程》上天堂的，這部《課程》也只是一個工具罷了，它像個梯子，讓你攀登而上，抵達目的地以後，就可以把它擱置一邊了，因你不再需要它了。

阿頓：順便說明一下，我們先前提到「特殊的愛」。人間的特殊關係有兩種：「特殊的愛」和「特殊的恨」，日後我們還會深入解釋這兩種關係以及它們背後同樣的企圖。此刻，還是回到我們的主題吧。

我們已經講到了心靈的第一層分裂，隨之而來的，就是「意識」的形成。而且，這也是你所作的第一個意識性的選擇。在此之前，你沒有什麼好選的，如今，面對分裂之念，你開始有了兩種回應的可能。

我們已經說過，自認為分裂的心靈，會不斷地「分」下去，這正是分裂之境的最佳寫照；但不論怎麼分裂，所有形形色色、五花八門的分裂方式，都不過是最初幾道分裂的象徵而已。你一旦了解了第一層分裂，便會明白，所有的分裂全是同一回事，雖然外表看起來好像各有特色。你必須記住，自第一層分裂之後，天堂便淪為一種記憶了。

葛瑞：你這話是什麼意思？

阿頓：在上主的境界裡，沒有「意識」這種東西，然而，你經驗到的卻全然不同，還自以為擁有個體性的意識。要知道，心靈每分裂一次，新的分裂狀態就變成它的現實，而它先前的存在狀態便被否定及遺忘了，心理學稱之為「壓抑」。唯一不同的是，我們此處所討論的，其規模之大，層次之深，遠遠超過人類現有的覺知能力，但它們的內在結構動力則是一樣的，全都壓抑成潛意識了。

※心靈每分裂一次，新的分裂狀態就變成它的現實，而它先前的存在狀態便被否定及遺忘了，心理學稱之為「壓抑」。

順便在此一提，潛意識並不是一個地方，而是心靈的一種設計。被否定而壓抑下去之物，仍有被憶起的可能，但需要外在的助力，否則，你不可能憶起那些已被你剔除到記憶以外的事。

還有，我們口中所說的「你」，並不是指已具人身的這個你，《奇蹟課程》也是如此。雖然你認為一切的決定都是你在此地所作的，其實，它們不是你在此地作出來的，因為你根本不在此地。

言歸正傳，這個新出現的個體表相，就要作出它的第一個抉擇了。此時，只有兩種選擇（究竟說來，人間也只有這兩種選擇），於是，心靈的第二層分裂開始了。你開始有了「正念之心」與「妄念之心」，兩者分別代表了你對那「小小瘋狂之念」的不同答覆或不同選擇。

一個選擇是憶起你與上主同在的真實家鄉，《奇蹟課程》用「聖靈」作為這一選擇的象徵；另一選擇即是依附在與上主分裂的念頭上，也就是追求個體性的選擇，《奇蹟課程》用「小我」來象徵它。J兄在《課程》裡不能不用擬人化的語言來描繪聖靈和小我，把它們形容得像是兩種不同的存在實體似的，為此，他在書中特別澄清過：

> **小我不過是你對自己的一種信念而已。**16

對J兄而言，這部課程毋寧是藝術作品，而非科學論文。它由不同層面勾勒出完整的圖像，你該給他一張藝術家執照才對。《奇蹟課程》大部分都是以莎士比亞的抑揚格詩體呈現的。你知道原因嗎？

葛瑞：我哪會知道！

阿頓：那不只是為了文辭的優美，它真正的用意，是在使你閱讀時不得不放慢速度，反覆吟哦，細細體會，可以說，它是為了接引真正有心長期研讀的學員而寫的。這不是一部雅俗共賞、老少咸宜的課程，我們先前也提醒過，不要期待它「一炮而紅」。

言歸正傳，你的心有了兩種選擇的可能，至此，我們總算來到分裂幻境的門檻了。本來，你只需記起自己的生命真相，憑此記憶就能當下解決分裂之境與救贖原則這個一體兩面的問題。《奇蹟課程》對聖靈作了這番描寫：

> 祂是繼天人分裂之後才進入世界的，一面善盡保護之責，一面啟示給人「救贖原則」。17

眾所周知，《奇蹟課程》在許多專有名詞上都賦予了自己的新意，包括「救贖」一詞。根據〈正文〉的解說，救贖就是聖靈一以貫之的教誨：

> **祂要你回心轉意，重歸上主，因為你的心靈從未離開過祂。既然它從未離開過祂，你一旦認**

清這一真相，便已身在家中了。那麼，所謂徹底証入救贖境界，只不過是認清了分裂從未真正發生過而已。18

不妨假想一下，我們若是故事裡的人物，選擇了聖靈的詮釋來答覆分裂的念頭，而不去聽從小我的那一套，你這小小的夢境早就結束了。不幸，小我提出另一套居心叵測卻具有致命吸引力的答覆：你若接受分裂，便能在上主之外得到一個既重要又獨特的個別身分。J兄在〈正文〉中是這樣說的：

小我必會設法獎勵你堅守這一信念。然而，它的獎勵不過是給你一個暫時的存在感，以它的開始作為你生命之始，以它的結束作為你生命的結束。它告訴你，這一生便是你的人生，因為那正是它自己的一生。19

當然，你絲毫覺察不到自己已經一步一步落入小我的陷阱裡，迷迷糊糊地選擇了小我，因這對你而言算是一個全新的經驗。於是，在好奇心的驅使下，你決定與小我同路，想嘗試一下「特別」與「獨立」的生活是何等滋味。如此一來，開始了心靈的第三層分裂。

葛瑞：當你說「你」時，是指人類的共同體嗎？

阿頓：是的，我無意貶抑你們的人格，而是試圖幫人們為自己的心靈能力負起責任來。連J兄也屬於那一生命共同體，只是他不像我們這麼執迷不悟地把分裂之境當真，正因如此，他才會比我們先一步覺醒過來。

葛瑞：是否可以這樣說：心靈第一層分裂產生了意識，從此我可以把自己「想成」存在於上主之外，縱然，這是不可能的事情。就像我們夜間作夢，其實身體仍躺在床上，自己卻看不見這一事實。在你所說的分裂夢境裡，只有這個夢對我們顯得最為真實，天堂已被遺忘了，而我所經歷、所反應的一切，都是夢中幻影而已，完全意識不到自己身在何處了。

到了第二層分裂，我們的處境出現了兩種詮釋的方式，一是聖靈，那才是真正的我，即我的自性；另一是小我，它導向分裂之境和個體性自我，至此，心靈已分裂為兩部分了。我猜，當我選擇小我之後，便導致了第三層分裂，是嗎？

阿頓：對。但請記住，你一旦作選擇，那一層面的現實就變成你的新存在狀態，舊的存在狀態便被遺忘了，被你徹底地封鎖在心底。

自你選擇了小我，第三層分裂便開始了。聖靈成了殘存的記憶，如今，你完全與小我認同了。幸好，因著上主的恩典，你的存在是「全像式的」（holographic），即使心靈看起來好像是分裂了，但每一部分仍然擁有整體的特質，所以，你不可能徹底失落的。每一顆心靈中仍能看到小我與聖靈的蹤跡，只是聖靈的聲音已經被小我的聲音掩蓋住，因你自願聆聽小我之故，你的生命真相也從此被排擠到覺識之外。我們以前說過，你可能遺忘真理，但它並未消失，只是藏在你的心底而已。

白莎：老弟，心靈的偉大遠遠超乎你的想像。我們目前所談論的，仍屬於形上層面。你好似在茶壺裡興風作浪，選這選那，打造出了一個娑婆世界，你的後續決定更形成了一個所謂的你。從此，你不但意識不到自己原有的心靈能力，而且還名副其實地活成了一個喪「心」病狂的人，困在一具身體模型裡。

葛瑞：這好像回應了一個古老的哲學難題：如果真神是全能的，祂能否造出一個自己扛不動的大石頭？

阿頓：答案是不能，其實，這是在答覆上主本質的問題。

葛瑞：為什麼？

阿頓：因為祂不是一個白癡。

葛瑞：難道我是個白癡嗎？

阿頓：不，但你在作個愚癡的夢，如今你已經快要醒過來了。回到我們的故事吧！先聽一下《奇蹟課程》怎麼描寫你當初打造幻相來取代真相的那一刻：

這表示你尚未意識到那個錯誤的遺害如此之深。它的後果涵蓋之廣，大到不可思議的程度，整個「非真」世界都「不能不」由此而生。除此之外，世界還可能出自何處？整個世界如此分崩離析，你只需正眼一瞧，就會望而生畏。然而，你眼前所見的，根本顯示不出原始錯誤的遺害之深，那個錯誤好似已將你逐出天堂之門，將真知粉碎為互不相關又毫無意義的殘破知見，使你不能不換來換去，反覆取代不休。**20**

葛瑞：嗯……，這說法豈不是跟〈創世紀〉的故事一樣都面臨相同的問題嗎？上主也應該為祂的行為負一點責任吧！我是說，如果一切如此完美，基督（自性）的某一層面怎會異想天開地要與上主分開？

阿頓：首先，如果根據〈創世紀〉的描述，上主好像應該為你們的世界負責，你是一切之果而非一切之因；但根據《奇蹟課程》的說法，你必須為自己的世界負責，你不是世界的受害者[21]。上主與基督（自性）仍然圓滿無缺，天堂亦然，只有自認為活在世上的你，才需要學習聆聽聖靈的聲音，好由夢中覺醒過來。

現在，讓我們來思考一下你的第二個問題，它是一個疑問嗎？或者你只是在陳述自己的觀點？你話中顯示，你與上主真的分裂了。除非你相信你們已經分裂了，否則你豈會質疑分裂怎麼可能發生？關於這一點，我們已經說過了，這也是救贖的首要原則：「分裂不曾發生過。」

接著，你問：基督（自性）當初怎會選擇小我？我們也已說過，並非基督（自性）選擇小我，而是一種虛幻的意識好似作了這一選擇。你接著又問：心靈怎麼可能作出這麼愚蠢的選擇？而此時此地的你不也正在作此選擇嗎？

葛瑞：你得理不饒人，知道嗎？

阿頓：這純粹是為了教學效果，葛瑞，我們是愛你的。你要知道，在小我的思想框架內，這類問題是不可能得到一個令你的理性全然滿意的答覆的。《奇蹟課程》又說了：

小我的聲音純粹出自幻覺。你不可能指望它承認「我不是真的」。我也不期待你自己去驅逐那些幻覺。22

總有一天，因緣成熟，你會在理性之外，也就是小我的思想體系之外獲得解答的，你會在自己的內心裡，經驗到你仍安居於上主的家中。這一經驗足以修正那讓你淪落他鄉的錯誤知見。J兄這樣說：

靈性所給你的，與這種暫存感截然相反，是恆常不變、如如不動的真知。凡是有過這類啟示經驗的人，再也不可能全然相信小我了。小我微不足道的禮物怎麼抵制得了上主偉大的恩賜？23

我們日後還會進一步解釋「啓示」的真正意義，它跟一般人心目中的啓示觀點是大異其趣的。

葛瑞：讓我再確認一下自己究竟聽懂了沒有。這就像我晚上由夢中醒來，看到自己根本沒有離床一步；當我由天人分裂的噩夢覺醒時，也會看到自己從未離開天堂一步。

阿頓：是的。但不是用肉眼去看；可以說，那是一種「覺」。至於「意識」這個字眼，它本身則暗含了分裂的意味，屬於小我的領域。這就是為什麼《奇蹟課程》不用這一詞來形容悟境，而採用比較抽象的覺識或覺性（awareness）。這一點，我們以後還會講到。

葛瑞：《奇蹟課程》導言裡說：

它旨在清除使你感受不到愛的那些障礙；而愛是你與生俱來的稟賦。24

阿頓：一點也沒錯。在我們帶你登上回家的天梯以前，我們必須先交代一下，你當初是怎麼爬下天梯的。你看，當前的世界好比一頭栽入糞坑裡尋找光明一樣，然而，葛瑞，你在那兒怎麼可能找得到光明？你們當初選擇了小我，而非聖靈，導致心靈第三層分裂，使上主之音不復可聞；在這同時，小我趁勝追擊，獻上它自己的一套解決方案，於是乎，問題愈演愈烈，最後到了難以收拾的地步。

葛瑞：阿頓，抱歉，容我先打個岔，否則我無法專心聽下去。

阿頓：我明白，快說吧！否則我們要搬出狗頭鍘伺候了。

葛瑞：我的記性算是挺好的了，但我沒有把握能把這些對話記得翔翔實實，足夠來寫出一本書……。

白莎：我們明白，葛瑞，自從第二次訪談開始，你就一直在用錄音的方式。我們曾建議你，不要用錄音帶來向別人證明我們的真實性，可卻沒說你不該為了寫書的需要而錄音。我們彼此都心照不宣，在你問是否可以錄音以前，你其實已經開始錄了。不是嗎？

你放心，凡是願意追隨聖靈慧見的人，不會故意找人的碴的。我們很了解你需要證明我們的來訪是千真萬確的事，至少像人間其他事件一般真實，表示你並沒有發瘋。你事後重聽錄音帶時，也確實會聽到我們的聲音，所有這些，全都不足為奇。日後，我們自會向你解釋關於我們的形體與聲音背後的真相，也會順便為你澄清一下聖母馬利亞和天使顯現的意義。

阿頓：你真的以為我們不知道你每次一進這房間，就打開你那無聊的「聲控式錄音設備」，以防我們突如其來地出現？葛瑞，說真的，從現在起，等我們來到時，你再打開錄音設備也不遲。

葛瑞：由於你們一直沒作聲，我猜你們並不介意我錄音，但我今天還是忍不住想跟你們確認一下。這樣好了，等書完成以後，我就毀掉這些錄音帶，如何？這樣，我便不會忍不住有其他非分之想。

白莎：你有權處理自己的東西，不過你這個提議很不錯。反正，錄音的效果不太清晰，錄音公司也不會要的。銷毀它們，會為你將來省下不少麻煩與是非。

阿頓：言歸正傳。你選擇了小我，且與它認同了。第一層分裂，使你與上主的完美一體境界淪為一種記憶；第二層分裂，心靈一分為二；第三層分裂，聖靈的存在也淪為一種記憶。小我如今佔據了你整個意識，你仰賴它為你盤算自己的處境，它給你的訊息是：「老兄，三十六計走為上策！」並且給了你一堆理由，這些理由聽來都冠冕堂皇，又合乎邏輯，對你驚惶失措的心靈頗具說服力。

「你難道看不出自己幹的好事？」小我在我們的形上故事裡這樣警告你：「你把自己跟上主分裂了，你可慘了，這可是滔天大罪呢！你好似不屑地把祂在伊甸園賜你的一切擲回祂臉上說：『鬼才需

※第一層分裂，使你與上主的完美一體境界淪為一種記憶；第二層分裂，心靈一分為二；第三層分裂，聖靈的存在也淪為一種記憶。小我如今佔據了你整個意識。

要呢！』你這樣冒犯了祂，你死定了！你哪有跟祂抗衡的餘地，祂是如此神聖不可侵犯，你又算什麼！如今，一切都毀在你手裡了，你真是罪孽深重，如果還不溜之大吉，後果簡直不堪設想。」

聽了小我的警告，你對自己說：「天哪，我闖下大禍了，你說的沒錯，我冒犯了天堂，葬送了自己的前途，但我能逃往何處呢？我該如何是好呢？就算我能及時逃命，也無處藏身，豈有任何地方躲得開上主的眼目！」

「這話也不盡然。」小我答道：「我有一個好主意，讓我幫助你，我是你的朋友。我願陪你躲到一個地方去，在那兒，你可以自己當家作主，再也無需看祂的臉色了，你甚至永遠都看不到祂，那個地方連祂都進不去。」

「真的？」你答道：「聽起來妙極了，我們快動身罷！」

「好啊！」小我說：「不過，以後你凡事都必須照我的意思行事。」

白莎：小我說的有關上主的一切都不是真的，因為小我的心態與羅馬暴君卡利古拉（Caligula）一樣喪心病狂。上主除了愛以外，祂還可能怎樣？在這方面，你必須多了解心靈是如何運作的。

基於心靈的天賦能力，你不能不為信念的力量而嘆為觀止，只有在你的信念裡，你才可能與上主分裂，而且因為你把這事看得這麼嚴重，無形中，就賦予了這幻相極大的力量與現實。因此，《奇蹟課程》說：

由幻相解脫的唯一秘訣，就是不相信它那一套。[25]

你也該明白，正由於你執意要當一個能知能見的「觀者」，二元對立的客體世界才會憑空冒出來；而你的一切所知所見，它們的特質必然與你竊以為已經逃離的天堂處處相反；要知道，你逃離的天堂自有它的特質，與你眼前現實世界的另一套特質大相逕庭。

天堂雖然非人間言詞所能形容，但仍可描繪一下它的特質。它是完美、無相、不變、抽象、永恆、純淨、完整、富裕以及無所不包的愛。它是實相，它是生命；上主與基督（自性），還有基督創造出來的一切，都是一個圓滿的生命，此外，沒有其他的存在。

這是上主的旨意，也是天父的真知境界。那種圓滿一體的悟境，可說是「言語道斷」的；但我敢向你保證，你只需略略瞥見個一鱗半爪，便知道那不是你在世間熟悉的任何經驗所能比擬的。

至於你眼前可知可見的世界，與天堂正好相反，本質全然相異。請記住，我們在此所談論的，仍屬於形上層次。知見領域的特質包括了個體性、形相、特點、變化、時間、分立、幻覺、希望、匱乏以及死亡。這正是〈創世紀〉第二章十六、十七節說的：「神吩咐他說：『園中各樣樹上的果子，你可以隨意喫，只是分別善惡樹上的果子，你不可喫，因為你喫的日子必定死。』」

這一段話，其實是由作者的潛意識所反映出來的想法，因為在他所處身的世界，是善惡對立的；而這幻相世界既然蘊含著天堂的反面特質，那麼死亡便成了人類勢在難逃的結局。《奇蹟課程》從導言開始便不斷以各種方式強調「凡是無所不容之境是沒有對立的」26這個實相之理，現在，你開始明白這句話的含意了吧！

葛瑞：嗯，我想我逐漸明瞭這一句話的深奧了。我那位原名基督的藝術大師何時才會從昏迷狀態甦醒過來，讓我返回原始造化的喜悅中呢？

白莎：快講到了，我們還沒解釋你是怎麼「墜落紅塵」的呢！

自從小我計誘你活成一個分立的個體之後，這分裂的信念開始對你造成嚴重的困擾。如今，上主活像是你身外之物，你所有的經驗也都證實你確實與上主分開了，這個困擾雖然深埋在潛意識中，卻一直啃噬著你的心靈，直到今日。

其實，你心靈本有的一切能力如今都擠壓到潛意識裡了，就像冰山的絕大部分都沉在水面之下那般。葛瑞，只要你還相信這個物質宇宙，那你所見到的一切，都會不斷在潛意識中提醒你：你果真犯了與上主分裂的大罪。你以後便會看出這個問題的關鍵性。

阿頓：讓我們再回到你妄造的小小世界去。你心內的小我之音所說有關你的處境與上主的心態，全是捏造出來的。你聽信了它的部分說法，只因為你太想成為一個具有個別意志的生命體——雖然那根本是不可能的事情。你既然已經把分裂之境和小我的聲音當真了，再經過你分裂心念的詮釋，它立即成了褻瀆上主的大罪。犯了罪的人，必有罪惡感。即使在物質世界的層面，你不常意識到這個罪咎，但在形上層次，你隨時感受到它。一旦認為自己是個有罪的孽子，你只好坐以待斃了。

連你們世界上的心理學家都同意：內疚會讓人下意識地索求懲罰。你若深思一下，這句話其實解釋了不少世間的現象。在形上層次，你也是這樣堅信不移：上主一定不會放過我的。

在天譴的陰影下，你認定未來的命運會比死亡還慘，這不可能不引發極深的恐懼；恐懼之深，超乎你的想像，於是你一直在逃，感覺上，好像已經竄逃了百千萬劫。說到這裡，我們可以開始解釋為什麼你的心靈當初需要營造出這個宇宙、世界以及這一具身體了。其實，它們是同步出現的，只有在你們夢境的直線時間觀念下，芸芸眾生才會顯得像是各自陸續形成的。

世界究竟是如何形成的，它背後的緣由何在，這個問題，到目前為止，還沒有一個靈修學派能解釋得如此清楚；而這緣由仍然操縱著今日的世界，那就是恐懼。不論是何種恐懼，最後一定能夠溯源到你對上主的恐懼那裡去。**27**

※世界究竟是如何形成的，它背後的緣由何在，這個問題，到目前為止，還沒有一個靈修學派能解釋得如此清楚；而這緣由仍然操縱著今日的世界，那就是恐懼。

自以為分裂的心靈，原本超越時空之上，如今被恐懼癱瘓了，因為它認定了上主絕不會放過自己，於是小我開始慫恿你建立防衛系統。但它從不透露底細，原來，它所設計的防衛措施表面上是在維護你的個體性，實際卻是為了確保小我本身的存活。試看一下個體性

（individuality）這個字最後四個音節，正好是二元性（duality），這絕不只是語言學上的一種巧合而已。

一直跟你互通款曲的小我，自稱是你的朋友，佯裝處處為你著想。你可記得我先前說的？小我一直在灌輸你一個觀念：上主正在追殺你，你必須趕緊逃到一個安全地帶去；就這樣，它牽引你進入這個「娑婆世界」。在小我眼中，「最佳防備乃是最上乘的攻擊手腕」。防備與攻擊其實是一個銅板的兩面，《奇蹟課程》解釋過這兩個觀念是怎麼互為表裡的：

小我代表了心靈內相信分裂的那一部分。與上主決裂的那部分心靈怎麼可能不認為自己侵犯了上主？我們先前所談的主權問題，就是源自「篡奪上主能力」的概念。小我認定你確實幹過那檔子事，因為小我認定它就是你。如果你與小我認同，勢必感到罪孽深重。只要你一與小我沆瀣一氣，不會不充滿內疚而害怕天譴的。小我其實就是那個充滿恐懼的念頭。縱然「攻擊上主」這觀念對神智清明的心靈顯得荒謬無比，但別忘了，小我已經瘋狂失常了。它代表一種精神錯亂的思想體系，還會挺身為它發言。聽從小我的聲音的人，必然相信自己有攻擊上主的能力，並且相信自己已佔據了上主的某一領地。為此，你不可能不害怕上天的報應，這種罪咎椎心刺骨，使你不能不設法把它投射出去。[28]

總而言之，你相信自己真的與上主分裂了，因為害怕上主的懲罰和報復，你不能不聽從小我的建議，加強自衛措施，由此發展出一套思想體系。你認為自己確實犯了大罪，心中充滿罪咎，上主必會前來索債，因此你終日忙著自衛，但又感到自己不堪一擊，最後只好聽從小我的主意，逃到一個上主永遠找不到的幻境裡。

至此，你已經徹底迷失了，只好言聽計從小我的建議，上主的旨意從此消聲了。你追隨小我的錦囊妙計，逃離生命的實相，忘卻自己的本來面目，直到今日，你還活在這致命的恐懼中。

葛瑞：暫且打住，我有個小疑問。

阿頓：說吧！不過我已經打算觀想一塊膠布貼住你嘴巴了。

葛瑞：你引用了不少《奇蹟課程》的話，而你以前交代過，一定要引用原文，將來你會幫我指出這些引文出處吧？

白莎：老實說，不會。我們要你自己去查出原文的出處。

葛瑞：嘿！《奇蹟課程》全書將近一千三百頁呢！那得花多大的功夫？我早已疏懶成性了。

白莎：把它當作一種研究吧！別忘了，這訊息主要是為「你」而來的，你自己必須踏實地學，才可能傳給別人。何況，那算什麼功夫，等到你運用在生活裡，那才是真正的功夫呢！我們早已提醒過你，尚未學會的東西，你怎麼可能發揮出來？

阿頓：讓我們再繼續下去吧！小我馬上就挺身而出，幫你從這悲慘夢境尋找出路，於是，一場驚天動地的人間鬧劇即將上場了。你認定自己闖下了滔天大禍，心裡備受悔恨和內疚的煎熬，迫不及待想要棄甲而逃。此時，你只好跟小我聯手，運用心靈不可思議的力量營造幻境，自己化身為一位觀者，不再是一個靈性的創造者。就這樣，你把自己脫身的步驟一一具體形象化了。

到了這一地步，你已經完全跟小我認同了，利用投射的方式，把分裂之念逐出心外。這辦法真是高明，卻虛幻至極，而你（至少是開始產生意識的那一部分的你）也跟著一起投射出去，這一剎那，就是你們所謂開天闢地的「大爆炸」，娑婆世界也於焉誕生。如今，你像是活在娑婆世界之「內」，絲毫不察自己其實已是道地的喪「心」病狂了。

如今，你怕個要死的對頭，上主，好似已不在你心中了；若非如此，你根本對祂毫無招架之力。上主一旦被你「驅逐出境」，其他的一切也連同流放到你外面去了，連所有問題的根源，包括那個罪咎感也被驅趕到外界（雖然我們早已強調過，根本沒有什麼「外面」存在）。你為了逃離上主，打造出三千大千世界，充當你的藏身之處，這等「能耐」，真是讓人嘆為觀止；自此，娑婆世界本身成了最後的代罪羔羊。

只要你和小我一路追「咎」下去，你梗在心中的分裂問題及隨之衍生的虛假問題，最後都能在自己「身外」找到問題的起因以及可以歸咎之人。那一套「罪、咎、恐懼、攻擊、自衛」的思想體系，如今發展到了新的層面，它為了保護你自以為分裂的心（今人稱之為靈魂），開始向外發動攻勢，藉此迴避潛意識的罪咎與恐懼對你造成的威脅。

你若想知道小我是多麼百般迴避心裡的內疚，只需回顧一下《奇蹟課程》的發展情況便可明白。儘管全書的主旨就是要治癒潛意識的罪咎，但大部分的奇蹟教師連提都不敢提內疚的問題。

小我在它的神奇計謀上，可謂是百尺竿頭更進一步，造出了一具有形的身體（請奏樂表揚），然後，賦予了小我獨家壟斷權。從此，小我只准那些能夠證實幻境存在之物進入覺識之中。然而，身體本身也是幻相的一部分，請它出面為你解說幻相的意義，無異於要求幻相來支持幻相。當然，小我是十分樂意答覆你一切問題的。

當初，為了要逃避內心的罪惡感以及對天譴的恐懼，你製造出種種的防衛措施，如今，藉著宇宙、世界和身體的有形參與，娑婆世界更是順理成章地，擁有了一個「有目共睹」的外型。

小我為了應付你潛意識中的罪、咎與恐懼，又想出另一絕招，即是投射到別人身上去！下回來訪時，我們會解釋這一思想體系是如何在世界呼風喚雨的。你在世上任何一個角落都不難看到小我思想體系的運作，無論是個人關係、人際關係，乃至於國際關係上；或是政治領域或任何專業領域內都一樣，只要你有心去看，可以說俯拾皆是；然後你才會深深領會《奇蹟課程》所言不虛。

畢竟而言，我們對小我的剖析是講給經得起挑戰的人聽的：小我真的不可愛，等我們把小我的真相一一道破後，就可以聊聊比較有趣的主題了。

等你真正看清小我思想體系的運作方式，我們才能繼續教你如何幫助聖靈把小我的囂張聲勢扭轉過來，這會加速你的得救過程，讓你早日切斷生死輪迴。

葛瑞：你是說，我因著潛意識裡的罪咎與恐懼，才會不斷轉世投射？換句話說，罪咎一旦獲得治癒，心中不再埋藏恐懼時，我就不需要這一具身體、世界，甚至整個宇宙了？

阿頓：一語中的！我早知你不是一個笨蛋，我一直跟J兄講，他就是不信！我在說笑。下次訪談之後，我們的會晤會愈來愈短，也會愈來愈輕鬆有趣的。

你若真想與J兄或聖靈合作，就必須明察秋毫，細細觀照小我體系是如何操控你的生活。這一思想體系在娑婆世界運轉了百千萬劫，你們卻習焉而不察，為此我才提醒你，好好地拜聖靈或J兄為師，跟他們一起面對這個問題。

J兄在《奇蹟課程》中這樣說：

不願正視幻相的人，必然受制於幻相；因為「不願面對」本身即是對幻相的一種保護。你無需逃避幻相，因它傷害不了你。我們一起深入探討小我思想體系的時刻到了，只要我們同心協力，這盞明燈便足以驅散小我的陰影；你既已明白，小我並非你之所願，表示你已準備妥當了。讓我們平心靜氣、誠誠實實地正視一下真相。**29**

白莎：我們這回跟下回所談的小我觀念，必須帶到真理（也就是J兄或聖靈）之中驗證一下，然後再交託出去，換回救贖。自從你認為與上主分裂之後，這些觀念一直深深埋在你潛意識下面，毫不自覺。但請務必記住，凡是你有意遺忘或壓抑之物，只會加深你的害怕與不安，正因如此，你才一再逃避去面對這類事情，你內在的恐懼不斷抵制你去看潛意識下面的東西。

正如《奇蹟課程》在〈正文〉中指出的：

> 因此你對它的認識必然先存於關係斷絕之前，如此說來，斷絕關係不過代表了你想要遺忘的決心而已。被你遺忘之物自然會顯得無比可怕，只因斷絕關係無異於對真理的一種侵犯。30

〈正文〉又說了：

> 你一旦失落了自己的真實身分，還可能活得心安嗎？與它切斷聯繫解決不了你的問題，最多只是一個自欺的妄想。懷此妄想的人相信真相對自己是一大威脅，故寧可躲入幻想世界也不肯接受真相。他們一旦判定真相並非自己之所願，眼光自會轉至幻相，而自絕於真知之外。31

葛瑞：當你談到身體，我會直接聯想到人類的身體；但根據你的說法，我猜小我必然造出種種身體，包括了我的愛犬努比以及其他動物的身體在內。如果這一切真如你所說的，是同步發生的，那麼進化也不過是一種幻覺或煙幕彈囉？

白莎：恭喜你有這種見地。你們這一代人崇拜進化論，以為你們正在創造新的高等意識；你們對進化論的重視，幾乎可以媲美你們對能量的熱中。要知道，所謂進化，不過是小我一次性的大分裂，但在你們眼中卻變成細胞一而再、再而三的分裂，然後身體和大腦也更為精密化、複雜化，令你們自己都驚嘆不已。其實，所有的身體都是同一回事，都一樣徹底虛幻不實。

娑婆世界裡的一切設置都是為了向你證實身體的真實性和特殊性，藉此來鞏固整個小我的思想體系，這就是為什麼小我一直企圖把世界拼湊得像是上主創造的，還一口咬定是祂在操控著你一生的遭遇，讓你對祂永遠都敬而遠之。

此後，小我不只開始掌起上主的職責，它還要你把身體靈性化，同時把J兄的形體價值視為崇高無比（其實，它在J兄眼中毫無意義）。尤有甚者，小我還煽動你把生活周遭的某物或某地靈性化，賦予形形色色的特殊價值，彼此論究高低，互別苗頭，其結果，一切就變得愈來愈真實了。

如果世界及世上一切有形之物都是上主的造化，那麼你的存在必然也變得真實無比，這等於是為你的個體生命背書，幫你迴避了生命的唯一問題。更重要的，它岔開了你的注意力，讓你再也不去看那唯一問題的終極答覆，即聖靈，而祂根本不活在世界內，只活在你心裡。

葛瑞：那麼，心靈的第四次分裂便是娑婆世界的形成，它引發了開天闢地的那個「大爆炸」和分裂出去的無限碎片，一個複雜多元的世界由此而生。我一旦相信娑婆世界的真實性，就等於下意識地相信自己與上主分裂了，視自己為一個罪孽深重的雜種。

> ※心靈的第四次分裂便是娑婆世界的形成，它引發了開天闢地的那個「大爆炸」，一個複雜多元的世界由此而生。

阿頓：嗯，老弟，你可真會形容。是的，自從你夢見自己出生，一直到夢見自己死亡為止，你所經歷的一切，以及這段期間你陸續編織的夢中之夢，充其量，也不過是那天人分裂觀念的一種象徵而已。天堂彷彿徹底破裂為無量無邊的碎片，被天堂反面的特質所取代。但話說回來，宇宙的歷史，包括它的過去和未來，其實都是小我自編的一部劇本**32**，那個白癡不只會編故事，還喜歡歌功頌德，把分裂之劇演得驚天地而泣鬼神。

葛瑞：但在世上，也有不少結合的現象啊！例如婚姻，那可不是分裂，嗯……至少那時還沒分裂。

阿頓：你已經答覆了自己的問題。在世上，死亡使分離成為一切註定的結局。問題不在於你是否會死，而是何時會死，怎麼個死法而已。不論你如何努力，在形體層面，人是無法真正結合的；唯有心靈才有結合的可能，而且這種結合是永久性的。

小我不讓你正視心靈的事，它要你把一生的注意力都放在身體上，把身體的經歷視為你真實的一生。幸好，聖靈也有自己的一套劇本**33**，你隨時都可以轉上祂的舞台。聖靈的劇本首尾一貫，絕無自相矛盾之處。正如《奇蹟課程》所說：

真相不會搖擺不定，它永遠真實。34

白莎：你一旦與J兄或聖靈開始練習寬恕（當然你也可以和其他的老師一起練習，我只是奉勸你千萬別靠自己單打獨鬥），就會看出這部課程何等具體又實際。它從兩個不同層次切入，就是我們前面所談的形上層次，還有下回要談的世界的層次。我們早已許諾過你，不會空談理論而已，我們說過，知道世界是虛幻的，這還不夠，若沒有具體的「寬恕」，《奇蹟課程》不過是一本優美卻無用的文學作品，反而讓小我多了一個辯論的遊戲場所。J兄在《課程》最後的〈詞彙解析〉中說得一針見血：

這不是訓練哲學思考的課程，故不重視遣詞用字的精確性。它唯一關切的只是救贖，也就是

修正知見的過程。救贖的途徑即是寬恕。**35**

你會發現《奇蹟課程》的寬恕有它獨到之處，它是針對小我的特性而設計的，它不提倡打壓的方式，而是透過「選擇」的力量。只要你「選擇」寬恕眼前任何事情，便會經驗到心靈的平安和基督（自性）的力量。你若懂得把握這個千載難逢的機緣，聖靈便能隨著心靈運作的法則，將你領回天鄉的。

這雖非一蹴可成之事，但一路上你所經驗到的「快樂夢境」，會讓你看到這部《課程》已經在你身上發生效力了。目前為止，你還死守著小我的劇本，照本宣科地重複演出。你脫身的時候到了，換個劇本吧！它會領你回家的。

你也許該開始動筆了，將我們的訊息傳布出去，即使文法章句讓你捻斷鬚莖，也別忘了在寫作中找些樂趣。何不把我們的故事寫成對話形式，這點子如何？如此，大部分的內容你都可以直接由錄音帶中取得，再加上你手中的筆記，已經綽綽有餘了。如果你現在開始動手，等我們拜訪結束時，這本書就差不多大功告成了。試一試吧！很好玩呢！

葛瑞：好玩才怪！萬一我家粉筆不夠我鬼畫符，怎麼辦！

白莎：我們可不想成為你的「有求必應公」，何不向J兄求助？

阿頓：順便再提醒一下：小我詭計的得逞，就是讓你誤以為處在天人分裂的狀態，因而深感內疚。請記住，即使你真的感到分裂或隔閡，也絕非是真的。等下回來訪時，我們會談小我如何為它的騙局而自圓其說的。

在那之前，當你思考宇宙或世界的真實本質時，奉勸你對自己誠實一點。J兄很清楚人們的老毛病，總是千方百計地想把世界推崇得像是上主偉大的造化；我現在先舉一個例子，讓你知道J兄是如何描寫世界這個「偶像」的：

偶像是信念的產物，你一撤去信念，偶像就「死」了。相信在上主的全能之外還有某種能力，在無限之境以外還有某個地方，在永恆之上還有某種時間，這些怪異觀念便是「反基督」的化身。你甚至認為那些能力、地方及時間可能化身為某種形式，整個偶像世界就在這一觀念中成形了；在這個世界裡，所有不可能的事都發生了。在此，原本不死的生命不免一死，無所不包的整體生命好似承受了失落之苦，超越時空之境淪為時間的奴隸。在此，原本千古不易的生命開始變化，上主賜予一切眾生的永恆平安，從此只能屈身於無明亂世之下。原如天父一般圓滿、無罪、慈愛的上主之子，生出了怨心，受苦片刻，最後一死了之。36

葛瑞：這一段好像是聖誕節的訊息。

阿頓：你知道J兄在《課程》裡對於聖誕節和復活節有相當美妙的提示。我希望你每天都能閱讀一些〈正文〉，你還需要一段時間的薰陶才能體會此書之奧妙，我很高興你已經開始了。大部分的奇蹟學員比較專注在〈學員練習手冊〉與〈教師指南〉上面，當然，它們也很重要，只是，白莎先前也已指出這一弊病，除非在讀書會裡各自輪流讀一段，否則他們很少會自行閱讀〈正文〉。但要知道，忽略〈正文〉，等於忽略了《奇蹟課程》的精髓。

白莎：至於寫書之事，我再給你最後兩個建議，以後，若非你提起，否則我們就不再叮囑了。從現在起，這一部書乃是你和聖靈之間的事情，我要你養成跟祂合作的習慣；凡是與我們這一任務有關的，事無大小，都向祂請示吧！

我要說的兩件事是：第一，別在我和阿頓身上浪費太多筆墨，而應把重點放在向人解釋「他們也不是一具身體」上面；他們既然不是一具身體，那麼我們幻化出來的人形更不值得你大肆渲染。這本書不是為了介紹我們，而是在傳布我們所說的內容。第二，如果你最後決定不寫此書，也千萬別感覺虧欠了我們什麼似的，畢竟而言，這本書不是你的義務，那是聖靈的責任。

現在，我們要總結一下娑婆世界的本質了。我們之所以強調「本質」，而不說是世界本身，因為這個世界只是一場夢，不是真的。J兄在我的〈多瑪斯福音〉第四十條簡短地提到這一世界觀：

一株葡萄藤已被種植在天父之外，因為它毫不強壯，一旦連根拔起，便一逝不返了。

他在 Nag Hammadi 版本第五十六條中也說：

任何人若看清了世界，他在世上只會看到死屍；凡是能夠認出死屍的人，世界對他便沒有任何價值了。

關於天堂的一切，可還記得第四十九條？

獨自蒙受上天揀選的人是有福的，你必會尋得天國；因為你來自那兒，也會重返那兒。

這句話用「獨自」來形容那一類人，因為他們知道只有「一個」我們，但絕不孤單，因為有聖靈陪伴。我們先前說過，他們之所以被揀選，純粹是因為他們自己「選擇」了聆聽聖靈；其餘幾句話已不說自明，跟我們這回所說的全都異曲同工。

J兄之所以賜給人類這部《奇蹟課程》，是要告訴你回歸天國之道。我們以前曾經解釋過，兩千年前的人類，了解程度有限，到了今天，世界雖然跟以前一樣瘋狂，至少它的學習能力已經提高一些了。

葛瑞：我想，即使把基督教也算在內，這仍是空前未有的大事。

白莎：葛瑞，別再窮算基督教的舊帳了，它只是以新的包裝延續舊的教義而已。你只需讀一讀〈羅馬書〉第一章，不難看出保羅為了政治性的理由，才為《舊約》的〈利未紀〉第二十章背書的，藉此安撫一下雅各和耶路撒冷派對他的不信任罷了。

老弟，任何宗教組織都跟政治脫離不了關係的。再看一看《新約》的〈啓示錄〉，一樣抄襲《舊約》的〈但以理書〉的形式。基督教除了提出上主之子為人類犧牲生命以及後來發展出的種種儀式，還有一點新意以外，基本上仍是新瓶子裝舊酒而已。至於J兄本人，絕不是裝著舊酒的新瓶子，《奇蹟課程》也不是。一部自修性的課程不需要一個宗教組織，我們已說過了，J兄也毫無建立宗教的興致。

阿頓：又到了我們該告辭的時候了。在我們下次來訪之前，你不妨和聖靈一起仔細觀察世界，藉助J兄的高標準眼光，幫你在聖靈及小我的思想體系之間作正確的選擇。正如《奇蹟課程》所說：

> 真實的你是如此崇高，凡是配不上上主的，也配不上你。你應按此標準來選擇自己想要之物，而且不接受任何你認為不配獻給上主之物。[37]

葛瑞，我們得走了，請牢牢記住這點，不論何時，只要你有心選擇以聖靈為師，J兄一定與你同在；即使你自認為還未就緒，J兄也會照樣與你同在。他在〈正文〉中說過：

> 你若有心效法我，我必會助你一臂之力，因為我知道我們原是一樣的。如果你存心與我不同，我只好等待，直到你改變心態為止。[38]

說完，阿頓與白莎瞬間消失了蹤影，留下我默默浸潤在那一番談話的餘響裡。我一邊體會「自己並不存在於此」的道理，同時沉思世界形成的背後動機。我以往一直認為世界是常存不變的實體，自此，我對世界的看法徹底改觀了。

5 小我的計謀

你對小我的每個答覆其實都在挑起戰火，而戰爭確實會剝奪你的平安。然而，這是一場沒有對手的戰爭。1

翌日，曙光初現之際，我張開眼睛，驚訝地發現，竟然看不到個別的影像，好像什麼東西罩在它們上面，就如同一片無瑕的白色淨光擋在眼前，而那光明，比緬因州冬晨覆蓋大地的新雪還要純淨無染。

隨即，當我閉起眼睛，卻看到不同的景象，原先的白色淨光依舊在那兒，但大部分的光明都被成塊的醜陋陰影遮著，雖然我仍能看到光明，但一半以上都被黑暗吞噬了。

困惑的我，再張開兩眼，那美麗迷人的白光又變得通透明淨；一閉上眼，那讓人不安的黑暗又出現了。我不知是怎麼一回事，通常我是睡得很沉的人，連強震都搖不醒我。矇矓之中，我翻個身，又昏睡過去了，因此自己也不敢確定這一經驗是不是夢中一景而已。

當我再度醒來，回想起這個經驗，迷迷糊糊中，我在心裡跟J兄說：「我投降了，請告訴我究竟是怎麼一回事吧！」然後我試著放空腦子，有個念頭隨之浮現：「跟我一起想吧！」我馬上恍然大悟，那白色淨光代表著我本具的純潔靈性，也是當我開啟慧眼時被喚醒的靈性；而那黑影則是埋藏在潛意識下的內疚。我繼續推想下去：「這黑影代表我心裡有待聖靈治癒之物，我需要跟祂一起寬恕那些因著內疚而被我投射於外的一切象徵；一旦我完成這個功課，心中便會只剩下光明。」

昨晚跟白莎和阿頓的討論內容，記憶猶新，再加上今早的體驗，當天下午，我便把上回借來肯尼斯的演講錄音用心聽了幾個鐘頭。初聽時，肯尼斯的演講一點都不吸引我，他的風格很像學院裡的教授上課，這也難怪，他本來就是一位學者。

等我耐心地聽下去，聽他講到《奇蹟課程》深奧的形上原則，還有現實生活裡的練習及運用時，我感到他的解說極其受用。當天晚上閱讀〈正文〉時，那些字句對我個人的意義立刻躍然紙上，讓我驚訝不已。

隨後幾個禮拜裡，我也盡可能地練習寬恕，因為在那一段時間，我跟凱倫的相處並不和諧，彼此很容易激怒對方，尤其談到經濟問題時。〈練習手冊〉對我的幫助確實很大，我常把練習直接運用在凱倫身上。凱倫其實堪稱為賢內助，我們十一年的婚姻生活也還算美滿，而我對她最大的不滿是，她總有說不完的抱怨與煩惱，試了好幾份工作，沒有一個是她喜歡或報酬滿意的；我的小生意又收入有限，這讓我們的關係蒙上一層陰影。

一晚，凱倫又在發難，連連埋怨她的工作和家裡的收支，我發覺自己並沒有像往常那樣對她負面的傾吐報之以批判的心態。反之，我有兩個異於往昔的感受，其一，我感到凱倫是在求助，是在渴望我的愛，於是她的抱怨落在我耳裡，意義便大不相同，字字句句，都成了一個期待別人了解的天真祈求。第二個新體驗是，我所看到的她並不是真正的她，而是我在自己夢中投射出來的一個角色，如此，我才有理由怪她破壞家庭氣氛，也找到了藉口來搪塞自己缺乏工作效率的老毛病。

這些新體驗，扭轉了我對凱倫的態度，我們的交談變得風趣多了，晚上共寢時，也感覺更有情趣一點。大致說來，雖然我常常錯失寬恕的良機，但還算是大有進展。

我等了將近四個月的時間，兩位高靈上師才又再度來訪，這四個月對我來講，實在無比漫長！雖然我多次察覺自己跟這奇遇已經建立了某種「特殊」的依戀，也一再試著寬恕自己，但仍不免幾度煩躁，禁不住生出一種被遺棄的感覺。

有時，我會安慰自己：「也許這是一個試煉，看看我有沒有寬恕的能耐。」於是我再度嘗試真心寬恕，但不是寬恕阿頓和白莎所做或沒做的事情，因為那樣反而會把「錯誤」弄假成真。世界本身是個虛幻不實的夢境，《奇蹟課程》才會要求我們寬恕別人「並沒有做出的事情」[2]，如此，我們眼中的錯誤才不至於愈演愈真[3]。當我開始從這一角度去想事情時，確實深深體會出自己是夢境的導演，而不是夢中的受害者。[4]

一晚，凱倫去上電腦課，我打開第一罐啤酒，阿頓和白莎第五度出現在我的起居室。當我看到他們溫柔的笑容，才知道自己是多麼懷念他們，多麼渴望聆聽他們的話語。我放下啤酒，拿起茶几上的筆記本，打開錄音機。過去我曾為我們的樂隊錄過整場的表演，因此知道如何使用特長的錄音帶，免得我這兩位朋友講到一半，錄音帶就用完了。此後，阿頓、白莎與我三人都未提過錄音之事，直到最後一次的會晤。

這回，連自己也感到意外地，我先開口了。

葛瑞：嗨，真高興看到你們，也感謝你們的光臨，我想，你們大概很清楚我這四個月來的經歷，還有我對你們的感激。

白莎：當然，我們也一樣感激你，學生若不上道，不論我們傳授什麼，也是白費工夫。而你，老弟，已經開始運用我們所教的觀點了，相信你心裡已經有數，這不是一條容易走的路。

只要你肯繼續學下去，就會明白，我們傳授的乃是「純一體性」詮釋真理的方式，這也是對《奇蹟課程》最正確的理解方式。不久的將來，達此水準的奇蹟教師會愈來愈多，而且會比我們客氣一點。目前，雖然仍有不少掛羊頭賣狗肉的奇蹟學員，將來的學員心境會純淨多了。

葛瑞：你說，你不像未來的教師那麼客氣，那麼，我愛炫的靈修導師，你為什麼不客氣一點？

白莎：你可聽過「一個巴掌拍不響」的說法，鬼靈精！何況，你將來也是傳遞訊息的使者。時候到了，該有人重新為這娑婆世界定位了。

還有一點值得你留意，等我們仔細剖析過小我的真面目以後，立刻會轉入寬恕的主題；有朝一日，你在寬恕方面更有經驗時，便體會得出，人與人之間的談話實在無需摻入這麼多的詼諧或嘲諷。當你不再耍弄這些花樣時，我們自然不會用這種調調來跟你應和。

聖靈與人交流的方式是因材施教的，你的作風一旦改變，祂的方式也會隨之調整。我敢保證，凡是願以聖靈為師的人，必會朝著真理的方向改變，而不會老在改變小我門面上打轉。你此刻覺得我們對你過於嚴厲，但你遲早會看出，其實是你對自己過於苛刻，不敢面對內心的自我憎恨。這正是我們這次拜訪所要深入的主題。

你話中也暗示了，我們對其他人好像也不太客氣，但是，我們已經再三向你解釋過，根本沒有所謂的「其他人」。只要你讓我們繼續解釋下去，總有一天你會恍然大悟，我們所說的話，句句用心良苦，絕對無意去批判那個根本不存在的世界。

阿頓：在我們拆穿小我的西洋鏡以前，先一起複習一下〈練習手冊〉中的一課，因為，等會兒我們開始揭小我的瘡疤時，難免會讓你坐立不安，所以先給你一點寬恕的觀念作準備，你才不會愈聽愈喪氣。同時讓你知道，確實有一種簡單的方式來化解小我。我說簡單，未必容易，除非你已經是資深的靈修教師了。

你已經操練〈學員練習手冊〉六個月了吧！你練得不錯，只是在你的世界裡，一切運轉得太快，一不留神，你就會忍不住批判別人，這種情形，連資深的學員都在所不免。因此，讓我們問你一下，你若一絲不苟地活出這部《課程》的教誨，狀況會怎樣？我不是指你教奇蹟原則時的心態，而是指你把自己所教的用在自己身上的話……（放心，沒人強迫你去教別人任何事情的）。我是在問：你若一字一句地如實操練每天的課題，並像J兄在世時那樣活出奇蹟精神，會有怎樣的結果？

葛瑞：你究竟要我複習哪一課，且要我句句認真地活出來？

阿頓：非常重要的一課，我要你唸一下第六十八課的前半段，讀到第四段的第三句就打住。剩下的，你日後可以自己複習。當你唸時，同時想一想，你若這樣操練下去，結果會怎樣？對你心靈的平靜和內在的力量有何影響？這並不表示真有許多人如此操練，其實，大多數的人都難以做到；我只是問你，你如果這樣做的話，會有什麼結果？

看到沒有？此刻你的心裡已經情不自禁地開始判斷而且定罪了。許多人自以為很酷，與眾不同，其實他們的想法與行徑，你一眼就看穿了。《奇蹟課程》的目標即是訓練你的心靈有一天能夠由「情不自禁地批判」轉到「情不自禁地寬恕」。這個習慣一旦養成，對你心靈的益處是難以衡量的。

> ❋《奇蹟課程》的目標即是訓練你的心靈有一天能夠由「情不自禁地批判」轉到「情不自禁地寬恕」。

葛瑞：這說法是否就像〈正文〉前面的「奇蹟原則」第五條所說「奇蹟是種習性」？5

阿頓：是的，只要你能如此習慣聖靈的思想方式，祂的真寬恕會逐漸變成了你的第二天性。何不現在就唸一下這一課的前半段。我知道，你已經練習過此課了，但這回唸時，再加強一下你的願心吧！

葛瑞：好吧！我的高靈伙伴！

愛內沒有怨尤

被愛創造得猶如它自身一樣的你，不可能心懷怨尤還能知道自己的真相。放不下怨尤，表示你已忘卻了自己是誰。放不下怨尤，表示你已把自己視為一具身體。放不下怨尤，表示你讓小我掌控了自己的心靈，並為身體宣判了死刑。你也許尚未充分意識到，放不下怨尤對你心靈的傷害。它好似硬生生地將你由生命根源那兒劈了出去，使你不再肖似於祂。為此，你認為自己是什麼，就會相信祂也成了什麼，因為沒有一個人不把他的造物主想成像自己一樣的。

你一旦背棄了你的自性，那依舊意識到自己肖似造物主的自性就好似昏睡過去了，而那在睡夢裡編織幻境的另一部分心靈，則會裝出一副清醒的模樣。這一切真的都是因為你心懷怨尤而引起的嗎？一點也沒錯！因為放不下怨尤的人，已否認了自己是出自愛的創造，在他充滿怨恨的夢中，造物主顯得可怕萬分。有誰會夢到怨恨而不害怕上主的呢？

凡是心懷怨尤的人，必會按照自己的模樣來界定上主；一如上主會照自己的肖像創造人，且把他們界定成如同祂自身一樣。心懷怨尤的人，必會受盡罪咎的折磨；一如懂得寬恕的人，必然獲享平安，是同樣的道理。心懷怨尤的人，必會忘卻自己是誰；正如懂得寬恕的人，必會憶起自己的真相，是同樣的道理。

如果你相信這一事實，還會不甘放下自己的怨尤嗎？也許你認為自己無法放下這個怨尤。其實，這純粹看你的動機如何。6

白莎：你可記得當年你戒煙的經驗？

葛瑞：當然，十二年的煙癮確實難戒，但當時我抱著破釜沉舟的決心，因為我目睹父母死於煙癮後遺症的慘狀。他們抽了四十年的煙，怎樣也戒不掉；我的戒煙可說是為他們戒的，當然對我自己也有好處。

白莎：戒掉「怨天尤人」的毛病，對真實生命的影響，跟戒煙對你身體的影響一樣重要。身體註定是要死的，雖說，你真實的生命在天上，但你仍能在這短暫的一生享受平安與喜悅，這是讓你戒掉「怨天尤人」的毛病的真正動力。

阿頓：葛瑞，有了這一動力，你有時仍會力不從心。某些挑戰來臨時，你還寬恕得了；但你若真心操練這部課程，必會遇到一些讓你無從寬恕或不甘放下的事，表示它鉤出了你內心的抗拒和潛意識的憎恨，而這正是你必須面對卻一直逃避的問題。你只要由小我的思想體系以及它的攻擊策略這一角度追究下去，便不難認出問題背後的真相。

葛瑞：是否可以這樣說？我不願寬恕的，甚至不願追究的事情，正是《奇蹟課程》所說的「隱秘的罪咎」與「深埋的怨恨」7？它們不過象徵了我對自己的嫌惡罷了。只因我存心把它們投射出去，問題才會顯示在外面。我若真想寬恕自己，允許聖靈來清理一下我的潛意識，我得甘願跟祂一起揭開這一秘密，看個水落石出，然後隨時寬恕。

當我說：讓聖靈來清一清我的潛意識時，我並沒有忘記，祂其實就是我，而且是我的較高自我或基督自性，也可以稱之為「實相」。

我知道，我心裡依舊執著的物質慾望，它們其實只是一些虛妄的偶像，藉以取代真理實相，這樣，我才能繼續追逐甚至崇拜那些偶像，更加相信它們真實不虛。

阿頓：說得好，葛瑞，這就是為什麼《奇蹟課程》一心想要幫人認清潛意識下面的東西，否則，你哪有機會清除它們。一般人，尤其是追求靈性的善心人，大都不知道娑婆世界後面的陰謀，也不知道人心下面隱藏的怨恨。大部分的人根本不想知道，只想得過且過。人們想過平安的日子，實在無可厚非，但一味遮掩小我而不知化解，是無法找到真正平安的。

白莎：為此，以後別忘了，把平安與喜悅當作你生活的動力，這總比痛苦強多了！人們也許會說「我沒什麼痛苦」或是「我沒什麼罪惡感」，其實它們都藏在人心底下，隨時伺機而出。人們原本可以改變這一局勢的，何苦在此坐以待斃？

葛瑞：因為人們害怕，也不想改變。

白莎：是「小我」不想改變，J兄曾這樣問過：「你寧願自己是對的，還是寧願自己幸福？」[8]因為他知道你根本不想放下心裡的怨尤、偶像和誘惑。

葛瑞：其餘的都好辦，誘惑最難面對。

白莎：沒有錯。但，究竟什麼是誘惑？《奇蹟課程》一語道破：

不論哪一種誘惑，不論發生於何事，它只教人一個課題。它企圖說服上主的神聖之子他只是一具身體，誕生於必死的肉體內，欲振乏力，連感覺都受制於它。9

我們何不仔細瞧瞧小我的計畫，看它的計謀是怎樣得逞的？下回來訪時，我們才好進入「真寬恕」的主題。

上回我們已為你解釋了，小我利用你活出它的那一套思想體系，在你不知不覺中營造出一個新的（意識）運作層面。你被利用了，早已成了一個機器人，自己卻渾然不覺。現在是你索回自己真實生命的時機；若要達此目的，你必須先摸清楚對頭的底細和伎倆才行。

「小我」確實稱得上一個傑作，我們先前已經說了，當你把天人分裂的信念投射到心靈之外的同時，你把自己也一併丟了出去，於是這個包含了你的身體，還有各式各樣形體的娑婆世界便形成了。在此順便一提，你的身體看起來就像附著在你「身上」，其實它跟其他一切有形之物一樣，根本在你之外10。只要是呈現於外之物，都同等的虛幻；所以你的身體不會比別人的身體更為真實或更為重要。不是嗎？

人身其實與陰魂沒有兩樣，只是呈現的形式有所不同。陰魂也認為自己的身體是活的；其實，它所看到的，只是它想要看到之物而已；為此，J兄曾說：「讓死人去埋葬死人。」人們真的需要外援才可能認出真相而重返天

※人身其實與陰魂沒有兩樣，陰魂也認為自己的身體是活的；其實，它所看到的，只是它想要看到之物而已。

鄉。你需要聖靈的幫助，但聖靈也需要你的協助，只要你肯寬恕眼前所見的一切。

當然，我不是要你藐視身體，我的意思是：學學J兄吧，別再賦予身體那麼重大的價值了。他在《課程》中曾這樣說過：

身體是小我的偶像，罪的信念先賦予它一副血肉之軀，再把它投射到外界去。它好似在心靈四周架起一道血肉牆籬，把心靈禁錮在一小塊時空裡；死亡不斷向它索債，只給它片刻嘆息與哀悼的時間，最後還是難逃一死，以死亡向主人示忠。這不神聖的一刻看起來好像充滿生命，其實只是絕望的一刻，有如荒漠小島，因無水泉滋潤而朝不保夕。11

葛瑞：《課程》中曾提到「平安的四個障礙」，第二個障礙即是相信身體的價值。12

阿頓：沒錯。那個障礙會直接把你引入罪咎與痛苦的陷阱13。你該仔細地閱讀「平安的障礙」那一節，去了解小我那一套是怎樣吸引著你的。你現在連痛苦和快樂都分不清了14，因為罪、咎和痛苦對你的潛意識具有莫大的吸引力。你和所有的人都是如此，唯一不同之處，就是你已經意識到這一傾向了，你可以觀察它、寬恕它，最後，擺脫它的束縛。

潛意識裡的罪咎雖然不至於讓人們痛不欲生，但隨時都在伺機折磨人們；絕大部分的人都在自作孽，自己卻毫不知情。

葛瑞：就像飛蛾情不自禁地向火撲去？

阿頓：一點也不錯，你該在班級中受到表揚。

葛瑞：我就是那個班級嘛！

阿頓：那就別再溜掉了。記住，人們下意識堅信自己冒犯了上主而被逐出天堂，必會遭到天譴，這信念有時會以極醒目又戲劇化的方式呈現，有時則透過比較隱晦的形式，就像你迷「紅襪」棒球隊那樣。〔譯註：紅襪隊那幾年輸得很慘〕

葛瑞：嘿，每個球隊都有不走運的一個「世紀」！

阿頓：在我們繼續下去以前，你可有問題要問？

葛瑞：嗯……，我不知道。如果我問些題外話，會不會天打雷劈？

阿頓：不會的，在整個宇宙和人類歷史上，根本就沒有天譴那一回事。

葛瑞：那麼，我有一事相問。我已經動筆介紹你們的觀點了，雖然我覺得你們很酷，只是表達的語氣有一點兒自以為是；我的意思是，我可以看到你們的表情，聽到你們的聲音，感受到你們的善意，但讀者卻無此緣分，你們所說的內涵透過文字表達之後，可能跟我的臨場經驗會有相當的出入，那該怎麼辦？

阿頓：用你剛才的說法解釋一下就行了。人們會記得我們有言在先：我們會直言不諱的。我不妨趁此機會交代兩點我們「未說」的話：我們從未說，《奇蹟課程》是通往天堂的唯一途徑；我們也不曾說，我們的說法是《奇蹟課程》的唯一詮釋。我們的詮釋只提供一種了解的脈絡而已，對某一群人可能有益，但未必合乎所有人的胃口。

繼此聲明之後，不妨再叮嚀一次，我們來此純是為了幫你們節省時間。你若真想要回歸上主，我們願你在尋找絕對真理的道上愈快成就愈好。我先前曾提過一次：「**奇蹟把時間的需求降到了最低的程度。**」**15** 我們來此正是幫你了解這種奇蹟的。

日後，我們自會談到娑婆世界在聖靈眼中的目的，答覆你們心目中的生命問題。我們說過，每個人都在為自己的生活尋找意義與目的，《奇蹟課程》對這一人生問題絕不故弄玄虛。我們不妨在此先仔細看看人間的火焰，再看清它為什麼那麼吸引飛蛾吧！

白莎：我們已經解釋過了，你眼前的娑婆世界不過象徵著你自以為與上主分裂的那一念，它會以不同的形式呈現；而你下意識裡對這個分裂懷有極深的罪惡感與恐懼。等你發展出形體世界後，分裂之念總算找到機會投射出去，甚至還顯現在外面給你看。從此，你便能在外界找到罪惡的肇因以及害你不安的人，還有許多你自己想出來的讓你不能不害怕的理由。當然，其他人也跟你一樣，忙著把問題推到外面去，要你為他的不快樂負責。

了解了這一點，你便不難在世界的每一角落看到這分裂之念如何上演的，潛意識裡的內疚又是如何投射到別人身上去的。

小我設計了一群對立的人以及團體，為娑婆世界編出了整套的歷史劇，保證每個關係都會以某種方式凸顯出這一分裂主題。唯有已從夢中清醒的人，分裂之念才算正式結束了。

即使在世間的結合關係下，分裂依舊存在其間。小我為了確保分裂，營造出種種「特殊關係」。我們先前說過，在二元對立的世界中，你有了「特殊的愛」與「特殊的恨」。到了這一地步，愛成了有揀擇性的，而非無所不包的愛了，因此，那已經不是愛，只是濫竽充數的「關係」而已。

在你投胎之際，你立刻置身於某一家庭，這表示你已經跟其他家庭、階級、文化、種族、國籍撇清了關係。就從這個人生起點開始，你在許多方面都已經「與人不同」了；即使在你自己的家庭之間、家庭之內以及家庭的份子之間，都免不了某種程度的競爭。

在你家裡的特殊關係裡，不論你是親生的、領養的，或是寄養的關係，不論是好家庭或壞家庭，有愛心或沒愛心，家裡特殊關係給你的不是某種特殊的愛，就是某種受害經驗。

每個夢到這個世界來的人，必然一開始便視自己為一具身體，而且是一具「與眾不同」的身體。受害與迫害的觀念必須透過有形的層面才顯示得清楚，讓你不知不覺地把自己藏在「遺忘之牆」後面的罪與咎，轉而投射到別人或他物上去。

於是，你的秘密罪行以及隱隱的自憎心結，如今都推到外面去了。你那存心遺忘的心靈所投射出來的虛妄夢境，整個過程都被你壓抑到意識的底層。於是外人，外界事件，你自己的身體，誤導的大腦，還有看起來罪孽深重的行為，在你眼裡，一一成了恐懼之源；事無大小，皆化為天羅地網，且還層出不窮，逐漸累積成你所謂的一生。J兄在《課程》中曾用你夜裡作的夢和白天活的夢作一個對照：

外表看來，是夢中人物及他們的所作所為架構出你的夢境。殊不知他們是你打造來為自己傳

達心聲的；你一旦看清這一點，就不會怪罪他們了，夢境給你的虛幻滿足也會隨之消失。夢裡的人物一點都不曖昧。當你「好似」醒過來，夢裡的種種頓時消失得無影無蹤。但你未必意識到，自己當初作出此夢的原因並沒有隨著夢境一併消失。你想要打造一個虛幻世界的願望仍不時在心中作祟。你好似醒過來的那個世界，其實只是你夢中世界的另一翻版而已。你一生的光陰都耗在夢中。睡時的夢也好，醒時的夢也罷，不同的只是形式而已，內涵則毫無差別。[16]

葛瑞：你是說在幻境中，人們將自己壓抑下去的內疚投射到別人身上，不只是他們無法意識到自己的行徑，更麻煩的是，由於外面那些人根本就不存在，所以人們只是在自己的潛意識中，不斷地將自己的內疚「垃圾回收」，讓它更加根深柢固，小我的國度就這樣愈形鞏固了。

我想，這就是J兄為什麼會說：「你們不要論斷人，免得你們被論斷，因為你們怎樣論斷，必也怎樣被論斷。」（馬太福音7:1～2）

這話一點兒也沒錯，人們的判斷其實都在為自己的形象定罪，於是自覺罪孽深重的小我，不能不生生世世地尋求解脫；整個人生夢境就是由這個內疚以及拼命想解脫的需求打造出來的。

白莎：說得極好，老弟。別忘了，小我是挺陰險的。它在特殊的「愛的關係」與「恨的關係」中玩投射的把戲時，知道適

※自覺罪孽深重的小我，不能不生生世世地尋求解脫；整個人生夢境就是由這個內疚以及拼命想解脫的需求打造出來的。

可而止，免得你忍受不了而不肯再玩「內疚回收」的遊戲了。大部分的人都不願去看清這一真相：只要你敢正視一下，就會看見世間的愛含有許多「資格限定」在當中，你若不符合它開出的條件，那你的麻煩可大了。

阿頓：現在，我們再談談小我在維繫這個幻相世界時的另一個拿手好戲。葛瑞，你既然在影藝界混過，你說說看，魔幻大師表演魔術時，通常是用什麼手法來矇騙觀眾的眼目？

葛瑞：他在變魔術時，會把觀眾的注意力引到其他地方去。

阿頓：正是！小我是個不折不扣的魔幻大師，從你一生下來，它就給你一堆問題，引開你的注意力（請再以鼓聲表揚一下）。這些問題通常都顯得迫在眉睫，但解決的辦法永遠在世界的另一個角落，等著你去尋找。不論是牽涉到你個人的存活或是促進世界和平的高超理想，問題及解答永遠都在外面的世界或宇宙那裡。不論你們談的是外星人的問題，或是小我最愛的懸疑或奧秘，這一代人最流行一句話就是"The truth is out there"（那兒有一切的解答）。然而，真正的解答不在「那兒」，因為真正的問題不在「那兒」！

但是人們老愛往「那兒」看，毫不察覺自己被小我矇騙了。《奇蹟課程》再次一語道破小我的伎倆：

「去找，但不要找到」是小我的一貫指令。[17]

當你開始追尋時，表面看來，許多事情因著你的「追尋」而改變了，其實骨子裡什麼也沒有變，你那一團因分裂而起的罪咎，依舊安然藏身於原處。我知道，有個早上你曾具體看到自己潛意識裡罪咎的象徵，聖靈趁你熟睡時在你眼睛上動了一點手腳。

葛瑞：呀！那經驗真不可思議，那個陰影讓人難以忍受，但是它後面的光明卻有一種鼓舞的力量，使人大感振奮，我現在總算明白什麼叫做治癒了。

嗯，讓我試著綜結一下，看看我對這部課程的領受是否正確？第一個層面是《奇蹟課程》的形上理念，也就是你上回所說的那一套，牽涉到知見的問題；第二個層面，屬於身體的層面，也是你現在所談的娑婆世界，也牽涉到知見的問題。兩者之間的不同處在於：我在第二層面所經驗到的一切，乃是心靈在第一層面的集體否定和全面投射所造成的結果，形成了眼前的一個時空宇宙，而且出現在我身外。那不過是因為我不想面對內心隱藏的內疚與恐懼，更不敢憶起上主而架設起來的自衛措施而已。因為我對上主畏懼至極，想盡辦法迴避祂的臨在。問題是，這一切都被我壓抑到潛意識了，還跟它切斷了音訊。

雖然恐懼依舊存在我心裡，但是讓我害怕的具體原因，例如痛苦和死亡，如今都顯示在我外面了。事實上，我們真的可以這麼說：我心靈裡的一切內涵，如今都象徵性地顯現在我的周圍，而且具體逼真，歷歷在目。難怪《奇蹟課程》說我是失心（mindless）之人，因為我確實失去了生命的記憶。

小我讓這種世界繼續運作下去的秘訣就是譴責（不論是暗地裡或公開的）、攻擊、定罪，以及繼續投射，然後再不斷回收自己的內疚。這一手法讓我誤以為內疚已經消除了，問題已經解決了，其實我仍然緊緊抓著內疚不放，只是壓抑到潛意識裡而已，在那兒繼續惡性循環下去。

白莎：善哉善哉，老弟，你這一番綜結說得真好，我該在你額前貼一枚金色星星貼紙以示表揚。

葛瑞：對了，星星到底是五角形還是六角形？

阿頓：別鬧了，那只是我們跟宗教人士開的玩笑而已。

白莎：在此跟你透露個好消息，聖靈的寬恕能夠同時化解這兩個層次的小我，這就是所謂的救贖原則：當你寬恕眼前一切人事時，會同時化解你心靈層次的否定和投射傾向；而聖靈又能同時化解掉你心靈形上層次的否定和投射，還能把你跟整個分裂之念一併化解掉。

但是，這種寬恕需要你在經驗的層面去實踐，當然，你必須先了解《奇蹟課程》的形上理念，才可能知道自己究竟在幹什麼；不管如何，你的寬恕必須在現實生活中進行，也就是說，你必須踏踏實實地實踐，尊重別人，也尊重別人的經歷，仁慈地活出每一天。糾正別人不是你的責任，只需幫聖靈清理一下你心中的妄念，隨時轉到正念上去；其餘的，就可以交給祂了。

葛瑞：你是說，在這一層次，我若聽從小我的想法，就是妄念；我若聽從聖靈，則是正念。

白莎：對，當你思考時，必須從「你是心靈」的立場出發，而不是憑著你的大腦或「你是一具身體」在思考。《奇蹟課程》的訊息一向是針對你內在的「抉擇者」而說的，也就是在小我跟聖靈之間作抉擇的那一部分心靈。這一主題，我們會在往後幾次來訪時談到，那麼，你就不會冤枉使力，而為自己省下好幾千年「從錯誤中學習」的迂迴過程以及多生多世的輪迴。這種心態一旦變成了你的習性，你必會驚訝地發現，一切竟然這麼簡單。

我們會把寬恕分成幾個步驟來講，它們最後都能融成一個心態，並且將你導向一個結局，那就是「上主的平安」。我們已經再三強調，所有的人，包括你在內，都是純潔無罪的。如果你從未跟上主分開過，你此刻所見的一切怎麼可能是真的？如果你從未跟上主分開過，娑婆世界的一切對你的影響豈會大於它對J兄的影響？

阿頓：還有一點，你需要不斷提醒自己，小我要你不斷著眼於身外的事件，就是怕你看清了小我的那一套伎倆。《奇蹟課程》說了：你的不願面對，反倒保全了幻相的存在。[18]

我們這就扼要地看一看小我思想體系的本質，我們無意嚇你，只是讓你明白，不論它多醜陋，它不是你；你必須和聖靈一起看，才可能有這種心胸。你一與祂合作，就不會掉到自己的妄念裡，而是由你的正念去看一切；你不再是「果」，而是「因」；你也不再是個孤軍奮鬥的人間孽子，你已經回到了真正的自己，也就是你的自性。

不必懷著批判或恐懼的心去看小我，它既不是真的，就沒有什麼好怕的，它只需你的寬恕，便會消失於無形。你若真要寬恕自己，也想寬恕別人，就不能不誠實地去看自己心裡是如何利用別人的，甚至到了趕盡殺絕的地步。但其實，那並不是真正的你，只是你潛意識中某部分誤把它當成自己而已。

順便一提，你應明白，一進入了時間的幻境之中，罪=過去，咎=現在，懼=未來（不管是即刻的未來或是遙遠的未來，都毫無差別）。讓我舉個例子，當強盜用槍抵住你腦袋時，你擔心自己大概死定了，這和你此刻擔心二十年以後的退休問題，外表上，好像是全然不同的兩種擔心，骨子裡其實是同一回事；因為你害怕的真正理由是，你認為自己罪孽深重，會受到報應。然而，你若不相信小我那一套，你是不可能感到害怕的。

你也許會想，不害怕的話，豈不會降低了做事的效率，甚至會降低了你在人世的「存活率」？你不妨自問一下，你什麼時刻做事的效率最高？是你害怕之時，還是不怕之時？

你還該知道，恐懼、罪過、憤怒、內疚、嫉妒、痛苦、憂慮、不滿、報復、鄙視等種種負面的情緒，都是同一個幻覺的化身。《奇蹟課程》早在後來抄襲它的種種通靈書籍出現之前，就說得一清二楚了：

恐懼和愛是你僅有的兩種情緒。19

後來群起仿效的人們，雖然借用了不少《奇蹟課程》的觀點，卻沒有抓到它的基本精神。最常見的偏差大致有兩種。有些人試著把《課程》「俗化」，去掉宗教術語，這是行不通的，因為你若把上主的角色由書中剔除，你便錯失了「天人分裂的妄念」這個核心問題。另一類人採用書中觀點時，雖然保留了上主的角色，但在詮釋上卻落入了二元的思路，這也同樣行不通。因為二元論在本質上是不可能解決那唯一真實的問題。試問，你若相信上主不只創造了這個分立的世界，還予以認同，那又如何可能解決天人分裂的問題？這些人雖然投入畢生時間和精力去尋求解脫，結果不僅無法修正分裂，反而使分裂顯得更為嚴重。

白莎：好，我且先問一句，那個鬼鬼祟祟藏身於潛意識下的小我，它的本質究竟是什麼？

葛瑞：我一直在等你提出這個問題呢！

白莎：鬼靈精，小我的本質是恨。雖然人們看到可恨之物都在外邊（有些人還會將恨合理化，甚至美化），他們尚不明白，那不過反映出人心「自我憎恨」的事實而已，你先前也說過這點了。你們看到世上的人彼此懷恨攻擊，相互殘殺；你們同時相信，對方只要逮到機會，也一樣不會放過你們。這種仇恨心態會透過千百種不同的形式呈現於人間，它可能單純到你對政敵的不滿，也可能是公司裡找你麻煩的同事，或是對你從沒有好話可說的家人，甚至是威脅到你生命安全的任何處境。

其實，它們全是同一回事：你因為丟失了天堂而恨你自己，卻營造出一個世界，為這個恨找到種種藉口。你的內疚和不安如今都變到外面去了，而且一定會牽涉到某一個人。因為你認定，並非是你要拋棄心靈的平安，之所以如此，都是他們害的，你以為這樣就可以把內疚推到心外去了。

其實，我們都知道，除非你甘願放棄，否則沒有人能夠奪走你內心的平安。上面那種心態足以解釋今天的世界，也足以解釋無始之始天人之間恍若分裂的那一刻。問題是，你也慢慢信以為真了。

※小我的本質是恨。雖然人們看到可恨之物都在外邊，那不過反映出人心「自我憎恨」的事實。

為了解決這一問題，經過你的巧思安排，那些該為你負責的人終於一一出現了，而且就在你要他出現的地方。

葛瑞：你是說，那些找我麻煩的人……，是我把他們請來的？

白莎：一點也沒錯，是你要他們出現在那兒的，絕無例外，他們只是你的代罪羔羊而已。你若能謹記這一事實，下回，如果有你看不順眼的人來找碴，你才可能咬緊牙根，跟聖靈一起去想，而後改變自己的心態。因為是你要他們出現在那兒的，沒錯，一向如此，因為你需要如此。這樣，你才能矇騙自己，認為自己並非有罪的一方（至少不像他那麼罪惡深重），如此，你的日子才混得下去，因為真正的罪人不是你，而是外邊那些人。

只要一掉入這個迷宮裡，你就不可能看出，其實自己無需過這種日子的，因為你本來就沒有罪，整個迷宮只是一個幻覺，只是在幫你抵制另一個幻覺而已。

別忘了，你認定自己罪孽深重的念頭，埋藏之深，超乎你意料之外。你不能不加以防衛，否則，結果對小我而言簡直不堪設想——萬一真的在那兒看到了自己的罪咎，那該怎麼辦？所以你才需要營造出一個世界幫你掩飾這個恐怖的真相。小我要你相信，那內疚簡直不堪入目，面對它，會讓你痛不欲生，它還會無情地引發一連串讓你難以收拾的後遺症。最好的逃避之計，就是把它投射到外面去。

但你忘了，你送出什麼，就會收回什麼，更何況，你根本就沒有送出任何東西過。

> 你若視弟兄為一具身體，就等於視他為恐懼的象徵。他必會加以攻擊，因為他會看到自己的恐懼正站在對面，隨時伺機攻擊，叫囂著要與他復合。不要低估了恐懼必然反射出來的強烈怒火。它憤怒地嘶吼，瘋狂地張牙舞爪，想要逮住那造出它的人，將他一口吞噬。這就是你肉眼所看到的他；其實，他是上主的圓滿造化，天堂視之為珍寶，天使對他鍾愛有加。[20]

阿頓：根據《奇蹟課程》的教誨，我們知道，小我一直設法阻止你看清它的底細。

> 小我高聲命你不要往內去看，否則你會親眼照見自己的罪而遭天打雷劈，以致失明。[21]

J兄隨後提醒你，小我真正擔心的還不止這事呢！

> 你因著罪的信念而害怕往內看，這恐懼底下其實隱藏了令小我戰慄的另一種恐懼。萬一你往內看去，卻沒有看到罪，那又如何是好？小我絕不允許你冒出這種「可怕的」問題。此刻你若提出這一反問，勢必嚴重威脅到小我的整套防衛措施，它會立刻翻臉不認人。[22]

白莎：別被最後那句話嚇倒了，J兄絕無嚇唬你之意，反正小我恨死你了，就算它翻臉無情又怎樣？何況它遲早會跟你翻臉的。更怪異的是，你此刻只需體會一下，便會發現，那個恨你之物，並不在外面，而在你的裡面，且跟你形影不離。到了這一步，你既無法否認小我的陰謀，又不能再往別人身上胡亂投射，那麼，最後只剩下一條出路，就是化解掉它。

葛瑞：慢點，容我打個岔，如果我心靈的內涵（包括了自己的恨和咎）都象徵性地出現在四周，圍繞著我；而此刻的我又被困鎖在肉體內，大腦天生也只能往外看，那麼我怎會有機會往內看清真相？

阿頓：正是！這就是小我的圈套。你所有的經驗都在為幻境撐腰，證明它的真實性。你一對它下了判斷，它對你會變得益發真實，整個小我的思想體系也會一併鞏固下來了。

答覆你剛才提的問題，就等於答覆了生命的全部問題：唯一的出路就是聖靈指出的那一條路──「寬恕法則」（the law of forgiveness）。時候到了，現在是你主動向小我挑戰的時刻了。

若要寬恕心裡的一切，唯一的辦法就是寬恕它投射於身外的一切。我們下兩回會深入解釋這個有趣至極的問題……，至少，結果會是很有意思的。

讓我們再重申一下這個觀念：除非你學會寬恕眼前所見的每一事物，否則你永遠不可能真正解脫，證入自己純潔無罪的神聖本性。不寬恕，便無解脫之日。你們可能認為那些遁世避俗的人是些弱者，其實，他們大體的方向並沒有錯，只是還沒抓到正確的出離辦法而已。

※現在是你主動向小我挑戰的時刻了。若要寬恕心裡的一切，唯一的辦法就是寬恕它投射於身外的一切。

你不妨環視一下周遭，看看進入你眼底的究竟是什麼東西？不過是一連串的形象而已，那只是反映出你內心的恨與咎的一部電影罷了。雖然你也有看起來還不錯的人生片段，這仍是小我想要粉飾太平的伎倆，純屬二元論的花招。你在娑婆世界所看到的所有二元對立的現象，恰恰反映出你內在的分裂心態。於是你看到了善惡、生死、冷熱、南北、東西、內外、上下、左右、貧富、陰陽、愛恨、乾濕、男女、軟硬、遠近、消長、疾病與健康、光明與黑暗……，可謂林林總總，無窮無盡的二元現象。

這一切與上主完全扯不上關係，祂是完美的一體，從未創造出反面或負面的東西。世上所有的分別與分立，都是天人分裂之境的某種象徵而已。對立的圈套誘使你終日營營，苦心追尋別人眼中「較好」之物，無由體會出「好的與壞的其實都一樣的虛幻」這一真相，讓你的注意力始終盯著小我的把戲，永遠聽不到聖靈的答覆。

小我存心將你誘入一場永無休止的戰爭，那戰爭永遠是對外打的，還故意地把它那套罪咎和恐懼心態投射到一個無解之處，讓你的戰役陷入狼狽的纏鬥中，永遠沒完沒了。

聖靈才是最後的解答，祂與那個幻化出整個娑婆世界的小我同時並存於分裂的心靈內，你當前的任務就是停止那永遠贏不了的戰爭，轉向心內那個「抉擇能力」之所在——也就是聖靈之所在。

請記住，聖靈從來不曾活在世上的。試想一下，祂怎麼可能活在一個根本不存在的世界？祂，活在你的心裡，也是你的問題與你的解答所在之地。轉向聖靈的思想體系吧！它對你百益而無一害的。記住，我們在此所說的不是世間的輸贏，那不是《奇蹟課程》的真正旨趣（雖然它也談到如何獲得靈感、接受指引那類事情）。關於那些具體問題，我們以後還會談到的。

在人間，通常是情況最糟時，而不是情況較好時，你才會真正體驗到潛意識裡的內疚，感受到身體的痛和心裡的苦，有時還內外交攻，讓你這孤立的生命顯得愈發真實。你在世上建立的涕泣之谷，乃是出自潛意識的罪咎投射，目的就是要好好修理你。然而，《奇蹟課程》有言：活得心安理得的心是不可能受苦的；因此你唯一的出路就是聽信聖靈告訴你的真相：你在上主眼裡絕對是清白無罪的。

若非聖靈，你的處境確實是回天乏術，因為你的恨與咎會永遠深鎖在潛意識裡。你也該慶幸，聖靈絕頂聰明，小我根本不是祂的對手；你若加入祂寬恕的行列，小我也不會是你的對手的。小我早已意識到這個問題，所以隨時都在為它的存活擔憂；你若與小我認同，這份隱憂必會立刻掉在你的頭上。J兄後來與聖靈徹底認同了，如今他與聖靈也已經無二無別。

葛瑞：你們也達到這一境界了嗎？我是為我將來的讀者澄清這個問題的。

白莎：是的。但你的讀者不需要相信我們；不論他們相信與否，都能從我們這番話獲益。聖靈訊息的本身才是重點，而不是傳遞訊息的這個化身。連我們都不把自己投射出來的這具形體當真，豈會在乎別人不把它當真？

葛瑞：我們的書會不會暢銷？

白莎：別操心那類事情。不論結果如何，無需庸人自擾！你不妨這樣想：《奇蹟課程》說，來到世間的每個人或多或少都有精神妄想症，否則他們就不會認為自己真的活在這兒了；這觀點若是真的，那麼，就算你的書暢銷了，也不過表示你背後多了一群神智異常的書迷而已。

葛瑞：好啦！我只是開開玩笑而已。

白莎：不要擔心別人的反應，即使他們把你的笑話當真，不論是誰，你既不用辯護，也無需患得患失，只管把書擺出去，別人若為此書的觀點而攻擊你，寬恕一下就好了。

葛瑞：不久以前，我差點就脫口而出那個f字了。〔譯註：美國罵人的粗話〕

白莎：你現在有了一個新的f字，就是forgiveness（寬恕）。我們這次告別以後，你有五個月的時間可以好好修練「愛內沒有怨尤」這一課，但也別擱下〈學員練習手冊〉，並且繼續研讀〈正文〉。記住，一遇到挑戰，就把「沒有怨尤」這個觀點發揮出來。每個奇蹟學員都有自己最受用的幾句話或幾個觀念，好幫他憶起自己的真相，而你的關鍵句就是「愛內沒有怨尤」。

葛瑞：兩位，為什麼下次來訪要隔那麼久呢？

阿頓：我們一再強調，這絕非一蹴可成的事，下下次還要隔八個月呢！我們以前告訴過你，這類訪問會延續好多年，說得明確一點，總共要九年，最後幾次的拜訪，中間都會相隔一年。

葛瑞：九年！你們莫非把我當成了低能學童？

阿頓：絕非如此，這是你一生的路（如果你對它真正有心的話），可不是玩票性質的，你真正的轉化才剛剛開始呢！下一點功夫吧！別管時間的長短，那完全不重要。心靈是超越年歲的，因為時間只是一個幻相，你只需享受一下你在時間內的種種經驗就夠了。我可以保證，不只結果很有意思，連練習寬恕本身都會變成一件有趣的事，只是你偶爾還會有不想寬恕的時候。

隨時記得這個奇蹟理念：你無需改變任何人的心態，也無需改變世界；你唯一需要做的，只是改變你對世界的看法。打個比方吧，你不必操心世界和平的問題，促進世界和平最好的方法就是學習寬恕自己，並且與人分享這一經驗。如果有一天世人都明白了，只有活出「寬恕法則」才能獲得真正的平安，那麼，外界的平安也會不請自來。

不過，那並不是J兄《課程》的宗旨，它要改變的是你對夢境的心態。

葛瑞：提到夢境，我在練習《課程》以前，從來不曾作噩夢。然而最近的夢裡盡出現一些怪異甚至恐怖的影像，它們像是故意顯現給我看，但不知為何，我看到那些玩意兒，心裡一點都不害怕。

阿頓：你比照一下，它們像不像傳統宗教書裡描繪地獄的圖片？

葛瑞：對！有些影像還挺逼真呢！

阿頓：它們確實很恐怖，而每個人看到的影像又不盡相同。其實，書裡描繪的或夢中看到的，都是由你潛意識的罪咎浮現出來給你看的；就你的情況而言，算是一種釋放。如同藝術家一樣，他們透過畫筆表露了內心的恐懼，至於你，那些恐懼、內疚和自我憎恨已經無需隱藏了，因此呈現為某種意象。又因你操練〈練習手冊〉的寬恕已有相當時日，舊有的思想體系逐漸被寬恕、被釋放，而交託給了聖靈，你才沒有被那些恐怖意象所嚇倒。何況當時你有J兄在旁，你的「正念」知道他在你身邊，那一部分的你也知道自己在作夢，沒什麼好怕的。

當你所有不可告人的罪過和憎恨一一受到寬恕以後，覺醒之日便不遠矣。那時，不論你看到什麼，或經歷什麼，或身邊出現怎樣的人，你都知道沒什麼好怕的。每個人看到的影像有所不同，但你很清楚，即便光天化日之下，在所謂的現實世界裡，一樣會出現可怕的影像，全都是小我「恐懼—罪咎—死亡」那套思想體系的表露而已，都不是真的，故也沒什麼好怕的。影像終究只是影像，不論它出現在何時或何處。

白莎：你在噩夢裡所見到的影像，典型地表達出小我思想體系存在於潛意識內的本質。你知道，潛意識的東西遠比意識層面的可怕多了，小我就是這樣隱藏自身及其陰謀的。你在周遭所看到的一切投射，都是由潛意識幻化成的；你在娑婆世界不時看到的恐怖景象，比起它那更為恐怖的思想源頭，簡直是小巫見大巫。

由於你所看到的投射景象，基本上是一種防衛措施，因此，你可以這樣說，娑婆世界之所以能夠存在下去，是因為它跟你潛意識埋藏的東西相比，還算是可以忍受的。這個充滿了謀殺與自殺的世界，對某些人來講，確實苦不堪言，但若跟潛意識那藏污納垢的深淵相比，簡直像是在花園裡散步。

既然你已經看到過自己罪咎所呈現的象徵，你不妨描繪一下吧！

葛瑞：它會讓我立刻想到醜陋、可怕、邪惡、殘忍、折磨……這些字眼。

阿頓：形容得真好，道出了每個人潛意識的本質，只是他們毫不自覺而已。在人們把自己交託給聖靈以前，這都是潛意識的常態，它的可怕，象徵著你與上主的分裂，你冒犯了祂，上主之子自認為犯下了滔天大罪，必會遭到死亡的懲罰云云。這令人難以承受的罪咎逼他付出痛苦的代價。你眼前的世界雖然有時慘不忍睹，奇怪的是，比起人們基於內疚而認定自己必會遭受的慘烈下場，世界還算是一個不壞的出路呢！

葛瑞：對於謀殺或自殺的人來講，這怎麼可能算是一種出路，難道不會加深他們的內疚嗎？

阿頓：不！別忘了，內疚不過是人心中的一個念頭而已，世間的行為本來就不可能產生真正後果的。殺人及自殺的行為確實會造成內疚的回收和循環，甚至還有變本加厲之勢。謀殺或自殺的人通常已經把死亡當作最後的出路，害人的人其實恨的是自己，雖然他們已把恨投射到別人身上去了；殺人其實也只是一種變相的自我毀滅的行為而已。我們先前說過，你對別人的恨，骨子裡是一種自憎的表現，因此，每個罪犯冥冥中都會期待自己被捕，表示受到報應。而且，你也別忘了，即使大部分的內疚會投射到別人身上，一樣也會投射到自己虛幻的身體上，因為我們說過，身體也早已被人們視為心外之物了。

這種自憎心態會透過種種的變相方式呈現出來，例如「藉用警察的子彈自殺」的手段，人們故意向警察開槍，因為他們知道這樣一來準死無疑。這類人不論用什麼形式自殺，都是為了結束那忍無可忍的罪咎之苦；然而，事實上，他們潛意識裡的罪咎不會因為自殺而減少分毫的。

※害人的人其實恨的是自己，殺人其實也只是一種變相的自我毀滅的行為而已。

自殺只能結束這一世的生命，解決不了那未了的心結。死亡不是出路，真寬恕才是你的出路。《奇蹟課程》這樣說了：

人不是靠死亡而超脫世界的，他靠的是真理；天國為他而造，且等著他的歸來，為此，他終有一天會「知道」這一真相的。23

白莎：你該知道，不僅你不想去面對潛意識裡那可怕的罪咎，你的小我更是驚恐萬分，深怕你一旦成功了，改變了自己的心意，那麼它那獨立的個別身分就無從立足了。因此你需要具備相當堅強的意志力，一邊觀察它的運作，一邊還有勇氣承認小我的思想體系確實存於自己心內；然後允許聖靈幫你化解小我，也就是寬恕你眼前種種象徵性的人與事，兩者是同一回事。

葛瑞：你們是否會具體指導我該怎麼做？雖然有〈練習手冊〉的導引，但仍需要你們拉我一把！

阿頓：我們能夠教你的一切都已記錄在這部《課程》裡了，我們只是幫你整理出這部書的重點，方便你運用於現實生活而已。當然，我們答應過你，不會只給你一套理論，還會教你如何處理眼前的問題。

葛瑞：但願如此，因為我難免會有疑慮：要到何年何月，才能夠不再怨怪別人？不再判斷、定罪或攻擊他人？覺察自己每個負面思想，而且還要隨時寬恕？再也不聽信自己生氣的藉口？老兄，這恐怕要等到我成了聖人才有可能。

阿頓：葛瑞，你本來就是聖人，只不過還不自覺而已。至於你認為一般世人不太可能達到《奇蹟課程》的高標準，那就錯了，你自己也曾引過《奇蹟課程》那句「奇蹟是種習性」，你慢慢修下去，便能體驗下面的話一點也沒錯：

憤怒是毫無道理的事。攻擊也很難自圓其說。這是你擺脫恐懼的起點，也是完成的終點。24

為什麼這事如此重要？因為不論你在念頭上怎樣攻擊別人，或別人怎樣用言詞或行為來攻擊你，你得救的關鍵就在下面幾句話：

救恩的秘訣即在於此：你所做的一切全都是對你自己做的。不論你以何種形式發動攻擊，此言不虛。不論哪一方扮演壞人或兇手，此言不虛。不論什麼表面原因使你飽受痛苦，此言不虛。你若知道自己在作夢，自然不會跟著夢中角色起舞。你一旦認清了那原是你自己作的夢，不論夢中角色顯得何等可恨或何等兇暴，都再也影響不到你了。25

是的，只要你開始評斷夢中的角色，就等於把夢境弄假成真；不論你認定自己需要贖罪，或別人該去贖他們的罪，甚至暗中希望他們受到報應，你都掉進小我的圈套了。你一旦把罪咎當真，而且還想為它贖罪的話，你就再也難以脫身了。這是小我高明之處，它不僅不會幫你除去罪咎，反而助長了自己的聲勢。小我相信唯有攻擊才能贖回自己，只因它早已信服「攻擊即救恩」的瘋狂信念。26

它繼續說：

因此，在小我的教導下，你不可能擺脫罪咎的。因為攻擊會把罪咎弄假成真；一旦弄假成真，你就難以制服它了。27

葛瑞：你是說：不勞上主來寬恕我們，只要我願寬恕別人，不再攻擊別人，我就已經寬恕了自己。如果我還在心裡評斷別人，即使一句話也沒說，什麼事也沒做，批判的念頭，就等於攻擊；為此，我必須隨時監視自己所有的起心動念。

不論我在攻擊或寬恕，其實都是針對自己而發的，因為外面那些人並非真的存在，他們只是反映出我內在心思的某個象徵而已；同理，我也只是集體意識裡的一個象徵罷了。世界不需要上主的寬恕，人們只需寬恕眼前的有形事物，自己就已受到寬恕。

阿頓：正是，《奇蹟課程》講得再清楚不過了：

上主不用寬恕，因為祂從不定人的罪。必須先定人的罪，才有寬恕的必要。這個世界迫切需要寬恕，只因這是個充滿幻相的世界。因此，寬恕的人就等於將自己由幻覺中釋放出來；凡是不肯寬恕的人，等於自願囚禁於幻境之中。只有你能定自己的罪，所以也只有你能寬恕自己。

雖然上主不用寬恕，祂的聖愛卻是寬恕的基礎。28

雖說你不需要上主的寬恕，因為祂從未定你的罪，但你仍能隨時「上達天聽」，也就是與聖靈相通。祂會這樣對待你的罪咎：

聖靈消除罪咎的方法就是心平氣和地看清罪咎不存在的事實。29

我們往後的拜訪，還會進一步闡釋其中的深意。

白莎：目前為止，你大概還無法全面看清「真寬恕」的種種益處。沒有人要求你分分秒秒都能立刻寬恕，你大概也做不到。有時，只要寬恕兩天前或半小時以前的事情，就不錯了。世上沒有十全十美的人，尤其是這個時代，到處蔓延著「憤怒」的瘟疫，想要不捲入那個漩渦，還真不易呢！連兩千年前的J兄，有時都難免會跟身體認同，但他終究不愧是一代宗師，很快就寬恕而且超越了。至於你們，反正時間只是一種幻相，所有記憶中的、眼中所見的，與外界的種種形象，也都是同一回事，你隨時都可以寬恕過去的事件，即使有待寬恕的人早已不在人間。

葛瑞：你是說，我與父母的一些未解的過節仍有寬恕的機會，只要寬恕了我過去對他們所說的話或所做的事，對不？

白莎：一點也沒錯。你必須寬恕自己，這和你必須寬恕別人一般重要，否則，你不可能真正體驗到，身體的存在與否原來是如此無足輕重。我們說過，你的身體不會比別人的身體更真實或更重要。

說到身體，我們得提醒一下輪迴的問題，免得我們的談論會讓人把輪迴當作真實發生的事情，其實，它跟所有的事一樣，只是一場夢而已。外表看來，你投胎到一具身體內，也切身感受到自己是一具身體，但《奇蹟課程》卻告訴你，你所見的一切，都不是真的。親愛的老弟，我相信你對「人生如夢」的觀點已經不那麼陌生了。

〔註：當阿頓首次提及「娑婆世界只是一場夢」的觀點時，我拒絕接受這一說法，因為那跟我的經驗完全不符合。但阿頓與白莎都曉得，我早在一九八〇年間就讀過莎莉麥克琳的書《危險的立場》（*Out on a Limb*），她引用了《托爾斯泰書信集》（*Letters*）中發人深省的一句話，那種天問似的說法，深深觸動了我的心。我那時並不知道，諾斯替派的華倫底奴斯學派早就有此一說了：「我們在世的生命，由生到死，包括所有的夢想在內，本身不就是一場夢？我們把它當成真實的生命，從不懷疑它的真實性，只因為我們對另一個更真實的生命一無所知。」〕

✵人把輪迴當作真實發生的事情，其實，它跟所有的事一樣，只是一場夢而已。

葛瑞：這個觀點雖不陌生，我也曾有過幾次類似的體驗，只是，大多時候，我真的感覺不出自己是在作夢。

阿頓：放心，你會有愈來愈多如夢如幻的體驗的；但你如果想要經常有這類體驗而不是偶然幾次的浮光掠影，必須在寬恕上頭多下功夫。

葛瑞：你能否多講一點小我如何在世間施展計謀的話題？好讓我知道該在那個節骨眼上特別留意，因為你說過那是一種圈套，不是嗎？

阿頓：是的，小我不但認定你已經跟上主分裂了，而且還在人間一再為你重播分裂的幻相，讓你不得安寧（這樣講已經算是很客氣了）。平時，你活得好好的，突然冒出一些小事，立刻讓你心煩意亂，這不是常有的事嗎？這類狀況，無關乎事情的大小或輕重，只要能攪亂你內心的平安，即使是芝麻小事，一樣象徵著你心目中「天人分裂」的那個根本心結。

不論這事是以哪一種形式呈現，發生於何時，都會把你帶回人類原初的那一刻：你在天堂裡活得好好的，突然開始煩惱起來，首次感到自己與上主分開了，這是世界一切煩惱的源頭。在人間夢境裡，你的煩惱似乎都兜繞在你認為是自己的那一具身體上頭打轉，其實，連這種「自我認同」，基本上都出自這一分裂的妄念。

葛瑞：就像愛默生在他的〈詩人〉一文所說的：「我們都是象徵，住在象徵裡。」

阿頓：沒錯，那句話確實出自愛默生《論文集第二輯》裡的〈詩人〉那篇文章。沒想到乳臭未乾的你還挺有見識的呢！

葛瑞：多謝誇獎，我會記得把你的讚美加入我的履歷表裡。

阿頓：等我們下回來訪時，還會詳細地解釋《奇蹟課程》「只有一個問題，故也只有一個解答」的理念。讓我們再回到小我的陰謀吧！

世界上層出不窮且錯綜複雜的問題，讓你活得如坐針氈：罪惡感、挫折感、無聊、害怕、自卑、不安、生氣、孤獨，活得怨氣沖天，不是瞧人不起，就是委曲求全等等，可說都是小我千方百計的傑作，它想盡辦法激起你的情緒反彈，與它共舞。不論出現哪一種情緒，基本上都是一種「分別判斷」，只要你一作出那些判斷，就等於在為小我的世界背書，同時也鞏固了分裂的幻相及幻相中的一切。

在它的劇本裡，當然少不了「三世」的時間觀念（我們以後再談時間的問題），小我為那分裂幻境絞盡腦汁，寫出千奇百怪的劇本，確保人間的衝突永無止息之日。當然，它也不忘穿插一些美好時光，在好壞對比之下，將人生展現得更加真實。其實這樣的苦樂交替，不過是另一個二元論的把戲而已，儘管真實的你是不可分割的靈性。此刻，我們舉幾個例子讓你明白小我是如何把你帶入「分裂」的人生信念裡的。

白莎：簡而言之，就是你對眼前事物的回應和反彈，把天人分裂的經驗弄假成真了；你的人際關係以及彷彿專門為你量身訂作的人生困境，全都在顯示你弄假成真的過程。而且，那還不限於發生在你身上的事情，連你冷眼旁觀的事件也包括在內。例如：別人的人際關係問題，甚至你在電視或網路上所看到的新聞。

就以飛機失事為例，還有什麼能比這意象更貼切地象徵著人類「掉出」伊甸園的經驗（The Fall）？又如，嬰兒離開安全溫暖的母胎，硬被推到世界來，不正象徵著人類脫離上主的痛苦記憶嗎？當子彈、利刃、雷射槍、弓箭、長矛，甚至荊棘冠冕刺入人的肌膚時，肌膚會作何反應？

葛瑞：它會裂開。

白莎：地震時，那支撐著你一生夢幻的大地又會如何反應？

葛瑞：地面會裂開。

白莎：遭人遺棄的嬰兒或小孩，分裂的感覺更為慘烈，這給了孩子一輩子怨恨父母遺棄的最好理由，他們可以理直氣壯地把潛意識的罪咎投射到雙親身上，讓小我不禁手舞足蹈，竊喜不已。這類例子實在不勝枚舉，然而說來說去……

葛瑞：是的，它們全是同一回事。

白莎：即使在疾病現象上，隱藏於潛意識的攻擊念頭也會具體顯現為人體細胞的彼此吞噬，形成癌症或其他各種疑難雜症。

你一生的每個階段，童年期，學生時期……，以及過去幾十年的每一個經歷或每一種職業，在在顯示出人們「為達目的，不擇手段」的把戲。這樣的一生必然衝突頻頻，如實地象徵出人與人的分立。如果你命大的話，你的國家不會陷入最典型的衝突——戰爭中，但沒人敢做此保證。即使你活在所謂的太平盛世，從襁褓到墳墓，依然有數不清的衝突和暴力隨時等候著你。

你不僅會和立場不同的人結下「特殊的恨」的關係，你也能建立「特殊的愛」的關係；但不論是愛是恨，一定與我們的身體脫離不了關係。我們曾引用過《奇蹟課程》的說法：身體不過是罪咎之念化身為血肉，然後投射於外而形成的，好似一道血肉之牆，把心靈禁錮起來30。你想要的豈是這一種愛？

※身體不過是罪咎之念化身為血肉，然後投射於外而形成的，好似一道血肉之牆，把心靈禁錮起來。

聖靈的愛則會對你說：身體無法分開你們，透過寬恕，重新結合吧！你和弟兄姊妹才能重歸一體，重歸無限。就一般情形而言，你若決定在形體層面與某人結合，充其量，你只是順從身體的本能去做它本來該做的事情，並沒有什麼難能可貴的，只是，如今你已漸能懷著寬恕之念去愛人，聖靈必與你同在。

葛瑞：我們分道揚鑣。好了，我懂你的意思了，你是說：外面什麼人也沒有，所以最好還是轉向自己的心內。唯一返回天鄉的路，就是寬恕外在的一切，因為被你寬恕的那些「外」物，只是自己內心投射出去的象徵而已。

葛瑞，在你的人際關係裡，當你與人交惡時，會有那些特徵？

白莎：沒錯，我們還會為你詳細解釋該怎麼去做。我們已告訴過你，將來的訪問會愈來愈短，理由之一：聖靈的答覆比小我的問題單純多了。《奇蹟課程》之所以寫得這麼長，只因真理本身雖然單純而且一貫，你的小我卻不簡單，需要一步步化解才行。

葛瑞：這點我絕對認同，但我還是百思不解，人類這麼壯觀的心理劇怎麼由一個無形的觀點轉化成一個有形世界的？我是說，如果一切都有預設的藍圖，那麼宇宙間註定要發生的事情，豈不是就像鐘錶那樣準確地運作？

白莎：這問題相當複雜，有趣的是，你以鐘錶作為比喻。是的，宇宙確實像一個上緊發條的鐘錶，更確切比喻說，宇宙就像一個上緊發條的玩具。姑且用你們的太陽系作個縮圖，以所謂的「自然界的能量」為例，稍微解釋一下吧！雖然太陽系的現象不足以涵蓋宇宙整體的運作，但至少讓你領會一點小我營造幻境的本事。

能量，也可稱之為「氣」，亦是一種幻相，我們可以從氣的運作看出小我是如何把這一齣心理劇從「無形的念頭」轉為「無形卻可測量」的形式，然後再轉為「有形可見又能經驗到」的具體事物。這其實是同步發生的，但為了便於你了解，我們必須採用一種直線性的解釋方式。

打個比方吧！假如你能從月球和地球正中間的外太空回望地球，你就會看到「氣」的存在，看到整個地球裹在電磁性的「氣團」裡，那股「氣團」衝著它來，又越它而去，那是從太陽所散發出來的巨大輻射流，這股氣流變化不已，陰陽交替，設法維持某種平衡。因著太陽輻射不斷的變化，這股「氣」也隨之變化。

你若再由外太空仔細去端詳太陽，會看到許多漩渦狀的太陽氫氣海。很少人知道，這氫氣海跟地球上海洋的變動極其相似。地球上海洋的潮汐是隨著月亮的繞轉而消長的，太陽氫氣海的潮汐變遷則來自於太陽系中所有星球之間的吸力和拉力，甚至整個宇宙的影響，因為宇宙萬物都是聲息相通的。這就造成太陽氫氣海的潮汐、太陽黑子以及太陽的其他現象，左右著太陽輻射的流動方向，經由太陽風或直接由陽光，以「微粒子」的形式噴射到地球。

這變化不已的輻射流，受到整個太陽系（包括地球和月亮在內）運轉所左右，造成你們地球四周「氣」的變化，並將電磁場傳送到地球的每一寸空間。你的肉眼雖然看不見這些「氣場」，其實它們無所不在，你每天都在這些「氣場」裡行走生活。你的一切（包括你的決定以及所有的後續發展）都受它們變化的牽制。它們只是出自全然不同層次的「念」，化身為「氣」的形式，唆使活在這一層次的你如何去想。你的所作所為都是隨著你的想法而起的，有時甚至就像生理反射一般地激烈反應；而這就是你所見到的每一個有生命或看起來無生命之物背後所謂的「真相」。

再舉個例子吧！你想一想，一隻小雁子在南美洲的上空飛得好好的，怎麼會突然知道該回頭了，再飛個幾千里的路，每年都在相同的時節回到加州？

葛瑞：有些人認為這是神的傑作，有些人會說是本能或本性使然；你卻說，有個遙控器在後面主使著候鳥的遷徙？

白莎：可以這樣說，不只是鳥，你也是如此；但請注意一下，「遙控器」的「遙」字屬於相對性的字眼。我們真正要說的是，那些決定來自心靈另一個全然不同的層面，那是非時空性的。根據你的經驗，你的決定好似都是出於此地，其實不然，它不是出自人的腦袋，就像候鳥也不是靠那個「鳥腦」決定遷徙的時刻與方向的。

當我們說，你們活得像個機器人，絕不是說著玩的。你跟它唯一不同之處，就是寫程式的不是別人，因為根本沒有「別人」存在，是你自己的「預設程式」決定了你在此地的命運。你早已跟小我約法三章，這與上主毫無關係，因祂是不談條件的。

※你的決定好似都是出於此地，其實不然，它不是出自人的腦袋，就像候鳥也不是靠那個「鳥腦」決定遷徙的時刻與方向的。

寫程式的人就是你那整套小我體系，它不斷送信號到你的腦袋裡，而大腦只是一個硬體設備，它把這訊息轉告身體（即電腦主機），指使你該怎麼去作、怎麼去看及怎麼感覺。

你目前經驗到的一切，不過是電腦螢幕上呈現的景象：你活在此地、與上主分裂、又與弟兄姊妹分裂、你根據分裂之念活出你的人生、那二元分立的心念所到之處都無非是衝突。你的弟兄姊妹所做的一切，其實全是你暗中指望他們做的。《奇蹟課程》早已為你一語道破了小我的居心：你可知道，這都是你要他們為你這樣做的！31

連外太空電磁場的變化都能左右你看事情的心態。我們可以這樣說，你之所以能夠看到某個東西，不過表示它正好出現在人類視力所能接收到的電磁波的某一片斷層面而已。

葛瑞：嗄？

白莎：總而言之，你的種種決定並不是真的在此作出的；自從你同意小我的協定以後，所有的決定都出自那一層次。若要擺脱這個爛攤子，唯一之途，就是回歸你的「正念」之心，用聖靈的詮釋去看待眼前的事物，不再聽信小我的詮釋，只因它一心要把你囚禁在它的劇本裡。你在此的整個經歷不過是重播過去的錄影帶而已，只要記住這一點，必然有助於你了解生命的真相。我再問你，電腦檔案和資料是怎麼儲存下來的（包括存到磁碟片）？

葛瑞：靠電磁線紋（electromagnetic strips）？

白莎：它具有多種功能。我們初次來訪時曾提過：你們這一生存層次的種種發明，通常是在仿效心靈某一種功能。你認為此地的你充滿了自由意志，能夠決定自己經歷的事情；事實上，一切早已發生了，你只是在播放已經錄製好的錄影帶，一邊看，一邊聽，還一邊認為這全是真的，全是出於你此時此地的意願或運氣。你絲毫不知，這一切早在另一層次為你預設好了。

葛瑞：那我何苦還在世界上努力？

白莎：有兩個理由：第一，這個體系雖然已經定案了，但每一生仍能為你開啟不同的人生場景，你在每一生的夢境裡會作不同的選擇，然後領受一些不同的經驗。但你若不把聖靈的思想體系帶入生命中，便無法化解潛意識的罪咎、跳脫小我的體系。

這就有一點兒像「多重選擇的人生劇本」：你若作出不同的選擇，會為自己開啟不同的人生場景。例如：你作了某個決定，找到一個女朋友，過得很開心；但你也可能作出另一個決定，結果你們鬧翻了，讓你痛苦不堪；你甚至還可能為了在人間體驗不同的結果，而不斷重活同一世的經驗。容我再提醒你一次，它們都不會把你領到你真正想去的地方，它們存心將你困於原地，要你追求一些暫時的慰藉。

第二個理由：它道出了何以你應在「抉擇」上好好下一番功夫，為什麼你應回歸正念之心，放下小我，選擇聖靈。因為，唯有如此，你才能到達你真正想去的地方。即便在夢境裡，寬恕也能給人許多意想不到的福利，有些福利你們根本完全無法意識到。例如：有個人謀殺了他的妻子，或是另一個人謀殺了她的丈夫，結果一方死了，另一方終身監禁或被處死。如果他們懂得寬恕，而且了知沒有人是殺得死的，你想想，這一番體會，在你們這個生命層次上會產生如何的變化？

葛瑞：一切都將翻案了！但人們大概作夢也不會想到可能如此。

白莎：沒錯。那只是一個極端的例子，我想說的是，在你們有形世界裡，寬恕能夠改變上千種的人生場景。你們只是不明白寬恕遠比不寬恕能讓你們活得更像個人樣。為此，你必須信任聖靈，祂真的知道什麼對你更好。你該好好照料的，是那顆能作決定的心，千萬別低估了這事的重要性。《奇蹟課程》所要鍛鍊的正是你的「心」，把自己的心管好了，你便有能力消除身體的痛苦。這一點，我們留到日後再談。

葛瑞：你知道，有一次我開車在某處巷弄，有個傢伙緊貼著我的車屁股，他的車幾乎都快碰到我的保險桿，我惱火得很，但又不願加速擺脫他，因為巷弄裡孩子很多。就在我幾乎要豎起中指咒罵他的一刻，我想到了《奇蹟課程》，決定不作任何反應。過了幾條街以後，他就左轉到其他路上去了，麻煩就此結束。事後想起來，如果我真的豎起中指，而他手邊也正好有一把槍，那我們不就幹起來了嗎？搞不好，我已經命喪街頭了。

阿頓：沒錯！但也別忘了，那部車裡的弟兄，只是象徵你當時的心態而已，包括了你對其他生活層面的不耐或不滿，然後透過他的不耐煩而呈現出來。你跟我們一樣心裡有數，當你在做股票交易時，如果沉得住氣的話，現在已經是百萬富翁了。你和那位弟兄都把分裂當真，所以才會顯得那麼急躁煩悶，你們都抱著「愛拚才會贏」的心態，奮力前衝，好向老天證明自己是對的。

因此，你會在弟兄身上看到自己的錯誤及內疚。幸好，就這事件而言，你在心念和行動兩個層次都作了正確的決定。一般來說，只要能帶來和平結局的決定，都不會錯到哪裡去；

除非你身體遭到傷害或死亡的威脅，你當然有權反擊，或是想出更好的脫身之計。

葛瑞：我大概不該把他當成一個混球，對吧？

阿頓：沒錯，我親愛的小混球！J兄在這部《課程》中如此勸你：

你如何看他，你就會如何看自己。[32]

葛瑞：懂了！喔，差點忘了說，某些人認為星象學有時候還挺管用的，而你剛才對太陽系和氣的說法，正好解釋了那些人為何那麼相信星象學。

白莎：是的。但星象學不夠準確，我們為你解釋的那一套原則才保證精準，因為它清楚披露了小我為宇宙所制訂的因果原則。星象學、命相學或種種卜卦法，偶爾也能跟小我的劇本相呼應，但它有時準，有時也不準，因為小我劇本的一個特點就是讓它的故事後果不可預期，否則，所謂的「機率」便無從立足；有了機率的存在，小我的劇本才會不乏驚悚、懸疑以及炫人眼目的高潮。

葛瑞：這一切在系統程式裡都已設定好了？

白莎：對，小我本身爆發性的混沌本質，保證了宇宙內永遠不會有一貫不變且放諸四海皆準的「統一力場論」。應知，宇宙的形成一開始就不是源自「統一」的本質，它是建立在分裂和分立的理念上的；但雖然如此，小我仍會不時攪入一些恍如鬼斧神工的「模式」（patterns），給人一種統一的幻覺。

這就是為什麼你無需對宇宙間每一個新發現或新理論大驚小怪，即使你們找到了超弦理論（superstrings），能統合牛頓力學的層面和亞原子的層面，來解說萬有引力的運作原理，那也依然不足為訓！幻相仍是幻相。我並不是勸阻你們別做研究和分析，這固然是科學家的本分，但要試著記住：你們只是在一個預設好的夢幻劇中做研究。

葛瑞：更何況自己還是一個畸形的機器人呢！

白莎：是的，不過那只是暫時的樣子，有朝一日，只要你找回自己的抉擇能力，就不再是機器人了，那才是你宣告獨立的大日子。葛瑞，等你學會如何寬恕，到時候，自然就不再是昔日阿蒙了。

阿頓：白莎為你解釋這些宇宙現象，是為了幫你了解整個宇宙是怎樣按照一個寫好的劇本發展出來的。劇本原是「全像式的」，只是以「直線式的」方式呈現而已；就像已經拍攝好的電影，一切細節都早已寫定，包括你這一生的經歷在內，連你的肉體哪一天會死都是註定的。

你真正擁有的唯一自由即是選擇聆聽聖靈之音，回歸上主，不再與這宿命的小我體系無量劫地周旋下去，它跟上主完全扯不上任何關係。你大腦的硬體功能是無法認識上主的，是你的心在告訴腦子該做什麼。你該慶幸，整個娑婆世界和你的大腦都跟上主扯不上任何關係；你也該慶幸，你還有另一條回歸上主家園的路。

你認為這個宇宙令人嘆為觀止，那是因為這是你唯一記得的東西；你認為它巨大無比，其實它一點都不算大，你這種想法不過是凸顯你的自覺渺小而已，把自己看成一大塊拼圖中微不足道的小碎片。你像是緊抓著小小玩具不放的孩子，其實，真正的你，連整個宇宙都容納不下。

> ※你認為這個宇宙令人嘆為觀止，這種想法不過是凸顯你的自覺渺小而已，其實，真正的你，連整個宇宙都容納不下。

葛瑞：「宇宙像個上緊發條的玩具」這一說法，能否以科學方式證實？

白莎：有些可以，有些不能，因為心念是無法測量的。你只能測出磁場的變化，但無法證明究竟是什麼引起大腦裡面電流的變化，你只能記錄身體上化學與激素的結果反應。但大腦一旦接到該怎麼去做的訊息以後，一切都已淪為「果」的層次了，它的因是無法測量的。這種設定，就是要你相信身體是獨立自主的存在體。《奇蹟課程》在序言裡說得很清楚：

身體看起來好像是自發且自主的，其實它完全受制於心靈的取向。[33]

阿頓：你的身體，你的世界以及你的宇宙，這三者都是同步回應你心中的意向（也就是小我之念或分裂之念）而形成的。這種遊戲會帶給你各式各樣令人興奮的新發現，就好比「胡蘿蔔以及棍子」對驢子玩的把戲，讓你興致盎然地追逐下去。就以你們最近發現的「同步性原理」（Synchronicity）為例，那也不過是「假一體論」的另一花招，即使在幻境裡，它也一直都在那兒。你得特別留意，小我要你把這個幻覺世界想成是充滿靈性的，藉此賦予幻境一種神聖價值。

在此還需澄清一下，小我之念雖然只有一個，就像只有一個上主之子（那就是你），然而，小我之念又分裂為正念和妄念，所以你必須在兩者之間作一選擇。一切都擺在你眼前，等著你決定，究竟要以小我為師去看那一切，還是願以聖靈為師？還有一點，當我們或《奇蹟課程》提到小我時，幾乎都是指「妄念」的那一部分，而非聖靈所在的「正念」那部分。

葛瑞：現在，讓我整理一下自己的了解，我並非故意重複你們的……

阿頓：我告訴你，我們不僅不介意，還希望你多重複幾遍。唯有不斷地重複，你才可能學會這個思想體系，變成你生命中自然而然的一部分。直到有一天，你能夠全然不假思索，任運自在地活出它來，這才叫做「操練」寬恕。你必須不斷反覆地練習，直到它變成你的第二天性為止。終有一天，你會明白的。

葛瑞：我懂你的意思了。我的了解如下：小我思想體系以及它的人生劇本確實解釋了何以然有些小孩天生是殘障的；知道了那不是上主的傑作以後，我心裡稍微好受一點了。

它同時也解釋了為什麼孩子們在一起就會吵吵鬧鬧，爭奪玩具；或者，為什麼學童在學校裡老愛相互挑釁、結黨造勢、欺負弱小等等。這一切，都是想把潛意識的內疚投射到別人身上，證明別人不對，讓別人成為壞人。

在世間，人們永遠避免不了歸屬於某種族群或某一角色，以至於從生到死，不是成為迫害者，就是變成受害者。人間總有各式各樣的因素將人分別高下，讓某一群人感到優越而另一群人則一文不值。例如美與醜，健康與疾病等對立的概念，在人間早已成為天經地義的事。當我們評定美醜時，不都是憑藉這一具身體？而這些，全是出於主觀或人為的界定。由於這是人們所能知道的一切，人們也只好全盤接受。

你有披肝瀝膽、無怨無悔的「特殊的愛」，也有痛心疾首、衝突迭起的「特殊的恨」。你愛的人，你不會輕易看到他們的錯誤，就算看到了，也很容易寬恕；你憎恨的人，無論如何表現，在你眼中仍然百般不是，到頭來，你是絕不會輕易放過他們的。因此，一生中，你有各種對頭，生意上或公司裡的競爭，都脫離不了小我的模式。許多人在事業上彷彿爭雄稱霸一方，他們追逐的，其實只是一種病態的權威，充斥著彼此潛意識投射出來的內疚，只是大家都不自覺而已。最明顯的例子就是律師，他們大都能言善道，伶牙俐齒，知道如何逮到對方的把柄，然後激起陪審團潛意識裡的內疚，投射在被告身上。

在政界，最善於抹黑的人常是勝選的一方。他們讓選民相信，一切問題都是對方惹出來的，這等於是把天人分裂的普世性隱痛及苦果全都歸咎到對方身上。雙方都說：全是對方惹的禍，我們是清白的；而雙方通常都認為自己是對的。其實，雙方都不對，因為他們的所見，全是虛妄不實的。要明白，只要你一採取針鋒相對的立場，甚至，只要有一絲不容的心態，你已變成問題的一部分，而不是解答了。可以確知的，在整個過程裡，不知寬恕的人，並不明白他們的所作所為只是根據自己設計的藍圖而去反應，落入小我的陰謀還不自知。

環顧整個世間，我們一遇到問題，尚未看清真相，就大肆打壓，我們向貧窮宣戰，向癌症宣戰，向毒品宣戰，一天到晚宣戰，結果卻沒有一次是打勝的。連在運動場上，也一樣從小競爭到大，跟戰爭幾乎沒有兩樣。

只要深思一下，小我的劇本也同時解釋了，為什麼信仰宗教的人會相信犧牲受苦才能蒙受上天的青睞。基督教讓J兄為世人的罪過受苦而死，其實，犧牲是小我的花招，跟真神完全扯不上關係。我想，福音這一段話可能真的出自J兄之口：「『我喜愛憐憫，不喜愛祭祀。』你們若明白這話的意思，就不將無罪的，當作有罪了。」（馬太福音12:7）

至於「特殊的恨」，不管對象是他人或自己，人們似乎都可以找盡理由來逐一定罪；意猶未盡時，他們還會找出其他受苦的途徑，透過意外、疾病等不可勝數的方式來演出小我的悲劇。因為你既能把內疚投射到別人身上，照樣也能投射到自己身上。歸根究柢說來，一切的「恨」都是根源於「自我憎恨」。

每天，我們都能在脫口秀、新聞或各種媒體上看到類似的悲劇，不幸的是，這種投射最終都會演變成暴力，而不論是哪一種暴力，那筆帳都會算到你心裡認定的「壞人」頭上。於是我們有了種族仇恨，甚至還藉此冠冕堂皇地發動國際戰爭。在本國內，政治鬥爭最後往往淪為人身攻擊；在不同的時代裡，壁壘分明的政治歧見，居然可以釀成舉國性的血戰，美國就是其中之一例。

可以說，從天災人禍到經濟起落，從個別性到全面性的衝突對立，所象徵的，其實仍

✵我們一遇到問題，尚未看清真相，就大肆打壓，我們向貧窮宣戰，向癌症宣戰，向毒品宣戰，一天到晚宣戰，結果卻沒有一次是打勝的。

是分裂矛盾的心態，脫離不了二元對立的模式。這類例子，簡直是罄竹難書，一輩子也講不完。

阿頓：你已經足足講了半輩子了！老弟，你說的一點也沒錯！唯「真寬恕」能改變這個世界，因為世界只是集體心識或整個小我心識的象徵罷了，說得更嚴正一點，寬恕是唯一能夠真正改變世界的東西；而這還不是寬恕的目的之所在！要知道，真正獲益的，是真能寬恕的那個人。

葛瑞：我想，受寬恕者也同樣會蒙受好處吧！

阿頓：對！但那是聖靈的工作，不是你的責任。祂會確保雙方同時獲益，而你的工作只是忠實地做好自己這一部分。當你在世上做了選擇，表面上你是在這兒選擇了寬恕（我說「表面上」，因為你其實並不真的存在於此），聖靈自會將此訊息傳遍整個心靈。至於你是否能夠看到結果，並無關係，終究而言，只要你不再跟小我同謀而選擇聖靈，你會在更廣的層面上獲得治癒的。

務必記住，你大腦的軟體原本設定好要上演小我的劇本，但你一定能夠而且遲早會突破那個設定的。

葛瑞：記得〈正文〉裡說過，聖靈或J兄會幫我調整那個劇本，對不？

阿頓：是的，我們將來還會教你認識時間的真相。目前你只需記得我們說的，人間只有兩套劇本，小我與聖靈的，而奇蹟的目的之一便是幫你節省時間。只要你肯選擇寬恕，放下小我，J兄為你做了下列的保證：

當你行奇蹟時，我會配合你的需要而重新調整時間與空間的。34

他所說的，不是改變人間的時間律，而是取消你未來不再需要的那些時間，因為你已經學會自己該修的寬恕課程了。他又說：

奇蹟之所以能幫你縮減時間，在於它有摧毀時間的能力，故能為你消除某些人生劫數。然而，它必須在更廣的時間序列中成就此事。35

關於時間的問題，我們以後會再深入的。

白莎：我們現在可以開始做結論了。下次來訪時，會比較偏重「正念之心」，而不是「妄念之心」，那會有趣多了。而且我們的造訪，會愈來愈短，也愈來愈有趣，真的！

但是，也別因此輕忽了我們的來意，要明白，我們無意美化世界的本質，從而減輕J兄訊息的震撼性。《奇蹟課程》對世界的描述，跟最愛嘲諷世界的諾斯替派一樣，絕對口下不留情。我們提醒你仁慈待人，並非要你縱容小我的把戲；不要企圖改變別人，努力改變自己才是首要之務。

別忘了，你因害怕失去個人的身分和價值，一定會拼命抗拒寬恕的，而這種抗拒，有時會嚴重到讓你不敢正視小我（不論是自己的小我或世界的小我）。實在說來，你心裡怕死了潛意識隱藏的東西，為此，保持儆醒對你才會這麼重要。

你心靈底層真的埋藏了無數的恨，然而，你只需在它浮現時，認出它來，然後交到聖靈手中，如此就行了。我們會在往後的兩次拜訪談到一些具體的作法，也會給你一些實例的。

你此刻還有什麼問題？

葛瑞：有的。你既然談到宇宙的運轉狀態，是否可以順便問問你，究竟有沒有外星人存在？有的話，他們也需要學習寬恕嗎？

阿頓：從幻相的角度來講，其他星球上確實有生命的存在。有些生命還訪問過地球呢！他們也有自己的寬恕課程要修。你知道，他們並不是真的在「太空外面」——因為整個宇宙都在你的心內。你們以為他們的科技比較先進，所以靈性發展也一定高於你們。簡略回答你，未必如此。重要的是，不論他們仁慈與否，長得像不像地球上的人類，他們仍是你基督自性內的弟兄姊妹，這是你們看待他們應有的心態。

葛瑞：真酷！還有一個問題，你可知道是誰造出麥田裡的幾何圖形？有些圖形還挺複雜呢？

阿頓：當然知道，有些是騙人的，出自某些暗自痛恨自己的傻子（其實他們早已被寬恕了，但除非他們親身練習寬恕，否則無法得知這一事實）。大部分的麥田圖形都是真的，尤其是複雜的那幾幅，譬如，當中的一個圖形是用數學形式象徵出秩序和混沌的二元論，市面上不難找到那幅圖案。它和其他圖形都是潛意識層面發出的電磁氣所形成的，這又是另一種花招而已——在一堆奧秘上再增添一個有趣的奧秘，其目的，就是讓娑婆世界的

※大部分的麥田圖形都是潛意識層面發出的電磁氣所形成的，在一堆奧秘上再增添一個有趣的奧秘，其目的，就是讓娑婆世界的人繼續向「外」尋求答案。

人繼續向「外」尋求答案。這一切，其實都是潛意識的傑作。

葛瑞：好吧！再考你一題，究竟是誰殺了甘迺迪？

阿頓：你若知道答案，你肯寬恕他們嗎？這才是問題之所在。老弟，我們不是來此教你如何跟陰魂算帳的。

葛瑞：我總得試一試才甘心嘛！喔，我又想到一個自相矛盾的詞。

白莎：說說看。

葛瑞：Smart bombs。

阿頓：很好，我同意。

葛瑞：讓我想一想，還有什麼問題，對了，我在電視上又看到瑪麗安。她的第二本書上市了，好像是關於女性主義的，我在另一個有線電台上聽到她說：「這個世界需要更厲害的女人。」說真的，我蠻欣賞瑪麗安的，只是她把女性主義放到《奇蹟課程》裡，你對這事的看法如何？

白莎：只要她高興，她當然有權去教女性主義，這不是問題，但不該把它跟《奇蹟課程》混在一起。《奇蹟課程》不需要女性教師去教其他的女人：「怎麼活得更像女人？」世上不乏這類教師，我們也樂見此事。但《奇蹟課程》需要女性教師甘心去教其他女人：「她們並不是女人，因為這具女性身體並不是她們。」如果她們能毫不妥協且毫不曖昧地傳遞這個重要觀點，她們才真的算是功德無量。

阿頓：葛瑞，我必須提醒你一下，將來讀者對你的反應可能會跟對我們的反應一樣，由於看不見你的表情，聽不到你的語氣，所以感受不到你真正的心意。他們也許無法從你的話裡覺出你對女性的好感，你其實一直認為女人比男人更有智慧，不是嗎？

葛瑞：她們本來就比較有智慧嘛！暴力傾向較小，滋養能力較強，投票時也蠻有腦袋的；不像大部分的男人，都是些沒腦袋的自大狂。

白莎：你還沒那麼糟！

葛瑞：沒錯，我是世界的靈感，人間的模範，應受千秋萬世瞻仰。

阿頓：糟了，我們製造了一個怪獸！

好，順便藉機提一下，你在世的生活不久會進入一個新的階段，對自己未來的前途會愈加淡泊，而更關切心靈方面的成長。許多男人年輕時追逐身體的快感，年長之後，對性慾的興致會慢慢被其他東西取代。

葛瑞：你是說性衰退？

阿頓：不是，那叫做「成熟」。我們知道，你其實比小我防衛體系要你活出的樣子成熟多了，你也逐漸不受它的箝制了。隨著年歲的增長，你漸能擺脫賀爾蒙的影響，這也是為什麼年事稍長之人，更容易進入《奇蹟課程》的原因之一；一般來講，他們比較不那麼執著於肉體，雖然健康變成了他們關切的主題，但已不再像從前那樣身不由己了。

眾所周知的，你們的世界裡，以性慾的需求為最強。然而，肉體的快感不過是小我誘使人們重視身體的伎倆而已。我們以後還會談到「性」這個問題。

葛瑞：我需要預先準備什麼嗎？

白莎：帶寬恕來就好了。我還要指出，在這世間，不太得意的人會比飛黃騰達之人，更能獲益於《奇蹟課程》。人們眼中的天之驕子，活得豐裕富足，左右逢源，無往不利，其實，他已掉進了小我的圈套還不自覺。小我誘使他們認為世界是個值得逗留的好地方；真相是，他們不過活在小我所設計的少數幾個善業投射出來的人生而已，所以才會如此春風得意，工作輕鬆，賺錢容易，名聞利養，樣樣不缺，好像上天的寵愛集於一身似地。

葛瑞：你是指Vanna White？

〔譯註：美國電視的益智猜謎節目「幸運轉輪」之知名主持人。〕

白莎：可以這樣說。但不管如何，焉知道她下一世不會誕生在非洲，甚至活活餓死？

葛瑞：我寧可祝她生生世世都活得開心，何況我聽說她也是個追求靈性的人呢！

阿頓：看到沒有？你已經上道了，你剛才正在祝福你自己活得開心呢！不久的將來，我們會在相關主題中，一步步地教你寬恕的藝術。

在寬恕過程中，你會發現自己比往昔更為口拙詞窮；但不必擔心，反正寬恕不過是接受聖靈的治癒，與伶牙俐齒一點關係都沒有。

話說回來，這一轉變已經在你心內加速進行了，用一句《奇蹟課程》的術語：你還不算徹底地瘋狂失常（insane）。[36]

葛瑞：希望你別介意，我不打算把你這句褒詞放在我的履歷表裡。但我樂於聽到自己不是一具身體，我是自由的，不必受地球磁場磁波的控制。

阿頓：是的。還不只地球的磁場呢，宇宙處處都有自己的磁場，左右著星球上的生命，那是潛意識在幕後導演出來的戲，你所見到的現象只是它的結果而已。

葛瑞：宇宙內到處都是受操控的機器人，自己卻毫不自覺，只因他們認定自己確實是這一具身體。

阿頓：當然囉。再打個比方，你可以說在任何一個太陽上，不論它位在何處，都有太陽黑子及太陽黑子群（sunspot clusters），它們都是因為磁場一時的變異而匯集在太陽表層熱度較低之處。這些太陽黑子又會引發巨大的爆炸和火焰，衝向太陽的外緣氣層，並向那一太陽系裡的星球和空間放射出電性化的氣霧之雲。可以說，整個宇宙都是如此運作的，它操控著宇宙內的一切思想和行動。人類科學家總想分別為每一現象找出個別的原因，給人灌輸一種錯覺，好像自己跟所謂的宇宙能量場是兩回事，跟整個心靈也互不相干似的。其實，人類一直都受到集體心識的控制，而那個「妄心」就這樣將無形之念具體化為有形可見的景象了。

葛瑞：你既然提到幕後導演出來的結局——所謂的業力福報這類事情，那些正在享受「頂級福報」的人，活得得意洋洋而睥睨天下，他們會不會因此而自覺高人一等，不再屬於我們這一群「罪人」了？

阿頓：確有可能如此，但也無需怪罪他們。由於眼前一時的福報，他們志得意滿，認為自己頗具慧根，不愧蒙受上天的青睞；甚至還目空一切，不可一世，認定自己理所當然地優於旁人。這種想法，實在危險至極，即使這種優越感深藏不露，一樣是在投射潛意識裡的內疚。反之，在這一世不甚得志的人，常會為自己的表現欠佳而深感愧疚。請記住，不論你投射在自己身上或別人身上，都是同一個內疚。究竟說來，人們在不同世裡都會不斷地互換角色的。

葛瑞：這仍是人們逃避自己潛意識罪咎的另一種把戲？

阿頓：正是如此。要知道，隱藏在潛意識裡的罪咎遠比表面看到或感覺到的可怕多了，也刺心多了。

葛瑞：為什麼？

阿頓：因為只要你仍活在潛意識裡，罪咎就像是陰魂不散的鄰居。可還記得，當初就是為了擺脫它而投射出整個宇宙的——你先是逃避自己的內疚，後來被扭曲為對上主的恐懼，此刻又呈現為你眼前的芸芸眾生；這一切都是你心裡隱藏的分裂妄念以及潛意識裡的罪咎所投射出來的象徵世界。你寧願充當世界的受害者，也不願承認自己是一切的始作俑者，讓世界和他人成為你所有問題的罪魁禍首。即使感到內疚，你仍堅持那不是你的錯，不應把帳算在你頭上。說穿了，你永遠都能從外面找到藉口的。懂了嗎？

葛瑞：大概懂了！只是此刻可能還不想要真懂吧！

阿頓：沒關係，我們這回逗留得夠久了，下次造訪不會這麼長的，我們說過，真理比小我簡單多了。何況，你的抗拒心態也沒有什麼與眾不同之處。但如同我們一再強調的，這些觀念，我們不能不苦口婆心，再三重複，你才可能慢慢聽進去。大致來講，你表現得不錯了。《奇蹟課程》也說過，你不必活得像機器人一樣，因為你還有一顆「心」，而它，大有改變的餘地呢。即使自然界的能量牽制著你，電磁場氣指使你這樣做，地心引力拉著你往這頭跑，神秘暗能量扯著你往那頭竄，同時促成了宇宙不斷的擴張，千百種力和能運作在一起，追根究柢，不過是為了掩飾心靈內的二元對立之舞罷了。

要知道，不論外在發生什麼事，你都能夠跳出小我的把戲；請記住，你只有兩種選擇，然後寬恕小我的種種妄念就行了。其實，就在你聆聽我們的講解之際，「真寬恕」已經在你身上作工了，因為自那一刻起，你看世界的眼光已經有所不同了。

在此，我還要強調一個重要的觀念，你仍然認為自己有上千個問題有待解決，《奇蹟課程》卻說，你只有一個問題，就是自以為和上主分裂的那個錯覺妄念[37]。我們下次來訪時，會解釋那問題的唯一真實解答，也就是聖靈的答覆。過後，我們再教你如何用它來化解小我。

白莎：過去兩千六百年來，許多智者（以佛教徒居多）先後說過這類話：「人生有三大奧秘：對魚來講，是水；對鳥來講，是空氣；對人來講，就是自己。」了解嗎？這跟我們所說「外面什麼人也沒有」，意義是相通的。我們相信，不久之後，你就會開始這樣地活、這樣地體驗了。

葛瑞：我以前也常聽人說：「外面沒有任何人。」若果真如此，我又該如何面對歷歷在目的一切？從來沒有人給我一個滿意的答覆。但不管怎樣，你們走後，如果世界的紛紛擾擾再度現前，或社會的弱肉強食到處橫流，或者發現自己就是活生生地漂浮在食物鏈之中……，那些時候，我會試著記得，它們的出現，純粹是我自己的投射而已。

我猜，《奇蹟課程》談到意象或形象時，它是指所有的覺知對象，包括了記憶、視野、聲音、觀想等。即使是盲人，心中也有意象，它們與常人所見的形象同樣的真實，也同樣的虛幻，全是早已錄製好的影片而已。說到這裡，只要我記得，我會試著把「愛內沒有怨尤」這個觀念運用在生活中的。我知道自己目前還無法做到言行一致，但我會朝此方向努力的。

白莎：好極了。真是有慧根的學生。只是別輕忽了，小我是真正的罪魁禍首，所以它會想盡辦法讓你認為上主才是罪魁禍首，要你對祂「敬」而遠之。小我維繫自身存在的秘訣，就是將你攪入眼前的人生戲劇裡，只要你一作出反應，它便在你心中顯得格外真實。小我需要的是衝突，而你的任何負面反應便是衝突，就是這類批判，讓小我的那一套想法愈加活躍起來的。然而，你的寬恕卻有釋放它的能力，所以，你得警覺一點。

「寬恕」一詞，根據它原文的字根，fore-give，意味著「事先給出去」，也就是說，事物的情狀未明之前，你在心中已經先予寬恕了。剛開始時，你也許會覺得這種說法要求過高，但我敢保證，總有一天，不論小我丟給你什麼花招，你都能一笑置之，就像J兄一樣，後來，我們也做到了。總有一天，你也會準備好，願意活得跟我們一樣，丟棄小我的劇本，充當人間的

※「寬恕」一詞，根據它原文的字根，fore-give，意味著「事先給出去」，也就是說，事物的情狀未明之前，你在心中已經先予寬恕了。

光明，引導其他人走出夢境的。

葛瑞：聽來不錯。我想我該開始認真寫這本書了，我保證每天工作幾百分鐘，中間也休息個幾百次。

白莎：沒問題，我們無意改變你的生活形態，未來的一切非常看好，但怎麼個好法，現在不便先行透露。

葛瑞：我又想起了一事。你們既然免不了再三重複某些重點，我在書中也需要照樣重複嗎？編輯時，是否要刪除重複的部分，否則讀者還會以為你們婆婆媽媽，喋喋不休而不自覺呢！

阿頓：的確，這些對話有勞你費心編輯一下，大致上，總得讓人讀得下去才行。但是，重點複習是我們特有的教學方式，因為靈性觀念光是讀一次或聽一次是絕對不夠的。我們有言在先，凡有必要，我們會不斷重複，直到你聽進去為止。

葛瑞：好吧！我但求盡力就是了。

白莎：我們知道你會的。別忘了，你正活在歷史的一個關鍵時刻，這是你奉獻的大好機會。我的福音以及其他幾部福音一直等到一九四五年才有機會重現於世，隨後又有〈死海卷軸〉的出土，在那以前的一千六百年間，教會嚴禁任何人質疑聖經和教會神學。這種情形，一直到一九六〇年才開始轉變。第二次梵諦岡大公會議扭轉了教會一貫壓制理性反省的宗教政策，以前連質疑教會對J兄的身分界定都會被打成異端呢！一九六五年的教會通諭〈現代世界中的教會〉，可說是扭轉歷史的重要文件，從此，人們終於能夠自由地探討神學、聖經、耶穌的本質以及教會在世界中的地位這些問題了。這份通諭不僅允許信徒誠實地研討以及理性分析，甚至鼓勵學者們深入調查一切真相。我告訴你，J兄選了這一年開始向海倫秘傳《奇蹟課程》，絕不是偶然的。

阿頓：你以為《奇蹟課程》屬於新時代運動的一部分？不是的，切莫如此界定它。當然，一個時代裡，多一些準備接受新觀念的開放心靈，固然是個可喜現象，但千萬不要因此而輕忽了《奇蹟課程》的獨特訊息，因為它說出了J兄真正想向人類說的話。

千萬記住，《奇蹟課程》是他給人類的唯一課程。自從這部《課程》問世以後，陸續出現不少通靈資料，都宣稱來自J兄，其實他們所教導的，和《奇蹟課程》的精神有很大的出入。試問一下，J兄怎麼可能說出自相矛盾的話？我不是要你藐視任何人，更不表示我們對意見相左的人存心排斥，我們之所以告訴你這些話，純粹為了幫你澄清觀念。

白莎：以後的幾個月裡，切忌一個人閉門造車，多跟人們交往，好好認識他們，必要時，就學習寬恕他們，把那些機會當作修行的增上緣吧！幻相必須在它們出現以及你所經歷到的那一層次予以寬恕，意思是說，你該活得像常人一樣。別忘了，當初這部《課程》沒有傳給深山絕壁上的隱士，卻在世間最複雜最混亂的紐約市傳出來，不難看出作者的用心。

阿頓：下次再來時，我們會談到你的神聖助緣，祂在永恆中一直與你同在，但你到現在才準備好聆聽祂的話。你終於知道，聖靈之音會引領你回家的。最初祂彷彿在夢中向你悄悄說話，直到你熟練寬恕之後，祂的聲音才會愈來愈清晰響亮。祂會以種種方式向你顯示，我們的書即是一例。至於我們解說的風格好像有失莊重，這純粹是為了教學上的權巧方便。我們在上主和靈性前面永遠都是莊重的。聲明在先，免得你為此耗費無謂的心思。

我們走後，你要特別留意，寬恕別人時，千萬別陷入了「小我型」的寬恕，那種寬恕，世間非常流行，成效卻不彰。《奇蹟課程》說：

> 小我也會應你的要求而給你一套寬恕計畫，只是你找錯了老師。小我的計畫必然不可理喻，自然也不會有任何成效。聽從它的計畫，只會將你導入絕路，這一向是小我請君入甕的把戲。小我的策略是先讓你看清錯誤，然後要你假裝視而不見。問題是，你既已把錯誤當真了，還漠視得了它嗎？你既然已對錯誤秋毫畢察，而且弄假成真，你是**不可能**視而不見的。[38]

你的弟兄姊妹，包括父母在內，並沒有真正做出你認為他們做了的事情，認清這一事實，才是寬恕的關鍵。

白莎：離開以前，我們再留給你一段《奇蹟課程》的話，當你想要批判別人時，最好記起它來：不論你在街上開車，與人共事，閒話家常，看電視，或瀏覽網路資訊時，你一感到心裡冒出批判的衝動，記住〈正文〉裡這一段話：

> 好好地學吧！它會加速幸福的來臨，為你省下難以估計的時間。你對弟兄所懷的怨恨絕不是針對他的罪，而是你自己的罪。不論他的罪以什麼形式呈現，只是為了掩飾一個事實，就是你心知肚明那其實都是你自己的罪過，因此「理當」迎頭痛擊。[39]

務必記住，你只可能批判自己，所以，你也只可能寬恕自己。我們祝你一切順利，過些時日，我們一定還會再度作「不速之客」的。

語音未歇，他們的形體驀地在我眼前消失了，然而這一次，我卻絲毫沒有落單的感覺。

下篇

覺 醒

6 聖靈的另一途徑

小我按照自己的認知方式營造它的世界，聖靈則知道如何重新詮釋小我妄造的一切，世界在祂眼中，都成了領你回家的教學工具。1

隨後數月，每當想起白莎與阿頓的五次拜訪，一邊感到振奮，一邊又有頓失所據之感。多年來，我接觸過不少心靈課程或勵志課程，都是為了改善生活，如今我所學到的這一套思想體系，它的用意不在於改善生活，而要把我從自認為是「我的生活」的夢境中喚醒，這可說是我前所未有的經驗。但也奇妙，眼前這一套訓練，可能因為它不強調克服衝突的能力，而是直接引導我進入平安，無形之中便已提昇了我生活的品質。

當我開始反省自己的習性，不得不承認，判斷別人幾乎成了我的第二天性。我慢慢察覺自己的毛病，試著不與它認同，也試著不再受制於自己的怨尤。這離寬恕境界雖然還有一大段距離，但至少，我比較清楚自己的小我模式了。

我也看出了自己在與阿頓白莎對談時，為了掩飾內在的羞怯而故表狂傲；其實，我通常還不至於這麼口無遮攔的。我猜阿頓與白莎大概想讓我自在一點，因此也用類似的口吻來跟我互動，我猜，只要我能改變說話的語氣，他們的回應也會有所不同的。

隨著〈學員練習手冊〉的操練，我愈來愈知道如何選擇正念，以聖靈的眼光去思考事情，而不再選擇妄念中的小我。結果，白天倒經歷過幾次光明喜悅之境，晚間卻常噩夢連連，我簡直不敢相信自己潛意識中竟有那麼醜陋的意象！我想，其他人未必會經歷到這類夢魘，它們只反映出隱藏在小我深處的醜陋形象，如今一一在我夢裡出現，等待著我的寬恕與釋放，我才能回歸於聖靈的平安。

我常提醒自己，我的念頭並非在這一層次想出來的，這種認知卻又讓我產生進退失據、動輒得咎之感。我明白，是我的心不斷在提示大腦該如何看、如何聽、如何做、如何感覺；而我的大腦不過是被設定的硬體，負責操作我的身體，為我演出一部所謂「葛瑞的一生」的電影。

心，有如寫程式的人，透過大腦和身體來告訴我這是什麼經驗，該如何反應，而我像是受操縱的機器人，只能聽命行事而已。在它的設定之下，我真的認為自己此時此地在作這些決定。這跟電腦的程式設定沒有兩樣，它能指示一個虛擬人物在虛無之境進行一連串的行動。負責設計程式的「心」，也是這樣指使我如何在虛擬的世界中去經驗。這一切終究是為了讓我相信「我確實就是這一具身體」。

這一具身體偶爾還能自得其樂，但多半時候，它總覺得缺少了什麼似地，有時是物質上的，有時是心理上的，這種匱乏感其實是來自它與生命根源的分裂。而且，所有的問題，反映在這一副肉眼中，都成了外來的問題，在虛幻的娑婆世界中進行著。其實，它們所演出的，正是自己當初為了逃避「分裂之因」而壓抑在潛意識下的罪咎。

我逐漸明白了，一直在背後操縱我言行舉止的潛意識心態，在我們的眼中都轉變為外在的問題；其實，那個依據小我思想體系而發號施令的「心」一直都在我內，不在我外。以此推之，整個宇宙都可說是在我心內，而不在心外了；只要我能鼓起勇氣去看這一真相，連天堂都在這裡。事實上，也只有它真正存在，其他的「地方」全是我想要取代天堂而造出的幻境，故意把它夾在天堂與我的中間，逃避我心裡暗暗相信自己會受到的天譴。

我跟其他人沒有兩樣，終日為自己想像中的不善或罪咎而懲罰自己，其實，在這一刻，上主正殷殷盼望著我回家。只要我願接受聖靈的治癒，準備好接受生命的真相，我們便能永恆地慶祝生命。對此，我以前可說是一無所知。

明白了其中的道理，讓我愈發讚嘆「心」的偉大。我知道，營造出幻境的種種決定都是出自潛意識，隨後才以相稱的象徵現身於虛妄的娑婆世界中：最先是分裂的選擇以及隨之出現的內疚；整個娑婆世界都是按照這個內疚量身打造出來的。世間的紛紜萬象在每個人的夢中以及肉眼下顯得如此真實，若無相當的修持，還真難寬恕心目中認為是千真萬確的事情，更別談接受聖靈的思維方式了。

這一套靈修課程可說是大幅度改變了我對周遭人際關係的看法，例如我那些親戚，評論起人來可真是嘴下不留情，如今雖然積習難改，但我卻已了解，他們的反應不過反射出我自己心裡是如何看那些問題人物或人生挑戰的；我也看到了自己是怎樣為自己的「罪過」去定親戚的罪，其實，他們的言行不過是小我想要混淆我眼目的幻影而已。此後，我愈來愈容易寬恕別人和自己了。

連以前跟我做股票交易的那些營業員，我的心態都改變了。雖然也有不少盡職又專業的股票營業員，但不少營業員把客戶視為愛找麻煩的對頭，口氣往往粗魯而自大，有時甚至對客戶的損失抱著幸災樂禍的心理。如今，我比較能把他們的敵意視為小我思想體系的象徵，為我在人間演出這一齣戲，等著我去寬恕而非報復。透過他們，我潛意識的陰暗面才有機會獲得寬恕，接受聖靈的治癒。我發覺自己變得祥和多了，不再輕易為別人的不當言行而深以為忤。

我知道，在靈修道上我實在需要上天拉我一把，我才寬恕得了已被我當真的事情，因為小我設計出這一堆事件，就是存心挑釁我的。J兄是我最常求助的對象，當然，我也可以向自己最感激的阿頓及白莎求助，或者向他們的前身達太以及多瑪斯祈求，我也可以跟多數奇蹟學員那樣加強自己與聖靈的連線——《奇蹟課程》特意稱祂為上主的代言人（the Voice for God），而不稱祂為上主之聲（the Voice of God），其中大有深意**2**。只因我與J兄淵源深厚，故我選擇加深與他的關係，我相信白莎與阿頓所說的，當我握住J兄之手的那一刻，分裂便中止了。

當然，我若握住聖靈之「手」，也會有同樣的結果，他們全是上主的一種象徵。每個人都有自己的「有緣人」，只要他能透過這個象徵而與上主結合，便足以彌合分裂。在J兄的課程裡，上主不是遙遠的一個概念，祂近在咫尺，聖靈所要傳授的，正是這種屬靈的經驗，也是J兄所活出的境界；〈學員練習手冊〉第一五六課將此觀念表達得極其傳神：

我與上主同行於完美神聖之境

今天的觀念只是闡明一個使罪念無從孳生的單純真理。它保證罪咎沒有存在的理由；罪咎既無存在之因，故不可能存在。這一課重申了〈正文〉再三強調的一個基本觀念：觀念離不開它的源頭。若真如此，你怎麼可能與上主分離？你怎麼可能踽踽獨行於世間，與你的生命之源分道揚鑣？3

這正是聖靈反覆重申的「救贖原則」。我那兩位老師也一再引用過《奇蹟課程》的話：分裂不曾發生過。但我知道，還不只如此，我相信阿頓和白莎所說的「真寬恕乃是回家之路」絕非虛言。要不然，J兄當初怎麼可能寬恕置他於死地之人！我繼續老實地操練〈練習手冊〉，一心等著阿頓與白莎為我進一步解釋「真寬恕」的道理。

我也不時提醒自己「愛內沒有怨尤」，這句話最能幫我即時切斷我對人的批判習性。我一再坦誠自問，我若是真愛，愛內又沒有怨尤，那我怎能抱怨自己的處境或批判弟兄姊妹？漸漸地，我的心態確實有了轉變。

例如：凱倫與我的個性有點兒像水和油，當我需要安靜思考時，她卻想講話，而且每每說個不停，我多次向她表白，我工作時需要專心，她卻當作耳邊風，逼得我不能不把奇蹟原則運用出來。

我記起來了，當初是我要結婚的，所以我絕不是受害者，她對我的請求充耳不聞，不過顯示出某種昏昧或逃避的心態，這不正象徵著自己在許多事上的逃避心態嗎？

一晚，我正準備工作，凱倫又開始滔滔不絕，這回我終於記得把「愛內沒有怨尤」的觀念應用在她身上了，突然之間，我經驗到某種非比尋常的感受，我並沒有試著如何努力去愛她，而只是經驗到「我就是愛」！在那一剎那，我真的看出，這只是給我自己一個選擇的機會——自己究竟要活成怎樣的人。

我決定以聖靈無條件的愛去對待凱倫，此後，我開始用她不在家或入睡後的時間來做事，這樣，我既能耐心聆聽，又不致耽誤工作。

十二月二十一日，是阿頓與白莎首次現身的一週年，他們第六次出現於我家客廳。

葛瑞：我料到你們今天會來，今天是我們的週年慶。

白莎：所以我們選在這一天來訪，日期雖不重要，但我們知道你期盼著這一天的到來。

葛瑞：嘿！雖然我在日曆上做了記號，並不表示我期盼著這一天……。抱歉，我又在強詞奪理了。

阿頓：老弟，別期待自己馬上就有一百八十度的轉變，否則你會精神崩潰的。

白莎：儘管強詞奪理吧，那樣我們才有機會幫你加速成長。我們先前跟你講的那一切只能算是「前奏曲」，幫你準備日後的登堂入室，那些談論的方式也不過想要引起你的專注罷了。如今，新生訓練的日子已過，你該長大了。

所謂與J兄或聖靈同行，就是以他們的心態去思考。我們這回要為你講解一下他們的思考模式，讓我們把聖靈的思維與小我那不堪一擊的想法做個對比吧！這樣會有助於你的了解。

阿頓：小我相信對立之物，例如苦與樂；聖靈卻說，對立根本不存在，例如：真實的喜悅是沒有反面的。《奇蹟課程》說：

你如何在一個沒有喜樂的地方尋得喜樂？除非你明白自己不是真的活在那兒。[4]

小我追求的乃是複雜性；聖靈的真理卻單純無比，然而，要你接受它的單純還真不容易呢！

小我告訴你，你與眾不同；聖靈卻說，真相是：所有的人完全一樣，你必須有此體驗，才算具備了祂的眼光。《奇蹟課程》告訴你：

小我的投射與聖靈的推恩，兩者的區別其實非常單純。小我為了排斥而投射，它想要湮沒真相。聖靈則是為了推恩，也就是在每個心靈內認出自己，因此所有心靈在祂眼中全是同一個生命。在這種知見中，是不可能產生衝突的，因為世間萬物在聖靈眼中完全相同。不論祂向何處看去，都只會看到自己；由於祂的生命是一體不分的，故祂只可能給人一個完整無缺的天國。這是上主託付給聖靈的唯一訊息，祂必須為此發言，因為那是祂之所以為祂的天性。上主的平安就在這一訊息內，上主的平安也在你內。天國偉大的平安永遠在你心中照耀，但

> 它必須照射出去，你才可能意識到它的存在。[5]

那是上主在天堂給你的訊息，而聖靈則是那訊息存留於你心底的記憶。如今，你若想記起自己的真實面目，必須將聖靈的訊息分享給你眼前所遇到的人。

小我說，你已經一敗塗地，而這悲慘命運已成了你這一生的經歷；聖靈則說，在實相中根本沒有「失落」這一回事，而且上主的兒女是不可能失落的。〈學員練習手冊〉有言：

> 寬恕所有與你的圓滿、一體及平安之真相相反的念頭吧！你不可能失去天父的恩賜的。[6]

隨後又說了：

> 在上主的計畫內，你只會領受恩典，絕不可能失落、犧牲或死亡的。[7]

小我告訴你，人人都是有罪之身，因為它暗地裡認定你也一樣有罪。它會用憤怒或咄咄逼人甚至揶揄取笑的方式來遮掩自己的內疚。在你心目中，只有動物或嬰兒才是純潔的，其實這只是你的設定，你只願在他們身上去看自以為失落了的純真。小我必須把純潔無罪的觀念寄託在身外某處；聖靈卻說，人人都是全然無罪的，因為祂深知你是全然無罪的。只有你會譴責自己：

> 自我譴責的人必會定他人的罪。[8]

你一直在控訴自己，為自己定罪，現在，不妨跟著《奇蹟課程》的描述，把聖靈想成高等法院：

你不用怕高等法院會判你的罪。它必會駁回所有對你的控訴。沒有任何控訴上主兒女的案件能夠得逞，凡是挺身證明上主的造化有罪者，等於誣告上主本人。歡欣地把自己心中所有的信念都向上主的高等法院申冤吧！它會代上主發言的，它的審判必然真實不虛。不論你如何謹慎地為自己具狀，它都會駁回所有對你的控訴。不論這些案件看起來多麼證據確鑿，也無法在上主跟前站得住腳。聖靈不會聽信它那一套的，祂只可能為真理作證。祂的判決必然不出「天國非你莫屬」的結論，因為聖靈來到世上的任務，就是為了提醒你這一真相。9

小我又設法讓你相信你這一生的經歷真實無比，而聖靈的看法只有一句話：它根本不曾發生過。

小我最樂見的，莫過於你堅信外面有一個世界，在你出生以前便存在，等你由世上消失以後，它仍存在。聖靈在〈練習手冊〉中的答覆，落在小我的耳中，可能顯得荒謬至極：世界根本就不存在！這是本課程一直想要傳達的中心思想。這觀念不是每一個人都能即刻接受的，他在真理道上肯接受多少指引，他就會進步多少。他仍會不時後退幾步，而後再向前推進幾步，有時還會退轉好一陣子，才會再度回心轉意。

凡是準備好認清世界並不存在，而且當下便能接受這一課程的人，便會獲得治癒的恩典。他們的心靈一旦準備好了，這一課程便會以他們所能了解及領悟的形式出現。10

葛瑞：我真希望別人也能聽到你朗誦《奇蹟課程》的韻味。

你說的沒錯，《課程》的某些說法，對小我而言，確實荒謬無比。《課程》好似告訴我，如果有人對我大發雷霆，我看到的並不是真實的人，他只是我內在憤怒的一個象徵，顯示在外邊讓我看到而已。所以，我在外界甚至電視上所看到的人物，其實都在反映我內心的憤怒與瘋狂而已。聽起來，真是難以置信；但若放到你前面解說的那一套世界觀裡，又顯得很有道理。

阿頓：正是！小我會說，你在外面看到的憤怒之人，威脅到你身家的安危，你不能不去對付他；聖靈則把這憤怒之人看成一個求助的受苦心靈，我們先前引用過這一句話：「你只有兩種情感：愛與恐懼。」「世上的一切，在聖靈的眼中，不是「愛的流露」就是「向愛求助」」。11

假如有人向你表達愛心，你該如何回應才算合情合理？

葛瑞：當然是以愛還愛。

阿頓：說得好，葛瑞，你的高中文憑總算沒有白拿。假如有人向愛求助，怎樣的答覆才算合情合理？

葛瑞：當然是答之以愛，我懂你的意思了，你少套我的話！

在聖靈的思想體系裡，不論面臨何種處境，愛永遠都是最合情合理的答覆。你若能與聖靈同心同意，愛便成了你一貫的心態。

> ※世上的一切，在聖靈的眼中，不是「愛的流露」就是「向愛求助」。

阿頓：說得好，讓我跟你做個愛的協定，日後，你不再耍小聰明，我也就不玩這一套。被耍的那一方會覺得很無趣，對不？

葛瑞：我懂你的意思，好吧！我會盡量避免如此，我慢慢懂得你所說的「愛是相互呼應的」了。

白莎：很好！《奇蹟課程》說了，世界根本不存在，那麼外在真的並沒有比你聰明或比你優秀的人，也沒有比你更富有或更有名氣，或性生活更美好的人；沒有人會在你後面討債，也沒有一個世界等你去征服。就像你們喜歡玩的 King of the Mountain 遊戲，每個人都設法把別人由山頂推下去，那不過象徵著小我一直想要征服上主的野心。

外界並沒有任何問題或威脅傷害得了真實的你，它們不過是個夢而已。你是可能擁有心靈平安而且一無所懼的，只要你敢相信上述的真理。J兄在〈正文〉中這樣問你：

如果你認清了這世界只是一個錯覺妄想，你會如何？如果你終於了解這世界是你自己一手打造的，你會如何？如果你真正明白了，在世上來來去去的那些會犯罪、死亡、攻擊、謀害，最後一死了之的芸芸眾生，都不是真的，你又將如何？12

聖靈知道你所看到的種種形象，只是一些影像而已，此外無他；你若以聖靈為師，便能透過祂的寬恕力量慢慢體會這一事實。等你開始與祂結合，以祂的方式思考，寬恕便成了你的力量。

阿頓：小我說：你是一具身體；聖靈說：你不是一具身體，也不是一個個體，你根本不是人，你跟祂一模一樣。小我說：你的想法十分重要；聖靈知道，只有你與上主一起想出的念頭才是真實的，其餘的，皆無足輕重。在天堂裡，你根本無需思考，因你就在上主的聖念中。《奇蹟課程》認為，在人世間，只有你跟聖靈一起想出來的，才算你真正的想法。甚至可以這樣說，在世上，聖靈乃是唯一的真理，你不妨去複習一下〈練習手冊〉第三十五課與四十五課。

小我要求犧牲；聖靈卻說沒有犧牲的必要；我們下回來訪時，還會談到十字架與復活的真正意義。

小我說：上主所給的，上主也會索回；聖靈明知上主只可能給予，從不索回任何東西。

小我戰戰兢兢地強調死亡的真實性；聖靈卻說沒有人會死，人不可能真的死亡。

小我喜歡分別善惡好壞；聖靈卻說無善無惡，反正都不是真的！物質世界中的萬物基於它虛幻的本質，全都同樣的不真實。

> ❈小我喜歡分別善惡好壞；聖靈卻說無善無惡，反正都不是真的！

小我的全部注意力都放在具體且相異的個別性上，它的愛與恨也總是指向特殊的個體；然而在聖靈眼中，每個人毫無差異，亦非實體。有如J兄之愛，既沒有特定對象，又能涵容一切。

小我說起話來一向頭頭是道，令你不能不信以為真，其實它那一套冠冕堂皇的言論都是為自己利益而發的。聖靈的態度則老神在在，相信你遲早會回心轉意、臣服於寬恕及心靈的法則、與祂一起返鄉的。《奇蹟課程》說了，只要你在現實生活裡肯真心寬恕，安返天鄉乃是你必然的結局：

> **救恩說到究竟，不過是指心靈恢復了正見而已，它尚未達到聖靈的一體心境，卻是回歸一體心境的必備功夫。正見能將心靈自動導向下一階段，由於正見不含任何攻擊性，使得妄見毫無立足之地。一旦放下判斷之心，小我便無以為繼，自然銷聲匿跡。於是心靈只剩下一個去處。心靈會亦步亦趨地跟隨它所依附的思想體系前進。**[13]

白莎：小我最喜歡看到你為過去的事件懊惱不已，「如果當初我這樣，而不那樣……」，「早知如此……」，所有這些都是小我最熱中的想法，因為你一旦陷入那類思維，不只會把過去變得更真實，還會讓你此時此刻坐立不安，小我便會在一旁幸災樂禍。

聖靈知道，除了寬恕以外，你這一生不論做了什麼，或不做什麼，對你的生命毫無影響。這觀念對小我而言，簡直是離經叛道！但聖靈只關心你的治癒，祂知道，不論你選擇什麼樣的人生道路，潛意識裡的內疚都會伺機竄出，雖然形式有所不同。

阿頓：順便在此一提，小我還會慫恿你做一些讓你感到自己很重要的事情，要你在某一領域中出人頭地，讓你無暇顧及自己的靈性成長，更看不清生命的真相。至於聖靈，你為祂做什麼，甚至為耶穌、上主做什麼，根本無關緊要。你一旦了解人生的虛幻不實，那麼幻境中的成就又有何重要？唯有寬恕及你的治癒才是人生唯一要務。可想而知，當今流行的宗教，終日忙著管別人該怎麼過活，它們是不可能接受上述聖靈的教誨的。然而，那才是千古不變的真理。

葛瑞：所以，我寫不寫我們那一本書，或是可能拖多久都不重要囉！

阿頓：一點也不錯，葛瑞！我們很樂於來此拜訪，順便教你一些事情，連這一點也沒什麼大不了的。你打算怎麼做，並不重要，你無需在我們或上主前刻意建立你的價值。你的價值在你受造的那一刻早已奠定於天心了。知見世界中沒有一件事情改變得了這一點，除非在你虛妄的夢裡。《奇蹟課程》再三提醒你：

你並不住在這哀傷的世界，你活在永恆裡。**14**

又說：

每當你忍不住想浪跡天涯，遠離自己內在光明時，不妨提醒一下自己，你究竟想要什麼，並對自己說：

聖靈會將我領到基督內；除此之外，我還想去哪裡？除了覺醒於祂，我還需要什麼？**15**

葛瑞：也許可以這樣說，在實相裡，我就是基督自性，每個人都屬於這同一自性，所以我們根本就是同一生命。你們先前提到過，在這一層次，我們看到的雖是同一個夢，但看的角度卻大不相同。佛洛伊德好像說過：晚上出現於你夢中的每個人，其實都是你自己。所以不論是白天或晚上，外在種種人物象徵的都是我自己，不過這回，我是從外面另一個角度來看我的人生夢境罷了。我這一生的工作不過是透過寬恕，把自己重整一下，復歸完整，如此而已。

白莎：男性人種裡還有你這種貨色，真不賴！記得嗎？當我們初次來訪時，你可是金口難開呢！

葛瑞：我現在也不太喜歡開口。不過跟你們在一起時則另當別論，因為我知道你們不會批判我，最多扯扯我的後腿而已。

白莎：你只需記住一件事：外面沒有人有資格論斷你，別人怎樣認定你，絲毫影響不到你的真實價值。《奇蹟課程》這樣告訴你：

沒有一物傷害得了你，那麼，只向弟兄顯示你圓滿的一面吧。讓他知道他無法傷害你，你既不懷恨於他，也不怨怪自己。這是「將你另一邊臉頰轉給別人」的真正含意。**16**

阿頓：聖靈為你指出了真實力量所在之處，而小我則告訴你以及那一群大男人與自認為解放了的大女人：你們必須堅強，壓倒群雄，才能在人生競技場搶到那一塊乳酪。這種人生觀充分反映出人心的恐懼；若非擔心害怕，何需裝出硬漢的模樣！他們其實是在呼求愛，卻不好意思承認。

白莎：小我一心要你相信自己的問題確實嚴重無比；聖靈卻知道，只有一個問題，那就是深埋在潛意識裡的罪咎；你當初就是被這個罪咎逼得走投無路而搞出了一個分崩離析的夢幻世界。當然，一般人很難接受這類說法，他們對此可說是一無所知。《奇蹟課程》這樣點破小我的詭計：

但你十分肯定，在那些使你痛不欲生的各種原因當中，你從不把自己的罪咎計算在內。**17**

阿頓：我們曾引用過《奇蹟課程》的話：清白無罪的心靈是不可能受苦的。它之所以一再告訴你，你是不可能受到傷害的，不過向你保證，只要你繼續操練這類「認定自己不可能真正受到傷害」的寬恕課程，遲早會修出J兄不再受害或受苦的能耐。那時，你這一堆問題又算什麼呢！

讓我再次提醒你，小我老想把J兄的身體推崇成一具與眾不同的「神體」，這又是一種想要凸顯人與人之間的差異性與特殊性的伎倆；聖靈深知你們真的毫無不同。《課程》最後的〈詞彙解析〉對J兄做了這樣的介紹：

耶穌之名，是指曾有這樣一個人，他在所有弟兄身上看到基督聖容，而憶起了上主。他一旦與基督認同了，便不再是一個人，而與上主合一了。**18**

那也是祂要你活出的境界。我們已經逐漸進入中心思想了，現在讓我們更具體地說明，怎樣的心態才能幫你在每個人身上看到基督的聖容，也就是你的真實面目。只要你記得，真正能由寬恕中獲益的是你自己，這觀念對你會有莫大的幫助。別為你所寬恕的人操心，你的任務只是修正自己的妄念與妄見。甚至可以說，你才是不折不扣的受益人。

葛瑞：你是說，我若寬恕了某人，並不表示我還得繼續跟他混下去？

阿頓：是的。沒有人要你活得八面玲瓏，我不是說你不該做好事，只要你高興，大可放手去做，

《奇蹟課程》只想把你的思維導入正見。

近代基督徒常愛用「耶穌會怎麼做？」這類反問來提醒自己；這個問題只有一個正確答案，而且千古不變：「他會寬恕。」寬恕只跟你的想法有關，雖然你的表現是你的想法所導致的結果，它們本身無足輕重；真正能將你困於夢境或導向天鄉的，是你的想法，而非你的行為表現。

※真正能將你困於夢境或導向天鄉的，是你的想法，而非你的行為表現。

葛瑞：你是說，J兄並沒有說過：「所以你們要去，使萬民作我的門徒。」（馬太福音28:19）

阿頓：你愈來愈有幽默感了！

白莎：說起世界各國，記住，它們一點都不重要。真實的你是永恆的，你們美國不是永恆的。

葛瑞：嘿，別污辱我的國家！

阿頓：寫出〈獨立宣言〉的傑佛遜應該算是你們開國先賢中最有思想的一位了吧！你可知，他還是一位聖經學者呢！他花了許多年修訂聖經，為自己編出一部他個人的聖經。在那個時代，他當然不敢公諸於世，否則後果不堪設想。但不久的將來，他的聖經會公布給願意一睹為快的人。

不妨在此為你介紹一下，他把《舊約》完全剔除了，也沒留下任何有關J兄是「道成肉身」的說法；《新約》裡，他大約刪除了兩百頁左右，最後只為自己保留四十六頁。而他保留下來的全是有關寬恕、治癒以及你該如何看待事情的片段。如果你們美國的保守份子認為

《奇蹟課程》太極端而加以排斥，他們真該去聽一聽那位頗有胸襟及遠見的開國偉人，而不該昧著良心，浪費時間，為那已被企業買通的假民主辯護了。

葛瑞：你是說，傑佛遜能夠穿越一般宗教的二元屁話而認出福音的精神所在？但即便如此，我們也不該忽略了世上還有不少人需要這類屁話，直到有一天他們能夠放下這些畫蛇添足的玩意而願意面對真理為止；我們也不該看扁他們或推翻他們堅持的觀念，對不？

阿頓：你真是一點就通。但請留一點口德。雖然你喜歡看「R」級的電影，並不表示我們的書也該寫成「R」級的。

葛瑞：我已經努力提昇我的格調了。

阿頓：我知道，講到現在，你還沒用過一個f的字眼。我們也注意到你最近啤酒沒喝得那麼凶了。未來若要為人師表，這種自律還是需要的，我的意思是，假如你肯繼續接受我們的訓練的話。

葛瑞：我慢慢看出自己過去愛喝酒也是出自內疚心態（雖然我本來是無罪的），同時也反映出我對生命主宰的恐懼（雖然我的恐懼都轉為其他具體的憂慮去了）。

阿頓：沒錯！但這並不表示那些不喝酒、不抽煙或不吸毒的人就沒有恐懼了，他們只是轉移到其他東西或壓抑下去而已。要知道，寬恕是所有人的唯一出路。

白莎：我們可以在此把這番有關聖靈的簡短討論做個結尾了。《奇蹟課程》說，聖靈跟你一樣看得見這個虛幻世界，只是不把它們當真而已**19**。所以聽從祂的指導吧，你才有辦法用祂的眼光去看事情。〈學員練習手冊〉中有這麼一段：

> 聖靈非常清楚你為了追逐那不可能完成的目標所設計的種種花招。只要你把這一切交託給祂，祂就會把這些花招驅逐出境，使你的心靈得以安返它真正的家園。[20]

葛瑞：你是說，祂能利用我所營造出來的幻境或人物領我回家？真是高明，以其道還治其人，利用小我造出的現成之物，將它化解掉。

我知道，若要完成這個目標，我必須按照你們所說的，把幻相帶到真相前，而不是把真相帶到幻相裡。《奇蹟課程》說過，J兄之所以堪稱為救世主，因他能夠看破虛妄，不弄假成真[21]；我若能做到這一點，不只像他一樣成為救世主，我的心靈也會在聖靈中獲得治癒。

白莎：J兄的「浪子回頭」的故事之所以講得如此動人，因為他跟你我一樣，也一度作過浪子。不過後來聽從了聖靈之聲，才看破虛妄，不再把世間的種種當真。

只要你能聽從聖靈，遲早會跟J兄一樣證入圓滿的基督自性的。《奇蹟課程》是這樣描述祂這位神聖助緣的，又在「浪子回頭」的故事裡增添了聖靈的角色：

> 聖靈就住在你心內屬於基督之心的那一部分。[22]
>
> 祂又如一位領你穿越蠻荒漠土的「嚮導」，因為你確實需要那種形式的指引。[23]

阿頓：你若真能以小我之道還治其人，轉身接受另一套思想體系[24]，千萬要牢記我們的提醒，別上小我的當，它說你已經清除了潛意識的內疚，其實你只是投射到別人身上去了，把他們看成你的問題或世界問題的起因或禍首，這樣，你才能理直氣壯地指責、定罪。其實，這麼一來，你反而把內疚更深地打入潛意識裡頭。你現在可明白寬恕對你的重要了嗎？

葛瑞：信不信由你，我真的覺得自己懂了，我猜，是〈練習手冊〉開了我的竅。

阿頓：確實，等我們下回來時，你就已經做完一遍三百六十五課的練習。那時你在練習「真寬恕」時，相信更能得心應手了。

葛瑞：那時，我就算是T.O.G.了

阿頓：T.O.G. 是什麼？

葛瑞：就是Teacher of God，上主之師啊！

阿頓：哈！你雖然沒有PH.D.，仍然能做T.O.G. 有意思！老弟，那才是你真正的工作，其他事情都是可有可無的。《奇蹟課程》曾經語重心長地說過：

幫助上主的愛子由他自己想像出來且信以為真的邪惡之夢中脫身，難道不算是一個偉大的人生目標嗎？誰能期待比這更有價值的事？縱然外表上你在成功與失敗、愛與恐懼之間好似仍有選擇的餘地。**25**

葛瑞：嗯，我確實想不出比那更重要的事了。我記得《課程》還說過，救贖乃是上主兒女與生俱來的天職**26**。我想我會這樣去做的。那麼，我最好精進一點，我是指寬恕方面。

白莎：很對。「真寬恕」才堪作為人生的真正目標；但你必須先作此選擇，才有完成目標的可能。

放心，練習「真寬恕」保證能把你帶回家的。J兄這位地下份子是不會失敗的，因為他絕不抄捷徑或妥協，只因聖靈也是不妥協的。這跟世間的革命大不相同，它只是收復心靈的失土，帶給你一套全新的思維方式而已。

等我們談到更深的寬恕理念時，那時，你方能融會貫通，那是我們下回來訪的主題，也是我們隨後所有訪談的一貫主題。老弟，只要你願意，隨時都能擁有那「神聖一刻」的。

葛瑞：能否簡單地解釋一下「神聖的一刻」？

白莎：好。身為奇蹟學員，你會常常聽到這個術語。「神聖一刻」是指你選擇聖靈而非小我為你的生命導師的那一刻。外表看來，你是在這兒作出這個選擇的，其實，這「神聖一刻」並非發生於時空之境。

然而，聖靈針對小我神智不清的救恩觀念溫柔地賜下了神聖一刻。我們先前說過，聖靈不能不透過「比較」來施教，借用反面教材來襯托真相。小我堅信，唯有為過去平反，你才算是得救；神聖一刻正好相反。[27]

只要你選擇寬恕，「神聖一刻」便出現了，它能為你及被寬恕者（forgivee）同時帶來最大的利益。雖然外表看來，你們的需求有所不同，其實你們追求的根本是同一個東西，你們私心渴望的仍是那一個天鄉。

葛瑞：英文中有 forgivee 這個字嗎？

白莎：現在不就有了嗎？當然，真正受到寬恕的是你自己，即使外表上可能看不出來，這是你此生最大的成就，因為你已寬恕了那個象徵所反映出來的你的內疚心理。

葛瑞：我還有幾個問題，每次都忘了問，能否趁我現在還記得，向你們請教一下？

白莎：阿頓，你說，要不要理他？

阿頓：我最好別答腔，因我答應過葛瑞，他若不裝酷，我也不搞花樣！

葛瑞：好了，少唱雙簧了。

在你的〈多瑪斯福音〉裡，很少提到「山上寶訓」那一番言論，不知J兄是否說了那些話，因為那是我在整部福音中最喜歡的一段。例如這一段：「不要為自己積聚財寶在地上，地上有蟲子咬，能鏽壞，也有賊挖窟窿來偷。只要積聚財寶在天上，天上沒有蟲子咬，不能鏽壞，也沒有賊挖窟窿來偷。因為你的財寶在那裡，你的心也在那裡。」（馬太福音6:19～21）

白莎：我曾說過，我的福音並沒有收全J兄的言論，因我根本還沒寫完哩！

讓我在此簡答一下：J兄確實說了類似的話，只是他當初的描繪更生動具體，例如，他沒有講「生鏽」，只用「蟲咬」作比喻，更凸顯出身體與心靈之間的不同抉擇。

「山上寶訓」其實是後人把他的言論編纂成的。他生前並沒有爬到山上，向一群信徒講出那一連串的大道理。但他確實在不同場合說過跟這一段記錄相當接近的論點。其實，你一旦了解了他的思維方式，也就是聖靈的思想體系，就不難分辨出哪些是他說過，哪些是他不可能說出的話。

他在《奇蹟課程》中也說了類似的話，但不論他是怎麼說的，你的選擇仍然不出兩種可能，一是以身體為中心的小我世界，另一是以靈性與上主為中心的聖靈世界：是你對它的信心賦予那個信念力量；它為何方效力，決定了它當受何種回報。因為你必會相信自己所愛之物，而你之所愛也必會轉回你這兒來。28

葛瑞：我跟一些奇蹟學員聊天時，發現不少人仍然認為上主創造了世界美好的部分，只是沒有創造邪惡的部分；還有人主張，《奇蹟課程》只要我們放棄壞的知見，而可以保留好的知見。

阿頓：我知道。我已經強調過了，知見與意識都是小我的傑作，但仍會有人一再堅持己見。讓我再澄清一次吧！上主連美好的世界那一部分都沒有創造過！我們剛才說過：世界根本就不存在，上主怎麼可能造出一部分根本不存在的世界？聖靈在此的唯一目的就是要把你由「世界真的存在」的夢境中喚醒，不論世界一時看來是好或是壞。

說得更徹底一點，真理或實相並不屬於你們的時空領域，它是完整的、絕對的、全然的。但在你的存在層面，聖靈治癒你的知見的過程中，還具有時空性；只是它最後是要將你導向那絕對且終極的答覆。

葛瑞：還有一個問題，為什麼你們那麼強調「心」(mind) 與「靈」(spirit) 的不同。

阿頓：很簡單，小我（即是妄念）營造出來的一切，都發生於形色世界中；靈性所創造的，沒有一個屬於形色世界的層次。因此你們實在不應把娑婆世界裡的任何東西或事件「靈性化」。

所謂正念，便是從聖靈的角度來詮釋形色世界的意義，藉此領你回家。我們在此所謂的「你」，是指那個已經與小我認同而且受制於它的心念中的「觀者」部分（observatory part）〔譯註：也就是所謂的「抉擇者」〕。那永恆不變的靈性，才是你真正的家鄉。

※你們實在不應把娑婆世界裡的任何東西或事件「靈性化」。

葛瑞：聽你講得挺簡單的！不過，我想我懂你的意思。

阿頓：很好。雖然聖靈不會在世界中作出任何事情，但祂對這個形色世界的詮釋卻能幫你看清楚自己在世上該做什麼。這只是你選祂為自己的生命導師的紅利而已，真正的報酬不在於此，而在你的得救。

葛瑞：下一個問題：我已明白分裂並非真實的，即使從形色世界的層面來講。物理學家如果說得沒錯，不論你觀察什麼，不可能不在次原子層次影響到它；那麼，我若注視上億光年之外的星辰，當下便會引起它的變化，不論它多麼遙遠，對不？因為它其實不在外面，而是存在我的心裡。

既然宇宙內的萬象其實都是模仿真相某一部分的仿製品，那麼，絕大部分的宇宙對我們仍是隱秘不顯這一事實，跟我們心裡絕大部分仍活在潛意識下這一事實，有沒有關連性？

阿頓：我們今天好像都吹了「談玄」的歪風。是的，百分之九十五的宇宙仍在黑暗之中，或者說，對你們而言仍是隱晦不明的。這不只跟潛意識的存在有異曲同工之妙，這一設計還能激起你們的好奇與探險，遠離自己的心，開始轉向浩瀚的宇宙去尋找生命的答案。別忘了，小我就像個魔幻大師，最愛玩煙霧和鏡子的把戲，老是把潛意識裡的企圖藏在五光十色的影像後面。

你現在是否能夠接受「你的肉眼無法真正看見」這個事實？

葛瑞：大概吧！想想，挺可怕的，好像是心在看，身體其實什麼也沒有做。

白莎：很好。我們可以就此打住了。慢慢來，不要性急，免得害你打退堂鼓。你可記得，J兄在《多瑪斯福音》中說過的話：「你已經找出了開始的起點了嗎？所以你才會探索終點的問題？因為起點在何處，終點便在何處。」J兄在《奇蹟課程》裡也有類似的言論：**當你愈來愈接近那個「源頭」時，你會開始害怕自己的思想體系瀕臨毀滅，那種恐懼與死亡無異。雖然沒有死亡這一回事，可是人對死亡的信念卻是千真萬確的。29**

不用急，聖靈知道你對自己的潛意識怕個要命，而《奇蹟課程》的目標是「平安」，所以它並不想把你嚇個半死。你的準備功夫做得愈紮實，寬恕的功課自然會愈做愈好，那麼，你的奇蹟旅程就不會那麼可怕了。

我們就要像魔術師那般消失了，八個月以後再來，聖靈會與你同在，祂隨時都會給你祂的「另一途徑」。在這期間，做完你的〈練習手冊〉，放輕鬆一點，葛瑞，我們都很愛你。

葛瑞：我也愛你們，伙伴！

阿頓：還有四天就是聖誕節了，今年，別再按資本主義的習俗來慶祝了，讓它恢復原有的精神吧！想一想上主，想一想你自己與弟兄姊妹的完美真相。記住，「光明」與「真理」原是同義詞。不妨也深思一下J兄給奇蹟學員的聖誕佳音：

星光是聖誕節的標誌，象徵黑暗中的光明。不要向身外去找，而應從自己心內學會看到天堂之光，把它當成基督時辰已至的標誌。30

7 寬恕法則

恐懼束縛了世界，寬恕釋放了世界。1

我知道自己選擇的靈修途徑不屬於「速食派」的，〈學員練習手冊〉也不算是輕易上手的課程，我花了一年又四個月的時間，全力以赴，才把三百六十五課全部練完。雖說，奇蹟理念都詳記在〈正文〉裡，〈練習手冊〉卻將它的精神徹底地發揮出來了。要了解整部課程，兩者缺一不可。只是，〈練習手冊〉更能切入生活中，每天的主題隨時隨地都能應用於周遭的人事上，讓人親身體驗到〈正文〉的字字句句所言不虛。2

阿頓與白莎也強調過，理性無法為小我世界的問題提供終極的答覆，唯有經驗過上主臨在的人，才可能體驗出分裂之境的荒謬及無意義。至於我個人，已能偶爾享受一些心靈的平安了，不像以前那樣終日為煩惱所困；僅憑這一點，就讓我雀躍不已，我終於找到了人生的方向。

回想我與凱倫的關係，我以前常覺得她缺少一些「靈性」，對我的神聖工作也顯得漠不關心，心裡難免有一些遺憾。如今我接受了阿頓的勸告，讓她安心地學習她當前該學的課題。就在我開始寬恕她之際，我才漸能承認自己確實處處讓她失望這一事實，從此，我也比較能夠容許彼此活出各自的樣子了。

出乎我意料之外，凱倫不久也成了玩票性的奇蹟學員，偶爾會參加我們的讀書會，甚至還練完了一遍〈練習手冊〉，令我不禁刮目相看。雖然她沒有像我那般投入，至少她已經能夠接受書中的理念，心態也大有改善，我可以看出，她的情緒平穩了不少。

我知道，若要完成這趟心靈之旅，必須轉變自己的思維模式，接受「境由心造」的道理；誠實地觀察自己分別對立的心態是如何向外投射的，又如何把自己所見與所覺轉而演繹為一個外在事件。身體本身即是分裂的象徵，它原本只存於心內，投射出具體的身形之後，我們才得以經驗到自己內在的分裂之念。

有生以來，我一直認定是我的眼睛在看世界，我的身體在感覺，然後靠我的大腦去詮釋它的意義；如今，〈練習手冊〉幫我看到自己的愚昧，竟以為肉眼真能看到真相或大腦真能思考及詮釋任何事情3，其實一切都是「心」在背後指使，指揮身體去看什麼，感覺什麼，又指揮大腦如何詮釋所見所覺之物。

身體只是小我所玩的一個把戲，目的是要我相信我在世的這「一身」就是我的「一生」。〈練習手冊〉教的那一套，不只迥異於牛頓力學的觀點，還教我怎麼按聖靈的詮釋去看世間種種現象；

這對小我而言，無異是一記喪鐘。

當我練到〈練習手冊〉最後一課時，還來不及沾沾自喜，就被第一句話潑了一身的冷水，第二句話才讓我心安下來：「這個課程只是一個起步，而非結束。你的神聖道友會與你同行。」[4] 如今我雖已知道，聖靈這位道友其實就是我的「深度自我」；但祂這擬人的象徵，對整天被現實生活圍困的我們，確實具有安心的作用。知道身旁有「人」隨時會伸出援手，實在是莫大的安慰，這種「形象」可說是必要的。何況，〈練習手冊〉強調的就是實用性：「本課程完全是針對小我的思想架構而寫成的，因為只有小我需要這一課程。」[5]

《奇蹟課程》一以貫之地解釋了人間的紛紜萬象，毫無例外可言；它細密的解說，足以闡明我們這一生所有當前處境下各種心態反應背後的原因。舉例來說：在學校裡，太保學生之所以欺凌弱小，不過要表現「我比較酷，你不夠酷；你有問題，我沒有問題」；而「好」學生可能覺得這箇直沒有天理！其實，類似的現象，比比皆是，只不過一般社會人士或政客包裝得比較美觀而已。沒有人願意面對自己心裡的罪咎，寧可將它投射到外面那些所謂「不正義的剝削者」身上，進行同樣的「受害與迫害」的遊戲。

天天勸人為善或勸人皈依的狂熱教徒，在他們剴切的話語中，言下之意又是什麼？不也暗示著「你有問題，我沒有問題；我們有真神，你沒有；我們會上天堂，你會下地獄」？再看看那些濫殺無辜的恐怖份子，他們所表達的心態，豈不是同樣的「你該為我們的痛苦負責，有罪的是你，絕不是我們」？

幾千年來，人類一直都在忙著把自己的問題歸罪他人，殊不知我們心中真正怨的，是自己與生命根源脫節的分裂之苦，以及為此而不得安心的存在焦慮。

這個問題會以種種形式顯示於人間。不論關係的親疏遠近，人們總能找到某個人或某件事作為歸罪的對象；除了一群苦命人以外，他們會把所有的內疚投射在自己身上，為所遭遇的不幸自艾自怨。其實，怨怪自己與怨怪另一具形體，兩者之間，又有何差別？

這種領悟以及它所帶來的感受，為我的生活帶來極大的鼓舞力量；當然，奇蹟理念有時會使問題更加白熱化。這也難怪，經常遭受否定的小我心態以及一再被壓抑下去的內疚，一旦反撲起來，確實會勢不可當。

我對某些電視節目的反彈便是最好的例子。近幾年來，我發現右派政黨的宣傳愈來愈強勢，尤其看到「聯邦通訊委員會」竟然撤銷了已經行使三十年的「公平信條」與「同等時間原則」，讓執政黨可以隨心所欲地在自己的電視網路上打出保守派的一面之詞，絲毫不給其他政黨的觀點一個公平而且同等的表達機會。雖說我明知政治就是這麼一回事，但當我聽到電視上那些荒誕的言論時，還是忍不住破口大罵：難道人們真的笨到這種地步，竟然會不明就裡地相信這類無稽之談？不幸的是，常常如此！

不過，大體來講，除了幾場失控的演出以外，我還算是頂認真在操練奇蹟理念的。我擇善固執的脾氣總算有了英雄用武之地，雖然還沒有讓我到「永浴幸福」的地步，至少我已經能夠用新的眼光去看待負面經驗了，它對我的殺傷力也顯著地降低了。

八月到了，我和阿頓他們分手已整整八個月，我相信他們會信守諾言，如期來訪的。一日下午，白莎出現了，卻不見阿頓的蹤影。

白莎：嗨，上主之師，別來無恙？

葛瑞：我若說實話，你一定會刮我一頓鬍子。

白莎：咦，莫非早上又忘了吃治貧嘴的藥？

葛瑞：說正經的，真高興看到你，阿頓那傢伙呢？

白莎：他去辦事了。

葛瑞：去哪兒？也許我該問：去哪個世紀了？

白莎：另一個存在層面。其實也不是另一個地方，因為根本沒有其他地方，我想你對這類形上說法稍有概念了吧！阿頓正在跟另一世的你談得起勁呢，你卻一無所知。我們說過，不論到哪裡，我們都會入境隨俗地穿著，人們毫不察覺自己的高靈上師就在身邊。阿頓其實就在這兒，高靈上師無所不在，只是你們無法看見而已。

我們通常盡量避免同時投射出一個以上的化身；至於如何現身，也端看教學上的需要而定，而且，我們教的通常都會打破傳統常規。偶爾我們會與某人互動，或作出某些事情，來幫助那一層次的人學習寬恕；但絕大多時，我們根本不現身，只是把我們的想法默默傳給他們。

葛瑞：我想你大概不會告訴我，阿頓究竟正在哪一世幫我吧！

白莎：讓我們先管這一世吧，鬼靈精！你只要在其中的一世寬恕，等於幫忙聖靈治癒你的每一世了；你這幾個月來所行的寬恕已經在你其他幾世發生效用了。下回阿頓一定會來，這一次，跟我談談就好了。我們要討論寬恕，真正的寬恕，我希望幫你認識得更徹底一點，如何？

本來，只憑著《奇蹟課程》一部書就夠用了；你很幸運，有人在此為你解釋，大部分的人也非常需要這類協助。

葛瑞：正如富蘭克林說的，「一如母親那般必要」？

白莎：我希望你引用《奇蹟課程》時，能比這回精確一點。

〈練習手冊〉已經把你向前推進了一大步；以後，若有需要，你隨時可以複習某一段，而無需從頭練起。有些人操練〈學員練習手冊〉兩遍，有些人每年都練習一遍，全看各人喜好。至於你，從現在開始，只需要以念〈正文〉與〈教師指南〉的方式來複習〈練習手冊〉就行了。我們言歸正傳吧！

《奇蹟課程》這樣說，你唯一的責任就是「親自接受救贖」6；當你寬恕別人，不再批判時，就已經加速了你得救的過程。練完〈練習手冊〉以後，你不難明白，你一批判別人，救恩就飛到九霄雲外了。如今，你也深深體會到，這個世界只是一場夢，全是你的幻覺。

❋你一批判別人，救恩就飛到九霄雲外了。

葛瑞：幾個禮拜以前，我們讀書會來了一位新人，聽到我們說「世界只是一個幻相」，那個人非常反感地說：「那還有什麼好混的！」我知道該怎麼答覆，就是：你必須先了解世界只是一場夢，才可能了解寬恕和救恩的真正意義。可是，當時我並沒有解釋得很清楚。

白莎：我們說過，光說世界是個幻相，是不夠的，關鍵在於你還得學會寬恕，才回得了家。我們需要先了解《奇蹟課程》的形上思想，才可能了解寬恕的道理；但對某些人來講，也許應該先強調寬恕，再逐漸跟他談談世界的夢幻本質以及其他的真理。

雖然這跟我們教你的次序相反，但你要知道，根據我們的訪談寫出來的書，會跟你將來向大眾解說的形式有所不同。沒有人要你去教整部《課程》！也就是說，他們只需聽到幾句頗有道理的話，激起他們的興致，自動去找這本書，就達到目的了。後續的影響非你所能掌控，你只需對自己誠實，其餘的，就讓聖靈去工作吧。

當然，你可以祈求聖靈的指引，想分享時，就分享一點你的經驗，但千萬別懷有改造世界或改變人心的意念，你只需默默地寬恕，不要笨得去跟人講：「嘿，你知道嗎，我寬恕你了！」說到這裡，我們又回到原先要討論的主題了。

現在，不妨跟我說說你對《奇蹟課程》印象最深的一兩句話，想到什麼就說什麼，快！

葛瑞：好吧！我最喜歡的一句就是：

我不是一具身體。我是自由的。

因我仍是上主所創造的我。7

白莎：很棒的一句話，出自〈練習手冊〉，它還說了：

小我對身體也是無比地珍惜，因為它以身體為家，自然會與它所營造的家相依為命。身體本身即是幻相的一部分，它還會掩護著小我，讓它無從看出自身的虛幻。**8**

既然你在學習這課程以前，認定自己就是這一具身體，可想而知的，其他人一樣會認定他們自己也只是一具身體而已。所以你的寬恕裡面應該包含一個要素，就是悄悄地讓他們明白，他們並不是這一具身體。這樣，才能保證你的心靈也能夠同時學到你不是一具身體這個真理。因為：

你只有在教人之際才會真正學到。9

我們再講下去時，別忘了這一句話，就是我們一再強調的：當你寬恕別人時，真正受到寬恕的其實是你自己。

接下來我要談一談寬恕的構成要素，因為我們說過，寬恕是一種胸懷，是一種心態。你學到的種種理念會慢慢融入你心裡，成為你的人格或心境，直到寬恕變成你的自然反應為止。

大部分的學員在初學那幾年，必須努力半天才寬恕得出來；然而，一旦知道「如何寬恕」這種轉念的過程，你就出師了。正念會慢慢取代小我之念而成為你的主流意識。經過〈練習手冊〉的薰陶以後，不論發生什麼狀況，不論是誰需要你的寬恕，你都知道如何用正念去看待那個人或那件事。只要你繼續研讀〈正文〉及〈教師指南〉，徹底了解全書的思想架構，你的寬恕心態必然更加屹立不搖。

你的寬恕心念未必是直線推進的，每個人都有幾個自己最受用的觀念。因著《奇蹟課程》的「全像式」本質，每一個觀念都會牽引出其他的觀念，這對你的學習有極大的幫助，因為它既是「全像式」的，你便不難由每一章節內看出它的整套理念。我會由書中提出幾個最能鞏固你寬恕心態的觀念，將你以及你在身體牢獄裡所看到的人影一起釋放出來。

我們先從你目前的生活問題談起，讓你看出這部《課程》並不抽象，它處處談到你的現實生活，而且具體得很。

葛瑞：打岔一下，我有個疑問。

白莎：看在你一直表現得不錯的份上，說吧！

葛瑞：對於那些罪大惡極卻不知恐懼的人，你又怎麼說呢？他們把炸彈綁在自己身上，跟身邊的人同歸於盡，還相信這種犧牲能為自己在天堂爭得一席之地。美國也有專門挑在人群中下手的殺手，他們的武器愈來愈精良，一下就幹掉幾十個人，眼睛都不眨一下。這些殺人兇手如此冷酷，計畫得如此周詳，好像一點都不害怕，你甚至彷彿看到他們殺人時面帶微笑的樣子。請問你，他們這種「無懼」，跟你教的「大無畏」有何差別？

白莎：問得極好！答案就在我們教你的那些理念中，也就是「愛的思想體系」。《奇蹟課程》說過：心念的取向必然受制於它根深柢固的思維方式。聖靈的思維方式源自於愛，小我的思維方式則受制於恐懼和憎恨，最後並導向毀滅一途。炸彈客以及其他殺手，外表上顯現一副無懼的模樣，其實只是壓抑自己的恐懼，將它投射到外面去了。外表的鎮定未必代表內心平安。我們再三重申過：世人若沒有內心的平安，世界是永無太平之日的。唯有真寬恕才能保證心靈的平安。

我們也說了，外在的表現只是你的想法所引發的結果，我們並沒有要你表現得十全十美。〈教師指南〉提到「上主之師」的完美時，是指完美的寬恕，而不是完美的形象。真平安來自於真寬恕，任何外在的暴力，都是人們把自我憎恨投射到身外的結果。聖靈的思想體系只會教人愛與寬恕，不可能導向暴力的。

《奇蹟課程》的形上哲學，建立在上主的實相與分裂的幻相上，你不能不了解這一思想基礎，但寬恕才是真正引你上路的載具。若非寬恕，那些形上概念都形同虛設。這就是為什麼我們說，這部課程實用得很，因為說到究竟，你只有兩種選擇：

你分內之事僅是教人寬恕。而《奇蹟課程》中的教學觀念，就是要你以身作則。至於不寬恕的人，是不可能不評判的，因他必須為自己的無法寬恕加以辯解。**10**

我要召請的是教師，而非殉道烈士。11

寬恕不可能導致暴力，批判卻會帶來具體負面後果，有時這後果呈現在你身體的健康方面。暴力是恐懼、批判及憤怒延伸到不可理喻的地步所產生的後果，可以說，所有受錯覺與妄念控制的小我思維，最後都會導向某種暴力，甚至兇殺，因為它把對頭或問題的起因都歸咎到外面去了。你本來也是如此，如今總算找到了出路，得以扭轉小我的想法，知道如何釋放恐懼，而不再胡亂投射到別人身上。

在救恩中，你不再為自己的問題去責怪任何人，因為外面的人只是象徵性的存在而已，真正的問題在於你相信自己已經與上主分裂的那個基本選擇；解決方案則是：問題的起因與答案都在你的心內。這就是所謂的「救贖原則」，而你如今已有能力選擇聖靈的答覆了。

讓我們開始講述一下寬恕的幾個要素吧！我的學生，好好聽著，並且銘記於心。只要記牢這幾點，當小我再用「你是一具身體」來誘惑你時，你就不難躋身於「寬恕名人堂」(hall of fame) 了。你若能隨時在生活中發揮寬恕的要素，它們便成了你的救恩之道，也是你回歸天鄉的門票。

葛瑞：我很喜歡你的「寬恕名人堂」的比喻，你知道我是個棒球迷。

白莎：你看，真不錯，你已經分辨得清什麼是「實話實説」，什麼只是「比喻」了！

葛瑞：好啦！少消遣我了，回到正題吧，別再讓我空歡喜了，直接告訴我那些寬恕要素吧！你知道我是説著玩的，天堂是不可能「空歡喜」一場的！

白莎：沒錯！你不用等到大徹大悟，就能享受到寬恕的善果。因為：

可別小看了寧靜之心這份禮物。12

有此認知以後，當挑戰臨頭時，你要記住寬恕的第一個要素是：你在夢中，而且你是作夢之人，是你造出這些角色來為你演出這場戲的，如此，你才可能從外面看見隱藏在自己潛意識裡的罪咎。你若記得自己是在作夢，那麼外面的一切都不是真實的存在，純是你自己的投射。

需要不斷地練習，不斷地體驗，才能培養出來這一信念。擁有這一信念以後，你所見到的一切現象以及有待你寬恕的人事，就再也無法左右你的心情了。《奇蹟課程》說：

奇蹟幫你看清是你在作這個夢，而且夢中情景都不是真的。這是應付幻相最重要的關鍵。你只要能認出夢中一切都是自己打造出來的，就不再害怕它們了。恐懼之所以揮之不去，只因你看不出自己原是此夢的作者，而不是夢裡的角色。13

這一段引自《奇蹟課程》的「顛倒因果」那一節：

因此，奇蹟的第一步即是把緣起作用由「果」收回，交還給「因」。14

葛瑞：這麼說來，這一切全是我的夢，與他人無關；因為，說到究竟，只有一個「我們」而已，其他的人或任何東西不過是我的投射。而如果我收回投射，就表示是在自我負責。

白莎：正是。但不可否認的，在幻境中還有不少分裂的心靈，仍然認定自己真的存在，他們跟你一

※寬恕的第一個要素是：你在夢中，而且你是作夢之人，是你造出這些角色來為你演出這場戲的。

樣，還有待學習認出真相，那整個「心」才能重歸完整。我們說了，這些要素最後都會融為同一心態，只是在剛起步時，不妨把它們分門別類來講，更有助於你的學習。

你一旦明白了自己是一切之因而非承受其果的受害者以後，便準備好進入寬恕的第二要素：寬恕你投射出來的形象，同時寬恕夢出他們的自己。

你已經懂得《奇蹟課程》「寬恕你的弟兄其實並沒有做出的事情」這句話了吧！這是真寬恕，因為你沒有把錯誤弄假成真，也沒有賦予幻相任何真實性，你只是把幻相帶到真相之前。如今，輪到你寬恕自己當初怎麼會夢出這麼莫名其妙的夢了。

如果說，《奇蹟課程》真的教了你什麼，可歸納為一句話：「這一切都不曾發生過！」既然不曾發生，那麼你仍是清白無罪的。就這樣，當你寬恕弟兄姊妹時，你的心靈便會當下體驗到，自己也受到了寬恕。可還記得我們前面引用過的那句話——**「你如何看他，你就會如何看自己」**？

> ※寬恕的第二要素：寬恕你投射出來的形象，同時寬恕夢出他們的自己。

葛瑞：如果外面並沒有他人存在，而且如果我真的相信這部課程所說的話，那麼真正存在那兒的，就只剩下「基督」（自性）了。我若選擇這一眼光，不再相信肉眼所見的形象，那麼基督必然成了我的生命本質。

白莎：講得好。你已經看出寬恕的要素都是前後呼應，可以一以貫之的。你若能在別人身上看到基督，那麼你也是那同一的基督了。反之，你若用小我的批判心態與人相應，就等於賦予他們的夢境一種真實性，把他們當成了小我，那麼你會不由自主地也把小我當成自己。

真的，外在的種種並不存在，讓我再重複一下這個觀點，你所看到的那些自認為存在的人，不過是一群幽靈而已。〈正文〉中「更偉大的結合」一節中也有這麼一段話：

與你的弟兄結合吧！但不要與他的夢結合，不論你在何處與聖子結合，天父就會在那兒現身於你。**15**

下一節「恐懼夢境之外的另一選項」又說：

只要你願意寬恕作夢的人，並且認出他並不等於他的夢，你就不會被那噩夢所擾了。他也無法成為你夢境的一部分，你們兩人便由此夢境脫困了。**16**

葛瑞：這樣練習寬恕，會幫我慢慢由夢境中覺醒過來？

白莎：是的！突然由噩夢驚醒，絕對不是一種好受的經驗。你必須為另一種形式的生活作好準備，尤其在人人都把自己看成一具身體的世間，驟然「改變」絕不是一件愉快的事，即使有些人硬要裝出喜悅的樣子。

我們提過，J兄十分欣賞柏拉圖的「洞穴神話」，也就是你母親唸給你聽的那個故事。J兄下面的一段話，其實就在影射那個故事，只不過講得更為露骨，你和那一群弟兄，不論有意識也好，無意識也好，都會抗拒真理的，因此，它奉勸你不要期待這一世代的人全會接受你的看法：

經年累月活在沉重鎖鏈下的囚犯，挨餓受凍，欲振乏力。他們的眼睛長年活在黑暗裡，早已記不得光明為何物了，即使在釋放的那一刻，他們也不會歡欣鼓舞的。他們需要時間去體會自由的意義。**17**

你的分內之事只是寬恕，別祈求你所寬恕的那些分裂的心靈會同意你的看法。下面這段話是由另一角度來詮釋寬恕的要素：

有一種極簡單的方法幫你找到真寬恕之門，而且看到它正向你伸出歡迎之手。當你感到自己想要責怪別人某種罪行時，不要讓自己的心念停留在你認為他所做的事情上，因為那只是自我欺騙而已。不妨反問自己一下：「我會為這種事情而定自己的罪嗎？」**18**

除了不再自責，你還應記住：他們向愛發出的求助之聲，其實就是你對愛的呼求。因此，你該感恩，你是如此需要他們，一如他們需要你一樣。若非眼前幢幢魅影與奇蹟的帶領，你是不可能找到回家之路的。這些魅影不過象徵著你潛意識的意念，也多虧了他們，否則你永遠都看不見隱藏在潛意識下面的罪咎，而那原是死路一條。

聖靈知道如何借用小我的自衛伎倆，為你就地解套，而且祂的化解手法不可能遭人濫用；只是外面的人可能看到，也可能看不到它的結果；但你無庸為此操心，只需感謝寬恕和聖靈所帶給你的恩惠，如此就夠了。

你若用上述的心態去寬恕弟兄姊妹，就等於與你的本來真相復合了，你等於在告訴世界以及眼前的人，他們的行為對你毫無影響。他們如果真的影響不到你，間接證明了他們並非存在於你之外。

你若能接受「分裂不曾發生過」的真理，便已準備好進入寬恕心態最後一個要素：「信任聖靈，決心依靠祂的力量。」

你只需善盡本分，必能享有聖靈的平安，祂還會治癒連你自己都覺察不到的潛意識裡面的東西，同時將祂的平安賜予你。這種平安有時你能立即感受到，有時會隔一段時間。有時你只是驚訝，以前常惹你生氣的事情，而今你竟然不為所動。這一切都在一步一步領你邁上天國之道，因為你在聖靈的指引下所做的，正是進入天國的條件。

❋寬恕最後一個要素：「信任聖靈，決心依靠祂的力量。」

寬恕確實在為你重歸天國而鋪路，正如《課程》所說：

> 接受真相的能力，在世上就是最能反映出天國創造能力的一種知見。只要你真心願意盡自己這份責任，上主必會善盡祂那份責任；祂以自己的回報來交換你的回報，也就是以祂的真知交換你的知見。**19**

這種真知（knowledge），不是指技術性的知識而是天堂的經驗，它是每個人的天賦權利。「真知」與「靈知」（gnosis）的原意相近。《奇蹟課程》絕不是「新靈知學派」，它自成一家之言。靈知派的理念有一部分相當正確，尤其是第二世紀羅馬的華倫底奴斯（Valentinus）學派，我們先前提過的〈真理福音〉，正是華倫底奴斯的學生寫的。

葛瑞：可不可以說那是靈知派的作弊小抄？

白莎：有一點。書中有些術語，你大概看不懂；那部福音著實流行了一陣子。葛瑞，「流行」本身沒有什麼可非難的，你未來的書只要盡心去寫，給讀者一個整體的認識，就算功德一樁了，只是別忘了歸功於它的真實來源。

可惜，靈知派及其他修行人沒有你的福氣，無緣接觸到你目前所學的寬恕道理。既然你有此因緣，就該信任聖靈也會盡祂的本分，領你踏上天堂之路，你不必操心將來的發展。

外表看來，也許人們還無法接受你的寬恕理念，這並沒有關係，聖靈自會幫他們把你的寬恕保存心中，直到他們能夠接受為止。至於那些人究竟是否仍活在人間，也毫無影響，聖靈會彌合你心靈的種種碎片，讓你的生命重歸完整。寬恕的你與受寬恕的他關係如下：聖靈同時臨在你們兩人心中，祂渾然一體，因為祂的一體性裡沒有任何間隙。你們形體上的間隙其實無足輕重，凡結合在祂內的永遠都是一個生命。**20**

葛瑞：真酷！現在讓我整理一下我的記錄。寬恕的要素如下：記得我在作夢；寬恕我投射出去的形象，也寬恕夢見這些形象的自己；信任聖靈，決心依靠祂的力量。「相信自己與上主是分裂」的這個人生大夢才是問題的癥結，而聖靈的寬恕則是最後的解答。

白莎：很好。〈練習手冊〉也提出三個要點，可以作為〈正文〉裡面寬恕法門的補充教材：

1. 先認清問題所在；
2. 甘心放下自己的執著；
3. 再予以取代。21

這是憶起上主的途徑。〈練習手冊〉強調了，最後的一步是聖靈的事，不是你的責任22，為此，我們一再說，你必須信賴祂。

你若能把這信賴想成是你自願依恃祂的力量的一種選擇，效力會更大；但說到究竟，你和祂以及基督，根本是同一回事。聖父、聖子與聖靈之間沒有真正的分別，「聖三」這一術語乃是天主教神學發明出來的。透過真寬恕，你會看得愈來愈清楚，你與J兄及聖靈完全相同，與上主及基督同樣的一體不分。

在天堂裡，你看不到差異，因為那兒沒有差異。只有永恆的亢奮狀態，超乎世間任何亢奮的經驗，因為它超越一切亢奮，也超越一切言詮。那種天人共享的一體性和極喜境界，你在人間最多只能驚鴻一瞥而已。阿頓和我下回來訪時，會對這個境界多介紹一些。

在那以後，我們的來訪會愈來愈短，利用奇蹟理念幫你詮釋一些熱門話題和現實困境。隨後幾年，我們會繼續協助你把寬恕應用於生活的每一層面，但付諸行動的，最後還是靠你自己。總有一天，你會由夢中覺醒的。

葛瑞：要到哪一天？要到哪一天？

白莎：這樣講好了，會比你沒有接受這一課程所需的時日短多了。

奇蹟理念遲早會變成你的第二天性，運用之嫻熟，完全得心應手。有時，你連想都無需想，就好像是你生命的一部分；至於目前，你還得反覆省思，時時提醒，才把持得住你的寬恕心態。

你仍需要不少虛幻的時間來練習，聖靈的思維才能成為你生命的一部分，最後成為你之所以為你的一種本質。放心，這一天會來臨的，那時，你對這部課程不只理性上了解，還能心領神會，那種經驗真是美妙無比。

葛瑞：有點像是悟入禪宗的「不可說、不可說」的真理，是嗎？

白莎：很不錯呢！鬼靈精！屆時你所體驗到的是真實的你，不再是你心目中認定的自己。等一下我會給你一個「寬恕法門」的冥想，對你一定有用的。把這個冥想納入你的思維裡，加上寬恕的三個要素，還有我們這些年來為你解說的奇蹟理念、你的自修和閱讀，以及我們引用過的奇蹟章句等等，夠你忙好幾個月了。

懂得愈深刻，挑戰來臨時，你才愈容易憶起奇蹟的思維方式。

葛瑞：你是說日子愈來愈混不下去時？

白莎：不論問題輕微或嚴重，都一樣是個挑戰。寬恕一件芝麻小事與寬恕天大的事，並沒有差別。要知道，一旦你心裡的平安被微微波及時，就是被攪亂了；上主的平安絕不是這樣的，你必須甘心一視同仁地寬恕每一件事才行。

為此，《奇蹟課程》才會說，所有的奇蹟都是同樣的[23]；你也遲早會認清，對你不重要的事情與對你意義重大的事情，你都該一視同仁。

葛瑞：像夏威夷之夢？

〔註：從很年輕的時候，我看到在夏威夷拍的電影或電視影片時，就開始夢想自己有一天要到那兒定居。我曾去那兒旅遊一次，可說是我一生中最快樂的一段時光了。親歷其境之後，並沒有讓我失望，反而更加渴望有一天能夠搬到那兒去，而且沒有經濟上的顧慮。夏威夷的物價高昂，我知道有不少人遷居那兒後，不到幾年，就因經濟考量而搬回來了。為此，我更加努力經營事業，希望有朝一日，定居夏威夷，完全沒有後顧之憂。這可說是我一生最大的夢想了。〕

白莎：包括夏威夷在內。我們說過，寬恕不會要求你放棄有形世界的任何東西的。你的夏威夷之夢不過顯示出你的小我對形體世界的一種依戀而已，它仍有待你的寬恕，因為它掩飾了你潛意識裡對「世界根本不存在」這一真理的抗拒。

不只是你如此，大部分的人都不願聽見他們夢想或瘋狂之物乃是虛幻的偶像，都是存心取代上主與天堂的贗品而已。有趣的是，你所夢想之地，人們恰好稱它為「人間天堂」。

聽我的話，心懷夢想本身並沒有錯，只要你了解它背後的意義，然後予以寬恕。等你寬恕了它，再與聖靈一起決定下一步，會更有意思的。

❈寬恕不會要求你放棄有形世界的任何東西的。

葛瑞：你知道，每次看到你們我都很高興，我也挺想念阿頓的。

白莎：他此刻正在幫助你呢，只是你看不見而已。你可還記得上回他說：「我們」這次來訪要跟你談些事情，他真的是指「我們」。葛瑞，他的聲音和我的聲音都是同一個聲音，我們化身為一男一女，只因這種形式有助於你的學習。終有一天，你會聽出我們其實是一個聲音，我們根本是同一個聖靈之聲。

我們一路講下去，你會愈來愈明白的。

葛瑞：嘿，我有個奇想，J兄釘十字架以後，曾顯現給你的前生多瑪斯，還讓你摸他一下，證明他是真的，對不？不知道我能不能也摸你一下，看你是真的還是假的？

白莎：好吧！你要觸摸我哪個部位？

葛瑞：嘿！你是在勾引我，還是我心中有鬼？

白莎：是你心中有鬼。我是指你那不可告人的「性癖好」，你觸摸女人身上某個部位，會產生很大的快感。對別人來講，那部位一點都不性感，連你以前的女朋友都不知道你這怪癖。

葛瑞：唉，什麼事情都瞞不了你！

白莎：別怕，我不會向別人透露的，等下回進入「性」的主題時，我們再來談此事。現在言歸正傳，來啊！摸摸我的手及臂膀，就像多瑪斯當初觸摸J兄一般。提到那次的顯現，可把我們嚇死了，因為我們親眼看過他的屍體。

（我走過去，坐在白莎身邊，摸摸她的手臂，感覺就跟真人沒兩樣。然後，我謝謝她，回到原來的座位上。）

葛瑞：小姐，你可是貨真價實！

白莎：不會比世上任何東西更真實吧？一切都在你心內。謝謝你沒縱容你的怪癖，這讓我想起一件事，你曾在夢中遺精，對吧！

葛瑞：這話題太隱私了吧！

白莎：別急，我只是想指出一點，當你在做那類春夢時，感覺很真實，是吧！究竟是哪一部分的你在感覺那女人呢？

葛瑞：你是問，我感覺到她身體的哪一部位？

白莎：老天，不！我是問，你在什麼地方真正感受到她的存在？

葛瑞：你是指我的心念嗎？

白莎：答對了！被你視為真實的這個人生大夢，也是如此。你感到它真實無比，但你在睡夢裡也有同樣的感受，連你的身體都會當真地作出反應，心跳加快、呼吸急促，我不必明講還有什麼東西變硬了。

葛瑞：我懂你的意思。《奇蹟課程》也這樣說，我的一生都活在夢裡。

白莎：所以，讓我們繼續討論下去吧！你才能早日覺醒，我知道，你未必隨時都想由夢中醒來。我們以後有機會再談你其他的夢，不管是夜夢或白日夢，千萬別忘了，人的身體也像夢中的魅影一樣，不會比它更真到哪裡去。

葛瑞：你是說，我若真能接受這一理念，對人對事的心態必會隨之改變。當我面對夢中人物時，我會這樣想：「我在你身上看到的罪咎，並非真的在你內，其實是在我自己之內，因為只有一個真的『我們』，你只是我在夢裡營造出來的偶像。我若想寬恕自己，必須先寬恕你，也只有寬恕你一途，因為你不過是我潛意識心念的一個象徵而已。你若有罪，我也一定有罪；你若是清白的，我也成了清白的。」

這樣，一舉便寬恕了我們兩人都沒有真正作出的事情。透過這樣的真寬恕，我的心才可能體會到自己的純潔無罪。這樣持續修下去，衝突自然會逐漸平息。表面看來，我好像一直在寬恕同樣的人；其實形體雖同，我所寬恕且釋放的內疚一次比一次更深。

在平安中，我更深地體會這個「心靈法則」：心靈的走向完全受制於它所接受的思想體系，縱使人間的學說五花八門，其實最後都不出聖靈與小我兩種體系。

只要我用心做好寬恕的功課，不論眼前的人讓我深惡痛絕或只是有一點不順眼而已，我隨時準備好寬恕，這樣，我敢確定自己已經與聖靈攜手邁向天堂了。唯有我願釋放自己的夢中角色，他們才有脫身的可能；隨後之事，聖靈自會照料，不用我來操心。對吧？

白莎：你學得真好，我的寶貝學生！其實，真實的你一直都在天堂裡，你只是不知道而已，你的心還意識不到自己從未離開過上主或天堂這一真相。如果你能相信我們與上主不曾真正分裂過，那麼上述的說法必然真實不虛。為此，J兄在我的福音中對天國做了這樣的描述：它不會因著你的追尋而來臨的，它絕不是人們所指的「看哪，在這裡！」或是「看哪，在那裡！」其實，天父的國已經遍佈大地，人們卻視而不見罷了。

他在《奇蹟課程》裡也問你：

你為什麼還在等待天堂？那些仍在尋找光明的人，只因自己蒙住了眼睛而已。光明此刻已在他們心內。24

若想揭開你眼睛的蔽障，調整你的心境，讓自己由夢中覺醒，你還有許多有待與聖靈合作的地方，才能悟出自己的本來面目以及你究竟身在何處。在你目前的處境下，要你相信這一套，確實不容易；但你該知道，你生生世世的輪迴搞得好像轟轟烈烈、可歌可泣，但是從心靈角度來看這一旅程，你其實一直都在原地打轉。若想親身證入上述的生命實相，你還得好好下一番功夫。

所以，該付諸行動了，多在寬恕上花點心思，無需對人聲張，只要默默地寬恕就行了。葛瑞，好好練習這部課程，別再愚弄自己了，以為只要向上主祈求，一切問題便會迎刃而解，千萬別掉入這個陷阱，那只是一種迷思（myth）而已。「我要的是上主的平安」那一課中，有這麼一句話：

只說這一句話，不算什麼。但真心說出這一句話，則代表了一切。25

隨後又說：

你若真心想要得到上主的平安，這等於聲明你願放棄一切夢境。26

因此，光是空談，是沒有用的，唯有寬恕，才能證明你真的想要上主的平安；你若不想在這個精神錯亂的星球繼續輪迴下去，就得踏實地做好「寬恕」的功課。借用一句你自己的話：不論什麼時候，不論誰出現在你面前，都是你操練真寬恕的機會，那些都是聖靈要你學的課程。

你未必做得很完美，可能連好都稱不上，有時，你甚至還得補修，但那都沒有關係；這個人或是那個人，在你記憶裡都是同一回事，寬恕他們，你就自由了，世界也一起得救了。我們第一次來訪時就說過：若想拯救世界，最好專心做你自己的寬恕功課，別去管別人的功課。這就是「寬恕法則」：

恐懼束縛了世界，寬恕釋放了世界。[27]

※若想拯救世界，最好專心做你自己的寬恕功課，別去管別人的功課。

世界對你顯得如此堅固結實，是因為恐懼把它綁得緊緊的。對我而言，世界一點都不結實，因為我已經寬恕了它，所以我對它的感覺就像你對夢的感覺那般不實。沒錯，我此刻能夠感覺到世界，但我對它的知覺只需達到足以讓我與你互動的程度就夠了，那種感覺極其微細。這就是為什麼當鐵釘穿入J兄肉體時，他並不感到痛，因清白無罪的心靈是不可能受苦的。有一天，你也會達到這種不可能受苦的境界，只要你能寬恕身體對小我幻覺的執著，聖靈便會將那幸福結局雙手奉上的。

十字架的訊息，已經被世人扭曲為一種犧牲的象徵了，那絕非J兄的原意。我當初也不了解，直到他再度顯現，向我們解釋了，他的生命課題乃是復活，而非十字架。他還說，死亡並不存在，身體真的什麼也不是。但我們門徒中仍有不少人（包括了後來的教會），都偏離了他的本意，把他的死亡解釋為上主要求的犧牲與補贖，那是錯誤的。

我們先前說過，你無需仿效他被釘十字架的表率；記住，你只需要了解它真正的意義，透過寬恕心態，具體應用在你自己的身體與外境上，就夠了。J兄在「十字架的訊息」那一節的說法，沒有比這更直截了當的了：

攻擊最多只能加害人身。很少人會懷疑身體確有攻擊甚至毀滅另一具身體的能力。然而，如果根本沒有毀滅這一回事，任何好似能被毀滅之物也就不可能存在了。如此，它的毀滅便不足以充當你憤怒的藉口。你若相信自己有充分的理由發怒，表示你不只接受了錯誤的前提，還在傳播這錯誤的訊息。十字架真正的訊息是：你無需把十字架視為一種攻擊迫害，因為你是不可能受迫害的。你若報之以憤怒，表示你已把自己視為不堪一擊的，這種看待自我的方式無異於承認了自己瘋狂失常。28

緊接著，他又說：

十字架的訊息簡單而明確：

只教人愛，因為那是你的天性。

你若賦予十字架任何其他的詮釋，表示你已將它扭曲為一種攻擊武器，忘了它原本的和平訴求。**29**

葛瑞：我的天，這番話確實說得擲地有聲！我以前讀過這一節，並沒感受到它的震撼力。我最好重新思考一下，究竟該趁早放棄，還是再加把勁！因我並沒有真的以他為楷模。

白莎：不錯，壯志可嘉！請記住，J兄要找的是教師而非殉道者。我身為多瑪斯時，並沒有存心找死，當我在印度受害時，連反省死亡的機會都沒有。

葛瑞：可憐的殉道者（Alma Martyr）！

〔譯註：作者故意借用Alma Mater（母校）的諧音。〕

白莎：哈，有意思！重要的是，別為自己尚未活出J兄的境界而氣餒。他那境界確實需要一番功夫，不是馬馬虎虎修一修就成的。

葛瑞：我一定會修的。

白莎：我知道，我們可不是胡亂選上你的，你其實比你知道的自己堅強多了，也比你認為的自己聰明多了。

選擇正確的老師需要智慧，你已經慢慢養成選擇聖靈的習慣了。別小看了自己，借用你投資生意的術語，好好在家研讀資料！你只要寬恕，「你的生命本質是愛」這類體驗便會來臨，像白日繼黑夜而至那般必然。這類體驗，也許不是當下就感受得到，但你的體會必然愈來愈深。

我給你一個指標，幫你記得寬恕，因為「記得」是最難的一環。你很愛J兄，對吧！

葛瑞：當然！

白莎：假如你能把自己遇到的每個人都當成是他的話，會不會讓你更容易記得寬恕？

葛瑞：我想會的，我願試一試。

白莎：《奇蹟課程》說來說去都不出這個觀念：所有人都一樣，都是基督。這觀念會提醒你如何看待每一個人，幫你記得他們若不是在表達愛，就是在呼求愛。雖說如此，當冤家現前或狀況突發時，你仍會禁不住報之以批判的心態，因為小我比你機靈多了。除了「燉鍋」式地煎熬著你的老問題以外，絕大部分讓你表現失態的，通常都屬突發狀況；小我最喜歡這類節外生枝的事件了，因為「天人分裂」本身就屬於這類意外事件。應付這類晴天霹靂，我再教你一招逢凶化吉的本事。

任何煩惱，從微微的不滿到大發雷霆，基本上都是同一個警報系統，它在警告你，你壓抑在潛意識下的罪咎已經開始甦醒，而且開始浮上表面了。試著把心裡的不舒服看成有待釋放出去的內疚，去寬恕自己心目中認定與此有關的那個象徵人物或事件。

> ❈任何煩惱，從微微的不滿到大發雷霆，基本上都是同一個警報系統，它在警告你，你壓抑在潛意識下的罪咎已經開始甦醒。

小我正好相反，它要你把內在的不舒服視為外在的問題，而且把它的原因投射到外面的人事上。因為小我處心積慮地想將你與內疚隔離，不讓你感受到它，你身邊的人或物只是讓它陰謀得逞的傀儡而已。

隨著「投射」而來的，必是「否認」。不論世界故意把問題搞得多麼錯綜複雜，人們其實只有兩個選擇餘地：不是把壓抑下去的內疚投射到他人身上，就是以正念來寬恕此事。你若真想克服小我，在事情發生之際立即化解的話，你就必須警覺自己的不滿或憤怒這類警訊，停止反彈，開始寬恕。唯有如此，你才贏得了小我。

葛瑞：還要記得這只是一個夢而已。

白莎：這是一切的主題背景。人們若還沒準備妥寬恕，是不可能接受你這觀點的；大多數的人一直在抵制真理，因小我不得不為自己營造之物的真實性加以辯護。因此，你也要寬恕那些不信你這一套、甚至認為你有神經病的人，你必須率先活出奇蹟理念才行。

別忘了，《奇蹟課程》可沒說，你不該在世上功成名就；它只提醒你，別把這些功名當真了，你真正的成就只在上主那兒。因為與祂在一起，你不可能失敗的；但你若在這精神錯亂的地球長此混下去的話，遲早會功虧一簣的。

算你幸運，這部課程開了你的竅，讓你看出這一切只是一場夢，整個娑婆世界，包括了你崇拜的偶像，都是你從另一存在層次所投射出來的「果」，而你在這一層次還會照樣地投射下去。J兄這樣提醒你：

夢出自你的選擇，你希望它怎樣，它就會怎樣，你卻把它當成外界加諸於你的遭遇。你的偶像只會去做你要它做的事情，它靠的是你賦予它的能力。你卻在夢中徒然追尋這些偶像，設法討回你賦予它的能力。

夢只可能出現於沉睡的心靈。你豈能把夢中景象投射於外而把這個夢弄假成真？我的弟兄，不要浪費時間了，好好學習認出時間的意義吧！**30**

時間存在的目的不過是為了給你一個寬恕的機會，這是人生唯一顛撲不破的答案，根據這一理念去活吧！神的孩子。

葛瑞：你是說，只要我記得寬恕，我還是可以照常去做我想做的事情；我可以一邊忙著扭轉自己的世俗之念，一邊照常去過我自己的日子，完成我的人生理想。只要我一看出這些理想原來是我想要取代上主在我心中的地位而在夢幻劇本裡投射出來的偶像，就趕緊寬恕一下就成了。

白莎：你抓到要點了。只要你還活在世上，不能不照料身體所需。金錢無法為你買來幸福，但金錢可以幫你買到食物、住處、衣物、社交工具等等好東西。就算你偶爾會為它們「小」題「大」作，倒也無妨，就是別把它們「假」戲「真」做了，因為你如今已經知道它們的真相了。

懂得真相以後，日子會愈過愈有意思，你再也不會大驚小怪。那些不知道真相的人，有什麼值得你羨慕的？美國總統仍然認為自己真的是美國總統，只要他把這夢境當真，這個夢境隨時有反過來傷害他（或是「她」，這是遲早的事）的能力。

葛瑞：你說過，你會給我一些寬恕的實例。

白莎：是的，我會用我最後一世的經驗為例，但我不會告訴你那究竟是發生在你未來的哪一世：阿頓日後也會分享他的寬恕經歷。時間已經結束了，你只是看不見而已；若要體驗這一真理，唯有「寬恕眼前一切」這一途。

你必須明白《課程》所說的：幻相沒有層次之分；奇蹟也不過是轉變你的知見而選擇聖靈的劇本而已。那麼，每一個奇蹟都變得同等重要。在我所謂的最後一世，也就是我悟道的那一世，我才徹底明白了，寬恕我的感冒，和寬恕別人對我身體的侵犯，都同樣的重要；這與寬恕自己因為心愛的人先我而去、隱隱生出的「被負」之感，也同樣重要。

如果你覺得這種說法太過無情，你可就錯了。我父母去世時，我會心痛，丈夫去世時，我也心痛過。然而，唯有你能心甘情願地寬恕自己心目中的悲劇，你才可能心甘情願地認清「天人之間根本沒有分裂」這一事實，原來都是一場夢而已，不是任何人的罪，更不是你的錯。

在那一世裡，我生為女性，恰好也是美國公民。奇蹟不分疆界，它不管你的出生種族。我之所以告訴你這些，只因我父母是東南亞移民，才會給我取了「白莎」的名字。我那時在一所高級學府任教，而且深以為榮。我生性安靜，朋友也不多，全心投入我的教職。當時我十分喜愛《奇蹟課程》，尤其在一切趨向通俗化、連靈性觀念都被俗化了的時代，我由衷感激J兄為我們這批高級知識份子留下了這部課程，把我們帶上了覺悟之路。

我無意洩你們的氣，即使到了二十一及二十二世紀，《奇蹟課程》所介紹的真理依舊無法迎合大眾的口味，只有少數一群人能夠領會。要等到五百年後，人類才真正消化得了這部課程。當然，在下幾個世紀，人們會逐漸接受這部課程確是J兄傳授的聖道，只是依舊難以滿足人們心理上對靈修儀式或規範的依戀。基督教或天主教也無需害怕這部課程，因為主流宗教還會在地球存留將近一千年的光景。

在我最後一世，我修這部課程整整四十一年，從四十三歲開始，直到八十四歲離世。我在離開肉身之前的十一年就已經悟道了，你也可以說是「復活」；我很難向你描述那十一年間須臾不離的喜悅之感。那種時間失去了意義、生命實相恆常現前的美妙感受，正是我一連好幾年有如上癮一般練習寬恕的結果。

人們常說：人生不過是一串接連不斷的事件；奇蹟學員的人生也是一串接連不斷的事件，只是它們全部轉變成寬恕的呼求，而你也一一答覆了。讓我再說一次，你不必刻意努力去愛人，只要你寬恕，愛便會自然流露，因為那是你的生命本質。

※你不必刻意努力去愛人，只要你寬恕，愛便會自然流露，因為那是你的生命本質。

葛瑞：一部課程讀了四十一年，不嫌太長一點了嗎？

白莎：那你就錯了，不論學不學這部課程，我都得活那四十一年，就看你想要安心還是不安心地度過下半輩子。

葛瑞：說的也是。

白莎：五十歲那年，我在那所名校任教已經十八年，我把一位功課不好的學生給當了。這男孩心理有問題，因為怕受到父母責怪，到我辦公室來威脅我說，我若不改他的成績，他會向外宣稱我用成績來要脅與他發生性關係；我若把他當了，他會告訴所有的人，那是因為他拒絕與我發生性關係的緣故。

雖然我手中擁有他的作業和試卷，一切有憑有據，當我拒絕擅改他的成績時，這位很會裝模作樣的病態學生還是訴諸大眾媒體去了。他輕易地找到一位急於立功升等的記者跟他聯手；不久，其他媒體也轉載了這篇報導；更慘的是，還有兩位功課不好的學生也出面附和，當中一位還是女的。

聲譽口碑和報考人數乃是名校最關切的兩件事，儘管我是無辜的，又已擁有終身職，他們還是找到了法律漏洞，將我革職，毀了我的教書生涯。

我簡直無法相信這一事實，為此沮喪了好一陣子，感到全校的師生都背叛了我，沒有人在意事情的真相。幾十年的教學心血毀於一旦，沒有犯下一個錯，我的事業就無疾而終了。自此以後，我再也無法在同等名望的學府找到同等高薪的教職。

還好，在我堅忍不屈的努力下，我還是找到一個差強人意的工作；一直到我退休，我還能為自己的貢獻而感到不虛此生。可想而知，那位男學生以及那群人對我做的事情，成了我最後一世最關鍵的「寬恕」考試，因我好不容易建立的生涯，全毀在他們的手裡。

葛瑞：的確是個不小的打擊，你怎麼應付過去的？

白莎：即使是這類「燉鍋式的煎熬」，一個一個影像排山倒海而來，你還是用同樣的方法，一個影像一個影像地處理。可慶幸的，這事發生時，我對《奇蹟課程》已經有相當深的認識了，因此，我的沮喪並沒有延續太久，這是《奇蹟課程》最棒的地方。即使受到那麼大的毀謗，讓你痛不欲生，只要你有寬恕的意願，那個痛苦便無法在你身邊逗留太久。光憑這一點，就值得你去操練這部課程了。

你若知道這只是自己的一場夢，那麼你冥冥中也明白並沒有所謂公平或不公平這一回事**31**；因為一切都是自己投射出來的，在某種不知名的緣故下，你得到自己潛意識裡求來的東西。其實這原是為了保存自己的個體存在感，才會順手把分裂的內疚投射到別人身上去。如今這些伎倆已經瞞不過我了。

我之所以說它是「燉鍋式的煎熬」，因為當時的厄運可說是接二連三地臨頭，等著我的寬恕，而我終於也能一件一件地寬恕了。

看到了嗎？我已經能夠逐漸習慣性地「記住」這只是我的夢境，夢中的角色只是應我這觀眾要求而演出的。經過七年的修持，我已能說服自己，那些人並非真正存在於我外，他們的背叛、我的羞辱，或是種種不公平的假相，其實並不存在。我一旦記住了這一點，便能順理成章地接受「這些人並非有罪之身」的結論。再說，他們若根本不存在，那麼那些罪咎感除了藏在我內，還會在哪裡？再推下去，如果我其實也不曾與上主分裂過，那麼我也不可能有罪，不是嗎？

這一歷練確實不容易，但我做到了。不論哪個事件或人物出現於腦海或面前，我都能夠一一寬恕，同時也寬恕自己。那一刻，我不再定別人的罪，而著眼於我們雙方共有的純潔無罪之本性。

既然這只是我作出來的夢，象徵我潛意識的心念，他們怎麼可能有罪？你必須真正悟出外面除了基督之外，別無他人，你才能夠給人寬恕與無罪的禮物。《奇蹟課程》這樣提醒你：

唯有給出這份禮物，你才可能享有這禮物的祝福。32

當我寬恕以後，我更信任J兄了，他在我心目中等於聖靈。我再三提醒自己，不論此生能否平反，都不重要，只要與J兄或聖靈一起寬恕，一定會有善果的，因為：

奇蹟是永不失落的。它能夠感動許多與你緣慳一面的人，為遠在天涯海角之人帶來不可思議的轉變。33

葛瑞：你是指阿頓目前所在的那個境界？

白莎：是的。奇蹟不只影響你存在的時空領域，還能影響其他的時空領域，包括了你的過去世和未來世。

葛瑞：酷！雖然你輕描淡寫地說出這一段陳年往事，但我感覺得出，事情並不像你說的那麼容易。

白莎：噢，葛瑞，我只說它很簡單，從未說過它很容易。我甚至會說，它真的很難。最難的是，你在四面楚歌的情勢下還得記起寬恕這檔子事，有時真感到那是不可能做到的，其實，它是做得到的，而且很值得這樣做。

在我的經歷中，寬恕的過程折騰了我好幾個月；即使數年之後，想起此事，心裡還有一些痛處，等待著我寬恕。你一生最難寬恕的課程通常都得經歷相當長的一段過程；在這過程中，你會懂得，這跟寬恕你每天碰到的芝麻小事一樣重要；最後，你明白了，它們根本是同一回事。

練得愈勤，愈快熟能生巧，慢慢地，你會感到得心應手。關鍵就在：你得身體力行，絕不中途而廢！

現在，我要給你一個好消息以及一個壞消息，你想先聽哪一個？

葛瑞：我需要聽聽好消息，你很清楚我的個性有多樂觀！

白莎：好。當《奇蹟課程》說：「為什麼還在等待天堂？」它的意思是，在你此時此刻的存在層面，就能體驗到上主的平安。我們說過，與聖靈結合，發揮你的正念，這種慧見能造就天國的境界，不必等待來世的幸福。你只需選擇「神聖一刻」，便能經驗到那種平安。不過，你需要累積很多這類經驗，才能抵達「最神聖的一刻」，也就是徹悟之境。

現在該講壞消息了，其實它沒什麼壞！我若告訴你，你還需要很長的一段時間才能大徹大悟，你大概會失望吧！

葛瑞：當然會。

白莎：我不會告訴你究竟還需多久的時間，但至少不是今天。讓我問你一個正經問題：你若不修聖靈的寬恕的話，X年以後，你可能悟出什麼境界？

葛瑞：我懂你的意思，你是要我在「快一點開悟」和「慢一點開悟」之間作個選擇。答案就不用我來說了。

白莎：你真是個超時空的聰明學生。你可記得，當我們告訴你，我們的訪問前後會長達九年，你曾問：是否把你編到低能班了？

葛瑞：記得。

白莎：我們說，並非如此，而是因為修這門課程需要經歷一段過程。每個人都得經過，除非你是個已經開悟的靈修天才，這類人，世上大概不會超過二十位。我說的壞消息就是：你跟其他人一樣，在這過程裡，還需投入相當的時間與努力，為此我們才會一再叮嚀：這是一輩子的心靈之旅。但是，你一路上也會接到豐富的回報，美妙得超乎你的想像，只是它們通常都得經過一段艱難的考驗。〈教師指南〉提過這種「動盪階段」：

> 此刻，他感到自己正在追求一個可能歷經百千萬劫也未必達到的境界。因此，他必須學習放下所有的判斷，不論面對什麼處境，他只能捫心自問：「我究竟想在這事件中得到什麼？」[34]

你必須通過那一考驗，才可能抵達所謂的「完成階段」，邁入真平安。35

葛瑞：容我打個岔，免得我忘了。其實真正令我如坐針氈的，通常不是我批判別人之時，而是人們批判我的時候。

白莎：啊！葛瑞，你可知道，他們對你的批判其實正是你對自己的批判，只是這回，這個批判在你眼中好似由外而來的。別忘了，那些人根本就不存在！我知道，外表上，他們明明就在你眼前，而且那些批判明明是你由外面聽到的，但請相信，真的不是這樣的。

當你寬恕別人時，你其實是在寬恕隱藏在你心裡的那個東西；他們所呼求的愛，也代表著你對愛的求助。

> ※他們對你的批判其實正是你對自己的批判。

葛瑞：那麼，當我在寬恕時，是否應該表現得恰當而得體？

白莎：不必！

葛瑞：我不必在心裡想好表達的詞句？

白莎：你無需顧慮自己表達得是否得體。你只要了解了寬恕的真相，它便永遠成為你生命的一部分。這就是為什麼我們一直叮嚀你再深入研究下去的緣故。如果這類意念成了你起心動念的主流，毫無疑問的，聖靈已經在你心中作主了。

把這些指標想成幫你節省時間以及讓你事半功倍的助緣吧！說得更簡單一點，你若能想起我今天跟你說的任何一個觀念，就表示你已經選擇了J兄或聖靈作你的導師，進入了「神聖一刻」。

你只要記得這樣寬恕（我是指超越時空的量子飛躍式的而非牛頓力學式的思維方式），把弟兄姊妹都看成像你一樣純潔無罪，那就是「奇蹟」。你若能放下小我的「特殊關係」，與所有弟兄姊妹結合於同一個基督內，你們便成了「神聖關係」。

只要你肯發揮這些奇蹟理念，你不會走偏的，也不用表達得如何合宜得體，聖靈知道你的用心。但你總得先把這些觀念放入自己心裡，它才有朝一日成為你思想的主流。

記住這個原則以後，現在我可以做總結了。下面，我會給你一個具體的「寬恕思維過程」。只是記得，隨時警覺小我帶給你的意外！你若真想達到這部課程所說「只為上主與天國而儆醒」的境界，你需要一顆相當敏銳的心[36]。它這樣提醒你：

奇蹟必然出自一種奇妙的心境，也就是與奇蹟相應的心態。[37]

下面的思維過程中所謂的「你」，可以套用在任何人、環境或事件上，只要把握到基本原則，你可以隨機應變。請記住，只要你肯寬恕，不論你記不記得向祂祈求，祂都會幫你除去潛意識的內疚，甚至藉你而治癒整個宇宙的。

那是祂的本分，祂會善盡其職，只要你別忘了你的本分。即使現在不做，你遲早還是得做的。你若把祂的寬恕忘得一乾二淨，我敢保證，小我還會繼續提供類似的劇本，直到你學會為止。

「真寬恕」思維過程的範本：

你並非真的存在那兒，
你只是我營造出來的形象而已，
如果我為你定罪，視你為我問題的肇因，
那麼，我認定的那個罪咎與恐懼必然存於我內。
既然上主與我不曾分裂過，
我理當寬恕我們兩人實際上並沒有做出的事情，
於是，這兒只有純潔無罪，
我已與聖靈結合於平安之境。

希望你盡量多用這個範本，熟悉寬恕的思維過程，直到它變成你的第二天性為止。

葛瑞：我蠻喜歡的。此後，當戰火一起，我只需記得用這思維方式去想就成了。

白莎：葛瑞，放心吧！在你憶起真理實相之際，戰火便已結束了。

我現在要離開你了，我知道你會寬恕我的。J兄在下面這一段話裡透露了，你們遲早會聽他的話，誠心練習真寬恕的：

> 地獄的遺跡，隱秘的罪咎、深埋的怨恨，從此一逝不返。它們企圖覆蓋的美善，得以再度呈現於我們眼前；它像天堂裡的碧綠草坪，將我們舉起，飛越你過去不識基督時所走的荊棘之路。[38]

接受了白莎開導之後的幾個星期，我察覺到自己對讀書會的一位朋友頗有反感。這位老兄嗓門大還不說，一開口就滔滔不絕，常常把我們討論的時間佔去大半。

他對《奇蹟課程》的認識確實驚人，除了我所認識的奇蹟名師或名嘴以外，大概沒有比他懂得更多的學員了。問題是，他老是愛用理性上的知識證明自己是對的，別人是錯的；而忘了把這知識用在寬恕上。這是奇蹟知識份子常不自覺落入的小我陷阱，好像擺出一副姿態：「瞧我，我懂得比你多得多，我一定開悟了！」

這位朋友在讀書會裡的表現，幫我更深地意識到：懂得多少不重要，怎麼活出來才重要。真的，我若知道如何寬恕卻不實踐的話，是不可能回到家的。話說回來，若非這位磨人的仁兄佔用了我們那麼多的討論時間，我豈有機會實驗一下剛學到的「寬恕思維」？

他那高亢的宣講聲勢，除了在向愛求助以外，還可能是什麼？我除了透過寬恕，清除愛前面的障礙以外，還有什麼更好的途徑去體驗愛？我願假定白莎與《奇蹟》這部課程的方式可能是對的，所以，當我在讀書會裡靜聽這位朋友的高談闊論時，我試著去了解，他並不真的存在那兒，我只是在夢中，是我夢出他這一形象的，想要把我自己不安的原因栽贓到他身上。

在小我的劇本裡，他成了問題人物，我並沒有毛病；如今，我已能轉變自己的想法，我甚至無需挖出他究竟象徵了我的哪一類內疚，關鍵只在寬恕，聖靈會照料其他的相關問題。

如果分裂根本就不存在，這傢伙不可能在我之外；而且，如果天人分裂只是我們的幻覺，那麼我倆都不可能是各自獨立的個體，因此，我眼前這人也不可能真的在那兒。這樣，我便已發揮了慧見，以「他全然無罪」的心態來看待他，看到他的純潔無罪，便不難為那些根本不曾真正發生的事情而寬恕他了。我私下常自責的某些內疚也在這慧眼下一併寬恕了，我把這位弟兄釋放到聖靈的平安中，我也與他一起解脫了。

我知道，這段插曲只能算是一小步，我將來碰到更難纏的人物或更不順心的環境時，難免還會寬恕得於心不甘的。奇蹟在聖靈眼中沒有大小之分，在小我眼中可不是那麼一回事。我大概不會老是甘心把顯現在別人身上的問題看成是自己的投射；但我若真想練習這部課程的話，不能不正視這種抗拒的傾向。

說實話，寬恕自己不夠認真地操練這部課程，也是一個必經的過程。我若不敢正視小我，哪有寬恕及化解它的機會？而小我一定會使出渾身解數，不讓我輕易寬恕的。

我內心確實有不少的抗拒，但不可否認的，我也有不少堅持。有時只需一秒或一分鐘的時間，有時得拖上半個小時或一整天，但只要我一意識到批判的利刃在心裡開始抬頭，準備好要怪罪外面的某個人或某件事時，我總能及時改變自己的想法，予以寬恕，記起這些弟兄姊妹的真相。我相信，如此我也必會記起自己的真相的。

只要我肯這樣做，我這平凡的一生也許會變成偉大的一生，而世上沒有一個人知道。因為畢竟說來，練習真寬恕時，世界知不知道我，或它如何認定我，其實已經跟我毫無關係了。

8 悟道

悟道不過是一種體認，它不曾改變任何東西。1

自白莎離開後那個下半年一直到一九九五的上半年為止，我把握了每一個練習寬恕的機會，而現實生活中也不乏操練的機會。我由最近發生的事情開始，然後，過往的舊事也會慢慢浮現，我也以同樣的心態去寬恕記憶中的人事恩怨；最後也是最難放下的，則是我對未來的掛慮。我知道，在《奇蹟課程》的眼裡，這些操心掛慮就跟小我的魔術帽子裡跳出來的兔子是同樣虛幻不實的。

不論我想起的是最近的或是過去的事，小我都會從記憶庫裡幫我調出數不清的「糗事」清單來壯大它的聲勢，它存心不讓我享受當前可能的幸福感，我很熟悉它這種伎倆。不論我是為自己的言行而懊惱，還是厭惡他人的行為，過去的辛酸記憶常會趁虛而入。小我存心不讓我快樂地過日子，此刻，我唯一能做的便是把這些幻相帶到真相前；聖靈即是這個真理實相，祂隨時準備好撤銷我對自己或弟兄所提出的任何控訴。

根據過去幾年的心靈探索，我知道所謂的修行，就是去修那些我不會自然而然去做的事情。百千萬劫所累積成的習氣與思維方式，不是一朝一夕改變得了的；然而，最近的經驗卻告訴我，這是做得到的。

幸好，〈正文〉不厭其煩地細述了世界如夢如幻的本質，這觀念已深深打入我的心中。〈練習手冊〉也處處反映了這一觀念，雖然未必明顯地點出，倒是在「何謂寬恕」這一課裡提綱挈領地道出了救恩的單純本質：只需看透娑婆世界不過是一場夢，只要寬恕出現於眼前的形象，就這麼簡單。

> 寬恕就是認清了，你以為弟兄做了對不起你的事，其實不曾發生過。寬恕不會因為原諒他人的罪而反倒把罪弄假成真。它在其中看不到任何罪過。而你自己所有的罪過就在這一眼光下一併寬恕了。2

我也懂了《課程》中提到的「昏睡」狀態，不外乎心理學裡的「否認」或「壓抑」心態。大體來講，「否認」之後，必會「投射」，換句話說，我夢中的一切不論是有情生命或無情生命，都是同等地虛假不實。這類觀念連我這麼喜歡玄學的人有時都感到難以消化；但我若相信這部課程中無遠弗屆的寬恕力量，上述觀念一定假不了的。我的一生只是一場夢！實相就在當下，我只是覺察不到而已。所以我只需在人世的層次好好作我的「寬恕」作業，這是化解我潛意識的內疚的唯一途徑；至於其他我看不見的那一層次，聖靈自會照料。

由於白莎上回來訪時提到「覺悟」，我開始動手去查《奇蹟課程》裡的相關說法，希望下回見到老師時，能夠談得深入一點。我也暗自希望自己不必拖那麼久才能開悟，希望找出一些加速成就的訣竅。

到了四月，翹首企盼之中，緬因州的春天總算來臨了，阿頓與白莎的訪期也近了，我知道他們會來的。有一天下午，他們如期出現。

白莎：嗨，「寬恕小子」，世界還好吧！

葛瑞：還撐得下去，這不是我的功勞，因為我一直忙著釋放它。

白莎：你還記得阿頓吧！他覺悟之前，要小聰明的本事可能比你更加「技高一籌」呢！

葛瑞：難怪我看你挺眼熟的！你在另一存在層次幫助聖靈把我的心靈治癒好了沒有？

阿頓：我們盡力了，但你病入膏肓，已經回天乏術了。我只是說著玩的！

時間與空間都幫你調整過了，多虧你自己的寬恕。某些事件與外境再也不會發生，因為你不需要去修那些課程了。你會作出一些決定，讓自己免掉不少自我懲罰之苦。這類事情，一般來講，你自己是覺察不到的。

葛瑞：能否舉個例子？

阿頓：沒問題。三個星期前，你去看電影時，不知道該選哪一部片子，結果你選了一部讓自己倒盡胃口的片子。

葛瑞：我記得這事，那部爛片子浪費了我寶貴的兩個鐘頭。當然，我馬上就寬恕了自己，嗯，幾乎可以說是「馬上」吧！

阿頓：不可能所有的電影都是好片子吧！你事後反問自己，我當時為什麼不去看另一片？它一定比這一片強多了。

葛瑞：難道不對嗎？一個禮拜以後，我看了第二部片子，確實不錯。

阿頓：你對電影品質的評斷也許正確，但你的判斷卻可能與凡夫同樣短視。你前一個禮拜如果選了那個好片子的話，會在不同的時間散場，在回家的路上，你會發生車禍，而且傷勢不輕。

葛瑞：你不是唬我的吧！

阿頓：我不會開這種玩笑的。雖然我知道世間的一切都虛幻得很，但我不會拿它們開玩笑的。

你的寬恕功夫已經讓你在心裡開始懷疑自己的罪咎了，有幾次你原本很可能想懲罰自己，結果沒有這麼做，而你對背後的原委卻一無所知。你以為自己選錯了電影，那個片子讓你大失所望。你所做的大大小小的決定，結果可能差強人意，但你無法看見那個決定其實讓你逃過一劫，甚至還推了你一把，讓你把寬恕推恩給其他心靈，包括你自己的其他幾世。在上主之內沒有不可能的事情，我在此是指心靈層次。

葛瑞：真是不可思議！

我現在提此問題可能太膚淺了一點，但我一直想問，所以趁我還記得，先問一下：既然心靈的力量如此強大，為什麼不多從物質世界的層面行奇蹟呢？

阿頓：葛瑞，那可是相當崎嶇的一條路。物質界的奇蹟當然是可行的，因為「一切唯心造」，所有心電感應也都是可能的，因為心靈本來就是一體的嘛！[3]

但為什麼要把時間和精力浪費在虛幻的「果」境中，你明明可以直搗「因」地，直接在「心」上下功夫？真正的關鍵在於你想要多快抵達你要去的地方？為什麼要如此耽擱自己的前途。就像有些人，把生命浪費在「正義戰勝邪惡」的戰爭上，其實他們在世上所看到的戰爭，只是象徵人類心裡正念（或善念）與妄念（或惡念）之間的衝突而已，這一切其實都發生在分裂的心靈之內，而不在外面。

> ※但為什麼要把時間和精力浪費在虛幻的「果」境中，你明明可以直搗「因」地，直接在「心」上下功夫？

只要寬恕一下就成了，還可省一點機票錢。在寬恕中，你上天堂的速度比飛機還快一千倍。等你寬恕以後，如果聖靈要你留在世上幫助一些人，你就好好去做。只要記得在做的同時，還得繼續寬恕下去。

我們正好回到了這次要談的主題了，就是你的開悟問題。在此，我們最好先澄清一下：我們不打算一網打盡《奇蹟課程》中所有的相關主題，我們也不希望你一次寫出九百頁的史詩來。即使我們的訪談有結束的一天，到時候你還是會繼續研究下去的。

葛瑞：沒問題，反正《奇蹟課程》的書錢都已經花了。為什麼你們不能繼續現身於我呢？你透過聖靈向我說話與透過目前的形式說話，真有不同嗎？

白莎：沒什麼不同，都在你的夢裡，葛瑞。等我們預定的訪談計畫結束以後，你若真的還希望我們繼續現身的話，我們會來的，否則好像太絕情了；但你該明白這種現身本身一點都不重要。

現在言歸正傳吧！你既然花了錢買這本書，甚至還研讀下去，那麼你該明白J兄所說的，當你在昏睡之際，

> **你還有另一生命，完全不受小我干擾地繼續存在，即使你存心與它斷絕關係（dissociation），也改變不了它分毫的。**[4]

等你徹底覺醒後，以前看起來真實無比的，如今你已能看出那只是個無聊的夢，棄之如敝屣；至少你會看出它的無意義。你連昨晚某些夢都記不起來，你這一生以及其他幾世也會這樣消失的。當所有的人都抵達了同一悟境，整個娑婆世界便消失了，只剩下真神的世界，那便是天堂。

在這兒不妨說明一下，覺悟的境界與「瀕死經驗」一點關係都沒有。《奇蹟課程》說過，意識是心靈第一次分裂之後才出現的，意識本身就是心靈已經分裂的象徵。當身體的功能告終之後，意識繼續存在，這是你無需害怕死亡的另一理由。

不管是聽聞或親身經歷瀕死經驗的美妙，人們並不了解那短暫的美妙只是跟肉體生命對比之下而生的感受。試想一下，你一旦由身體的痛苦和限制中脫身，突然經驗到更大的靈

覺境界，即使仍是分裂的，你不可能不被震撼。可是人們無法告訴你整個實情，如果能夠的話，表示他們經歷了完整的過程，那麼他們一定已經死了。當然，死去的只是他們的身體，他們還會繼續進入下一個虛幻人生的。

真實情況是，這種震撼性會因為隱藏在潛意識裡的內疚敗部復活而逐漸打散，於是迫不及待地再度投胎，只因他們無法赤裸裸地面對那個罪咎感以及對神的畏懼。除非心靈已經全然被聖靈治癒了，否則你是逃不出這一輪迴的。

有些佛教徒想要中止輪迴，故在睡夢中修「夢瑜珈」，用意是訓練自己在夢中保持覺知。這樣鍛鍊自己的心識，當死亡來臨時，他們方能作出不轉世投胎的決定。

這是個很聰明的方法，然而，潛意識裡如果還有內疚在作祟，它就無效了。如果潛意識的內疚已經徹底治癒的話，那麼，根本不必等到死後才成就。總而言之，我們要提醒你的，就是不要把瀕死經驗中的剎那喜悅和覺悟之境混為一談。悟道通常都是在你虛幻的某一世發生的，你的心靈必須先由夢中覺醒，你與身體的瓜葛才算一刀兩斷。

> ※不要把瀕死經驗中的剎那喜悅和覺悟之境混為一談。你的心靈必須先由夢中覺醒，你與身體的瓜葛才算一刀兩斷。

我在第二次來訪時曾提到我的福音中有一段跟這主題有關。

葛瑞：我以為你忘了。

白莎：鬼靈精，如果我忘的話，一定是有意的。這一段話在 Nag Hammadi 版本中編號第五十九：

趁你還活著的時候，眼光轉向生活的主吧！否則等你死時，想要去看生活的主，卻無法看到了。

所謂「生活的主」在此是指聖靈，祂是基督與上主在世的代言人。當你仍然活在身體內時，就得仰望祂，才能得救，你是無法等到什麼「來世」或「彼岸」再開悟的；你得在此時此地慢慢修練寬恕。

天堂，絕不是外在某個強權因為你的善行或巧言思辨而賞給你的獎勵。只要你肯以聖靈為師，接受祂教的那一套寬恕，你便會看見自己身邊充滿了幫你悟道的象徵人物。

葛瑞：好了，我懂了。你言下之意，當年使徒保羅揚棄了心靈復活的概念而高談身體復活，根本搞錯了？

白莎：是的，很不幸，後人把保羅的書信當成福音一般，字字當真。他之所以會有這種想法，因為他相信《舊約》所說的一切。我們先前強調過，基督教只是新瓶裝舊酒而已。你只要讀一讀〈以賽亞書〉（*Isaiah*）第五十三章第五到第十節，你會看到整個基督教的神學信念都在其中。保羅在這一思想模式下，怎麼可能認為復活根本是心靈而非肉體層面的事情？

復活與人的身體一點關係都沒有，相信身體會復活的人，不可能不重視身體，這簡直是跟J兄的教誨唱反調。他在《奇蹟課程》中講得不能再清楚了：

救恩是為心靈而設的，你只能從平安中獲得。心靈是唯一有待拯救的對象，平安則是得救的

唯一途徑。5

他同時教你，若要獲得這一平安，必須寬恕眼前的幻境。於是幻相企圖掩飾之物，終於昭然若揭了，成為獻給上主聖名的祭壇，上面刻著上主之言，壇前供著你的寬恕之禮，而你對上主的記憶也離此不遠了。6

你若知道兩千年前，心（heart）與心靈（mind）原是指同一物，會有助於你的了解。當J兄說「觀照你的心（heart）」，是指你整個存在，而不是你心裡對世人行為或流行神學的感受，他要你檢查你的心靈（mind），寬恕你的弟兄姊妹，然後才能憶起上主的臨在。你的復活等於你的「再度覺醒」。7

因此，覺悟或是復活，就是由夢中覺醒而看清了那始終如是而且永恆如是的真相。

葛瑞：真正的寬恕必會導向這一結局？

阿頓：正是，老弟！只要繼續去做你近來一直在做的事情，長此以往，你不會走偏的。葛瑞，你老是擔心自己不知道還要混多久，放下這層顧慮吧，《奇蹟課程》說了：

唯有無限的耐心才能產生即刻的效果，這是你此生必修的課程。8

葛瑞：我已經在努力了嘛！我想，悟道之後便會證入絕對的真理。你在以前的一次訪談中曾提到過，當你進入「悟道」這一主題時，你會告訴我那一語道盡絕對真理的幾個字，我已經能夠猜出是那幾個字了，但我寧願聽你說。

阿頓：事實上，你也能由啓示之境中瞥見那絕對真理。啓示是上主親自與你交流，它反映了天堂的交流方式**9**。上主從來不用語言的形式說話，那些自認為聽見祂聲音的人，通常都是聖靈的聲音交雜著自己的想法，這是追求靈性的人常會碰到的現象。

在啓示境界中，上主只會默默地通傳給你祂的愛，那是超越世上的經驗，更超乎一切言詞。有時人們在悟道之前會有此經驗；但往往未必如此。如果無此經驗，也大可不必自貶，每個人的靈修途徑都不同，但通往上主之道最後都得回歸寬恕那兒。

葛瑞：我問的那幾個字呢？

阿頓：你窮追不捨的精神總算有了賞報，好兄弟，〈練習手冊〉是這樣講的：

我們只能說：「上主永恆如是。」然後便緘默不語，因任何言語在那真知之前完全失去了意義。沒有唇舌配談論它，它此刻所領悟的全然超乎自己的境界，也不是心靈任何一部分的感知能力所能體會的。它已經與那生命之源結合了。它與生命之源一樣：它就是它而已。**10**

葛瑞：上主永恆如是（God is）！這就是絕對真理！J兄在世時也常跟你談論這個答案嗎？

阿頓：是的，「上主永恆如是」這一句必須由「純粹一體論」的角度去懂。上主永恆如是，其餘的一切都不是，人們不難了解前半句話「上主永恆如是」，但要接受後半句話「其餘一切都不是」，就非常難了。為此才緊接著一句「緘默不語」，因為其他真的什麼也沒有。

你可記得禪宗的公案「隻手之聲」——只用一隻手拍掌是什麼聲音？EST 訓練營也常用這公案來逼問學生。

葛瑞：沒錯，他們從未告訴我們答案，反正，禪宗公案未必有答案，它們只是幫助人們破除舊有的思想模式而已。

阿頓：這話不假。但這個問題若套在上主身上，是有答案的，你猜猜答案是什麼。

葛瑞：我不敢說。

阿頓：從「上主永恆如是，其餘的都不是」這個思路來想，一隻手拍掌是什麼聲音？

葛瑞：什麼聲音都沒有，答案是「無」。

阿頓：答案正確，孺子可教，葛瑞。一隻手拍掌的聲音是「無」，因為真實的一體性在娑婆世界之外，那兒是沒有聲音的。有了二元以後，才有各種互動和衝突；但在道地的一體性之內，只有上主存在，祂內沒有可分割的部分。只有「上主永恆如是」，沒有任何「他物」作為你覺知的對象。

> ※上主永恆如是，其餘的一切都不是，人們不難了解前半句話，但要接受後半句話「其餘一切都不是」，就非常難了。

知道了絕對真理之後，你有何感覺？

葛瑞：很酷！這是否表示我已經覺悟了？

阿頓：不是，你若悟道了，你便已徹底由夢中覺醒。但是，即使你仍活在身體的假相內，你還是可以看到《奇蹟課程》所謂的「真實世界」的。11

等你徹底寬恕了世界以後，你只會「看到」真實世界，因為那兒不再有潛意識投射出來的罪咎。放眼望去，你只會看到純潔無罪，因為它反映的正是你自己的純潔無罪，也就是純潔無罪的基督自性。那是J兄當年的見地，也是他如今要教你看到的。

葛瑞：我很願意學。說到純潔無罪與寬恕，某些瀕死狀態的極喜經驗，還有我仍活在身體內就已有過的神秘經驗，是否都只是寬恕的象徵？

阿頓：極好的見地！答案是「對的」，你分裂的心會被你心中聖靈臨在的那一部分所寬恕而得到治癒。你所有的經歷，包括看到我們，都很可能是你在悟道之前已經寬恕的象徵。悟道是超越分裂之境的，放心，你遲早會抵達那兒的。

我們並無意輕視人們在悟道之前所經歷的種種體驗，只是特別提醒你勿偏離了目標，你才能更快抵達《奇蹟課程》要帶給你的境界：

人間不可能有放諸四海皆準的神學理論的；然而，放諸四海皆準的經驗不只是可能，而且是必須的。**本課程的目標就是指向這一經驗。12**

放諸四海皆準的經驗，是指上主的愛。《奇蹟課程》雖然重視經驗，它卻聰明地採取理性路線，為已有修持基礎的心靈引出那些經驗。為此，我們一再鼓勵你繼續鑽研下去，勤修你的寬恕功課。

你在音樂界混了一段時間，自然知道技術性的知識對整個樂團的重要性；靈修也是這樣，只是大部分的人尚未意識到而已。你必須先有技術性的基礎，才能把你的天賦發展到頂峰。

葛瑞：那麼，我最好在此把觀念澄清一下，看看我是否真的把握了你的真傳。我知道這一堆術語幾乎都是同義詞，時間既然不存在，那麼這些事情必是同時發生的，我把它理出一個直線式的脈絡，只是幫助我自己了解而已。

開始時，一定要寬恕以及選對了心靈導師，我記下了幾段引言，在這兒唸一下：

你只要與我結合，小我便無法從中作祟，因為我已徹底棄絕了小我，不可能與你的小我同流合污。因此，我們的結合便成了你棄絕小我的捷徑。13

因此，我無需利用幻相來保護我的幻覺，抵制其他人的幻覺，只要寬恕就行了，它會引領我邁上天堂之路的，這是已定的事實。它好比用「邁向真理的夢境」來取代「遠離真理的夢境」。《奇蹟課程》對救恩作了這樣的解釋：

它也僅僅代表了一個幸福美夢而已。它只要求你寬恕「沒有人真正做過任何事情」，不再著眼於那些不存在的事，以及把非真之物當真。14

「幸福美夢」是必經的階段，如果有人把我雙腳站立的時空地毯猛然抽掉的話，我很可能承受不了，因分裂之夢對我仍然太真實了，猛然被喚醒，我會受不了這種驚嚇的。

這夢如此的可怕，看起來又如此真實，你此刻若喚醒他，他一定會受到驚嚇，冷汗涔涔。你

應在喚醒他之前將他領到比較溫柔的夢中，安撫一下他的心靈，他才可能心無畏懼地迎向愛的呼喚。他需要一個溫柔之夢，與弟兄重歸於好，如此才能療癒他的痛苦。15

他也是我的朋友，因為沒有他，我便回不了家，寬恕我眼中弟兄姊妹的形象，是唯一跳脫地獄的途徑，因為它們只是象徵出某一部分的我。《奇蹟課程》這樣問：上主這樣請求你：「釋放我的聖子吧！」你若明白祂要你釋放的其實是你自己，你還會充耳不聞嗎？16

只要我在寬恕的幸福美夢中累積足夠的「神聖一刻」，我的小命就保住了，或者說，造出這小命的心靈便得救了。

阿頓：真不錯，葛瑞，你可以寫書了，如果這是你真正想做的事。既然我們已經提到你的復活這一主題，也讓我誦唸一兩段《課程》裡的話。我會簡要地介紹一下它是怎樣教你「告別娑婆世界」的。你說的沒錯，這事確實是當下同步發生的。我先唸幾段〈教師指南〉裡有關復活的說法：

簡單地說，復活就是克服或超越死亡。是再度覺醒，或是重生，它顯示出心靈已經改變了它對世界的看法。17

它接著又說：

復活等於否定死亡，肯定生命。世界整個思維體系從此徹底扭轉過來了。18

當你徹底由死亡之夢覺醒，證入復活境界時，
一切有情生命也都反映出了基督的聖容，沒有一物會困守於黑暗而無緣親炙於寬恕的光明。19

你一旦看見了基督的聖容，
課程到此結束了。從此以後，你無需任何指示。你的眼界已經徹底修正，所有的錯誤也都化解了。攻擊成了無聊之舉，平安已經來臨。本課程的目標到此功德圓滿。所有的心念都已遠離地獄而回歸天堂。所有的渴望也都得到了滿全，你還會有什麼遺憾？20

終有一天，每一個分裂的心靈都會證入復活或悟道之境，每個心靈（在此提醒一下，不是每個人，而是每個在夢裡輪迴了上千次的心靈）終將由夢境中覺醒，那便是基督的「再度來臨」。

基督再度來臨是發生在時間內卻不受時間左右的一個事件。任何人，不論是過去已逝的，或將要來臨的，或是活在現在的，都會平等地由自己營造的束縛中解脫出來。就是在這平等性中，基督恢復了祂唯一的本來面目，上主兒女由此而認出了他們原是一個生命。天父向聖子展顏而笑，因聖子是祂唯一的創造，也是祂唯一的喜樂。21

葛瑞：這幾段話真是說得極好，我們離開天鄉時原是一個，回歸天鄉時也是一個。

阿頓：是的，但說到究竟，你根本不曾真正離開過。因為不論你怎麼作夢，也改不了你安然無恙地活在上主內的命運，當整個上主兒女的奧體（Sonship）準備好之時，也就是上主給出最後審判的時刻。

※我們離開天鄉時原是一個，回歸天鄉時也是一個。但說到究竟，你根本不曾真正離開過。

上主的最後審判不外是：「你仍是我的神聖之子，永遠純潔無罪，永遠慈愛，也永遠被愛，你如自己的造物主一般無限，全然不變，永遠無瑕可指。因此，覺醒吧！回到我這兒來。我是你的天父，你是我的聖子。」**22**

葛瑞：酷！你知道，如果要我在「受人審判」與「受神審判」之間作選擇的話，我會選擇「神的審判」，機會比較大一點。

阿頓：你永遠都有機會的，不過你剛才的決定是個明智的選擇。繼續把上主推恩於你的寬恕也照樣地推恩給你的弟兄姊妹吧！這樣你才可能真正擁有它。當每個人都完成了自己的寬恕功課以後，上主自會踏出祂最後的一步，歡迎這「集體性」的浪子回家，重歸他們不曾離開過的一體境界。

當你看待自己的眼光不受任何蒙蔽時，表示你已準備好接受那個真實世界，取代你自己原先打造的虛妄世界。於是，你的天父便會俯身向你，為你踏出最後一步，把你接到祂那裡去。**23**

葛瑞：說得真是美妙啊！那麼，那些先悟道的人呢？難道他們還得閒蕩個百萬年，等著其他人覺悟不成？

阿頓：不，你一旦悟道，拋下了這具身體，就已經覺醒於夢境之外了，也就是說，你其實已經活在時空之外了。對他人來講，可能是無窮悠悠的歲月，但對你而言，時間已經結束了。等待「別人」覺醒，只是一個剎那而已。當然，你也可以像我們一樣幫忙J兄協助更多的人，我敢跟你保證，這絕不是個負擔。

葛瑞：悟道境界與超越時空的經驗一定跟天堂的境界不相上下吧！

阿頓：白莎，這個問題請你答覆更為合適。

白莎：沒問題。但是何不讓《奇蹟課程》本身來告訴葛瑞，天堂究竟是什麼？首先，你得記住，天堂是道道地地的一體境界，和時下常説的「與宇宙一體」或「心靈一體」的觀念不可同日而語。別忘了，那個超越時空的心靈照樣營造得出三千大千世界；這些觀念看起來仍像是存於上主之外。

在真實的一體境界中，只有上主存在，從來沒有任何其他東西。這就是為什麼，上主必須親自踏出最後一步，這也是為什麼，這個觀念毫無妥協的餘地。《奇蹟課程》裡的「上主」觀念，是極其高超的，因為那是真理，如果你在此之外還能經驗到其他東西，那麼這個一體境界便不算圓滿了。

天堂不是一個地方，也不是某種境界。它只是對一體生命的圓滿覺悟，也就是悟出「此外無他」的那個真知：在這一體之外，別無他物，在這一體之內，也別無他物。24

葛瑞：既然沒有其他東西存在，那麼也沒有任何東西阻礙我們的推恩了。

白莎：我知道你還算是有深度。是的，你說的沒錯，在天堂裡沒有障礙，只有喜悅；相形之下，地球上的生活，簡直跟「障礙賽跑」無異。

我再提出〈正文〉中「為父身分之贈禮」這一節裡的幾個重要觀念，供你反省一下：

上主之內也是無始無終的，祂的宇宙就是祂的本體。25

愛的宇宙不會因你視若無睹而停止運轉，你也不會因為閉起眼睛而失去視力。26

上主在天心中為你保留了一席之地，那席位永遠非你莫屬。然而，你是怎樣得到它的，就必須怎樣給出去，如此你才可能保住這個恩賜。27

葛瑞：我想我能夠認出兩者的不同了。

白莎：我知道你懂了，它會加速你經驗到愛的臨在。

阿頓：我們說過，剩下的訪期會愈來愈短，我們今天所討論的主題，原本屬於「言語道斷之境」，我們只是盡力而為罷了。這部課程會將你帶到我們上面所說的一體境界的，God is，兩個字就足以涵蓋一切了，兩個字便徹底表達出絕對的真理。當你寬恕時，要把這個目標牢記心中，永遠記得這部課程為你指出的境界：

上主永恆如是，祂所創造的生命必然也是永恆的。你難道還看不出，若非如此，表示祂有一個相反的勢力存在，那麼恐懼就會變得像愛一般真實？28

白莎：葛瑞，《奇蹟課程》已經把真理告訴你，你也多多少少經歷了一些，你只需繼續目前所做的事，那個目標終會變成你的生命實相的。

我們十二月還會再來，在這期間多寬恕吧！並記得你自己的真相：

「一體性」言簡意賅地道出了上主的本質。祂的本體涵括一切。心靈所擁有的一切，唯祂而已。29

阿頓與白莎頓時消失了蹤影，我也寬恕了他們的離去。

9 瀕「活」經驗

整個宇宙都在等候你的解脫，因為那也是它的解脫之日。1

練習這一《課程》已經三年了，過去偶有的夜半夢魘逐漸平息下來，然而，小我那害死人的思想體系仍在我心中繼棧不去，只是好似已經清掉了其中的一層，象徵那一層的夢魘也不復出現。長久以來一直覆蓋在小我內疚陰影下的聖靈，有如初昇的太陽，溫暖地照耀著我。身體所象徵的世界，屬於意識的層次，依舊有雲霧徘徊；潛意識的世界仍然充滿恐懼與內疚。然而我已確切知道，那些陰影是多麼的虛幻不實，它想要隱藏的光明，最多只能遮蔽一時，那是永恆不滅。

我對這條通向覺悟的靈修途徑不只充滿好奇，而且深受感動，正如阿頓和白莎所預料的，我終於決心動筆了。我甚至改寫了莎士比亞的詩，來傳達此意：

何等真理，何等光明，從我心靈的窗隙中射出，
聖靈起自東方，高昇的太陽，
現身吧，我的道友，撤去小我的月光，
它已被苦惱折磨得病入膏肓。
是真理，遠比小我更為偉大，
啊！它是基督童子，是我的真愛。
我若知道自己的真相，我心靈的璀璨，
會讓星光失色，一如燈燭迎向日光。
我那不曾離開天堂的天心，
會飛越前所未見的疆域，光華四射，
世界在歡唱，再也不識陰森的夜晚。

這將是我一生奉行不悖的人生指標，不論它在病入膏肓的小我（我仍依然不時與之認同）眼中顯得多麼可怕。在虛幻的表相世界裡，我的身體也許只是一具受制於小我的機器而已；但在這同時，聖靈卻能透過我所寬恕的每一個虛幻的人與事而釋放我的心靈。這一條路，如今，我已經義無反顧了。

我那兩位老師一向喜歡用世俗的實例來做比喻，的確，若要把這些訊息傳播出去，我們也不能

不通俗化一點。

> 我們若要求你超越世上所有的象徵之物，且與它一刀兩斷，同時，又要你負起教學的任務，這確實有些強人所難。你目前還須藉助世間的象徵物。但是你必須不受它們的蒙蔽才行。它們不代表任何東西；今天的練習觀念，就是幫你突破它們的限制。[2]

如今，我的工作即是透過寬恕去教人，而且還盡量用世俗中人所能了解的方式來分享奇蹟理念：

> 因此，你只需要在每一天中拿出幾段時間，看清世間的學習只是一種過渡階段，有如一座黑暗的牢獄，你必須將它拋諸腦後，才能邁向光明。如此，你方能了解那個聖言；祂是上主賜你的聖名，也是萬物所共有的本來面目，亦是對生命真相的一種肯定。然後，你再回到黑暗之中，不是因為你認為它是真的，反之，你只借用黑暗世界所能了解的詞彙，揭發它的虛假不實。[3]

於是，我開始寫這本阿頓和白莎預料我會寫的書，無奈的是，我不是把字拼錯了，就是亂用標點符號，整整折騰了六個年頭才寫完。

在這同時，我下定決心，以上主為我的唯一選擇。如今，我才慢慢體會我的朋友一再強調的《奇蹟課程》和其他靈修途徑的基本差異。如果我還熱中於人類進化論、追求宇

※如果我還熱中於人類進化論、追求宇宙的能量以及其他「如夢幻泡影」的玩意兒，我怎麼可能「只為上主及其天國而儆醒」？

宙的能量以及其他「如夢幻泡影」的玩意兒，我怎麼可能「只為上主及其天國而儆醒」？

夢境不可能給人答案，答案只可能來自夢境之外，亦即真理之所在，也是真實的我所在之地。此外，別無他物。真理實相終將再度稱王，聖靈的光明成了我所依恃的救贖原則，也是我唯一問題的唯一答覆。

> 憑你自己，是解除不了以往錯誤的。你若想把它們由你心中徹底消除，只能仰賴那非你所能造出的救贖之方。[4]

這段話解釋了為何某些法門效果不彰，因為它們把上主或聖靈剔除於外了。當然，我必須先盡好一己的本分，必須寬恕到底才行；靠外在能力或其他人物代我贖罪這類魔術般的救恩已經行不通了。沒有人能夠代我由夢中覺醒的，實際上，除了我以外，沒有一個人需要由夢中覺醒。它說得不能再清楚了：「我的救恩來自於我自己。」[5]最後靠的仍是我改變自己對世界的心態，選擇奇蹟之路。

在形上理念層次上，我開始不再視自己為一具身體，也不是世俗所認為的那種靈；我是心靈（mind）。我的最終源頭確實是靈性（spirit）沒錯，但那是我終將回歸的實相；此時此地，我必須仰賴自己的「心靈」去發掘我純潔無罪的本質才行。

> 上天究竟賜給了你什麼？就是「你是心靈，活在天心之內，純粹唯心，永遠無罪，一無所懼，只因你是出自愛的創造」這個真知。你從未離開過自己的生命源頭，你還是受造之初的

模樣。6

有一種生活方式能夠喚回我對自己的生命實相的覺力：

有一種方式能幫你活在狀似此世又非此世的世界。你不必改變外在的生活形態，只是臉上更常掛著微笑。你的面容安詳，眼神寧靜。7

當阿頓首次告訴我，我大可安心地操練這部靈修課程，而無需讓任何人知道。我當時有些疑問，總覺得大多數人都會不自禁地宣傳自己的宗教或靈修，這是近乎天經地義的事；如今，我明白了阿頓的意思，即使我決心不跟任何人提《奇蹟課程》，我依然可以如法而修。

踏上這條路的你，就像其他的凡夫俗子，外表看起來毫無不同之處，其實你們大不相同。唯有如此，你才能自利而利他，帶領他們踏上上主為你開啟的道路；他們的路也因著你而開啟了。8

我是透過寬恕而完成這一任務的，因此，我並不需要出類拔萃。弟兄姊妹也跟我一樣，都在返回上主的途中，只是有些人會偶爾意識到，有些人從未意識到而已。無論如何，結果都已註定，所有的人都是如此。

自從操練這部課程以來，我所獲得的神秘經驗，花樣之多，實在難以盡述。過去的那些經驗，我如今已然明白，全是些象徵而已。我也很清楚，要檢測一個人靈修生活的進步與否，絕不是憑著所謂的「神秘經驗」。反之，每個人都該誠實地自問：我選擇這一靈修途徑之後，是否愈來愈有愛心？心境也愈來愈平和？愈來愈容易寬恕？我是否甘心為自己的遭遇負責？我真的看出批判是如此愚昧的事嗎？答案如果都是正面的，他的靈修途徑才算是有效而且有益的。

無可否認的，某些神秘經驗確實帶給我極大的喜悅，尤其我知道那不過表示我的心靈已經得到寬恕，因為我已經寬恕了世界。

如今，我不只能在各種東西上看到細微的白光，有時我會看到某個人頭上完全罩在美麗的白光下。好幾次，J兄好似故意逗著我玩，我記得某個早上吃早餐時，我感到有一隻輕柔又溫暖的手，充滿愛意地在我肩膀上輕拍了一下，我十分肯定，那種拍法只可能是來自天使或高靈或J兄本人。用畢早餐，我拿起當天的〈練習手冊〉，竟然讀到這麼一段：

> 基督的手輕拍著你的肩膀，讓你感到自己並不孤單。9

那時，我近乎歇斯底里地再三稱謝，我知道我真的不是一個人在此的。

幾個月之後，我跟凱倫在後院收拾被暴風吹斷的殘枝，偶然一轉頭，大吃一驚，我看不到凱倫，只看到一個圓柱的光明由地上一直通達天上，我瞪著這美妙的景象幾秒鐘，眼光移開了一下，再回到原處時，卻只看到凱倫的身體，她問說：「你呆頭呆腦地瞪個什麼？」我已經被這景象震撼得不知所云了。後來我記起〈正文〉曾經提過這一類有福的視野：

> 小我存心將你對弟兄的認知拘限於這具身體，而聖靈則有意開啟你的眼界，讓你看到他們的「光明實相」放出無窮的光輝直達上主天庭。10

就這樣，我才能逐漸看輕身體的價值，當然也不可能完全免俗，只是比較不受陰影的蒙蔽，而愈加習慣著眼於它背後的光明。

我自己發明了一個遊戲，也可以說是一個實驗，就是在睡前或初醒那一刻，注意自己所見到的形象。即使眼睛仍然閉著，我會看到一群人影，像螢幕上那樣，有時是彩色的，有時還有配樂。這些影像通常會預告當天可能發生的事情。不少影像類似夢的「原型」象徵，屬於人類集體潛意識。幾世紀以來，研究夢的學者歸納出許多「原型」象徵，例如：右手通常代表正面，左手代表負面，這種神秘的聯繫可以追溯至希臘羅馬時代。平靜的水代表正面，洶湧的水代表負面。有些象徵與表面意義正好相反，例如，被打是好兆頭，打人則未必。有些象徵意義則一目了然，例如，微笑的臉、友善的動物，屬於好兆頭；不友善的表情與動物則是壞的預兆，它們有時確能預告當天的運氣。

這類「電影」讓我更加相信確實有「集體意識」這一回事，只是，夢裡的影像象徵的乃是真實的我。阿頓和白莎說的沒錯，我這一生的遭遇其實早已寫定了。

我也許可以把這些預兆用在投資上，但我不願掉入這一陷阱，何況，我知道這些象徵的訊息並非那麼可靠，我的老師跟我透露過，每個人生劇本都保存了一些不可測性。我也聽說，連人類歷史上最有名的聖諭（the Oracle of Delphi），有時還會故意騙人。畢竟，小我仍然掌控著心靈的絕大部分，它不會放過任何修理我的機會的，它千方百計要我相信自己只是一具身體。

我知道，最後還是靠寬恕才回得了家，身為J兄的亦徒亦友，這些通靈能力最多只能引發我的好奇心，我已經不像以前那樣崇拜這些能力了。

我知道很多人不喜歡聽到「前緣已定」的說法，存在主義遠比宿命論帶給人更多的希望，至少它給人一些改變命運的動力，不只改變個人的生活，還包括了改善世界。然而，《奇蹟課程》給人的卻是更高層次的希望：長程目標是返回天鄉，近程目標則是當下活得心安理得。而且，練習了寬恕以後，一路上確能趨吉避凶，因為他已經不再需要痛苦的教訓了。更何況，當人們一邊改變自己對世界的態度、一邊致力於寬恕之際，行有餘力，還是可以去管一管虛幻世界的閒事的，只要當事人不要弄假成真，一不小心又落入知見世界的束縛裡就好了。

一晚，也就是阿頓和白莎再次示現的前幾個禮拜，我經驗到一個前所未有的境界。我一人坐在椅子上讀雜誌，突然被一股強烈的清明覺知所籠罩，整個娑婆世界剎那間消失了，只有我呆若木雞地坐在那兒，充滿了敬畏之情。在那一瞬間，我感到徹底的安全，一切都被照顧妥當，而且清清楚楚祂的臨在。那種感受簡直不可思議，這大概就是《奇蹟課程》所謂的啟示經驗吧！

啟示能促成你與上主的契合。11

啟示經驗是超乎任何言語的，但它的本質如此奇特，讓人永誌不忘。雖然只是剎那的功夫，我經驗到一種超越時空，甚至比這更超然的境界，你彷彿跟一個無窮無盡的東西合而為一了。娑婆世界的任何經驗都無法與之相提並論，它是如此的恆常不動，在那無限能力內沒有變易，沒有間斷，甚至沒有波動；那個東西讓你感到值得全然託付，它是如此真實，所帶來的喜悅也是超乎想像的。

在那一刻，我明白了，是上主在與我直接交流。

> 啟示不是雙向進行的。只可能由上主啟示給你，你無法啟示給上主。[12]

那一晚，我什麼也沒做，只是繼續停留在敬畏和感恩的情緒中。

> 只有啟示值得你敬畏，以此心態面對啟示才是最恰當且正確的反應。[13]

那一晚，我渾然處在大寂之境，完全說不出一句話、一個字來。

> 啟示確實屬於「言語道斷」之境，因為你所經驗到的愛是妙不可言的。[14]

我知道，從此，我不可能再回到舊日的生活了。事後回憶起來，也漸了解這一經驗是我練習寬恕的自然結果，這讓我對自己選擇的靈修道路更加信心百倍。

上回，我的朋友談起啟示時曾說過，一個人只要經歷過一次這類恆常又屹立不搖的境界，他便再也不可能完全聽信小我的那一套了[15]。此刻，我已經準備好要返回上主那兒了。

> 終究來講，療癒是上主的事。療癒的方法已經仔細解釋給你聽了。也許啟示偶爾會向你揭露一些終極景象，可是要達到彼岸，你還是得按部就班地走下去。[16]

自從經歷了那種大無畏之境後[17]，我更加肯定自己要走的路。雖然感覺到自己的恐懼愈來愈小，但當我接觸陌生人或新朋友時，還是會感到羞怯，不太自在，我不知道何時才會改掉這個毛病，也不知道我的朋友下次來訪時，會對我這些經歷作何評論。

當他們再度出現時，白莎笑得十分燦爛。

白莎：嗨，葛瑞，天堂的滋味如何？

葛瑞：美妙極了，我簡直不敢用言語來形容。

白莎：就別費力了，我們只是恭喜一下而已。

阿頓：我也在此恭喜你領受到一點點永恆境界的滋味；世間無常之物以後大概再也吸引不了你了。你將來寬恕時會變得更容易一點。

葛瑞：你是否暗示昨天小店裡那件事？

〔註：我昨天在店裡等候付錢時，櫃臺的店員卻一直在講電話，我和其他顧客等了好幾分鐘，開始覺得不耐煩了。我突然想起了練習，於是設法提醒自己，這景象是我一手導演出來的，然後寬恕那個店員並沒有對我做的事情，同時也寬恕了自己。沒想到，那店員突然放下了電話；大概連這一幕也是我自編自導的吧！〕

阿頓：沒錯！反正奇蹟全是同一回事。當你那樣寬恕時，你的心靈所受到的益處是超乎想像的。幾年前的你，大概已經翻臉了，即使你至多不過給店員一個白眼。你表現的不錯，雖然並非每次都那麼成功，再接再厲吧！

至於那個啓示經驗，你如今已經知道那是怎麼一回事了，這類經驗將來還會發生的，只需按照同樣的方法修下去，結果（即使只是驚鴻一瞥）會自然現前的。

葛瑞：還有幾次經驗也讓我感到無比的平安喜悅。我實在不需要什麼「高峰經驗」，光是那種美妙的感覺，就很夠意思的了。

阿頓：你是指去年夏天，你駕著除草車在草地上扯著嗓門大叫：「上主之子自由了！上主之子自由了！」一點都不擔心保守派的鄰居聽到。

葛瑞：呀！那正是我！

阿頓：在我們進入正題之前，你可有什麼問題？

葛瑞：雞跟蛋，究竟哪一個先出現？

阿頓：這還用說嗎？兩者同時出現，跟娑婆世界裡所有的東西一樣。在幻境裡，那些東西顯得各有淵源，其實不然。讓我們講些正經的吧！

白莎：你將來會有不少類似世間所謂的「通靈」經驗（只有啓示不屬於此類，因為它直接來自上主），大部分經驗縱然有些靈性的味道，仍非直接來自上主，而是源自於你自己的潛意識，它們很可能象徵著你的「正念」。我們不妨在此澄清一下這類經驗吧！〈教師指南〉說過：

> 當然也有不少「通靈」能力與本課程的精神是相符的。**18**
>
> 世界對天人交流所設的限制，正是讓人經驗不到聖靈的基本障礙……**19**
>
> 任何人不論以什麼方式超越這些限制，他只是變得更自然

※面對這類通靈能力，你只可能有兩種反應，不是把它弄假成真，就是寬恕它。

而已。20

你必須記住，面對這類通靈能力，你只可能有兩種反應，不是把它弄假成真，就是寬恕它。有此先見之明，任何新的能力出現時，你都應該交託給聖靈，由祂來主導。

〈教師指南〉說了，沒有任何一種能力不是大家所共有的21；聖靈也隨時提醒你，你一點都不特殊，千萬別因之而自視不凡。

沒有人會用道地的真貨去騙人的。22

隨時記住你人生的目標所在，唯有天堂是永恆的，你在天堂之外所做出的一切都屬於「無常」，這些事情怎麼可能重要？你得隨時留意自己的心態。只要好好練習寬恕，你的覺知力一定會逐日增長的。

隨著覺知力之增長，他很可能發展出某種令自己驚訝的能力來。然而，不論什麼特異功能，與他憶起自己真相時的榮耀與驚喜相比，簡直不堪一提。願他所有的修持功夫都以最終的「大驚喜」為目標，不再滿足於路邊小小的禮物而耽擱了前程。23

葛瑞：多謝提醒，當然也感謝J兄的苦口婆心，我了解事情的本末輕重了，尤其是自從那一次的「驚喜」以後。

阿頓：很好。你最好心裡有所準備，以後我們的拜訪會愈來愈短，順便聊聊各種話題，答覆你可能會有的疑問，這都只為了鼓勵你繼續練習寬恕而已。最重要的還是你與聖靈一起全心全意地練習寬恕，別因為我們停留的時間愈來愈短而感到失望。你不是小孩子了，何況，我們敢保證，我們很清楚你的一舉一動，我們一直都在你身邊。

葛瑞：我相信你的話。對了，我開始動筆了，相信你們早就知道了。能不能給一些建議？

白莎：當然，我們知道你遲早會認命，寫出一點東西來的。你的反應夠慢的了，總算還沒到無可救藥的地步。我在說笑，別當真了。

我們知道你有一點不知所措，但我們很高興你還是硬著頭皮去做。不要被不知從何下手的感覺嚇到了。記住，寫書的目的是為了傳達觀念，你改寫的那首莎士比亞詩挺可愛的，內容也算真實。只要將你的意思傳達清楚，就有資格稱為作家了，不必擔心什麼寫作原則，說句實話，英文本身就是個無聊的語言，但我最好還是少批評為妙。

葛瑞：否則可能顯出你的文化水平不夠。

白莎：也許吧，就像我們這一本書，同樣顯出你的英文也不怎麼樣！

葛瑞：你言下之意要我別擔心英文老師會怎樣評論我的寫作風格？

白莎：正是，我很高興你沒有強姦我的本意。

葛瑞：我喜歡聽你講髒話。

白莎：我想我們該進入正題了。你只需記住，如果有人批評你的書，或說些負面的話，就寬恕吧！記住你的首要任務，不論你在忙什麼。

阿頓：當你著手編輯時，也可以穿插一些題外話，把我們的對話內容貫穿起來，才顯出一個整體性。那些敘述應該出於你自己，只要觀念不與我們的談話內容相矛盾，而且以我們的訪談內容作為此書的底本，也就行了。

葛瑞：寫完以後呢？我該怎麼辦？

白莎：你可以效法〈多瑪斯福音〉的榜樣，把你的書埋在埃及某地，十五個世紀以後被人挖掘出來，你就會一夕成名了。

葛瑞：你可真會說笑，能不能針對眼前這一世給一些建議？

白莎：好！這事你就別擔心吧！我們私下會告訴你怎麼做的。

葛瑞：你最好多指點指點，因我真的不知道自己在幹嘛，甚至懷疑自己有寫書的本領，但我會放手一試的。

阿頓：我們知道，你不必擔心寫得好不好，就去寫吧！現在還有什麼問題？

葛瑞：想不起來，最近的幾次事件讓我興致頗為高昂的。

阿頓：最近幾次經驗確實給你不少信心，這不難理解；除此之外，你就沒有疑問了嗎？

葛瑞：好吧！你先前說過，將來會多談一些有關你的身體及聲音究竟是怎麼一回事，也會順便解釋一下天使或聖母顯靈的事件。

有一次，我參加 Cracille 的靈修活動時，有人給我一張 Medjugorje 的聖母像，她在一九八〇年代曾經顯現給一群小孩。由於我自己與你們的特殊經歷，使得我跟那群孩子有一種心有靈犀的感覺。其中一個孩子叫做 Ivanka，已經長大了，她被緬因州的天主教會邀請來演講，我去看過她，你一定知道這事。雖然她的每一句話都得透過翻譯，但我直覺她的經驗絕非虛構，她說的是真話。

那次活動還展示了另一張聖母像，大約是四百年前顯示給一位先生的，聖母把自己的形象留在他的汗衫上，如今被供為墨西哥的 Guadalupe 聖母。根據科學家的分析，照理說，那件汗衫大概不消十年便會朽爛掉，如今已經五個世紀了，那件衣服還安然無恙地供在教堂裡。總之，我就親眼目睹了兩張相隔四百六十年的聖母像，有一張還是相片呢！最不可思議的是，她們看起來好像是一個模子打造出來的，這究竟是怎麼一回事？

阿頓：我們說過，所有的形象都是心靈投射出來的，它們可能來自正念或聖靈，也可能來自妄念或小我。聖母的形象也是出自潛意識，可能出自一個人的投射，也可能是集體投射的結果。你提到的聖母像都具有西方人的特質，根本不合兩千年前以色列婦女的臉相，那是現代的心靈合成出來的形象，就像J兄在現代人心目中的形象一樣；他們從未看過他，那些形象都是人類的集體意識投射出來的模樣。

聖母馬利亞顯現出來的形象，通常描繪得非常細膩，因為她所示現的那幾位都是全神貫注；她看起來十分眼熟，因為這些形象屬於人類心理所具有的「原型」。我們知道，你對集體意識的「原型」象徵已經不陌生了。這些顯靈究竟代表什麼？它們要表達的是聖靈的愛，那才是真

❋聖母馬利亞顯現出來的形象，屬於人類心理所具有的「原型」，要表達的是聖靈的愛，形象卻是我們自己投射出來的。

正的內涵，不論個人或集體的心靈賦予了那個愛何種形式。

葛瑞：你是說，聖靈的愛是真實的，那形象卻是我們自己投射出來的。

阿頓：一點也不錯。白莎說過了，任何一種有相的存在，都在象徵另一個東西。聖靈不管形式，只管愛。聖靈的愛是可能進入娑婆世界，經過你的正念而形成某種形狀。外在的形式是出自心靈的投射，它背後的愛則是真實不虛的。

這一原則足以解釋聖母馬利亞、天使以及各種高靈上師的顯靈事蹟，同時也解釋了兩千年前J兄被釘死後顯現給我們的背後真相。那時，我們的心已經準備好接受他的愛了，於是他的愛便以我們所能接受的形式顯現在我們眼前。此刻，我們的愛也同樣地以你所能接受的「身體及語言」形式而顯示在你面前。

補充一句，我們可沒說是大腦製造出這些形象來的，這些有形的具象是整個心靈幻化出來的。我們既然說過，只有一個心，那麼從這角度推論下去，每一個個別的物體，只可能出自同一個分裂的心了。

我們的愛是真實的，我們的身體跟你的身體都是夢中的影像而已。我們在這次訪談一開始時提到，「我們」造出了這些身體，那是指我們的愛；當白莎說，J兄被釘十字架以後，造出了另一具身體與我們交流，也是此意。那些虛幻形象背後的真正內涵是他的愛，至於那些形象特質則是昏睡的心靈所投射出來的。

白莎：由於人們通常在身體死亡之前就悟道了，那麼已經悟道的高靈自然也可能顯得像是活在人間似的。只是他們知道自己並非真的活在世上，也沒有重返人間的必要，除非有人需要他們的愛來拉一把。我再重複一遍，是那自以為分裂的心在幻境中賦予了這個愛種種外形；那些高靈上師早已悟道，哪裡還需要任何形象來驗身！

葛瑞：真有意思。但你知道，有些人會說，你們是我的小我投射出來的。

阿頓：隨他們說吧！你阻止不了的。你也可以當面反問一句：難道小我會教人化解小我嗎？魔鬼會教人逃離地獄嗎？

葛瑞：正中要害！你其實是在教小我怎樣跟自己作對。

阿頓：你真會舉一反三。

葛瑞：我想，你對顯靈事蹟的解說也澄清了喬治亞盛傳的故事，一位婦女自稱馬利亞顯現給她，還傳她訊息，那些訊息一聽就是喬治亞鄉下婦女講的話。也許馬利亞真的顯靈也說不定，那個訊息也是以她所能了解的形式出現罷了。

阿頓：不錯。那位鄉下婦女虔誠心的，那簡單的訊息也只是針對需要它的人而說的。

葛瑞：何不談一談不愉快的主題，例如：炸掉奧克拉荷馬聯邦大樓的那個瘋子，我實在忍不住把我的內疚投射在這些混蛋身上。雖然我們心裡有數，是我的瘋狂意念投射到那個世界上的，是我們選擇以此案例來面對內心隱藏的小我念頭，但我想，不少人會跟我一樣感到難以消化這類說法。這等於要我們相信，不論罪行多麼卑劣，罪犯不過是供我們面對潛意識罪咎的代罪羔羊而已。言下之意，我們若想重獲自由，就必須寬恕他並沒有真正做出的事情！

阿頓：是的。小我很知道如何「請君入甕」，我們很容易被捲進人間悲劇的漩渦裡。雖然你必須寬恕，但面對這類處境，你該注意幾件事情。首先，即使你決心把它看成一場虛幻的夢，並不表示你不該同情在夢中受苦的人。你也曾失去親人，那時如果有人跟你說這一切都是幻覺，你會有何感受？你會因為別人無法體會你的痛苦而更加生氣，不是嗎？

失去親人的人，必須經歷一段傷痛期，你永遠都應尊重別人的感覺及信念。為此，我們說過，《奇蹟課程》的觀點還需好長的一段時間才能滿足一般社會中人的心理需求。讓他們繼續去忙婚禮、葬禮、上教堂、打官司吧！這都是社會所熱中的活動。《奇蹟課程》與任何儀式無關，它只是一種思維方式。

其次，你若在那種場合宣說一切遭遇都是自己選定的劇本，也會同樣地自討沒趣。等到人們開始想追尋真理時自然會學這些課程，不要在他們痛失親友的時刻急切勸說。

顯然，那位炸彈客若學過寬恕，而不是一味地仇視的話，那場悲劇根本就不會發生。若有人告訴你，寬恕在現實人生中並非那麼實際，不要相信這種說法，它影響之大，足以左右整個世界。選擇真寬恕，且以聖靈為師，這不可能是小我的劇本；若要擺脫小我的劇本，「你」不能不另作選擇。

※若有人告訴你，寬恕在現實人生中並非那麼實際，不要相信這種說法，它影響之大，足以左右整個世界。

葛瑞：若有人在婚禮或葬禮誦讀《奇蹟課程》的話，你不至於反對吧！

阿頓：如果他們想要如此，當然隨他們去了。

葛瑞：我想，任何類似奧克拉荷馬大爆炸的慘劇，就像天文學上的「大爆炸」一樣，都象徵著小我想要毀滅天堂的那個分裂意向。

阿頓：一點也沒錯，只是大多數人缺乏這一背景知識，無法作此聯想。還有其他問題嗎？

葛瑞：有。我在一九七八年參加了一次 EST 的集訓，他們用了所謂的 Be-Do-Have 的技巧，教人如何活出而且獲得自己想要之物。後來不少心靈講師也都沿用這個方法。它的基本觀念就是要我們放下「努力」、「奮鬥」的心態。例如，你若想成為偉大的音樂家，就去「活」成一位偉大的音樂家的樣子，去「做」偉大音樂家所做的事情，那麼你自然會「有」偉大音樂家該有的東西。EST 創辦人 Werner Erhard 是位優秀的教師，縱使有不少人攻擊他，他對當時的我有相當大的啓發，雖然我的功名之路一直搖擺不定。不知你對這類 Be-Do-Have 的訓練有何看法？

阿頓：我們不會阻止你用這類技巧的，但是我們著眼的是本來具足的富裕，透過跟上主的結合，自然受到啓發，活出你本來就「是」、本來就會去「做」，也本來就「擁有」的。我們何不等到下回談到相關主題時，再正式答覆你對成功和富裕的疑問？

順便在此一提，偉大的音樂家最重要的還是勤奮練習、長時間的練習，我很懷疑你能繞過這個挑戰，找到其他的捷徑。

葛瑞：我懂你的意思，只是如果心態上先把自己當成偉大的音樂家，確實會讓人練得起勁一點。

阿頓：這倒是真的，還有問題嗎？

葛瑞：有！阿頓。白莎講了促成她最後一世悟道的寬恕實例，你還沒講你的故事呢！你若未善盡教導之責，小心上主的義怒臨頭！

阿頓：少審判了！我在最後一世學到了這個口頭禪。好，讓我也說說我的故事吧！不過讓我再提醒一次，當你成道以後，你才會真正了解世界只是你的一幕電影而已，讓我問你一下（雖然我們以前談過這事了），當你晚上作夢時，甚至有時還沒睡著，只是閉起眼睛就會看到一些影像，以及某些聲音，對吧！

葛瑞：對！我睡著後的夢境，就跟現在看到你一樣真實。

阿頓：很好。大部分的人都不會追問，你是用什麼官能看到夢中影像的？你的眼睛根本是閉著的，表示你不可能用肉眼去看，這一點非常重要！

葛瑞：我懂你的意思，我一定是用心去看的。

阿頓：對。你以前在大白天也曾看到一些影像，讓你心驚肉跳，其實，真相是：大白天你醒著的時候，即使眼睛是張開的，也不真的是用肉眼在看，它跟你在睡夢裡的狀況其實是一樣的，一直是你的心靈在負責「看」。雖然你把看的任務指派給身體官能，其實你的心一直在越俎代庖，幫你聽，幫你覺，幫你做，絕無例外的情形。身體本身不過是你所投射的一部分而已。

等你成道以後，才會真正明白，你所看見的電影全是自己的投射，而且不是出自別人的心靈，因為心靈只有一個，這就是為什麼我們一再說，判斷別人其實是非常愚昧的事情。

當然，投射出娑婆世界的層次，和你目前經驗的層次是不同的分裂層次，因此，你若把它當真，它就會顯得非常真實。

在身體的存在層次上，它所經歷到的，好像都在身外；其實顯示在你身外的一切，只是你心靈投射出來的「宏觀景象」，而你此時此刻所經驗到的，則是一個「微觀景象」，也是出自同一個投射。我們說過，唯有你的詮釋，也就是你的批判或寬恕才是決定它的真實或不實的因素，這話絕對錯不了。

等你真正活出寬恕之後，痛苦或任何不適之感都會相形地減低，甚至消失。請小心，我並沒有說，痛苦或不適的外在原因會消失。在理論上，一位大師仍可能死於癌症，或是像J兄一樣被人謀害，但他不會感受到其中的痛苦。身體的痛苦不在了，心裡的苦自然不會產生。那麼痛苦的虛幻起因究竟還在不在那兒，又有什麼影響？

葛瑞：我從未這樣想過，世界一向喜歡憑著外在的模樣來評判，但大師很可能不受外表發生的事情所苦，甚至根本不把它當作一回事。世人會說：這人死於癌症，怎麼可能是覺悟之人！其實，那很可能是這人最後的寬恕課程，而他已經順利過關了。

阿頓：這是你不該憑表相來評論的另一個重要理由。既沒有「苦果」，便沒有肇因，我是指真實的肇因，雖然外表看起來，是外在環境或人際關係讓你吃盡苦頭。這些肇

> ❈小我的劇本不會馬上跟著你的心態而改寫，但你仍然有辦法結束小我劇本所引發的痛苦，活得平平安安的，一無所懼。這就是聖靈的劇本。

因在你練習寬恕之際未必會全然消失，小我的劇本不會馬上跟著你的心態而改寫，但你仍然有辦法結束小我劇本所引發的痛苦，活得平平安安的，一無所懼。這就是聖靈的劇本。

請記住，就像你去戲院選一部自己想看的戲，同樣地，你也是在選擇自己一生的戲碼，你甚至可以選擇在別人的戲碼裡軋上一腳。人的一生都是宿命，卻是自己預設的宿命。葛瑞，你的人生曲目早已拍板定案了，就像你下午去看的廉價電影，你很清楚，何苦跟它抗爭到底？

請留意，我們並非說你不該發展個人的嗜好，若非它們早已寫入你的劇本，你也不會有此嗜好的。所以去發揮你的才能吧！只要你喜歡，去買賣股票吧！繼續用你的「股票技術分析」，不時地跟著股票的漲跌而興奮一下。只需記住，當你在忙著交易時，你的肉眼什麼也沒看見，你只是在觀賞一部早已殺青的電影，而你正在戲中活靈活現地演著呢！

同時在此一提，電影的結局是否令你滿意，也毫無影響，反正那也不算結局，而是一個新的開始，除非有一天你再也不需要什麼開始或結束。那時，只剩下道地的喜悅，天堂的反面假象當下消失了蹤影。

再提醒你一些事情，那些對別人可能有益，或能抒解一時壓力的法門，不該是你選擇的靈修途徑，不要為此而浪費時間。也許有些人會告訴你，不論面對什麼問題、什麼人或什麼事情，你只需要說「我就是那個東西」，問題就會消失。其實，你若跟自己投射之物認同，只會把它變得更真實而已，根本化解不了肉眼看不見的內疚的。唯有寬恕，才化解得了它。

還有人會告訴你，觀照覺察你的情緒，你就不會受它控制，你對此已有不少經驗。觀照自己的情緒，確實能夠降低它的衝擊力，但還是不如寬恕它更為一勞永逸。唯有徹底寬恕你的人際關係，治癒潛意識的內疚，你才可能真正擺脱情緒的控制。

最後，還會有人告訴你，追求身、心、靈的平衡，或調和陰陽，甚至有人免費幫你調理氣場。要知道，平衡這些能量的幻相並不等於寬恕它們，你應專注在你這一生該走的靈修之路，他人再混幾世之後自然會跟上來的。別忘了，《奇蹟課程》至今還算是新思潮，連搖滾樂都比它老二十歲，你很幸運，兩樣都玩到了。給這個新的靈修法門一個機會吧！看它能獻給你什麼寶貝。

起初，沒有人知道該如何寬恕，學習確實需要時間。人們毫不察覺他們批判他人時對自己的心靈所造成的傷害，連身為J兄門徒的我們，當初也沒看出這事的嚴重性。當然，我們那時自以為懂得很多了，我們不都是這樣嗎？J兄在《課程》裡引用了一些《新約》的話——雖然《新約》的內容，有些根本是門徒自己發明出來的。你若讀過門徒所傳的教誨的話，你會記得我親口告訴過他們，有許多事情要等到日後他們才會明白，因為他們那時尚未完全準備好來跟隨我。**24**

我希望這段話能打破後人把J兄門徒（包括白莎和我在內）視為高靈上師的迷思。所有的門徒後來至少又轉世了二十次以上，重修了許多人生課題以後才大徹大悟的。我知道有些人無法接受這類說法。

無可否認的，我們那一世跟J兄學到了很多，我們特別被他對十誡中的第一誡的信念所震撼：「只有一個上主，我們的主，你要全心全靈全意愛你的主，你的上主。」J兄的祈禱也極其樸實：「上主，我要的只是祢！」你想，有多少人準備好說出這樣的話，而且句句出自肺腑？你真的準備好結束人間的遊戲了嗎？

在我最後的一世遇到白莎時，已經六十多歲了，對我們兩人來講，都是最後一世。她的丈夫已經去世多年，我的妻子剛過世不久，白莎和我立刻看出我們註定該在一起。不只因我們兩人都在練習《奇蹟課程》，連對這部書的看法也相當一致，我們都感到跟彼此有很深的宿世因緣。事實上，我們還能幫彼此記起前幾世的事情呢！我們最後一世只是同居，並沒有結婚，這是我們想要尊重已逝的元配而又能生活在一起的決定。

葛瑞：不守規矩的小子。

阿頓：我們不會跟你講生活中的私事，就像我們也會尊重你的隱私，有些事情最好私下寬恕一下就行了，不必講出來。白莎跟我的年齡相近，我們關係的獨特之處，是在於我們雖然相愛甚深，仍能把對方交託給聖靈。我們彼此沒有要求，也不為對方犧牲。世界不只把苦與樂混為一談，也把犧牲和愛搞混了；犧牲說白了，不就是自找苦吃嗎？你難道希望自己所愛的人受苦？

人間的特殊之愛，常常變質為某種偶像，被人用來彌補內心的匱乏。人們用羅曼蒂克的愛情來填補自以為的空虛，結果徒勞而無功，因為那個洞其實不存在，只是分裂所引發的感覺而已。那種欠缺感，只有救贖及救恩才治癒得了，唯有它能領你回歸你與上主一體的圓滿境界。

白莎和我相當幸運，在相遇時已經明白了這一道理，我們不要求對方履行愛的特殊責任，我們讓彼此活出自己的樣子，我們能夠一無所求、自由自在地愛著對方，藉此活出我們與基督以及上主的一體無間。

白莎比我先悟道，當我們知道此事時，已經同居八年了，我不知如何解釋當時的經驗，我們就是知道。我也不擔心她比我快了一步，因為我知道，我們走在同一條路上，程度也如此相近。隨後那十年，日子過得非常美滿。

葛瑞：真令人羨慕，但你說要告訴我的「寬恕」功課呢？等一下，讓我準備好「無限的耐心」，才好接受「即刻的效果」。

阿頓：很好，故事其實非常單純。葛瑞，寬恕不必像「火箭科學」那麼複雜或轟動。事情是這樣的，白莎先我而去，不等我就羽化登仙了。最後幾年，我表面上孤獨地活了好幾年，那對我來講，該算是最難寬恕的功課了，沒想到那也成了我悟道前的最後一關。幾年之後，我終於憶起了自己的真實面目，徹底恢復了我對上主的記憶。

最後這一課，一次教會了我「身體毫無意義」的道理。白莎離世前幾天，身體感到不適，她曾向我解釋，身體健不健康，一點都不重要，反正它也不是你；既然不是你，怎麼可能重要？健康與疾病只是銅幣的兩面，沒有一面是真的。白莎明白這個道理，她知道自己的身體快死了，並沒有受到小我作祟的任何影響，就平安地去了。

她留給我的功課，就是了解她捨棄身體並不表示離我而去，我確實感到她的臨在。在最後幾年，我好幾次感到她就在身邊，當我想評論某事時，好似聽到她說「別判斷啦」，就像生前那樣。我終於寬恕了世界（雖然我以為自己老早就寬恕了），不久之後，我也離開了身體，跟白莎、基督、上主重歸一體。

話說回來，我是經過多年修練「真寬恕」，才有那一生的結果的。因此，在此謙虛地給你一個忠告，當你面對世間的關係時，不論屬於「特殊之愛」或「特殊之恨」，全都一樣，切記別再擔心對方是否愛你，你只管去愛他們就成了。他們怎樣看待你，一點都不重要，你只需活出那愛，就那麼簡單。結果呢？愛會成為你對自己的感覺。

葛瑞：我不敢說自己是否做得到，我對喜悅似乎懷著某種恐懼，你能否像白莎那樣，概要地為我綜合一下你的「真寬恕」法門？

阿頓：沒問題，但這些在《奇蹟課程》裡都講得很清楚了，你甚至能在那短短的導言裡找到答案，當然，還得靠你鍥而不捨地研讀，勤奮的練習，才能深入其中三昧，它對你也才會顯得真實不虛。我的法門跟白莎十六個月以前給你的「真寬恕思維過程」大同小異。

世界既然是我營造出來的，表示外面並沒有其他的人，是我自己捏造出那些人來充當我所有問題的元兇。還記得導言中「凡是不真實的，根本就不存在」那句話嗎？我當時真的感到沒有什麼好怕的，凡不是上主所造之物，都傷不了我。我常能同時一併寬恕弟兄姊妹和我自己，我確實感到自己的房子已經牢牢建在磐石上了。你也記得「凡是真實的，不受任何威脅」這句話吧！兩者前後呼應，最後把我帶入上主的平安中。

葛瑞：聽起來簡單，做起來可難哩！尤其是有人存心找碴的時候。

阿頓：你愈練下去，愈容易看出，那些找碴的都是你修行的「增上緣」。你會成功的，你固執的個性挺有意思的，繼續努力吧！

葛瑞：我會努力的。想想，你和白莎在多瑪斯與達太的時代就認識了，又一起度過了最後一世的最後一段時光，實在太酷了！

阿頓：葛瑞，還有更有意思的事呢！你以後自己會發現的。

白莎：我們該「上路」了。這幾年來，我們選擇同一天來訪，不是偶然的，今天是多瑪斯的慶節（讓你猜猜這話是什麼意思），我們藉機來跟你慶祝一下，並鼓勵你善用這套寬恕法門來迎接新的一年。

〔註：我後來才知道十二月二十一日是天主教慶祝聖多瑪斯的節日；在敘利亞教會，則在七月三日禮敬聖多瑪斯。〕

我們希望你在這個聖誕佳節從心裡和世上所有的人結合，不管他們慶祝的是J兄還是麥克比（Judah Maccabee）。

葛瑞：你說誰？

白莎：去查一下百科全書吧，在猶太節慶 Hanukkah 下面會提到這個人，你也可以順便認識一下 Hanukkah 節。

葛瑞：我最近才聽說了 Kwanzaa 節，我看，這一天快變成國際節慶了。

白莎：每個人都會為自己的名目來慶祝歲末的，如果能將平安帶入新的一年，倒還忙得值得。基督徒的 Christmas，猶太人的 Hanukkah，非裔美國人的 Kwanzaa 節，回教徒的 Ramadan 節，以及印度教徒的 Gita Jayanthi 節……，都象徵著一種認知：確實有個大於個人範疇的東西存在！

葛瑞：Gita Jayanthi 是慶祝薄伽梵歌（*Bhagavad-Gita*）？

白莎：是的。

葛瑞：那麼 Yule 的 Wiccan 節呢？

阿頓：異教徒的節日不算！我是説著玩的。這幾天對世界各地的人都很重要。你知道教會是怎樣篡奪異教徒的慶日而把它變成聖誕節的吧！人們的競爭心理實在很有趣。

葛瑞：那麼你也承認J兄不是在十二月二十五日誕生在馬槽裡了？

白莎：閒話少說了，這是平安與更新的日子，《奇蹟課程》教你：

> **唯有你能聖化這個聖誕佳節，因為唯有你能把基督的時辰帶到人間。這是一蹴即至的事，你的知見只需要一個轉變，因為你只犯了一個錯誤。25**

葛瑞，你的心在哪裡，你的家就在那裡；你的心若在上主那裡，你已經回到家了。放掉這個世界吧！我是指從你的心裡而非表面上。

你好似活在其中的世界，並不是你真正的家。你的心冥冥中知道這一事實。[26]

這種心態會讓你寬恕得輕鬆愉快。下回有人找碴時，憶起上主，然後寬恕。因為你一寬恕，一定會憶起上主的。

上主愛祂的聖子。現在就求祂指引迷津吧！世界便會失去了蹤影；慧見一開始現身，真知便尾隨而至。[27]

寬恕你的世界吧，以平等心去釋放每個幻相，因為它們都是同等的虛幻。J兄這樣勸你：

讓我們以「同等」的心對待一切，而使這一年有所「不同」。[28]

阿頓：簡而言之，就是愛與寬恕，J兄始終如此。聖誕快樂，葛瑞！寬恕你的弟兄姊妹，因為你們根本是同一個生命，只有這樣，你才可能回到你本來的圓滿。

如今，他已得救了。他一看到那扇為他開啟的天堂之門，就會大步跨入，欣然隱沒於上主的心中。[29]

10 治療疾病

疾病乃是心靈為了某種目的而利用身體所作出的決定，這一認知乃是療癒的基本要素。不論哪一種療癒都缺不了這一認知。1

我逐漸對「靈性治療」產生了莫大的興趣，隨後那幾個月，我開始研究《奇蹟課程》對治療的觀點。它從不用「靈性治療」一詞，因為它主張所有的疾病與治療都屬於「心靈」的傑作。但這一名詞倒也名實相符，因為它顯示出心靈在這種治療中是跟靈性認同的。

我不覺得自己有「靈性治療」的天賦，也沒有多大興趣去治療別人的病，但這一話題非常吸引我，等下回我的老師來時，我打算跟他們談談這事。

在一個涼風習習的盛夏，阿頓和白莎再次出現於我家客廳，我一看到他們，忍不住快樂地笑出聲來。

阿頓：今天讓我們來個短短的郊遊吧！我們第二次訪問時，曾在時間上動了小小手腳，今天讓我們玩玩空間的遊戲，準備好了嗎？

葛瑞：準備什麼？

（在那一瞬間，我驚駭地發現自己不在客廳，卻身在異地；不再坐在椅子上，而是坐在一棟大樓前面的石階上。我突然認出這是波特蘭，離我家三十哩左右的海岸城市。過去幾年，我和凱倫在這城裡溜達過幾次。阿頓跟白莎各自坐在我的兩邊。他們站起身來，示意我跟上去）

阿頓：這是你第一次的經驗，相當震撼吧！

葛瑞：你沒騙我吧！我們真的在這裡嗎？看起來挺真的呢！

阿頓：《奇蹟課程》裡有一句話：「你只是在夢中流浪，其實你安居家中。」[2]這話適用於你在人生旅途上的一切經驗，它跟人間所有的事物一樣，都是心靈的投射，同樣是一場夢。宛如四處遊蕩的身體，絕不會比這個小鎮真實到哪裡去。

（我們漫步了一陣子，白莎等我開始適應了這突兀又神奇的「心靈出遊」[mind-transport]的經驗以後，才開始說話。）

白莎：其實，我們帶你到這兒來，不是要談什麼時空的問題，我們知道你今天想聊什麼。此刻，我們所在之地跟治療的話題有一段相當有意思的因緣。

一八六三年，在這一條街上，有位終身為疾病所苦的女人被抬上這個階梯，送到她所下榻的旅館，她就是後來受人敬重的瑪麗貝克艾迪（Mary Baker Eddy）。瑪麗的脊椎患有痼疾，一生都在病痛之中，她由心靈界的圈子裡聽說波特蘭有一位名叫昆比（Phineas Quimby）的人。這人可說是心靈工作的先驅，聰明絕頂，卻不太為人所知，昆比的方法乃是結合了「追問問題」及「催眠術」兩種技術，跟後來佛洛伊德及他的伙伴布勞爾（Josef Breuer）所使用的「心理釋放」的方法大同小異。佛洛伊德後來自立門戶，發明了「自由聯想」的技術，成了「心理分析學派」的祖師。

昆比改變了瑪麗對自己疾病的看法，她慢慢看清了一個事實：所有的疾病都是心病，與身體無關。不幸的是，那時昆比已到了他生命的尾聲，不久便離開了人世，瑪麗又掉回了舊有的心態與習性。但種子已經種下了，日後她成了「基督教信仰療法」（Christian Science）的創立者。

瑪麗同時明白了，疾病與神也扯不上關係，她最愛引用的一句聖經，即是「同一水泉不可能同時湧出甘甜和苦澀的水來」，換句話說，只有美好之物才可能來自上主，其餘的都是我們自己營造出來的。不過，「這類營造不是出自世界的層次」的說法，與當時人所相信的那一套恰恰相反。

讓我們再針對「你的一生出自你自己的決定」這個觀念補充幾句話。疾病跟你個人無關，它不是衝著你而來的。你大概很難接受這種說法，疾病不是你在這一層次形成的，為此，人們不該為自己的疾病而難過，你不是在這一生命層次選擇癌症的，正如嬰兒也不是在這一層次選擇殘疾的。疾病是你的心靈在更廣大的層次所作的決定，只是以「註定」的形式呈現於這一生而已。你有能力找回這種選擇的力量，它足以左右你的感受，有時真能減輕一些痛苦，甚至超越了痛苦。

我說「有時」，因為除非你是大修行者，否則成效難免不彰；即使你克服了病症，也不證明你就是大師了。何況，改變你的心態以及你對疾病的感受才是關鍵所在。為了好玩，我們也會稍微提一下你對別人可能產生的影響。讓我們先回到你的住處再說。

※疾病不是你在這一層次形成的，正如嬰兒也不是在這一層次選擇殘疾的。疾病是你的心靈在更廣大的層次所作的決定。

（剎那間，我們已經置身家中了。我感到有些暈頭轉向的）

白莎：你還好吧！

葛瑞：哎！真不可思議！這可是我這一生最奇妙的經驗了，來來去去，竟然是一瞬間的事。

白莎：你以後多的是時間去回味它。要知道，你眼前每一個時空地點都是那超越時空的心靈所投射出來的。與那心靈連線，其實並不是那麼困難，治本之道，就是解除那些禁錮意識的重重障礙。任何治療，不論哪一種，都只是為了幫你解除那些障礙。今天我們就要談一談疾病和治癒的問題。

阿頓：記住，我們此刻談的乃是不同存在層次的事情。但這並不表示，你不必為自己的遭遇負責，也不否定你曾在另一層次作了這項選擇，我們只是說，你必須從你目前認為自己所在之處找回你的力量所在。即使你在治療別人的疾病，也是同樣的道理，你所連結的絕不是別人的身體，你也不會祈求聖靈去治癒那個身體，不論身體是健康或生病，都是浮生一夢。《奇蹟課程》要你不論從哪個方向下手，都應該去連結那個作夢的人。

重新選擇你希望他成為什麼樣的人吧，請記住，你所作的每個選擇同時決定了自己的身分，從此你不只會如此看待自己，而且深信不疑自己確實是這樣的人。[3]

說到「靈性治療」，我們在此要給你第一條最重要的原則是：「這事跟病患無關。」不論哪一種治療，都與寬恕脫不了關係，而任何寬恕都會帶來自我療癒的結果。

※「靈性治療」第一條最重要的原則是：「這事跟病患無關。」

葛瑞：你是說，不論治療什麼樣的病人，其實都是在寬恕自己的夢境，寬恕我所夢出的那個疾病？

阿頓：沒錯！《奇蹟課程》對心理治療的觀點，全都綜結在〈心理治療〉那一篇文章裡面了：建立這種關係是需要一段過程的，治療師需在他的心中告訴病患，他的一切罪過已同自己的罪過一併寬恕了。這麼說來，療癒與寬恕究竟有何不同？[4]

葛瑞：照你這麼說，那麼，在〈馬可福音〉裡，當J兄對一個癱子說：「你的罪已被寬恕。」那人便站起來行走了，J兄是在示範給人看，療癒和寬恕是同一回事。沒想到群眾卻驚惶失措，因為在他們心目中，只有神才有資格寬恕別人的罪過。如今看來，他們都弄錯了！

阿頓：確實如此。

葛瑞：那麼我應把別人的疾病視為自己有待援助的機會？

阿頓：是的，當你寬恕那個人時，等於給自己的心靈一個療癒的機會。

葛瑞：把別人的病苦當成自己回家的途徑，好像太自私了一點，不是嗎？

阿頓：看起來有一點自私，實際上，那是最無私的表現。

葛瑞：這話怎麼說？

阿頓：「寬恕」，推到究竟，等於說：你以及那個看起來有病的人，並非真的活在上主之外；因此，你們兩人其實是自由的。不僅如此，這還是你重獲自由的「唯一」途徑！解脫病苦本身並沒有錯，但你必須同時在你們兩人身上認出清白無罪的生命本質，才可能解脫。

葛瑞：也許可以這樣說，像 Joel Goldsmith 這類偉大的靈性治療者，必已明白這番道理，知道人們多少都認定自己罪孽深重或毫無價值，因此，也只有寬恕才能療癒他們。

阿頓：是的，所有靈性治療者對於「寬恕」的詮釋不盡相同，但都離不開那源自無條件的愛以及寬恕的神聖本質。在治療過程中，病患潛意識裡的某種記憶突被勾起，剎那間意識到自己原無罪孽，而且早被寬恕了。當然，治癒者的心靈也同時被療癒了，因為根本只有一個心靈，並沒有什麼病人，他並非真的存在。還記得嗎？你的人生不是別人作出來的夢！

葛瑞：記得。

阿頓：順便告訴你，J兄當年確實治癒了〈馬可福音〉中的那個人，他在「你的罪已被寬恕」這句話之後，緊接著還說：「但要叫你知道，人子在地上有赦罪的權柄。」他不是說只有他有這個權柄，而是指你也有這個權柄。你在這一存在層次不也活出「人子」的形相了嗎？你真的就是基督。

當然，自始至終，根本沒有「罪」這一回事，J兄也不曾把罪當真而予以寬恕。在他心目中，夢裡所有的人都同等的純潔無罪，因為那只是一場夢而已。

葛瑞：為什麼他不乾脆說：根本沒有「罪」這一回事，罪不是真的。

白莎：你不妨設身處地想一想，那個時代的人一天能承受得了多少這類「褻瀆」的言論？J兄只能慢慢地開導，用他們所能承受的方式去循循善誘。他私下倒是跟我說過，這些人間遊戲只是個夢而已，我當時只能瞠目以對。

我跟你說過，在那時代，如果公開說出某些話，立刻會讓你小命不保。J兄已經算是處處語多保留了，結果還是被當代人控為褻瀆。

阿頓：我們初次來訪時曾說過，在你的時代追隨J兄，遠比他的時代容易多了，這不是隨口說說而已。你真的不知道自己多麼幸運，你對他的那一套思維體系（也就是聖靈的思維體系）所懂的深度遠遠超過我們當年的了解。你該滿心感恩才對。

葛瑞：我是真的很感恩，只不過有時會忘了。

阿頓：我們並不打算在「靈性治療」這一主題大肆發揮，若要全面深入的話，大概可以寫一本書了。我們只想在這裡提出一些基本觀念，其餘的，你自己去慢慢類推吧！

說來說去，最後還是離不開「寬恕」以及「實踐的意願」這兩個因素。你有多大的意願接受「這一切都是自己作出的夢」？你又有多大的意願放掉自己的夢而選擇上主？你可知道，J兄在《課程》裡要了你一回？他老是說「只需要一個小小的願心」，但這話可不是說給資深學員聽的，他在〈教師指南〉中對上主之師卻說，這需要「**充分的願心**」。[5]

葛瑞：又是請君入甕的老把戲！

阿頓：為了讓你這類懶學生就範，只好如此啦！我是說著玩的。

葛瑞：你盡量說吧！阿頓，別忘了，我在書裡提到你時，可不會手下留情的。

阿頓：我慚愧無言，謹在此俯首受教。

葛瑞：這才像話！

白莎：當我們談到「靈性治療」時，不論是治療病人或治療自己，必須先釐清幾個觀念。首先，我們說過，靈性治療「跟病患無關」；現在，第二個重要的原則是：「病痛不是一種生理現象，而是心理狀態。」

※「靈性治療」第二個重要的原則是：「病痛不是一種生理現象，而是心理狀態。」

我們先前提過 Georg Groddeck 這個人（請留意，Georg 沒有 e），Groddeck 博士相當清楚上述道理。當時，他常常追問自己的患者，是否能在自己的疾病上看出某些目的。他為什麼會向那些已受疾病所苦的人提出這類刺心的問題？理由很簡單，這一追問立刻把病人的心態由疾病之果轉到疾病之因上了。他知道有一個「它」（It）造出了一具身體（所謂的

「它」，有些類似《奇蹟課程》所說的「小我」），用它來達到自己的目的。他追問的目的，是要病患拋棄自己是受害者的觀念，而正視自己願意生病的決定（雖然他未能向病患解釋，那決定是在更高的存在層次作出的）。

有些病患真正接受了這個看法，承認身體的病痛出自自己內心的選擇，而不是肉體造成的，結果不藥而癒。然而，物質世界的原則沒有一個是放諸四海皆準的，否則宇宙的不可測性便無法立足了。小我是非常複雜而且極其個人化的，我敢跟你保證，這正是娑婆世界「求仁得仁」的結果。不論如何，Groddeck倡立的「治療原則」雖然十分有限（要等到《奇蹟課程》的出現才把前因後果交代清楚），立論卻相當正確：治癒有待知見或觀念的改變。《奇蹟課程》為你做了一番自問自答：

> **若要完成知見上的這一轉變，需要具備什麼條件？它唯一的條件就是體認出疾病乃是出自心靈，與身體毫無瓜葛。這種認知需要付出什麼「代價」？它的代價即是你所見到的整個世界，因為世界從此再也無法佯裝為操控心靈的力量了。**[6]

葛瑞：我們說過，清白無罪的心靈是不可能受苦的。但你現在好像是說，內疚尚未清除的人仍然有能力扭轉病情，甚至恢復健康？

白莎：是的。徹底清白無罪的人絕不可能為病所苦的，但他也可能為了教學的目的而選擇某種疾病。尚未修到爐火純青的人，在成道的過程中仍有可能發揮心靈力量，減輕病痛，甚至作出無數令人讚嘆的事情。J兄在〈教師指南〉中談到靈性治療的對象或是一般病患時，這樣說：

> 誰是醫生？就是病患自己的心靈。他決定要什麼，就會獲得什麼結果。表面上他好似得到某人的某種協助，其實那些助緣只是如實地反映出他所作的抉擇而已。他選擇的那些助緣也不過具體表達出本人的願望罷了。[7]

不論是病患或是治療師，一旦接受了聖靈的寬恕，便會產生下列的心態：

> 世界從未對他做出任何事情。他卻認定自己的一舉一動都受制於世界。他對世界其實也沒有做出什麼大事，因為他把世界究竟是怎麼一回事都搞錯了。認清這一點便足以把人由罪咎與疾病中一併解脫出來，因兩者原是同一回事。[8]

葛瑞：這是寬恕的更高境界，但仍不脫寬恕的範疇。

白莎：正是，你這學生真棒！就憑著你知見中的寬恕取向，你已經釋放了自己，不只是你自己，連你的弟兄姊妹都跟著自由了。因為：

> 你眼中所見的疾病、痛苦、無能、苦難、失落、死亡等等，都在誘惑你把自己看成自身難保的地獄之子。[9]

J兄繼續說道，凡是拒絕採信眼前歷歷在目的形象而選擇聖靈的寬恕及療癒的人，他們所獲得的報償是難以衡量的。

奇蹟已經來臨，療癒了上主之子，結束他那欲振乏力的噩夢，為他開啟了得救及解脫的坦途。[10]

究竟誰得到療癒？是病患還是治療師？被寬恕者還是寬恕者？答案是「兩者」，因他們根本就是同一個。你是可能培養出寬恕的習性的。

從此，奇蹟成了你的天性，正如在你選擇神聖生命以前，恐懼及痛苦成了你的天性那樣。所有的分別妄見都會在你這選擇中銷聲匿跡；你終於放下了各種虛幻的選項，再也沒有一物阻撓得了真相的來臨。[11]

葛瑞：換句話說，你若成了J兄這類大師，本身已無需療癒，但你仍能療癒別人，提醒那些人的心靈：他們其實都是基督，都一樣全然純潔無罪。而且所有上主之師在履行這一任務之際，都已同時接受了聖靈的治療。你遲早會變得像J兄一樣，而且你會成為真理之光，不論以哪一種形式呈現，你都在為其他仍活在潛意識中的心靈作真理的見證。

白莎：說得一點都不錯，懷有「正念」的治療師是這樣看待他的病患：

上主的教師就是為這一類人而來的，他們代表了這些人早已遺忘的另一種可能性。上主之師的臨在本身只是一種提示而已。[12]

阿頓：別忘了，你說什麼話並不重要，重要的是你的心態。當我面對病患時，心中常這樣想：「你是基督，純潔且全然無罪，我們如今都被寬恕了。」你自己可以想出最貼合於當時心境的詞句，只要記得先探問一下聖靈就行了。

請記住，任何一種疾病不過是死亡的彩排而已。〈教師指南〉這樣描述上主的治療師：

他們這樣溫柔地呼喚弟兄遠離死亡之途：「上主之子，請看永恆生命賜給你的禮物吧！你何苦選擇疾病，而不惜放棄這一恩賜？」**13**

葛瑞：這段話讓人感到好像需要一個外來的助緣。又讓我想起《奇蹟課程》所謂的「怪力亂神」（magic）的療法，不用「正念」治療，卻用幻相（包括疾病在內）來搪塞問題。其實這也沒有什麼大錯，有時，它確實能讓病人消除恐懼而接受治療。

阿頓：這一點非常重要，葛瑞。要你懷著「正念」，並非要你拋棄所有藥物，或者拒絕看醫生或治療師。這是「基督教信仰療法」所犯的通病，他們把原本屬於心理上的「念力修持」僵化為一套「行為規範」了。如果服用某些藥物能讓你舒服一點，那是因為你的潛意識覺得可以接受，它能幫你不再那麼害怕那一種治療方式。

所有表面上看起來有效的治療都是同樣的道理；雖然除了救恩以外，任何治療都只有一時的效用。然而，對於絕大多數的人，包括你在內，可能更適合雙管齊下的方式，在「正念療法」之外，配合一些「怪力亂神的療法」，不論它用的是傳統藥物或是另類療法；如此，心靈才可能接受康復，而不至於害怕它會引發另一種意想不到的治癒。當那一種治癒出現時，藏在病患潛意識下面的那一套人生信念便受到了挑戰。有些人還知道如何去應付，更多人則根本沒有準備好去面對挑戰，這往往會勾起小我的極大恐懼。

你不用欣羨別人懂得各種治療偏方，但也別輕視那些愛用偏方的人。大多數的心靈還需要這些偏方才敢面對治癒的問題，你只要記得同時也用「正念療法」就行了。因為完美的結果有待不斷的練習。你還在修練的過程中，應時時記得，世上這類怪力亂神的手法並非邪惡，否則你反會把它弄假成真了。《奇蹟課程》這樣告訴你：

只要識破這些怪力亂神的虛無，上主之師就已達到修行的最高層次了。[14]

葛瑞：資深的上主之師雖然無需去批判那些虛幻的偏方，但心裡應該非常清楚〈練習手冊〉的這一句話：

只有救恩堪稱為治療。[15]

阿頓：正是！那是〈練習手冊〉中相當重要的一課，在那一課裡，它還說了：

救贖的目的不在治癒病人，因那稱不上是一種治癒。救贖能除去導致疾病的內疚。那才算是真正的治癒。[16]

上面兩段加上下面兩段，可說是J兄的「療癒觀」的四大基石：

心靈一經療癒，便恢復了清明的神智，而有治癒身體的能力。疾病對神智清明的心靈是不可思議的事，因為它從來沒有攻擊任何一人或一物的念頭。17

他緊接著又說：

小我相信它若先下手懲罰自己，上主很可能會放它一馬。連這種想法都透露了小我的傲慢。它先把懲罰的意圖投射到上主身上，然後把這意圖視為自己的特權或招牌。18

葛瑞：說得不能再清楚了！我還應隨時記住，不要去跟別人的身體結合，因為我連自己的身體都不該認同；我應透過聖靈跟人們結合，進入同一個「心」內。

阿頓：說得極好。《課程》中還有一段話也道出了療癒的原則：

你們的心靈不是分裂的，上主只有一個療癒的管道，因為祂只有一個聖子。上主與祂兒女僅餘的這一條「交流連線」，不只促進了他們的結合，還會進一步與上主合一。19

那個交流的連線是什麼？

葛瑞：聖靈！還好我知道答案，否則又要被當了！

阿頓：你該慶幸，你不可能當掉這一課程的，最壞的下場也不過是繼續在這兒混下去而已，至少表面上是如此。

葛瑞：對某些人來講，這也不是一件壞事。

阿頓：我們已經談論過這個問題了。總有一天他們會想要「出離」的（我是指正面的含意）。

白莎：老弟，上述的療癒觀都是直接引自《課程》的。真理就是真理，但你療癒的形式或風格卻是你自己打造出來的。千萬別忘了，所有的療癒都屬於靈性的，而不是形體上的。

《奇蹟課程》一向只在「心」上下功夫，修行的道具也離不開聖靈啟發的某種寬恕方式。你所能做的，就是用「正念」去面對病患或自己（如果你自己也在受某種苦的話），那些病徵有時會消失。逐漸地，你解除痛苦的本事也會愈來愈純熟。

現在我要給你「靈性治療」第三個極其重要的原則了，聽起來令人難以置信，卻絕非虛言：「說到究竟，娑婆世界本身只是個遲早要消逝的一個病徵而已。」

※「靈性治療」第三個原則：「說到究竟，娑婆世界本身只是個遲早要消逝的一個病徵而已。」

葛瑞：你們愈講愈離譜了。我曾參加過算是開放的「合一教會」（Unity Church），但比起你們的論調，他們還算是保守的了。

白莎：合一教的創始人查爾斯和墨特爾夫婦（Charles, Myrtle Fillmore），確實是相當了不起的人，他們受了瑪麗貝克艾迪不少的影響。他們對J兄的愛慕以及致力於一個更寬容、更有愛心的教會的熱忱是不可抹煞的。只是他們把身體的每個細胞都看得太認真了，雖然合一教派對《奇蹟課程》一向非常友善，他們很多的信徒也都兼修兩門，但我們實在不該把它們混為一談。

葛瑞：你知道，人們一直喜歡著眼於善和惡之間的交戰，而把它搞得像真的一樣。

白莎：沒錯。歷史上也有不少人深入過《奇蹟課程》的「正念」和「妄念」這類觀念，例如容格（Carl Jung），他把這一存在層次顯現的「妄念」之境稱為「你的陰影」；林肯總統則把「正念」稱為「我們本性中的好天使」。只有《課程》真正把這兩個觀念闡釋得圓融而透徹。

葛瑞：這些觀念至少解釋出為什麼人們常做些傷害自己的事情。

白莎：正是！人們老愛去做對自己有害的事情，不論在大事上或小事上，明知卻故犯。就像你一樣，為什麼你在看電影時老愛吃那些巧克力？你明知它會讓你長青春痘。

葛瑞：大丈夫敢作敢當嘛！

白莎：你還真男人腔（butch）呢！

葛瑞：哈，連你也知道同性戀的術語。

白莎：你不會排斥同性戀吧！

葛瑞：怎麼會？我那一群親戚不是男同性戀就是女同性戀；別聽我胡扯了，只有少數幾個而已。

阿頓：我無意打斷鬥嘴遊戲，但說真的，你何不試試，吃巧克力的時候，放下你的罪惡感，可能就不會長痘痘了。我們該走了，最後還有什麼疑問嗎，好學生？

葛瑞：當然有。不論我在夏威夷或在這兒，都能從心裡治癒別人，對嗎？

白莎：沒錯。根據我們上回向「聖諭」打聽的結果，確實還有人住在夏威夷，佛教徒多於基督徒，當然還有Huna族。

葛瑞：難怪島上的人比美國大陸的人好多了。我們這回所談的「治癒」問題，一言以蔽之，就是一切都是心靈造成的，不只是疾病，連治癒的奇蹟都是。

阿頓：是的。所有的一切，不論外表上是好是壞，從治癒的奇蹟到愛滋病，到厭食症，到身體自燃現象，到聖五傷〔譯註：有一些天主教聖人身上會呈現耶穌被釘死的五個釘痕〕，都是心靈的傑作；每一種你們已知的以及尚未爆發的疾病，也都是心靈的傑作。細菌是什麼？不正是一種投射嗎？躁鬱症是什麼？兩種極端的情緒除了證明分裂的真實性以外，還會是什麼？

葛瑞：即使是愛滋病，也不過是同一個老套心態所玩的新花樣而已。

阿頓：反正若不是愛滋病，也是會發生其他病變的。十四世紀時，黑死病導致四千萬人喪命，若用人口比例來計算，愛滋病只是小巫見大巫。但再發展下去，死於愛滋病的人數會超過四千萬。

所有的疾病既然都是心靈造出來的，就算你能消滅一種病變，心靈一定還會造出其他病變的。這有時竟會給人一種進步和希望的假相，掩飾了今人其實跟前人一樣在承受恐怖的死亡這一事實。

葛瑞：某研究報告説，如果有人為生病或動手術的病人祈禱，患者的病況會好轉，你又怎麼説呢？

阿頓：因為心靈本來就是一體相通的。祈禱確實會有一時之效，但那還稱不上療癒；只有真正的寬恕能把潛意識的內疚由心中除去。你只要深思一下，便不難看出，《奇蹟課程》的治療觀，不過是把「真寬恕」的道理套用在疾病上面而已。

葛瑞：有一天晚上，我作了一個十分清晰的夢，我注意到自己在夢中一點恐懼都沒有。醒來之後，好希望自己能夠一直活在那種無懼的心境中。我記得早年的恐怖電影常打出這樣的廣告：「你不得不一直提醒自己：這只是電影，這只是電影。」有時，我會在大白天不斷地告訴自己：「這只是一場夢，這只是一場夢。」

阿頓：這真的只是一場夢！有時，你會奇怪，何以自己不能二六時中都活在無懼之中。我可以跟你保證，你遲早會修到始終活在那種心境的。其實，你已經比從前更常活出那種心境了，只不過你老是把活得平安視為理所當然，而把注意力全放在不平安的時刻上。

畢竟說來，你真是有福之人，能夠繼續做你的寬恕功課，當你的心靈完全被聖靈療癒時，恐懼便會徹底由你的生活中消失的。

葛瑞：我以前試過治療別人，結果別人並沒有痊癒，是不是我太沒用了？

阿頓：你真是沒用！我是說著玩的，別當真。事實上，你無法根據結果來評估，因為你無法看見心靈層次的事情，你所能仰賴的，就只有這具虛幻不實的身體。《奇蹟課程》所說的療癒，是指心靈層面的變化，有時，外形上會有所改變，有時，治癒的結果只發生在肉眼所不及的層次。

如果有位奇蹟學員只有一隻腳，難道你會因為他長不出另一隻腳就認定這人沒有學會

《奇蹟課程》？別忘了，治療的對象是心靈；讓我再叮嚀一下，不要從你可能看到、也可能看不到的形體層面去評斷結果。

葛瑞：那我還是有希望成為治療師囉！

阿頓：葛瑞，你已經是個治療師了，每一個練習「真寬恕」的人都是治療師。《課程》說過：

※每一個練習「真寬恕」的人都是治療師。

上主的教師們沒有評估自己的禮物會產生什麼效益的任務。他們的任務只是給出禮物，僅此而已。20

再說，究竟是誰被治癒了？答案是「同一個」雙方，因為推到究竟，就只有一個。

白莎：我們該告辭了，老弟！說真的，我們為你感到驕傲，繼續發出你的寬恕之念吧！

葛瑞：嘿，想起你把我變到波特蘭的那個經驗，能不能在你們離開以前，再把我變到茂伊島（Maui）去逛一逛？

白莎：放心，葛瑞，你有的是機會去遊夏威夷的，這都已經寫在你的劇本裡了。事實上，它也已經開始運作了，只是你此刻還無法看到而已。

幾年之後，凱倫和我真的不知為何陰錯陽差地去了夏威夷。在當地美麗的小徑閒逛時，我們還有一句沒一句地談論著遷居夏威夷的可能性。

11 時間概說

時間在你心中其實僅僅存在了一個剎那，它對永恆毫無影響。過去所有的時間也起不了任何作用，一切依舊是這不知所終的旅程出現以前的本然狀態。在造出第一個錯誤以及由此孳生一切錯誤的那個剎那裡，就已含有第一個錯誤及其後一切錯誤所需的「修正」。因此，在那一剎那，時間其實已過去了，因為它只有那一點兒能耐。1

從我有記憶開始，「時間」一直是個引我遐思的問題。

一九九七年四月，阿頓與白莎第十一次來訪，距我上回看到他們，間隔了整整八個月。而我已經準備好問題了。

阿頓：嗨，超時空的小子，近來可好？

葛瑞：我不知道，讓我檢查看看……，嗯，還不錯的樣子！嘿！真高興看到你們！

白莎：我們也是。既然你已經準備好問題了，讓我們廢話少說，進入正題吧！

葛瑞：好啊！首先，我真的很感激兩位的來訪，我從二十歲起就在尋找生命的答案，我讀過赫塞（Hermann Hesse）根據佛陀的一生而寫的書。

阿頓：*Siddhartha*。

〔譯註：台灣譯為《流浪者之歌》〕

葛瑞：那本書寫得真好。但我從未想到世上竟會出現遠比那更博大精深的《奇蹟課程》。說真的，我真的好愛你們兩位老兄，感謝之至。

白莎：那表示你挺滿意的。

葛瑞：何止滿意！我簡直感激涕零，無以為報呢！

阿頓：我們也很感激你，老弟。感恩是一件好事，但從現在起，你的感恩之心應直接獻給上主才對，是祂把你的救恩變得「命中註定」的，讓你永遠也無法把天堂的記憶由你心中磨滅。

葛瑞：好吧！言歸正傳。有一回，若非這部課程，我大概已經跟別人吵起來了。那一次，我在加油站，加滿了油正要離開，有部車子橫擋在我面前，當時我正趕著去某個地方，因此，很客氣地請他讓路。沒想到他竟然用一種鄙夷的眼光看了我一眼，說：「算你倒楣！」我簡直不敢相信！那一剎那，某一部分的我真想給他一巴掌。

白莎：奇怪，人間的是非怎麼老跟車子離不開關係！說正經的，你看得出來那人極端的無知吧。

葛瑞：豈止無知！在電影院裡高談闊論才是無知，這傢伙可稱得上天字第一號的惡霸，我想，連德蕾莎姆姆大概都會忍不住給他一巴掌的。

阿頓：我們看見你的反應。你氣了幾秒鐘以後，轉身回到車上，自言自語：

我仍是上主創造的我。上主之子不可能受苦。而我就是這位聖子。2

葛瑞：沒錯，我那時在想，我若是上主所創造的我，就不可能是這一具身體，那傢伙也不是。我要讓自己真正的力量出來，不受這個可憐蟲的影響。他內心其實很恐懼，才會裝出一副耀武揚威的模樣。

我想起了你告訴我的那些寬恕實例，我明白，即使在這有形世界裡，寬恕對我也是百益而無一害的。因為當時我如果氣昏了頭，忍不住動手的話，我大概已經被那傢伙宰掉了。

阿頓：沒錯。不論從哪一個角度去看，你都是贏家。你們人類高估了暴力解決問題的能力，只要看一看國際局勢就好了，如果「以牙還牙」真的有用的話，那麼發動戰爭的國家應該更加固若金湯了，不是嗎？結果呢？

葛瑞：才不是呢！只會惡性循環下去。

阿頓：你當時不僅沒有製造惡性循環，還防止了惡性循環。如果你夠聰明的話，寬恕將是你下半輩子安心立命的不二法門。我想你夠聰明了。

葛瑞：多謝誇獎。我現在可以提出準備好的一堆問題了。第一個問題，我想，我大概知道答案。在直線性的時間觀下，我會認為你們這類覺者，一定在「過去」完成了救恩，「現在」才可能以覺者的身分顯現在我面前，對嗎？

阿頓：當你說「在直線性的時間觀」時，就已經解答了自己的問題了。我們是在你的未來悟道的，你也會如此。然而，其實只有一種時間，若用幻相世界的表達法，可以這樣說：曾經有過這麼一段時間，你利用這段時間，就像你利用空間的幻相一樣，把它一分再分，分割成無窮盡的部分，讓它們看起來截然不同，這跟你造出無數截然不同的人是同樣的一回事。必須有個「時間」與「空間」，這些人才有地方運作，同時還能幫他們遮掩了自己根本活在夢中這一事實。因為：

終極說來，空間與時間一樣虛妄。它們只存於你的信念之中。3

葛瑞：你以前曾經說過，我原是非空間性的存在，正經歷一個空間世界；其實也可以說，我是個非時間性的存在，正經歷一個時間世界。

阿頓：是的。這就是為什麼我們先前一直強調：心靈是存在於時空之外的。等你覺醒以後，自會明白，所有的時間空間以及在時空中彷彿發生的一切都只是一場夢。你的心靈不過打了一個小盹而已4。《奇蹟課程》這樣形容你的心靈：

它只是夢見了時間；在那好似出現、其實從未發生的一段時間裡，不論發生何種變化，皆無實質或實效可言，最後都是白忙一場。當心靈甦醒過來以後，它只是繼續本來的存在狀態而己。5

葛瑞：我以前經歷的那個啓示，大概只能算是一個電影預告，將來永遠都是那樣嗎？

阿頓：永遠都是。

葛瑞：我不知道自己是否承受得了那麼大的喜悅。

阿頓：給它一個機會吧！你會愛上它的，它從不遺棄任何人，包括你所認識的每一個人，你的父母、朋友、親戚、愛人……每一個人，無一例外。因為他們跟你根本就是一個，那種重歸完整的感覺是超越一切之上的。

葛瑞：我要這個喜悅！

好吧！讓我們繼續講下去，免得我又忘了原先想問的問題。《奇蹟課程》說了，「一切」都是分裂的象徵，而你又說：連時間也不外乎是分裂的象徵。我想，我們每一個如夢似幻的一生，只是為了延續這個分裂狀態，事實上，這一切是同時發生的，對嗎？

阿頓：正是。不妨深思一下下面這段話：

每一天，每一分鐘，每一瞬間，你不斷重溫那恐怖的時間幻相取代愛的那一剎那。你每天都得這樣死去一回，然後又活過來，直到你穿越過去與現在的間隙為止；那其實稱不上什麼間隙。每個生命都是如此，從生到死、死又復生的那段時空幻相，其實都在重演那早已過去而且無法重生的一刻。所有的時間不過是在為你演出這個瘋狂的信念：就這樣，過去的一切依舊存於此時此地。

寬恕過去，讓它過去吧！因它已經過去了。6

葛瑞：所以，每一天都像人的每一生，不論你看起來是沉睡的，或是死了，次日又重新開始另一天或另一生。你在每一生中活出的身分，又可分為許多不同的階段，那跟不同的人生其實也沒什麼差別。何況，你的身體從小到大發生這麼大的變化，簡直像是一生內擁有好幾個不同的身體。

這一切真的全發生在心靈內，說得更明確一點，全是心靈的投射。上面那段引言為我們指出，這一切只是反覆活出我們自以為跟上主分裂了的那「最初」一刻而已。而且，在每一刻中，我們都有能力改變自己對生命真相的看法。

阿頓：美國印地安人常愛說：「看哪，這偉大的奧秘！」〈正文〉中也有這麼一段：

這一投射的傑作實在令人嘆為觀止；只是，當你面對它時，應懷有療癒的決心，不必心懷畏懼。你打造的世界並沒有控制你的能力，除非你想繼續與造物主分裂下去，存心與祂的旨意對抗到底。7

在這之前，它曾說過：

因時間既是你發明的，你就有調度的權利。你不必作時間的奴隸，也無需受制於你自己打造的世界。8

J兄繼續提醒你：你不可能同時擁有時間與永恆，你必須選擇其一：

你無法竊取天堂的一部分，把它編入你的幻夢裡。你也無法把任何幻夢偷渡到天堂。9

葛瑞：時間和空間這偉大的投射，其實跟電影沒兩樣，而且還挺緊張刺激的。

阿頓：你若真正了解這一真相，緊接著面臨的問題是：你究竟要跟「誰」去看這場電影？你可以跟小我結伴去看，聽它那一套人生觀；你也可以跟聖靈結伴觀賞，聽它的那一套人生觀。

葛瑞：你是說「祂」的人生觀？

阿頓：正確地講，應是「它」的。不要忘了，J兄是以藝術家的心態修正他那所謂的福音，為此，他才會在《課程》裡沿用《聖經》的詞彙。

葛瑞：教會真的都把《聖經》裡有關「輪迴」的說法全都剔除了？

阿頓：是的。這是第四世紀的教會普遍犯下的錯誤。我想，我們最好還是把討論的焦點放在多瑪斯與我所活的那一世紀。

白莎：好！我們講到跟J兄或聖靈一起看電影，接受「正念」的詮釋方式；這話帶出另一個重要的觀點：即使你經驗到自己正在「這裡」看電影；其實，你並不是在這裡，你是在更高的存在層次看電影。你還經驗到，你不只在「這裡」，你還在一具身體裡面看這場電影；更何況，你所看到的，都是早已發生的事情，就像從「電視重播」的畫面去看你所壓抑或遺忘的故

> ❋你不可能同時擁有時間與永恆，你必須選擇其一。

事。

你不妨深思一下下面幾段常令讀者瞠目結舌的奇蹟章句。這幾段話連在一起，可以說綜合了《奇蹟課程》的「虛幻時間觀」：

「天父與聖子是一個生命」這個啟示遲早會進入每個人的心中。然而，那個時刻是由心靈自己決定的，不是靠別人教它的。

時辰已經註定了。這話聽起來相當突兀。然而，每個人在人生道路上踏出的每一步，沒有一步是偶然的。即使他還未正式上路，其實那條路他早已走過了。只因時間看起來好似單向進行的。其實，我們所踏上的是一條早已結束的旅程。只是看起來好似還有一個不可知的未來而已。

時間只是一種把戲，一種巧妙的手法，一個場面盛大的幻相，台上人物來來去去，好像魔術表演一樣。然而，在這人生假相之下，藏有一個永恆不變的計畫。劇本已經寫定了。某個經驗何時會來終結你所有的懷疑，早已註定。我們只是在旅途的終點回首整個旅程，假想自己再走一趟，在腦海裡重溫一遍陳年往事而已。**10**

葛瑞：當他說「我們所邁上的旅程」，是否指他會跟我們一起看這部人生電影；只要我們開口，他就會助以一臂之力？

白莎：一點都沒錯，J兄隨後又把一體的觀念跟我們前面提過的那句道盡絕對真理的「永恆如是」

連在一起，將時間的主題串連起來：

它會將心靈帶入無邊無際的當下，再也沒有過去與未來的概念。[11]

又說：

世界，從來不曾真正存在過。永恆，方是千秋不易之境。[12]

還說了：

這不是我們所能催生出來的經驗。只有透過教與學而得的寬恕經驗，才能見證這一時辰的來臨，心靈已經決心為此而放下一切了。[13]

它繼續解說下去，還把它與聖靈的角色連接起來：

一切學習早已存於天心之中，且早已圓滿完成了。祂很清楚時間的意義，並教給所有的心靈，使每個心靈都能由時間的終點，自行決定什麼時候才願把時間釋回啟示與永恆之中。我們已經說過好多次了，你在此只是重走一遭早已完成的旅程罷了。

一體性必然也存在於此。不論心靈決定什麼時候接受啟示，絲毫影響不到那永恆不變的境界，過去一向如此，未來也如現在一樣永遠如此。[14]

葛瑞：如果說，一切都已發生了，我只是在觀賞一個由我潛意識投射出來的夢幻電影，再加上我那活得像真的一般的種種作為，說穿了，就跟一個被操縱的機器人沒有兩樣……。這麼說來，我大可高枕無憂了，想做什麼就做什麼，反正救恩遲早會來的，不是嗎？

白莎：不對！你還有工作要做。因為J兄下面還有一段話：

> 你的本分就是盡好自己那一份任務，這就夠了。在你完成自己的任務之前，你是不可能看清最後結局的。這也無傷大雅。你的任務仍是所有人的希望所繫。尤其是那些心跳頻率與上主不一致，始終猶豫不決的心靈，只要你扮演好指派給你的角色，救恩就會離它們更近一點了。[15]

葛瑞：其餘的都靠我了？這句話聽了讓人不太舒服。

白莎：還記得我說的那句話嗎？你的人生可不是別人作出來的夢！再說，沒有你，世界能得救嗎？答案是「不能」。你知道自己的本分，你在那個加油站時就已經意識到了。

葛瑞：寬恕！我其實是在寬恕自己，雖然看起來可能不是那麼一回事。

白莎：當然，《奇蹟課程》一再不厭其煩地從不同的角度告訴你，而且永遠是那麼斬釘截鐵：

> 寬恕是貫穿救恩的中心思想，它串連起救恩每一部分的意義，寬恕為救恩指出了途徑，它的結局萬無一失。[16]

葛瑞：我懂了，這個要命的J！說著玩的，別當真。我說過我會去做的。

白莎：我們知道你會的。你可以無限地拖延下去，也可以就此脫身，全憑你的選擇。J兄還要求你隨時隨地跟他作出下面的選擇：

重新選擇吧！你究竟想要躋身於救主的行列，還是與弟兄一起墮入地獄？[17]

葛瑞：再也沒有比這個講得更清楚的了。只是……上面那些關於時間的章句，實在很玄，需要兩個腦袋才想得通。

白莎：目前你只需記住一點，時間好像給了你一個不可知的未來，其實它早已完成了。你無法改變小我的劇本，你所能做的，只是求助於聖靈的詮釋，也就是我們一再提到的「聖靈的劇本」。為此，J兄在兩千年以前就提醒我們：「你們中間有誰能夠因為操心掛慮就增加一分鐘的壽命？」事實上，你的人生故事（真的只是一個故事而已）早已寫定了。

雖說是個故事，你並不是真的在此地看它演出的；你以為你身在此地看戲，其實，你是在心靈層次重溫舊夢而已。不只如此，你根本就是那個正在觀看以及作選擇的那一部分心靈，而且，這個夢一般的電影所反映的不過是你與小我所作的最初那幾個選擇罷了。

至於是否需要兩個腦袋？我只能說，加強一點自己的決心，是絕對錯不了的。你該記得，不論看起來多麼任重道遠，不論有多少時間層次，或多重宇宙內的多重存在層面，最後還是脫離不了我們講過的那「一個」單純真理：你的救恩最後全憑你「現在」所作的決定，沒有第二條路可走。

※你的救恩最後全憑你「現在」所作的決定，沒有第二條路可走。

不論表面上你遭遇到什麼，選擇本身其實極其單純，且有立竿見影之效。只要你記住這點，自然知道該去聆聽哪一種詮釋了，即使你的身體已經離開了人世。

葛瑞：這話讓我想起一個月以前所作的夢，真是可怕！我記得我在夢中向J兄求助，而我也感到他真的接管過去了。

白莎：你說的沒錯。到了某一階段，《奇蹟課程》的思維方式會如此融入你內，即使在夢中，你也能夠選擇基督的力量；而你已經進入這一階段了。這表示就算身體死了，你照樣能夠自動選擇那個力量的。那個夢對你該有相當的安定作用，不只讓你愈來愈不受死亡的威脅，它也像是在給你一個保證：如果你今天死了，即使尚未覺悟，你所學到的一切仍會緊緊隨著你。

葛瑞：你怎麼也用直線式的時間觀念了？

阿頓：我們這場超越時空的「時間論壇」就講到這裡，別忘了提出你早已擬好的其他問題。

葛瑞：好。我以前提過這個問題：我若能記住《課程》所說的「分裂問題早已徹底答覆並治癒了」，將有助於增長我的耐心。它之所以要我們慢慢覺醒，是不想驟然嚇到我們。

阿頓：非常正確。實相跟你在此地所經歷到的現實，真的有如天壤之別，所以我們一再叮嚀，慢慢地適應比較好。

即使早上醒來時，最好也緩緩地從夢中甦醒（除非鬧鐘硬把你吵醒，那就另當別論了），心靈的更高層面也是如此，由夢中慢慢甦醒，才是萬全之策。要知道，每當一個如幻的個體生命由夢中甦醒時，象徵著心靈的更大層面也跟著覺醒（雖然前文已經說過，這場夢其實在彈指之間就已經結束了）。關鍵在於你還想拖延多久才肯進入天國？《課程》這樣提醒你：

你的弟兄無所不在。故你無需踏破鐵鞋滿地尋找救恩。每分每秒都是你拯救自己的良機。不要錯過這機會，不是因為良機不再，而是因為實在沒有耽擱喜樂來臨的必要。18

雖說，上主寧願祂的孩子慢慢甦醒，但是，你也得明白，你的心靈大概需要反覆思考十來回，那些觀念才會逐漸打到心坎裡。再說，一切語默動靜，不管是所想、所看、所聽的，固然是你的心而不是你的身體，但這也表示了，拒絕真正去想、去看、去聽正念知見的，也是你的心，不論它化身為何種形式。

這就是為什麼《奇蹟課程》的整套思想架構那麼重要，當你一層一層剝去小我的硬殼時，靠的就是這些基本理念的前後呼應並且彼此印證，才罩得住小我老愛用妄念來應付幻境的習性。

葛瑞：我明白這本書嚴密的思想架構，以及它特有的運作方式的重要性。但有些人非常排斥所謂的「修心」（mind training）這類法門，因為他們擔心被洗腦，或是被騙放棄獨立思考的能力。

阿頓：想要被洗腦的人，最好去參加「狂熱組織」（cult）。只要能夠把握住《奇蹟課程》基本上是一部「自修課程」這一原則，便不難看出這部書其實在訓練人們善用「自己」的抉擇能力，而不是教他們放棄。何況，他們其實早已被小我洗腦了，除非他們爭回心靈的主權，否則永遠不得翻身。《奇蹟課程》認為我們的心確實有待訓練：

你過於放縱自己雜念紛飛，任憑心靈妄自造作。19

葛瑞：我才不是這種人呢！哈！哈！許多人認為他們的意識相信什麼，才事關緊要；其實，他們的潛意識所相信的，才是問題的關鍵。然而，潛意識這個層次不是他們自己所能改變的。

阿頓：一語中的。為此，我們才說，聖靈是你的唯一出路。

葛瑞：那麼只要我繼續玩這個寬恕遊戲，就能跳脫出眼前的虛擬現實了嗎？

阿頓：這還用說！你就是因著自己的錯誤信念以及妄念思維而掉入這個虛擬人生的。

葛瑞：這又讓我聯想起那象徵著天人分裂及生出娑婆世界的「大爆炸」，這是否表示宇宙會開始逆轉，最後向內徹底瓦解？

阿頓：非也。「大爆炸」象徵分裂，沒錯，但我們仍需記得，在物質世界的層面，如此浩瀚無邊的宇宙，已經醞釀出一股大不可測的能量場，是它反過來設定了物質世界「所有的」法則以及每個細胞、每個分子的命運，還有它們進行的軌跡，乃至於進化的方向。

當我們說電影已經拍成了，是在說，凡是註定要發生的，在那一瞬間已經開始運作了，它是不可能轉向的。各式各樣的存在層次以及存在場景，只是象徵著「大爆炸」中無窮無盡爆裂迸射的結果，它們全都發生於同一瞬間。雖然這一切當下就結束了，但你必須覺醒過來，才能認出那一真相。

葛瑞：你是說，活在這一存在層次的人，始終在為「我們能夠打造自己的命運」這一假相所苦。事實上，物質世界的每一個法則早已開始運作了，不論我們怎麼努力，該發生的事，一定會發生的，分毫也不差。

阿頓：說得很對，身體就像是一部機器，受制於某種看不見的勢能，機械性地按著寫好的劇本去「照本宣科」。記住這一點，當初是你決定與小我同夥，把分裂之境弄假成真的，因此，我們可以說，即使劇本已經寫定，這種宿命卻是出自你自己的預設，你曾在另一存在層次同意過，因此，你絕不是它的受害者。如今這部《課程》正是要教你改變你對整個事件的心態。

你在此地的一切所聞所見，就如同小我的錄音；你什麼時候想聽另一種調子，全由你決定，無需等到娑婆世界本身徹底瓦解，一切才會結束。當每個人都覺醒時，娑婆世界便當下失去了蹤影，因為它徹頭徹尾只是一個無足輕重的夢而已。

為了讓你們沉迷其中，小我的劇情會緊跟著時間的腳步而加快節奏，人們的專注力也愈來愈短，直到你們毀掉自己的整個文明為止；然後再憑著一點點記憶來重新建造另一個文明，就像一個人重新開始另一段人生一般。

葛瑞：對於你說的「加快節奏」，聽了真是心有戚戚焉，只要反觀一下當今的電影，近三十年來電影和電視的編劇方式，情節發展之快，幾乎到了滑稽的地步。編劇者一定看準了當今人類全患了「注意力缺失症」（attention deficit disorder），深刻雋永的對話愈來愈少，簡直有愚民的傾向。現代的電影編劇好像有一個共識，如果觀眾能夠看清楚螢幕上的影像，就表示劇情進展得太慢了。

阿頓：對。花招愈來愈多，實質愈來愈少，跟你們的政治一樣。你可知道，第一個偉大的共和黨總統……

葛瑞：也是最後一個偉大的共和黨總統。

阿頓：你不必說得那麼露骨嘛！你可知道，林肯若生在今日，是不可能當選的，他沒有動人的聲音，當他答覆別人時，竟然還需要花一點時間去思考問題。若在今天的候選人辯論大會中，你一停下來思考，別人會認為你反應遲鈍。想一想，一位政客能夠給予深思熟慮的答覆，而不是早有腹稿的巧言答辯，那將是何種氣象！政治跟電影都朝著同一方向進展，只著重外在的格調與速度，勢必會把群眾導向更深的迷惘和瘋狂。

葛瑞：沒錯，人變瘋狂的時候，時間也變得飛快。我是個電影迷，但也不能不指出電影編劇的偏差。

對了，你以前提過「多重選擇的人生劇本」，這跟「整部電影已經拍好了」的觀念，好像有些矛盾。

阿頓：其實並不矛盾。真的有好幾個存在的層次供你選擇，你隨時都能由一種存在層次轉向其他層次，但畢竟而言，它仍在一個已經完成的系統之內。而且，它的有限性和固定性，都跟我們上述談論的理念不謀而合。

小我的劇情不論如何演，都離不開「胡蘿蔔」跟「棍子」兩條主線。它要你相信你在它的劇本裡還有選擇的自由，其實唯有徹底由這胡鬧的劇場抽身，你才可能真正解脫。

葛瑞：所謂「多重選擇的人生劇本」，你是說，我若作出不同的決定，某天早上醒來時，自己很可能已經活在不同的層次裡了，只因外表看起來和先前的層次沒什麼差別，所以自己察覺不到。而且，每一層次都有它自己的大爆炸、小爆炸以及另一套劇情？

阿頓：是可能如此。

葛瑞：哇！真不可思議。

阿頓：有那麼不可思議嗎？別忘了，這一切仍發生於一個已經定死了的幻相體系內。幻相終歸是幻相，連這個也是幻相，而且只有一個出路。小我的劇本說穿了，不過是時間的把戲而已，它實際上早已結束了。

聖靈的劇本則是寬恕你這一生中所有的人，不論你活在哪一層次，唯有如此，時間才有消逝的一天。

白莎：分辨小我的「時間層次」和聖靈的「超時間層次」，最好的辦法是把握聖靈的「真寬恕」法門，它會幫你認出時間是不必要的，藉此解除時間的桎梏。但這個化解過程是在「超乎時間之上」的心靈層次完成的，而不是靠你去改變時間或瓦解時間。

葛瑞：是否就像我上回看電影，因為散場時間的不同，讓我逃過了一劫，只因我已經開始練習寬恕，故不再需要那類寬恕課題了？

白莎：正是，你這走運的老色棍，喔，說溜了嘴。我原想把這尊號留待日後我們談「性問題」時再封給你的。

葛瑞：你真風趣，該請你上電視才對。

白莎：上歐普拉（Oprah）的脫口秀？

葛瑞：連她那麼開放的主持人大概都消受不了你這類論調。

白莎：別那麼快下定論！在我們的時間「用盡」以前，還有其他問題嗎？

葛瑞：很多人相信輪迴是帶著靈魂（soul）進化的過程，真的嗎？

白莎：用腦袋想一想吧，葛瑞！你的靈魂早已完美了，否則它就不是靈魂，而被你誤解成其他東西了，就像你對心靈（mind）的看法那樣。有些人把它跟靈魂混為一談，或是把靈魂當作心靈所投射出來的一種狀似身體的魂魄魅影，以為那就是靈魂。

進化只會發生在形相的層次，仍屬於夢的領域。你的心靈一旦練完了所有的寬恕課題，而悟入靈性或靈魂境界時，一切便消失了，只剩下天堂。絕大部分的人把自己的靈魂當成個人擁有之物，這也難怪，因為他們一向視自己為一個獨立的個體。當這種錯誤信念改變之後，你會恍然大悟，原來只有一個靈魂，就是我們那個「無限」又「一體」的靈性。

葛瑞：那麼，輪迴也只是一場夢？

白莎：是的，我們一再試著為你澄清，由於輪迴看起來好像發生了，所以我們提到它時，也把它當作發生過的事情來討論。當你這一生的夢結束時，你「看見」自己離開肉

❈當你這一生的夢結束時，你「看見」自己離開肉體，開始另一個探險，其實，你哪兒也沒有去！你只是繼續在看心靈的投射而已。

體，開始另一個探險，其實，你哪兒也沒有去！你只是繼續在看心靈的投射而已。我們用電影作比喻，因它是你最熟悉的意象。

葛瑞：懂了。我現在要提的問題，可能會讓你們誤以為我對你們的信心不足，其實並非如此。我只是在想……你說你悟道後還在身體內活了十一年，可是《奇蹟課程》好像說過，人的肉體支撐不了一個覺悟的生命，它說，你與上主如果永恆無間地交流下去，身體便無法持續太久；又說，我們在世的任務一旦圓滿，形體便由世上消失了。但你悟道以後，還繼續在世上混了十一年，好像太長了一點，你要如何解釋？

白莎：讓我來答覆你吧！也順便提醒你，不要斷章取義，死抓著《課程》的片段文字，我們說過，書裡的每一章節都該在更大的「寬恕」理念之下去了解。至於我在人間繼續混了十一年的光景，是為了幫助阿頓，我才會保持夢中的形體。這有點兒像是我故意把一腳留在門內，這樣才能跟他繼續生活下去，好讓他有一天能永遠跟我在一起。

至於身體無法久留的說法，別忘了，J兄悟道之後，也繼續宣講了好多年呢！只要還活在身體內，確實不可能跟上主完全合一的，其間有一過渡階段，《奇蹟課程》稱之為「邊緣地帶」[20]，也就是供你寬恕之處，讓你在世間還能做些惠益眾生的事情，同時加深自己的悟境。

葛瑞：這是否就是《課程》所謂的「真實世界」？[21]

白莎：對。多謝你還繼續相信我們，雖然我們說過，信不信我們兩個人，一點都不重要，不論你相信或不信我們，聖靈永遠值得你信任。你可記得〈教師指南〉中「上主之師」的十種特質？

葛瑞：當然，上主之師是值得信任的，忠實的，樂善好施，溫文有禮……讓我再想一想，我是受過童子軍訓練的，這難不倒我。

白莎：你快被他們開除了。我要強調的特質是「信賴」，〈正文〉這麼說：

> 聖靈必須懂得時間觀念，才能重新詮釋時間，而領你超越時間的領域。由於祂的服務對象乃是活在二元對立下的心靈，因此祂必須藉助相對事物來進行祂的工作。一邊修正一邊學習地虛心受教吧！真理不是你造出來的，它卻有釋放你的能力。**22**

由於你還無法全面經驗永恆之境，因此需要奇蹟或真寬恕的練習，透過給予別人而讓自己真正得以享有你所信賴的聖靈療癒。《課程》說：

> 在時間領域內，第一步必是付出；在永恆境界裡，兩者其實是同時發生而且一體不分的。當你逐漸學到了「施與受根本是同一回事」，時間對你便形同虛設了。永恆是唯一的時間，它只有一個「恒常不變」面向。**23**

阿頓：我們該做總結了，《奇蹟課程》這樣教你：

> 時間與永恆都存於你心靈內，兩者勢必會衝突迭起，直到有朝一日你能夠認出時間只是重獲永恆的工具為止。**24**

你若採用當前世上流行的方法去追求上述境界，可說是緣木求魚。《奇蹟課程》這樣評論世俗的方法，還當頭棒喝地質問你：

> 分析黑暗能讓你得到光明嗎？心理治療師或神學家通常都是先認同了自身內的黑暗，再由遠處求取光明來驅逐黑暗，並且再三強調光明遙不可及。[25]

葛瑞：真是得理不饒人。我要向「心靈平安基金會」申訴去。

阿頓：你不妨一邊申訴，一邊仔細查出我們從《課程》裡引用的原文章句，而且牢牢記在心裡。你愈深入體會，它們就愈顯得深奧，讓你回味無窮。在你的未來，白莎和我讀完《奇蹟課程》以後，會跟J兄說：「揮戟尊者！」（Your countenance shakes a spear）

葛瑞：我不懂你的意思。

阿頓：寫出莎士比亞作品的執筆人是一位伯爵，代表他家族的徽章上面有個揮著矛戟的雄獅。宮廷裡的人為了表示對他家族的尊敬，常舉杯致敬說「揮戟尊者」（Your countenance shakes a spear）。

當時手攬大權的伊莉莎白女王一世，雖然頗具政治天分，卻禁止伯爵在他的作品上署名，因為舞台劇在當時高級社交圈是不入流的，他們從不把戲劇，尤其是喜劇當成正經的文學作品，認為那會有辱皇室的品味。

葛瑞：真有趣，莎士比亞的作品不算正經的文學！

阿頓：在虛幻的時間領域裡，十年河東、十年河西的例子比比皆是。莎士比亞，也就是牛津第十七代伯爵愛德華（Edward de Vere）改變了戲劇的命運。儘管他只是一個已逝的白人，人類歷史上也只有這一個莎士比亞。幸好那時女王沒有完全禁止他寫作，只是不准他在作品上署名而已。

他後來遇到一位演員，竟然叫做 William Shakespeare，他覺得這個巧合簡直太妙了，他在宮中被尊為 Shakes a spear 尊者，而劇場裡真有一個名叫威廉、姓 Shakespeare 之人。於是愛德華跟這個威廉做了一個協定，借用他的名字去署名。演出時，還請這位演員扮演作者的角色，藉此暗暗透露自己和這劇本的關係。兩人配合得天衣無縫，只是那位莎士比亞在世時並沒有獲得多大的報酬。他一去世，所有的劇本立刻被人印成總集而流傳出去了。

「奇蹟」讀者大概都已注意到了，《奇蹟課程》的文筆就像莎士比亞的作品一般美妙，所以我們戲稱 J兄為 Shakes a spear 尊者。

葛瑞：酷，你們這兩個傢伙還挺會自娛娛人的。

阿頓：活出一點樂趣吧，朋友！J兄如此活過，莎士比亞如此活過，別把時間的把戲看得太認真。你認為已經過去的幻相，正發生於「此刻」，未來也發生在「此刻」，是你的心把它們分割為不同的樣子，造出一個看起來像時間的東西。其實，所有的事情當下全都發生了，而且已經結束了。不論小我在你面前玩什麼花招，寬恕一下就過去了，然後好好地去活。只要你能夠放得下自己的判斷：

一旦放下了判斷之夢，時間還能立足於何處？[26]

葛瑞：總而言之，《奇蹟課程》說了，所有的時間其實都包含在剎那之間，浩瀚無邊的幻相不只是當下發生的（雖然究竟來講，它從未發生過），而且已經過去了。分裂之念以及象徵分裂的種種想法，當下也被聖靈修正過來了，只是我們仍在心中不斷重播那個分裂的電影，就像陰魂不散的幽靈，直到我們完全接受了聖靈的修正為止。它會幫助我們化解時間，將我們領回上主那裡。

阿頓：你抓到要領了。的確，真寬恕才是人類唯一的出路。

葛瑞：因此，時間並不能療癒傷痛；只有寬恕才有一切的療效。

阿頓：不錯，我的使者，我們看得出來，你這位尊者已經開始揮戟了。

❋時間並不能療癒傷痛；只有寬恕才有一切的療效。

12 電視新聞

你不可能只看見他的罪而看不見自己的罪的。然而，你也可能與他從罪中一起脫身出來。1

我的新聞或資訊來源主要是靠「夜間新聞」以及「網路資訊」，而大致說來，也沒有比這些唾手可得的資訊更容易勾起我的情緒反應了。有一天，我正在網上漫遊，進入了一個已被奇蹟團體公認為「狂熱組織」（cult）的網站。在這網站上，我看到這群人竟然在奇蹟課文裡加入自己的話，來證明自己的理念，讓我忍不住驚聲大呼：「這簡直是在蒙娜麗莎的臉上畫鬍鬚！」

數年之後，這個組織還上了社會新聞，有個頗具聲譽的新聞節目專程去威斯康辛州（Winsconsin）採訪他們。那位自封為「上師」（Master teacher）的負責人，一向愛用攻擊及侮辱的「反教育法」來訓練學生，這是眾人皆知的事情；但我卻在電視上看到他一步一步被採訪記者緊追不捨的問題所激怒，終於大發雷霆，拂袖而去。

這一「焦點新聞」讓我感到羞愧，眼見這麼有深度的靈修理念竟然是以如此畸形的方式呈現於美國觀眾前。《奇蹟課程》不是說過，「沒有一種憤怒是能自圓其說的」？而這位自封為奇蹟上師的人，連這基本理念都活不出來，竟然還敢自稱他跟教皇一樣有「絕無謬誤」（infallible）的天恩。

我一邊看電視，一邊咬牙切齒，但很快地，我便覺察到自己的心態了。此刻是「誰」把這一切當真了？此刻是「誰」在作這個夢？是誰在反彈？是誰忘了外面空無一人？是我！此地沒有別人，是我正在定他的罪，而他不過反映出我自己始終不敢面對的罪惡感而已。我不也一樣抨擊那些與我意見不合的人嗎？我不也常像他那般惱羞成怒嗎？

這讓我更加相信阿頓和白莎的話：「這個夢不是我鏡子裡的人夢出來的。」在我的衝突世界裡，其實並沒有對手；那位奇蹟上師是否是讓我不痛快的導火線，也並非問題所在。奇蹟都是一樣的，真理不會模稜兩可，它若永遠真實，便不可能有例外或妥協的餘地。

就這樣，我同時寬恕了這位弟兄和我自己，因為我誤以為那是他的罪過，其實眼前的他是我自己的投射，那麼，他的罪一定在我自己內。話又說回來，我若相信天人不曾分裂過，那麼，我跟他都一樣純潔無罪，我之所以造出這個投射以及種種反彈也只是一個錯誤而已。於是，我決定與聖靈聯手，從那一日起，我看電視新聞或閱讀網站資訊的心態就徹底改變了。

一九九七年，阿頓和白莎第十二次來訪。那陣子，我對一味的寬恕感到有些厭倦了，我期待這兩位訪客能為我打打氣。

阿頓：老弟，你的世界還好嗎？

葛瑞：還撐在那兒呢！只是愈來愈目光如豆了。

白莎：打起精神來，老弟，《課程》的設計，就是有意幫你一邊活在現實人生中，一邊還能逐漸邁向救恩。按著自己的步調慢慢走吧！這樣，你才不會感到自己好似犧牲了什麼。總有一天你會看清，這世界真的沒有什麼。可記得〈教師指南〉針對所有的奇蹟學員（當然包括你在內）所說的話？

絕大部分的教師所接受的訓練都是逐步推進的，直到過去的錯誤一一修正過來為止。尤其是人際關係，必須從正確的角度來正視，所有未經寬恕的死角才能清理乾淨。否則就會留給舊有的思想體系一個還魂的機會。2

葛瑞：我懂。世界有時真像是一根「肉中刺」。

白莎：這話說得一點也不假。讓我們來助你一臂之力吧！你看電視時，常會氣血翻騰，是吧？你認為那些事件一定是真的，否則就不會在你面前上演了。

葛瑞：我最近正在反省這件事，我看電影時（抱歉，我老是在談電影，因為那是我的嗜好），目的就是要忘掉這只是電影、並非真的；而好的電影通常能夠讓人不知不覺地忘卻原本的不信心態。我想這跟人們看待自己的人生，心態上沒有兩樣，都想放掉原本不信的心態，而寧願把它當真，還把每一個細節都看得無比重要。

當我在家裡看電視新聞時，常常記不住「這一切全是一場胡鬧」，於是就跟凡夫一般沉迷其中，與看電影的心情沒兩樣，把生活經歷跟電影情節一樣地當真了。我若能養成習慣，牢牢記住《奇蹟課程》的詮釋法，就不會跟著電視播放而情緒起伏了。我看得出來，關鍵還是在於我「是否記得住」。你好像說過：「『記住』是最難的一部分。」我該怎樣才能記住？

白莎：第一步，早上起床之後，在你開始一天的活動以前，不妨按照〈教師指南〉的建議，盡快找一段時間與上主安靜一會兒3。那樣，你才可能記得自己是誰，心才安得下來。

然後，下個決心，讓自己今天盡量保持覺醒。你明白小我一定會想盡辦法讓你坐立不安，不斷提醒你，你只是一具身體，為此，《課程》才會這麼強調「儆醒」的重要，叫你別再縱容自己的胡思亂想。你所需要做的，其實只有一事，就是專注，在「定力」上多下一點功夫。

有意思的是，你終究做得到的。我想你也經驗過，自己是可以做到的。事實上，你已經做得不錯了，小我才會那麼緊張。你也很清楚小我絕頂聰明，它一定會想出種種花招來陷你於不義；你只需要在心裡稍作準備，好整以暇，一切便在你的掌握下了。從此，你不只知道該如何去看新聞節目，也會知道怎樣去應付突發事件。

葛瑞：我若懷著奇蹟心態看新聞，這跟寬恕身邊的人際關係，在過程上是否完全一樣？或者還有其他訣竅能幫我作出更好的回應？

阿頓：完全一樣。當然，仍有幾個念頭更能幫你面對這類處境。〈教師指南〉提醒你，只要你讓聖靈幫你判斷，你便佔盡上風；放棄判斷這個重擔，對上主之師而言，絕不算是犧牲：

相反地，在這種心境下，有一種判斷雖然不「出自」他，卻會「經由」他而出現。這個判斷無所謂「好」或「壞」。它是唯一真實的判斷，就是：「上主之子是清白的，罪根本就不存在。」**4**

葛瑞：你是說，不論是在電視裡或具體的人物，只要我能看出他們清白無罪，那麼我的潛意識也會明白自己是清白無罪的。

阿頓：我知道你偶爾還會聽一聽我們的話的。你能做到的，葛瑞，持之以恆！等你到了那裡，你就到家了。心志堅定一點，你現在該從「小小的願心」進入「充分的願心」這一階段了。這場遊戲，你贏定了，所以安心吧！

葛瑞：只是，看到那些恐怖份子炸掉我們的大使館時，真的很難看出恐怖份子的清白無罪。

阿頓：我知道，那仍是你釋放自己的另一個機會。外表看起來確實很難，但你若能把它當作寬恕的機會，它們真的都是同一回事。

葛瑞：好吧！可是，等我寬恕之後，是否仍可能在某種光照下作出合情合理的反應？

阿頓：可能。我們會慢慢講到。通常我們不會由有形層次給人任何具體建議的，但在我們回到心靈層次的寬恕以前，還是不妨談一談世界層次的問題吧！

在人類歷史上，不曾有過一個國家像美國一樣發展成這樣的強權，因此，美國也理當負起更大的責任去消弭國際間的紛爭。就以中東問題為例，恐怖份子確實精神錯亂了，竟然大言不慚自己是代阿拉行道。其實，《可蘭經》的神跟《聖經》裡的神，根本就是同一個，只是名號不同而已。縱然這個宗教已把自己的神明描繪成一個易怒之神，但只有神智不清的人才會任憑恐怖份子挾持自己的宗教，進行那些慘無人道的暴行。

不錯，每一個宗教都可能遭到一群精神錯亂的人利用，作為他們瘋狂暴行的藉口，但這些領袖也必須有足夠的群眾相信他那一套才可能得勢，尤其是金錢方面的資助。你不妨捫心自問，美國的所作所為使得那些狂熱份子更難或是更容易博取中東人民的同情？

你們的總統要你們相信，中東的恐怖份子和一般百姓之所以痛恨美國，是因為你們代表著自由與民主的緣故，這說法不只錯誤，根本是個可笑的謊言。伊朗的國王（Shah）跟自由民主能扯上什麼關係？科威特的君長（Emir）呢？還有沙烏地阿拉伯的皇室？他們為自由民主做了什麼？什麼也沒做！在過去一百年間，那些中東的政權，只要是能保護美國本土的利益，或美國掌控的國際企業之利益（而不是美國一般百姓的利益），美國一概支持，這是全世界眾所周知的事實。

恐怖份子恨你們入骨，有他們自己一套瘋狂的藉口；但中東人民痛恨你的國家，不是因為你們代表著自由民主，而是因為你們根本沒有代表自由民主；誰為美國企業帶來更多的財富，你們就為誰撐腰。你們從不關心中東的人民，你們關心的是他們的石油；你們關心的不是民主，而是怎樣利用當地的資源（不論是本土的還是外國的石油），來為你們的企業賺大錢。全世界的人都知道這一事實，只有你們美國人還在裝糊塗。

你們經過半個世紀的電視宣傳的洗腦，相信美國只會做正義之事；其實，自從一九七〇年中葉以來，媒體界已經不斷被美國企業蠶食，如今，媒體的社論早已全面掌控在它們的手中了。它們對中東國家的策略一向只知剝削，何曾發揮過一絲「利他」的精神！

葛瑞：你是說，因為我們的所作所為才讓那些恐怖份子輕易取得百姓的支持。其實，若是設身處地為恐怖份子想一想，一個人若不是窮得無立錐之地，誰會把「殉道」當成他的人生大志。

阿頓：當然！假如中東人民都有一個自由的國家，自由的經濟，良好的教育，正常的工作，晚上都能回到自己溫暖的家，你想，他們會有興趣在自己身上綁炸藥，去跟一群素昧平生的人同歸於盡？當然，我們並不否認，究竟來講，「真正」的問題仍在他們自己心內。

葛瑞：共產主義雖然令人嫌惡，資本主義也好不到哪裡去，但至少它還「可能」作出一些好事來。

阿頓：美國亦善亦惡，典型的二元現象！你的國家雖然有意發揮正面的力量，但袖子裡總藏著某個秘密方案，連二次大戰之後重建歐洲的「馬歇爾計畫」也不例外，美國一邊進行人道援助，一邊擴張它的資本主義。你們企業界的貪欲從那個時候起就一直在以幾何級數增長，不論什麼計畫，都脫離不了那個金元帝國的考量因素。

葛瑞：就像一八九三年，美國吞併當時的夏威夷這類醜事。

阿頓：很好的例子。大部分的中東人民都厭惡美國人予取予求的心態，看看你們是如何從印地安人手中搶奪這片遼闊的疆土的？雖然，你們並沒有白拿石油，還付了不少錢，這仍不足以改變中東人對你們的觀點，因為他們也是透過自己潛意識中的內疚來看你們的。

葛瑞：如果我們不再依賴他們的石油呢？

阿頓：從政治的角度來講，那大概算是最明智的解決方案了，因為如此一來，你們便無需跟中東黑暗的政權掛勾，轉而協助他們的民主自由，而不是老為自己的利益打算盤。事實上，你們的科技早已無需仰賴國外石油了，但照目前看來，開發那項科技的經濟效益，對你們的企業考慮而言，遠遠比不上進口石油的利潤，所以你也就別指望了。

當艾森豪總統下台時，曾經警告過你們的國家，小心軍事跟工業界的勾結。你們的憲法裡不曾提到資本主義，所以也無牽制的力量。美國早已不再「民」主（democracy），它現在已經變成「錢」主（moneyocracy）了。你們的銀行、貸款公司、簽帳卡公司、保險公司，還有幾個跨國大企業，都野心勃勃地想要超越司法、併吞世界。他們不斷努力穩住你們這個「富者有、富者治、富者享」（of the rich, by the rich and for the rich）的政府，讓它繼續稱霸世界。

〔譯註：此說是仿效林肯的蓋茨堡宣言中「民有、民治、民享」（of the people, by the people and for the people）的說法。〕

這樣下去，遲早會導致更大的悲劇下場，因此，我想有必要提醒你們一下：除了暴政、謊言以及利潤這一老套以外，還有其他更好的選擇，讓人類的前途更加光明。

葛瑞：這番話確實值得我們深思。每個人仍能在自己的本位上為這個世界做點兒事情，就是寬恕。只要我們徹底了解寬恕的道理，沒有人能夠奪取這一轉機的。

阿頓：是的，只要把握了寬恕的道理，你就不再是受害者了。你所看到的一切，不過象徵著自己內心的瘋狂愚昧投射到外面去。如今，你也知道該如何釋放他人而重獲自由了；你大可不必為其他人操心，時候一到，他們也會正視自己投射在別人身上的陰暗面，透過寬恕而重獲平安的。

你若能不受表相的蒙蔽，便會看清，中東人民也不是美國、以色列或任何民族的受害者；即使像這些仍在黎巴嫩、巴勒斯坦等地流離失所、苟延殘喘、連個國家都沒有的民族，也不是世界的受害者。他們若一味效法自己的先人，朝著同一族群扔石頭，只會重演上一代的悲劇，改變不了這一代的命運的。

以色列人跟其他民族一樣，也在演自己認可的劇本（雖然表面看起來，好像不是這樣）。雙方都必須心甘情願地寬恕自己在仇敵身上所看到的「罪孽」，其實，那些人並不比他們自己的存在更真實到哪裡去。世上的居民都需要治癒自己的人際關係，化解潛意識的內疚，暴力才會消弭，世界才有太平之日。

※世上的居民都需要治癒自己的人際關係，化解潛意識的內疚，暴力才會消弭，世界才有太平之日。

葛瑞：照你的話來講，我們的大使館被炸之後，我不該在網路上呼籲奇蹟學員來個「奇蹟洩憤日」？別聽我胡扯了。

新聞最能讓我們不自覺地把別人看成壞人或罪犯，不論他是恐怖份子或某個政客，或是他們存心誘罪的對象或罪犯、執法官，乃至於新聞媒體為我們揪出的「壞人」；因為慫恿我們把內疚投射到某些人身上，會有利於某些事業或提高他們的政治身價。連某些電視脫口秀的遊戲規則，也彷彿在比賽著「誰能讓別人出醜」的花樣；新聞也是如此，愈能聳人聽聞、激起恐慌的，收視率就愈高，這一切存心是要讓我們的「心」失控。

阿頓：說得好，那正是小我最樂見的。《奇蹟課程》這樣教你：

小我存心阻礙心靈的學習進度，它最愛玩的把戲就是讓你終日操心那些註定解決不了的問題。這種牽制戰術使得身陷其中的人始終無暇反問一句：「這究竟是為了什麼？」日後，不論你碰到什麼事情，都應學習如此反身自問。這究竟是為了什麼？不論目的為何，你都會身不由己地為它效力。5

葛瑞：真正的目的應該是寬恕與救贖。電視上五花八門的訊息不外是繁殖演化的作用，也就是將「一」顯示為「多」的花招。那個「一」就是我（不是真的我，而是潛意識所象徵出來的我），不論怎麼千變萬化，答案始終一樣。我想，只要自己牢記在心，寬恕的路其實是很單純的。

白莎：是的，而且我們說過，這是你做得到的事，雖然未必容易，但確實是可以做到的。不要忘了，在你認為真實無比的一生中，所看到的形形色色人物，並不比電視或電影中的人物真實到哪裡去。

葛瑞：我會努力記住這一點，不過，聽你這麼一講，我學的那一套股市理論，像斐波納契（Fibonacci）數列、江恩（Gann）角度，或艾略特（Elliot）波浪理論也都不是真的，真令人失望啊！

白莎：每個人都有自己的偶像以及圓夢的道具，用意完全一樣。別忘了，我們並沒有說你不能在幻境中利用幻境，只要對你有益，什麼都可以用。我們曾經提過，偶爾玩玩世間的幻術亦無妨，只要你同時還能寬恕。不論你此生選擇何種道具維生，都可以此原則為準。

葛瑞：那樣，我才有機會寬恕自己千奇百怪的幻覺；那樣，反而能讓我早一點回家。

（此刻，貼近我家的樹林裡傳來陣陣槍聲，這在聖誕節前後屢見不鮮，雖然獵鹿季節早在幾個禮拜前就結束了。電視偶爾還會播報緬因州某個居民在自家院子甚至是屋子裡，遭到獵人的流彈誤殺的新聞）

葛瑞：別擔心，他們打不到我，只是幾個愛炫的硬漢想嚇嚇那些可憐的動物，尋尋開心而已。

阿頓：你這輩子還沒開過槍吧！

葛瑞：沒有。一個男人如果覺得需要拿起槍管射擊，是因為私底下覺得自己的陰莖有問題；一個女人想要握住槍管射擊，是因為私底下嫉妒男人有陰莖。抱歉，這是我個人的淺見，大概是因為我還在為窩特維鎮（Waterville）那個在院子裡跟孩子玩時被獵人誤殺的婦女而火大。

阿頓：寬恕！還記得嗎？它很容易就溜出我們的念頭之外了。

葛瑞：今天我給自己放一天的假。

阿頓：你放你的假，我們照說不誤。別忘了，每一件事情都是「同等」的虛幻，不論它大如須彌，還是小如芥子，就算整個文明的毀滅，仍是同一回事。

葛瑞：文明世界真的常常自我毀滅嗎？

阿頓：通常如此。就以從火星遷移到地球的人類生命（humanoid）為例（連他們也是從其他地方遷來，而不是在火星上自行演化出來的），那時火星的文明已經奄奄一息了，所以遷移到地球時，等於是逃難。但也有不少星球上的生命毀於隕石的撞擊。

葛瑞：娑婆世界裡，永遠會出狀況，是吧！

阿頓：除非回歸虛無，否則狀況是層出不窮的。當J兄在福音中要你捨棄世界及世上的一切，看出它們一文不值時，就是在提醒你，你所看到的一切其實都不存在，虛無得很。既然它從未存在過，虛無怎麼可能有意義？你若賦予它好的或壞的意義，表示你存心將虛無變成某種東西。對娑婆世界，你只能有一種態度，就是不賦予任何意義。

※對娑婆世界，你只能有一種態度，就是不賦予任何意義。

再提醒一下，不要硬生生撤走別人的偶像或夢想。別忘了，你自己也曾經迷戀過某些東西，你可記得你年輕時去波士頓聽「披頭四」的演唱會那件事？

葛瑞：當然記得。

阿頓：當時若有人跟你講，這種事實在無關緊要，你聽得下去嗎？

葛瑞：我懂你的意思。喬治（George Harrison）是我當年的偶像，我彈吉他的手法還是模仿他的呢！那時，如果有人跟我講，「披頭四」無足輕重，我才不會甩他呢！

阿頓：當你批評別人追逐無聊的夢時，記住這一點就夠了。時候到了，他們自會慢慢放下執著的幻相的。

葛瑞：我很想多問一些關於火星的事情，但這回的討論內容已經夠我慢慢消化一陣子了。

白莎：葛瑞，火星的事情「實在無關緊要」。但你總不會真的相信自己是猿猴的後裔吧！人類生命(humanoid) 有很多不同的存在形式。小我造出身體時，其實在剎那間已經完成了，只是在時間模式下，顯現為先後不同的個別事件而已。身體的形象出自投射，是內疚和恐懼讓它更加實質化。根據小我劇本中的安排，身體變成了自然演化的結果，死亡也變得跟生命一樣「自然」。其實，死亡根本就不存在。

葛瑞：我懂了。包括了電視新聞在內，都一樣是小我設定好的把戲，要我跟著它一起定別人的罪，這跟其它幻覺的目的如出一轍。即使我們這兒的地方新聞也在玩同樣的遊戲。

白莎：是的。那些地方警察為了顯示他們不是白白混一口飯的，常常會召集一些新聞記者，來拍他們捕捉路邊流鶯的現場。

葛瑞：喔，我的社交生活前途黯淡了。

白莎：正經一點。臨走前，我們還要提醒你一件事，你正著手在寫的這本書跟你無關，跟我們也無關。我們來此，只是為了帶給人類一個靈性訊息(雖然並不是每個人都準備好接受它)，這訊息就是：你這虛幻的一生只有一件重要的事，就是好好完成這「真寬恕」的人生課程；如果你能夠接受這個信念，那麼你便堪稱為大智慧者了。

雖然你常狗嘴吐不出象牙來，但你真的做得很不錯，一直努力寬恕，縱使有時會拖延好幾分鐘，有時甚至需要幾小時才轉得過來，但你已經勝算在握了，這一認知必會加強你的決心和耐力。

阿頓：以後幾個月裡，千萬不要忘了，只有那個目標值得你活，世界不值得。你把宇宙看得如此崇高偉大，純粹是因為習慣成自然。這也難怪，除了你最近幾次特殊的靈性經驗以外，這個娑婆世界成了你這一生僅存的記憶。《奇蹟課程》這樣問你：

> 捨棄痛苦豈能算是一種犧牲？成人豈會因為放棄童玩而惱怒不已？已能看清基督聖容的人，豈會留戀人間這座屠宰場？已由生老病死的世界解脫出來的人，也不會回頭去詛咒世界的。但他必會慶幸自己擺脫了世俗價值向他索求的一切犧牲。[6]

白莎：今天就到此結束，我親愛的弟兄，祝你聖誕佳節愉快。當挑戰來臨時，勇往直前吧！最後讓我們再給你一段話，為你打一打氣：

> 你只需相信這一點就夠了：上主「願」你安居天堂，故沒有一物阻擋得了你回歸天堂或天堂降臨於你。你那些離譜的妄見、怪異的想像，或最陰森的噩夢，對此都一籌莫展。它們抵擋不了上主要給你的平安。[7]

13 真祈禱與富裕

我曾這樣要求我的門徒：變賣你的所有，施捨窮人之後，再來跟隨我。其實我要說的是：不再投資於這個世界，你方能教窮人看出他們真正的財富。我所謂的窮人，是指那些投資錯誤的人，那才算是真的貧窮。1

阿頓和白莎曾經答應過，我們會談一談「什麼才是真正的祈禱」，他們還會教我如何把聖靈的指引應用在現實生活中。直覺上，這很可能是我們下回要談的主題，因為我最近突然對《奇蹟課程補編》中的〈頌禱〉一文感到興趣，不但用心去研讀，還試著活出來，而它所談的正是這一主題。我的兩位朋友說好會在一九九八年的八月來訪。在他們到來之前，我利用七月的國慶假日那週，拜會了那位被白莎推崇為將會名垂青史的奇蹟教師。

過去五年間，我們的讀書會會長常借我肯尼斯（Kenneth Wapnick）的錄音帶，我偶爾也會聽一聽，由於我對閱讀的興致不大，所以這些錄音帶頗能幫我更深地了解此書的要旨。當然，我也可以純粹在家自修，但多一些指導也不錯，我一直很想參加一次肯尼斯的研習會。

時候終於到了，凱倫與我由緬因州的荒僻小鎮出發，駕車前往紐約州的另一鄉野小鎮Roscoe，總共十小時左右的車程，磨蹭了五年的心願總算實現了。當我們抵達「奇蹟課程基金會」所座落的塔拉拉湖（Tennanah），一看到湖畔如詩如畫的美景，兩人更是欣喜非常。

這三天的「時間與永恆」研習會，大約有一百五十位學員參加，大部分的學員來自紐約州，也有不少來自美國各地，甚至飄洋過海而來的都有。當我怯生生地和身邊的學員交談時，發現這群人大都是來自各界的菁英，我一點都不覺得意外，這或許就是奇蹟學員特有的資質。

那三天裡，我們在自助餐廳跟肯尼斯照過幾次面，最讓我驚訝的兩個發現即是，他平易近人的態度以及高度的幽默感，這是我不曾由他的錄音帶裡聽出的特質。

我很難描述那幾天的感受，只能說，那個研習會帶給我很大的轉變，當我離開時，內心更加深信不疑：即使我無法掌控生活中的各種逆境，但如何去看待它們，卻永遠在我的掌控下。那是我當時的心得。

※即使我無法掌控生活中的各種逆境，但如何去看待它們，卻永遠在我的掌控下。

兩年之後，也就是西元兩千年，我又去了Roscoe一趟，再度參加肯尼斯的研習會。到了那兒，才知道基金會計畫遷離紐約州，搬到三千哩外的加州南部小鎮Temecula。失望之情當然難免，但我相信肯尼斯伉儷必然在J兄的指引下，知道怎麼做是更好的。何況加州本來就是靈修新思潮的大本營，我很期待有一天也能遠赴西部去探訪他們。不論如何，我由衷感謝那兩次研習以及和肯尼斯的會晤。

那個夏天，我在家裡常常想到匱乏與富裕的問題，這也是我下回想要跟阿頓及白莎談的主題。我覺得美國人的物質需求之高，簡直到了匪夷所思的地步。回顧過去，在「大蕭條」時代的美國人，只要有屋棲身，有食物果腹，就感恩不盡了。雖然也有一小撮人活得很闊綽，但絕大多數的民眾都在生存邊緣掙扎，只要沒有挨餓受凍，就謝天謝地了。

一直到一九五〇年初，美國人的消費心態，還處在「錙銖必較」的階段。那時，除了年輕的一代，大部分的美國人仍有「大蕭條」的記憶，因此還很強調節儉的美德，這讓美國企業傷透了腦筋。但從五〇年代開始，電視廣播逐漸普及，可以說，每個家庭、每個角落，都直接浸沐在五光十色的廣告誘惑之氛圍中，這給企業帶來莫大的商機。

首次，全美國人都能從電視廣告上看到自己所沒有的東西，而且覺得唯有擁有那些東西才會幸福，人們毫不警覺自己的貪欲是那麼禁不起引誘。大約到五〇年代中期，一片欣欣向榮的景象中，商機無限，資本主義趁勝追擊，華爾街隨之興起。到如今，人們寧可貸款消費，再也不顧量入為出的原則了，常愛買一些浮華不實，甚至累贅無用之物，去塞滿他的屋子——儘管他一向沒有那些東西也照樣過得很好。不僅如此，因著電視廣告的推波助瀾，街坊鄰居或親朋好友之間，也愈來愈喜歡比較誰更富有了。

從物質的角度來講，富裕未必是件壞事，但對於人心的影響可大了，它使人的眼光愈來愈集中於物質層面，與小我的秘密伎倆可說是一拍即合；可想而知的，從此，人心也愈來愈缺乏節制了。

另一個有趣的現象則是，凡是電視上沒有報導的事情，便失去了重要性。例如一九七三年九月十一日，智利經由民選的總統竟被美國情報局所雇的兇手暗殺了，電視只是輕描淡寫地帶過，只因美國有意扶持另一個右派領袖。隨後數年，被這傀儡政權凌虐屠殺的智利人民多得不可勝計，當全世界為此暴行而髮指之際，美國人民卻渾然不覺，只因為電視上沒有詳實的報導。

一九九〇年，美國人也不知道自己的國家沒有資格參加歐洲聯盟，因為按照歐洲的法律，死刑的存在讓美國落於「不文明國家」的行列，而失去了加盟的資格。

當然，推到究竟，這一切仍是小我預先寫好的劇本，而我也只能眼睜睜地看著它們；我承認，寬恕通常不會即刻浮現於我心中，但不論耽擱多久，它遲早還是會現身的。

一九九八年八月的一個下雨的午後，阿頓和白莎第十三次來訪，白莎一臉笑容地開始我們的談話。

白莎：嗨，葛瑞，真高興看到你，又會面了，真好。我們很高興你去看肯尼斯了，當然你不必親自見他，一樣也能學到他的觀點，但跑這一趟很值得，不是嗎？

葛瑞：真的如此，很棒的會晤，我真沒想到這位博士這麼風趣。

白莎：老弟，歡笑乃是聖靈的招牌，只要你對世界太過認真，你就被它逮住了。

> ※歡笑乃是聖靈的招牌，只要你對世界太過認真，你就被它逮住了。

葛瑞：嗯！我要記住多笑一點。我的寬恕還是常常慢了幾拍，你一定知道我今天想要談什麼，我希望在接受聖靈指引方面做得更好。對了，我非常感激你們這樣縱容我，讓我想到什麼，就問什麼。

白莎：一切都在計畫之內。我們就討論一下那超乎世界的指引之源吧！我們今天不會逗留太久，所以讓我們馬上切入正題。你唸過〈頌禱〉那一篇文章了吧！

葛瑞：當然，我喜愛得不得了。

白莎：那麼讓我們先說說「什麼才是真祈禱」，你該如何在不求「附帶利益」之下而獲得附帶的利益。

葛瑞：能否打個岔？

阿頓：請說，我們正是為你而來的。

葛瑞：我最近想到，從聖方濟一直到德蕾莎姆姆那些道地的聖人，都是虔誠可敬的靈修人士；這讓我不禁懷疑，自己哪裡配當上主的使者，你知道我不是那種虔誠派的。

阿頓：隨時記住這一點，唯有你的寬恕能證明你的虔誠，而你如今已經愈來愈習慣寬恕了。你大概已經忘了，幾年前，寬恕對你絕對不是輕易的反應。現在，你每次寬恕之時，只要記得把它當作你給自己以及給上主的禮物，就沒什麼好擔心的了。

葛瑞：多謝，我會繼續努力的。但我真的缺乏那一股勁，不覺得有必要寫這本書，也不想東奔西跑，去充當《奇蹟課程》的發言人，你知道，我的聲音一點都不悅耳動聽。

阿頓：如果你真不想做的話，就無需勉強；如果你決定一試，不妨記住一件事：摩西也沒有悅耳的聲音，希特勒的聲音倒是挺動聽的。外在的形式並不重要，重要的是訊息的內涵。何況，你如果放膽伸出頭來試一試，其結果，可能讓你自己都吃驚呢！

總之，別忘了一點，你是說給自己聽的，外面沒有任何人；你隨時都該這樣提醒自己。

至於你說的「那一股勁」，人們之所以會有強烈的性慾，或是對工作的狂熱，其實是在害怕死亡，或者說是他們感受到生命「大限」的威脅。至於你這類提不起勁的懶蟲，只是把死亡的恐懼投射到其他方面去了。這時，你只需記住，害怕死亡或害怕上主，都是何其荒謬的事。

葛瑞：說實話，我還真怕我的夏威夷之夢會破碎，沒有想到我對這個島的執著還挺深的。

阿頓：你大可不必為此而感到內疚，想搬到夏威夷去住，有什麼可非難的呢？每個人都得找個地方棲身，只是各有所好而已，所以不必再為此自責了。連鯨魚都聰明得知道該去夏威夷過冬，你也不笨，為何不能去那裡？

葛瑞：「長安居，大不易」，我只擔心自己的經濟條件在那兒撐不了多久。

阿頓：那是因為你把馬車架在馬的前面了。算你好運，我們今天所要談的，正是如何幫你把馬放回馬車的前面。

白莎：你必須先了解一點，不論你的境遇如何，你都是純潔無罪的。世上有些人會為自己的貧窮感到內疚，有些人則為自己的富裕感到內疚；你可曾想過，在你數不清的輪迴夢境裡，你曾經富過多少世，又窮過多少世？但要記得，沒有一世是真的，都是一場徒然的夢。

我曾經提醒過你，如果你已經真正把握了這部課程的基本理念，你所學到的那些原則，必然能夠套用在具體的生活之中。比如說吧，當你十分渴望某個東西時，表示你一定已經把自己視為一具身體，或是認定自己跟上主分裂了；否則，你怎麼可能還會渴望任何東西？你若是一個靈，或與上主一體的，你便一無所需了。只要你能記起自己其實不是這一具身體，便不難退後一步，看清自己渴望之物何其虛幻，何其無價值。

再澄清一次，我們不是要你放棄世上任何物質，我們只是教你如何去看它而已。你若有所需求，表示你是匱乏的，才會有此欲望；這時你應記得，其實是自己有意用它來取代上主。因此，你與祂的分裂才是問題的癥結，你只是在做一個匱乏的夢，這全不是真的。從此，你不會把世間任何一物的價值置於另一物之上了，你會記得它們全是同樣的虛無。

基督一無所需。如果你有所需求，表示你著眼於小我的脆弱；你若一無所需，表示你已著眼於基督的大能。

※如果你有所需求，表示你著眼於小我的脆弱；你若一無所需，表示你已著眼於基督的大能。

葛瑞：如果我喜歡夏威夷，只是看準了它的美麗才作此選擇呢？

白莎：想要如願以償，有一個方法，就是把你見到或想像中的美景，當成富裕的基督的一個象徵。

例如：在你生日那一天，即使是狂風暴雨，使你無法出門欣賞美景，但美景仍會在它真正所在之處，也就是在你的心中。

阿頓：在你的個案中，匱乏顯現為一種經濟問題，那仍是你潛意識的罪咎引發出來的。不要為此難過，世上還有更糟的呈現方式的，你的問題遠比罹患絕症或其他棘手危機要好多了。你現在已經知道該如何去寬恕它了，你的血壓正常，看起來比實際年齡年輕，數一數你的福氣並感謝吧，你的人生課題還算是容易應付的。更何況，你的寬恕已經慢慢喚醒你對生命真相的覺知了。

葛瑞：我已經慢慢明白該如何祈禱，如何與上主同在了，但我還不太明白你說的「附帶利益」這個觀念。

阿頓：好吧，我們就簡單地解釋一下，然後就該告辭了，讓你自己好好地練習。「熟能生巧」！記得嗎？

你不妨這樣去看：如果虛幻的娑婆世界永遠變化無常，而上主卻是永恆不易的，你會選擇哪一個作你所需資源的來源？匱乏的問題只是分裂之念的象徵，只因你把信心全放到不可信賴之物上，問題才嚴重起來。你若認為自己的資源都是來自世間的某物，比如事業、工作或是特殊才能，那麼外界一有變動（世界保證是變化無常的），你就落難了。你那虛幻的資源隨時都有失落的可能。

除非你的終極資源是不可能變化，也不可能失落的，那麼，你才算是把信心放對了地方。如今，你可以把過渡性的工作及努力，當作一種工具，象徵著你那源源不絕的資源的一種形式。如今，你的終極源頭成了取之不盡的泉源，它會以「靈感」的形式隨時給你具體的指引。

萬一你謀生的工具「壞了」，又有什麼關係，你無需緊抓著不放，因為那不是你真正的「資源」所在。你的終極資源若是源源不絕的，那麼一個工具壞了，很快會有另一個工具前來遞補，它會很自然地透過「靈光一現」的方式出現的。這是最好的安心法門，因為你知道你絕不可能失落那個終極資源的。

葛瑞：我慢慢體會到你所說的話了，但你能否更具體地形容一下那個「附帶利益」？

白莎：好的。J兄在〈頌禱〉中的解說算是相當具體了，但你與上主的合一必然是抽象的。日後，你尋找的答案通常會在你意想不到的時刻突然浮現，你可以稱之為「與上主結合的餘波或餘響」。你既然已經讀過這篇文章，讓我再為你複誦其中一段精華：

> 祈禱的祕訣就是忘卻你心目中認定的需求。祈求具體之物的心態，與「先看出對方的罪過，再設法寬恕」如出一轍。因此，祈禱時，你也應放下心目中的具體需求，一起交託到上主手裡。如此，它們變成了你獻給上主的禮物；你等於向上主說，自己無意在祂面前設置偶像，你唯祂的聖愛是求。[2]

※祈禱的祕訣就是忘卻你心目中認定的需求。

我來舉個實例吧！當你冥想時，不妨觀想自己牽著J兄或聖靈的手，邁向上主。然後想像你把所有的問題、追求的目標以及執著的偶像都當成一種禮物，放在祂的祭台上。你不妨告訴上主你對祂的愛，並且感激祂對你無微不至的照顧，讓你的生命永遠安全無虞，永遠一無所缺。然後，安靜一會，沉浸在「上主不只把你創造得像祂一樣，還永遠與你同在」這一真相裡。此刻，決心放下一切，結合於上主的愛內，讓自己全然消失於合一的喜悅中。

數日之後，也許在你吃三明治時，或是在電腦前工作，突然靈光一閃，冒出一個靈感，答覆了你的問題。你可知道，靈感的原文 inspiration 的字根就是 in spirit；你一與靈性結合，答案自然出現。人們終日忙著要求上主答覆他們的需求，如果他們知道如何祈求的話，也該知道答案會如何出現才對。祂的答覆絕不會是有形可見的，而是由你心中冒出的一種無聲無息的指引，也就是一個靈感，〈頌禱〉稱之為「上主之愛的回音」：

只要是來自上主的答覆，它必會按照你自認需要的形式來呈現。然而，這最多只能算是聖靈答覆的一個回音罷了。它的主題曲永遠是一首感恩與愛的頌歌。3

因此，關鍵在於：與上主結合於愛與感恩之中，忘卻其他的一切，消失於祂的愛內。這才是所謂的「充滿靈光」，它本身即是一首頌禱。那個回音，則是「附帶利益」，它原非祈禱的目的，只是當你結合於上主之愛時自然產生的結果。

因此，你祈求的並非那個回音。那首頌歌才是你想要的禮物。為它伴奏的泛音、和音及迴音

等，都是點綴而已。[4]

葛瑞：這答覆可不可能按照我心目中渴望的形式而具體呈現在世界上？

白莎：上主的答覆一向是內在的，不是外在的，如果它具體顯示於世間，最多只能算是一種象徵而已。不要期待上主為你在世間做任何事情，祂絕不會的；但當你聽從指引所得到的「結果」，卻可能以具體的形式顯現在世間，然而，那也不過是你生命本有的富裕與安全之象徵而已。

阿頓：此後，你的起心動念會從「大能」而非「脆弱」的角度出發，你會發現自己工作時愈來愈有耐心，心情逐漸放鬆，工作效率也隨之提高了。當你邁向上主時，只要放空原有的欲望，便不難感受到祂的愛。即使回到你心目中的那個世界，你也愈來愈容易憶起自己真正之所在，即是與祂同在之處。遇到問題時，你會很自然也很清晰地知道該用什麼方法去解決；面臨重要抉擇時，你也很清楚自己該作什麼決定。

這方法極其靈驗，為它的有效性提供了最好的證據。當你由天父那兒領受恩賜時，不要忘了，你永永遠遠都是跟祂在一起的。

上主只會給予永恆的答覆。人生枝枝節節的答案早已包含在這個答覆內了。[5]

白莎：我們得告辭了，但這只是形體的分離而已，當我們消失時，我們要與你結合於上主內，因我們也在那兒。當你邁向上主時，並不是有所求而來的，純粹出於愛。只有在你愛祂時，才會發覺自己正被祂深深地愛著，現在如此，永遠如此。

在真祈禱中，你只會聽到那首主題曲。其餘的一切都是錦上添花。只因你已先尋求了天國，其餘的一切自然會賜給你。6

14 比「性」更美妙

啟示能暫時卻徹底地消弭人的疑慮及恐懼。它反映出上主及造化之間原始的天人相通之境，這種關係會給人極其私密的創造感，致使人們企圖透過肉體關係追求這種感覺。然而，肉體的親密是不可能達到這一境界的。1

我在生活中觀察到不少與「性」有關的現象，最值得玩味的，莫過於下面三點了：

＊雖然「性」跟自然界的一切現象一樣自然，人們卻想盡辦法讓人對自己的性生活生出罪惡感。

＊即使人們感到罪過，還是照做不誤。

＊在這三句不離「性」的西方社會裡，沒有人願意面對這一事實：「性」並無法讓人真正快樂。

曾在音樂圈混過一陣子的我，認識不少娛樂界的朋友，儘管他們的性生活看似無比風光，卻依然活得很不快樂。人們總以為性生活頻繁的人一定是春風得意，快樂無比的，事實不然，性經驗只是一閃即逝的快感。真正活得心滿意足的人，他的快樂通常來自內心，而不是靠一時的快感。

《奇蹟課程》最棒的一點即是，它根本不提「性」的問題，當然也不曾對性行為做過任何批判。它關切的只有一點：奇蹟學員究竟在跟自己的「身體」認同，還是在跟「靈性」認同？

當一個人視自己為靈性生命時，並不表示他放棄性生活；但人們若拼命去壓抑自己，或老是勸別人禁慾，這就成為一種批判而非寬恕了。話說回來，一個人若心甘情願地度貞潔的生活，也沒有什麼不好。

不把自己看成一具肉體生命，就是要你們遲早能夠認出自己以及身邊伴侶的本來面目。對相愛的人而言，性行為只是他們表達一體之愛的象徵，關鍵在於他們是否「覺知」身邊的伴侶並不是一具身體，而是基督（即使一時「熱」過頭而忘了，也無大礙）。總之，他們怎樣看待身邊的伴侶，在心中也會怎樣看待自己。**2**

《奇蹟課程》最有力之處即是，它不只要你相信自己不是一具身體，還能具體教你如何獲得更超越、更美妙的經驗；而大部分的人幾乎不敢想像人是可能活得那麼美妙的。這部課程的目標，就是要把學員帶到他的真實身分以及那超乎世間的美好經驗。

奇妙的是，這個「超理性」的境界，必須透過極其「理性」的學習過程，它其實就是聖靈給世界的永恆答覆之先聲。大部分的人在捨棄世界時，難免躊躇不定；如果他們嚐過另一境界的美妙，還會遲疑嗎？只要有過一點道地的靈性經驗的人，便會知道，物質世界所能給予的，跟那種境界相比，簡直像個殘酷的惡作劇。

世間所有的經驗，包括性經驗在內，其實都屬於心智的活動，即使這經驗看起來好像發生在肉體上。我曾在波士頓教堂聆聽兩位喇嘛演講，會後有一段發問時間，聽眾提出的問題大都相當「靈性」，只有一位女性勇敢地站起來問兩位喇嘛說：「你們怎麼能夠忍受三十年沒有性生活的日子？」英文較好也較年長那一位，沉思了一會兒，給了聽眾一個意想不到的答覆：「當你始終都活在高潮之中，性經驗就不是那麼重要了。」

經過這幾年非比尋常的經歷之後，我才逐漸了解那位快樂喇嘛的答覆，反映出人們在捨棄這無常又虛幻的娑婆世界時的兩難心態，與《奇蹟課程》的觀點有異曲同工之妙。的確，若與分裂的心靈所經驗到種種起伏不定的感受相比，聖靈所賜的經驗才是持久不變的。上主的永恆「聖道」是不可能真正變成無常的「肉身」的，那只可能發生在虛幻的夢境裡；但我們仍可將這血肉之身帶入真理實相之中。

到了一九九九年四月，我每回走進自家客廳，都滿懷喜悅，期盼著阿頓和白莎會如約而至，我也早已盤算好要向他們請教「性」的問題。就在我們新英格蘭區自定的「愛國節」晚上，我終於等到了他們的大駕。

阿頓：嗨，葛瑞。

白莎：嗨，葛瑞。

葛瑞：伙伴們，看到你們，真太興奮了。多謝光臨，感到好久沒見了。

白莎：其實我們一直都在這兒，你只是看不見而已。說到「好久」，順便跟你提一下，我們最後三次的來訪都將安排在十二月，也就是一九九九到二〇〇一的聖誕季節。你對寬恕已經懂得夠多了，我們的到來，只是幫你打打氣順便再叮嚀幾句而已。

既然「性」問題是你們所謂的人生的一部分，我們也知道你這回想要談一談「性」問題，就讓我們言歸正傳吧！

葛瑞：畢竟是喜歡開門見山的好白莎！你曾說過，這部課程提醒我們，小我會千方百計地誘騙我們相信自己只是一具身體。我想問的是：你既然說，我還是可以過我的凡夫日子，那麼我在操練《課程》的同時，如何才不會在這夢幻人生中老為著自己不得不與身體認同而感到不安？

阿頓：只要記住表相之下的真相，適時地寬恕一下就行了。夢，虛無得很；性，也虛無得很。只是請你千萬不要在行房以後，轉頭就跟身邊的伴侶說：「那真是虛無得很！」

葛瑞：我就知道又被你們抓到把柄了。

阿頓：然而，只要你願意，你隨時都能看清事情下面的真相。《奇蹟課程》一開始就說了：

幻想只是妄用聯想能力的一種方式，企圖從中獲取一些快感。就算你真的看到自己聯想或幻想出來之物，也不可能把它弄假成真的，只有你自己會把它當真。你必會相信自己所造之物。如果你給出的是奇蹟，你也會同樣相信這一奇蹟的。3

葛瑞：言下之意，一切都是出自幻想，包括性問題，也不過是人們企圖透過虛妄的聯想，從中汲取快感而已。事實上，性高潮已被我們的社會捧成虛妄的偶像了，但說穿了，它仍是同一個想要取代上主的企圖。

白莎：是的。讓我唸一段〈正文〉給你聽，J兄在此談到「另類偶像」，性必然也是其中的一尊。

不要被偶像的外形蒙蔽了。偶像純粹是為了取代你的真相而存在。你內心必然相信偶像多少能滿全你那渺小的自我，在危機四伏的世界給你一些安全感，只因世界的強大勢力隨時都在打擊你的自信與心靈的平安。這些偶像有時確能補給你的所需，為你增添一些你原本沒有的價值。為此，只有自甘卑微且迷失自我的人才可能相信偶像。他想在渺小的自我之外，尋找更高的力量，讓自己抬得起頭，不受世界有形的苦難所擾。其實那是一種懲罰，是你不願往內尋找肯定與安寧的報應，因為只有它們能幫你由世界解脫，讓你活得心安理得。4

葛瑞：你害我興致愈來愈高了！

白莎：老弟，別怕，因為J兄曾經這樣安慰你：

本課程並無意奪走你所擁有的那一點寶貝。5

它只會幫你準備好領回你天賦的資產，比任何生理快感都美妙千百倍呢！

葛瑞：你知道，在學這部《課程》以前，我是不可能接受你這說法的；然而親身經歷過幾次靈性境界之後，我必須承認，性快感真的是望塵莫及。

白莎：一點都不錯。更何況，祂也無意剝奪你心目中懷有的欲望。談到欲望，凱倫今晚不在家？

葛瑞：不在。她去新罕布夏州（New Hampshire）陪她母親逛街購物去了。她今晚會住在媽媽那裡。

白莎：我就知道你會這麼說。

葛瑞：有趣的是，幾個禮拜前，我才跟凱倫談起年輕時的一件事。有一次，我參加一個天主教堂舉辦的舞會，我們跳的是慢步的舞曲，自然跟女伴貼得很近，突然一位修女跑過來，在我和女伴中間插進一把尺，說：「孩子們，中間留一點空間給聖靈。」我每次想到這件事，就忍俊不住。

阿頓：大多數的宗教都想盡辦法壓制人們的性欲望；等到結婚之後，又鼓勵他們努力增產，為教會生出一群身體出來。其實，要人們壓抑潛意識中早已預設的欲望，等於是要鳥兒別飛！

你還記得你高中時那位「自以為義」的浸信會牧師嗎？他一天到晚提醒信徒「性」是邪惡的，自己卻跟教區內一半以上的女性有曖昧的關係。

葛瑞：耶！我們給他一個諢號：「一面降福一面解衣佬」。

阿頓：高中時代的你，性慾旺盛得可憐，你那時可能聽從這類偽善者的話嗎？

葛瑞：這是不可能的事。

※要人們壓抑潛意識中早已預設的欲望，等於是要鳥兒別飛！

阿頓：你當然不會聽。我們現在要講些正經事了，但只能概略地提一下。

在教會形成的最初七百五十年中（大約是西元三二五年到一〇八八年），從來沒有人要求神父獨身。直到那位缺乏幽默感的葛里哥萊（Gregory）教宗上台，堅持所有的神職人員必須獨身，即使當時已經結婚的神父也不例外。這一史實很自然會讓我們質疑：這位教宗的決定跟J兄的教誨又能扯上什麼關係？

葛瑞：毫無關係？

阿頓：正是。此後的九百年間，天主教的神父必須獨身守貞，有些人還可以安之若素，自在地過他「獨善其身」的生活，但在另一些人身上，卻產生了許多變態性行為的後遺症。想一想，那些神父如果有正常的洩慾管道，便不至於有那麼多不幸的醜聞了。

虛幻的娑婆世界本來就是「積壓」和「釋放」的場所，典型的二元現象，這在所謂的自然界中屢見不鮮，連你們的音樂也處處流露出這兩種張力。當人們還沒準備好，就強迫他們放棄某種行為，是有違自然的。何況，對大部分的神父而言，實在沒有這種必要。至於那些有變童傾向的人，不論教會怎麼規定，根本就不該讓他們參與神職工作的。

如今，《奇蹟課程》教人用寬恕來釋放內在的壓力。除非人們已經充分準備好，否則不該要求他們放棄最世俗的欲望。當人們愈來愈懂得「真寬恕」，心靈也愈來愈成熟，自然會放下那類欲望的。

即使J兄也不是一直守貞或獨身的，雖然他後來根本沒有性需求了，但最後那十五年間，他一直是過著婚姻生活的。

葛瑞：對不起，你在說什麼？

阿頓：也許你們這個時代的人覺得這種說法太離經叛道了，但在兩千年前，一個猶太人若到了那個年歲還沒有成家，才真是離經叛道呢！別忘了，J兄去世將近一千年後，教宗才頒佈神父必須守貞與獨身的命令。基於教會對歷史的扭曲，再加上世世代代人們習慣把潛意識的罪咎投射在「性」上，你們今天才會覺得J兄理所當然應該獨身才對。

葛瑞：嘿，也許有人很在意他是否獨身，我才不在意呢！干我屁事！

阿頓：那麼，就讓人們知道這一真相：把性看成負面的這種觀念絕對不是來自上主，也不是來自J兄。你若認為「性」有問題，那麼，吃飯也該成為問題才對，兩者都是身體的正常活動。凡是持有相反論調的，都是後天人為的觀點，並非聖靈啓發出來的。

當然，如果有人受到聖靈感動，自願放棄性生活，以此表達自己本來圓滿的真相，也未嘗不可。

葛瑞：我最近也在想這件事，J兄究竟跟誰結婚了？是「抹大拉的馬利亞」（Mary Mag'dalene）那妞兒嗎？

阿頓：確實是她。現代很多人把她當成妓女，其實《聖經》裡從來沒有這樣說過，只因《聖經》提到了不少的妓女，人們便臆測「抹大拉的馬利亞」也是其中之一。其實，她是J兄的愛妻。

在那個時代，猶太法律規定得很嚴格，當人過世後，只有家人才准許為死者的身體敷油。根據《新約》的記載，「抹大拉的馬利亞」獲准進入墓穴為J兄敷油（雖然那時J兄的身體已經不在墓穴中了）。這一記載，不已清清楚楚地透露了她的身分嗎？

葛瑞：嗯，有意思！

阿頓：問題出在人們心中一堆先入為主的成見。J兄來到世界，可不是為了建立某個宗教來批判別人的身體所幹出的事情。他以前教的是寬恕，至今教的還是寬恕；唯有如此，才能幫人認清身體的無足輕重，慢慢接受自己的真實身分——基督。

葛瑞：你是說，我可以一邊寬恕，一邊過我的凡夫生活；我也可能同時享受性高潮和復活的喜悅。

阿頓：可以這樣說，但絕不是「同時」！到了某一階段，你仍需在身體與靈性之間作一個永久性的選擇。

白莎：說到身體，人們常會認為人的身體有一些最性感、最引入注意的部位，你也一樣，你心目中也有最吸引你的部位。其實，身體沒有任何部位會比其他部位更重要，就像沒有一具身體會比另一身體更為重要，道理是相同的。它們全都一樣地虛幻不實。對了，你的性癖好也是同一回事。

葛瑞：你是指我對女性的小腹與肚臍最有「性」趣那一回事？

白莎：正是。順便一提，這種「性癖好」在中東地區倒是挺普遍的。你該知道，這種聯想原本出自心靈層次，為了激發人的某種感覺而在有形世界中演出，但大多時候，它故意讓你生出罪惡感來。

一般人可能不太清楚，人類身體的性成長分為兩個階段，人人都知道第二個階段，就是「青春期」，很少人意識到人的性傾向通常在性成長的第一階段（也就是孩童時代）已經定型了。可還記得「親子關係只是你營造出來取代上主的一種關係」這個觀念？讓我舉個例吧，一個孩子若從小習慣在母親的腳邊玩耍，在潛意識中，他會把這一雙腳和母親聯想在一起，到了「青春期」，他會發現女人的腳常會勾起他的性慾。他的母親象徵著上主，那一雙腳則象徵著母親。

說穿了，「性」不過是一連串虛妄的聯想及取代作用而已。本來單純得很，卻因為壓抑與投射，而變得撲朔迷離。這一切其實早已設定好了，只是以這一方式呈現於人間而已。以你而言，女人的肚臍眼最容易讓你亢奮，其實，不論是什麼部位激起人的性慾，一概可以推溯到童年某種聯想存留在潛意識中的記憶；而這種聯想，會逐漸發展為某種特殊的性需求。

※「性」不過是一連串虛妄的聯想及取代作用而已。本來單純得很，卻因為壓抑與投射，而變得撲朔迷離。

葛瑞：聽起來很有道理。因著這類聯想，我在不同階段確實有過不同的偏好。推到究竟，最後都脫離不了一個「咎」字；正確的回應方式，也還是同一個寬恕。

白莎：很好。請記住，不論你有什麼性癖好，這部課程無意改變你的行為，如果你能改變習性，當然很好，如果改不了，也不必擔心，何況你未必真想改變這一習性。只要你還記得自己是全然純潔無罪的，這才是最重要的。

葛瑞：多謝。

阿頓：提到聯想，男人常把子宮和天堂聯想在一起；女人亦然。只是男人想要進入女人體內的衝動比較強烈，有時女人也有類似的傾向。

葛瑞：這大概解釋了為什麼男人從女性的陰道出生之後，終其一生都想要回到那兒去。

阿頓：很高興你不打自招了。

葛瑞：說到「癖好」，為什麼中東的回教徒可以有四個老婆，我們美國男人只准有一個？

阿頓：其實你們國家的法律也允許你有四個老婆啊！只是不可同時娶四個而已。

葛瑞：啊！說得倒沒錯，也許這樣更有趣一點。讓我繼續問下去吧！下一個問題，恐怕我會自找麻煩！

阿頓：你會惹麻煩？保證不會！

葛瑞：好，白莎！你能不能給女性一些性方面的忠告？

白莎：當然，小心那「獨眼蛇」！

葛瑞：夠幽默！還有呢？

白莎：你大可不必為女人與性操心，她們談的可多了，終日開秘密會議，沒有你們這些陽性病毒鬧場，她們其實挺知道如何彼此扶持的。說來說去，最後還是回到寬恕。

葛瑞：你知道嗎？我以前總以為自己年事稍長後會安定下來，養三個小孩，一男一女一中性，過個家庭生活。如今，我愈來愈不確定了。我覺得所有的特殊關係都跟所有的判斷一樣，脫離不了過去與未來。我並不是說有小孩不好，只是愈來愈不覺得自己需要小孩了。

阿頓：繼續與上主結合吧！祂必會指引你該走的路。究竟說來，人間救主與上主的結合和教會裡修女嫁給耶穌的說法，基本上並沒有兩樣。如果你目前還沒準備好，也沒有人會勉強你的。但葛瑞，不妨提醒你一下，你其實早已為人之父了。

葛瑞：別瞎扯，我才沒有呢！

阿頓：我不是指那一類父親，老弟！可還記得〈練習手冊〉這一段意味深長的話：

釋放這世界吧！你真正的創造正引頸盼望著解脫，它才能尊你為「父」（我指的不是幻相世界的父親，而是真理之境的天父）。你是祂的聖子，祂讓你分享祂的天父身分，祂從不在「祂自己的生命」以及「仍是祂自己的生命」之間作任何區分。祂所創造的一切，從未離開過祂，你絕對找不到天父的盡頭以及聖子獨立出去的那一點。6

葛瑞：酷！你是說，當我回歸天堂時，就和天父完全一樣了？

阿頓：沒錯，完全一樣。

葛瑞：真是不可思議。

阿頓：你既然懂了，好好修你的寬恕吧！當你準備好回歸自己的本來境界時，就會跟上主團圓了。這可不是我們說著玩的，是祂的許諾。J兄在同一課裡繼續叮嚀你：

否認幻相而接受真相吧！否認自己只是一道陰影走過一個瀕死的世界而已。你一旦釋放了自己的心靈，就會看到整個世界也隨之解脫了。[7]

白莎：好了，老弟，我們就要回到所來之處了，你還有什麼要問的嗎？

葛瑞：目前想不出來，經你們這樣一說，好像所有的問題都如水落石出一般，真有意思！當我還是孩子的時候，總以為我這一代會比上一代酷多了。我父母也都是樂師呢。我如今明白了，音樂也好，性也好，每一代都認為那是自己的新發明，都嫌父母落伍。轉眼之間，這些人自己也生了一堆小孩，小孩長大了，也覺得音樂與性是他們的專利，父母太落伍了。

白莎：觀察得很透徹，的確，都是風格和賀爾蒙在作祟；隱藏在它們背後的，仍是小我的分裂意識，千古以來，始終一成不變。而你這一生的工作，就是用聖靈的愛去取代那個分裂感。

葛瑞：是的。我發覺自己愈來愈驚嘆心靈的大能了，包括了它在有形世界中的能耐。我讀過一篇新聞報導，提及現代女孩的「青春期」徵候出現得愈來愈早了，針對這個現象，科學家拼命想由遺傳學及社交環境的改變去找出線索；這類科學研究，根本不允許人們從心靈的因素這一角度去思考。其實，各式各樣的電視廣告，為了促銷商品，不斷用充滿性暗示的意象來洗每個人的腦子，刺激了孩童身體的變化。我說這些，並無意批判「性」，只是指出來，是心靈在主導身體的運作，而非遺傳、環境或進化的因素造成的。

阿頓：你說的一點也不錯，愈與身體認同，愈鞏固了身體；愈與心靈認同，則愈能釋放身體。每個人遲早都要為自己作一選擇的。寬恕夢中的人物吧，老弟！你所得到的報賞就是真實的你、你的自性。

白莎：臨走前，不妨再留給你一段〈正文〉裡的話，它會指點你回家之路。下個聖誕節再見了！在這期間，記住你來此的目的，也就是聖靈的目的。好好記住下面的話：

> 上主之子就這樣輕鬆地從一個被寬恕的世界昇往自己的天鄉。到了那兒，他才會知道原來自己始終安息於彼處。連救恩都如南柯一夢，從他心底消失得無影無蹤。因救恩乃是夢境的終點，夢境一旦結束，救恩也失去了存在的價值。有誰在天堂覺醒後，還會繼續作著得救的夢？[8]

※愈與身體認同，愈鞏固了身體；愈與心靈認同，則愈能釋放身體。

15 展望未來

恐懼是你信賴自己能力的一個最顯著標誌。1

千禧年的歲末，對凱倫與我都是一大轉變。我們告別了居住十年的屋子，遷居到鎮裡的公寓，市區的便利取代了我們在鄉下逐漸磨練出來的調適能力。雖然我們曾經動過幾次搬家的念頭，但為了我們的密友愛犬努比，始終不忍遷到市區。

努比無條件地愛了我們十五年以後，終於在這一年超生到狗兒的另一夢境去了。祆教一向認為狗跟人在靈性上是平等的，據我多年的體驗，我完全同意這一說法；佛教徒也相信，心靈終是心靈，不論承載它的外殼長得什麼樣子，我對這一觀點也毫無異議。雖然我們都很懷念努比，但心裡明白，我們終會在天堂，也就是在生命實相中重逢的。

那年秋天，我們終於拜訪了嚮往已久的夏威夷；我們之所以願意接受公寓式的住家環境，乃是暗中盤算不久的將來可能搬到歐胡島（Oahu）或茂伊島（Maui）去住。在這期間，世界正準備過渡到新的千禧年，供我不少深思反省的題材。

過去十年之間，我們陸續聽到不少世紀轉換之際的災難預告，「新時代」的作家或名嘴爭先恐後地預言地球即將面臨的氣候大變動，除了一些已知的因素以外，地球磁場的移位將會引發洪水、地震；溫帶地區會結冰，寒帶地區會變得酷熱；大地震會為大地重新佈局，只有靈修高超的人才能倖免於難……。這些災難預言，其實跟《聖經・啟示錄》裡的末世警言沒有什麼差別；每個人都能信口雌黃地詮釋〈啟示錄〉的說法。

後人對〈啟示錄〉的詮釋，未必真的是那位信仰狂熱的原作者之初衷。例如：有些人預言末世出現的「反基督」跟數字666有密切關連；其實根據考證，那個數字很可能是希伯來人暗指當代的暴君尼祿（Nero），除了這位被基督教徒恨之入骨的煞星之外，此書並非暗示未來會有另一個「反基督」。何況，〈啟示錄〉的作者好像也犯了當代基督徒同樣的錯誤，以為J兄會在數年內再度現身於人間；結果，這一差，差了兩千年。

現代牧師若想要一舉成名，最快的捷徑即是向世界宣告末日已經來臨了，神的義怒即將顯現於人間。這種利用人性弱點的手法，成功地控制了一群充滿內疚的信徒長達兩千年之久，其效力至今不衰，不只對基督徒，還深深影響到「新時代」台上台下那一群人。有趣的是，在保守派基督徒的眼中，「新時代」正代表著「反基督」或魔鬼的工具。

人類歷史上，地球表面不時地移位，將來依然會如此，但都不是人為的，這些事件其實受制於人們存心想要遺忘一切的潛意識。阿頓和白莎說得很對，小我樂於被嚇醒，而人間慘劇自古以來確實常常發生在人們毫不覺察之際。即將來臨的千禧年，開始時很可能會帶來一些好運，也會帶來一些厄運，但絕不是所謂的末日。小我的把戲玩得正在興頭上，它豈會輕易放棄這個遊戲。

阿頓和白莎很早就聲明過，他們不會透露太多未來的事情，但我是個喜歡冒險的投機商人，總想試一試，看能否從他們那兒竊取一些有關下個千禧年的天機，要是可以得知一二，肯定是很有意思的。

我知道他們一直在看顧著我，我也知道自己所作的寬恕功課並沒有讓他們失望。縱然我面對某些事件，開始時可能會看不順眼，但最後還是記得寬恕我的弟兄姊妹。何況，當我決心寬恕且不再定人的罪時，我真正寬恕的究竟是誰？我清楚記得自己常常引用的這幾句話：

> 上主這樣請求你：「釋放我的聖子吧！」你若明白祂要你釋放的其實是你自己，你還會充耳不聞嗎？[2]

我剛把堆在新家的箱子一一拆封，阿頓和白莎的身影突然出現於同一張沙發上，跟往昔沒有兩樣。

阿頓：嗨，哥兒（bro，夏威夷的打招呼法），夏威夷的度假玩得可好？

葛瑞：玩得真好，多謝。我真喜歡那個地方，那兒的人都懶洋洋的，一副「哥兒，沒事」的模樣，其實這話倒說得一點也不假。真是令人難忘的夏威夷之旅！

白莎：只要不是「內疚之旅」就好了，我們很高興看到你玩得這麼開心。你這小公寓挺不錯的，你大概很快就會習慣公寓式的生活了。

葛瑞：說對了，從此再也不用剪草坪了。

白莎：你在夏威夷還拜訪了兩個奇蹟讀書會，是吧！

葛瑞：是的，看到不同的人對這部書的不同看法，挺有意思的。我覺得在歐胡島的讀書會比較能夠體會《課程》裡的「一體觀」，而茂伊島的讀書會好像還沒把握到這一重點。只需聽一聽他們的分享，便能看出其中的差別。不過當時我並沒有發表自己的「高」見。

白莎：總算上道了！隨時記住容許別人有他們自己的信念，你不需要別人附和你的想法，別人（不論他是否讀過《奇蹟課程》）也沒有義務同意你書裡所說的那一套。你只需把真理公開，其餘的聖靈自會照料。到了因緣成熟之時，每個人自然會學到該學的東西；就算你想改變他們，也愛莫能助的，何況你根本不該有那種心態，要記得，一切畢竟只是一場夢。

還有，你可以說出自己的想法，但別去指正人家；表達清楚之後就靜靜退下，不要逞口舌之快。懂嗎？哥兒！

> ※隨時記住容許別人有他們自己的信念，你不需要別人附和你的想法，別人也沒有義務同意你書裡所說的那一套。

葛瑞：夠清楚了。現在，能否告訴我，在即將來臨的千禧年中，世界可能和平嗎？

阿頓：嗯，不會。原因是，只要人們還一味跟自己的國家認同，無法體認所有兄弟姊妹（包括你自己在內）都是靈性生命的話，世界是不可能和平的。你的生命既然浩瀚無邊，就沒有什麼疆界需要你去護守，世上沒有一事一物值得你大動干戈的。我並不是說，你不該在國慶日大唱你的「星條旗」歌，只是當你表面上活得跟常人無異之際，我希望你心裡仍是了然的，明白哪兒才是你真正的家鄉。回家的途徑不是靠幻相來防衛幻相，而是靠你寬恕那些幻相。

葛瑞：說得好極了！你能否跟我直講，末日是否快到了？雖然我不以為然，但還是聽你說比較可靠。

阿頓：末世的預言比你們的山河大地還要古老，它在猶太民族形成以前就有了，可以一直追溯到波斯及祆教的時代。當然，我們那時代的人，對〈但以理書〉的預言也有自己特定的詮釋，就像今日的基督徒對〈啓示錄〉有自己的解說，新時代的哥兒姐兒們也有自己一套「地殼大變動」的觀點。說穿了，都是同一個恐懼心理在背後作祟而已。

你可知道，〈啓示錄〉最有價值的地方是什麼嗎？就是：最後戰勝邪惡的，不是靠武力，而是靠愛；「羔羊」所象徵的意義即在於此。愛比恐懼強大多了，當《聖經》說，慈善永遠戰勝邪惡，所強調的也是這個愛。

我來舉一個「愛能戰勝恐懼」的實例，讓你看出聖靈如何幫助人們解決自己渾然不覺的危機。那個事件若爆發的話，很可能一舉毀滅了你以及所有你認識的人。

一九八三年，蘇聯認定你們的雷根總統預備攻擊他們，因為那時雖無戰事，美國卻大肆擴張軍備。就在那個冷戰期間，出了一個大家都沒有料到的紕漏。九月二十五日，蘇聯的軍事機制軟體發生小小的故障，使得電腦把雲端反射的陽光解讀為美國射來的火箭，按照軍事程序，蘇聯將在五分鐘內下令全面反擊。如果此令一下，雙方都會喪失千萬條人命，美蘇兩國的大城市也將毀滅殆盡；至於僥倖存活的人，世界對他們來説，成了生不如死的地獄。

葛瑞：天哪，最後是誰阻止了這場浩劫的？

阿頓：一個人，這是最好的例子，只要有一個人聆聽聖靈的聲音（即使當事人根本未做此想），就足以扭轉一切。他就是佩特洛夫（Petrov）上校，他鼓起勇氣，沒有遵照緊急狀況的「程序」行事，他堅持電腦可能有問題，斷然遏止了即將啓動的攻擊程式。因著他這崇高的表現，後來被他的上司當成把柄，逼他退出軍職。如果當時是這位心智蔽障的上司當班的話，他很可能不願承擔失職之責而按照「程序」發動攻擊了。佩特洛夫上校沒有聽從恐懼的呼喚而選擇了愛，你和身邊的親友才可能活到今天。

葛瑞：哇！軍備主義以及民族主義真厲害，世界因著它們愈來愈安全了！不是嗎？

阿頓：這還用説！這位上校作出了史上大慈大愛的決定，拯救了世上所有的人種，竟然沒有人知道他的名字！

葛瑞：人間哪一天變得公平正義了，我一定會打電話通知你。

阿頓：只有天堂裡才有公平正義可言，因為它完美無缺，那是上主之子本來應有的生活。我們也無妨告訴你下一世紀的大致走向，你大可拭目以待：每一件事情都變得愈來愈大，愈來愈快，也愈來愈可怕。光是看一看二十世紀的暴力事件，工業科技的快速發展，以及報章雜誌聳人聽聞的頭條新聞，已經夠荒謬了；而下一個世紀也不會有太大的改變，只會更大、更快、更可怕而已。對小我而言，簡直是大快「我」心！

地殼不會移動，但氣候會惡化；氣溫的變化更大，不論是冷或熱。人們認為地球的溫室效應是因為空氣污染之故，說得固然沒錯，但地球的最低溫同時也會變得更冷；人類若一逕跟地球的大氣層鬧著玩，勢必會引發冷熱兩極的變化，而不只是溫室效應而已。這一因素使得現有的科學研究呈現出種種矛盾，人們無所適從，這可給了大企業們最好的藉口，一意孤行下去。既然科學都無法下定論，只要不違法，他們自然就百無禁忌，為所欲為了。誰顧得了世上患氣喘病的孩子愈來愈多，誰顧得了酸雨會毀掉所有的湖泊？

同樣這一批大財閥，他們還挖空心思，在交易協定上附加一些細小字體的備註，設法用國際協定來取代當地的法令，這樣，他們就不必接受地主國的法律約束，省下一大筆跟消費者打不完的官司費用，如此，他們就名正言順地超越地主國的法律之上了。

二十世紀的美國，錢遠比人重要；到了二十一世紀，錢會比法律更重要。透過民主機制選舉出來的立法者，他們的選舉費用都是來自這些財閥，所以他們不只欠這些財閥的錢，還欠下助選的人情。順理成章地，透過大筆大筆的金錢，這些財閥便為自己掙得了無上的權勢。民主政治虛有其表的立法程序，愈來愈像你們的職業球賽，純粹是秀給民眾看的，勝負其實早已預先敲定了。

葛瑞：地殼不會移位嗎？

白莎：下一世紀當然還會有地震、海嘯、龍捲風這類災難，旦夕之間奪走成千上萬的人命，把全世界嚇個半死。但你想一想，哪一個世紀不曾發生過地震、海嘯、龍捲風這類災難，而在旦夕之間奪走成千上萬的人命，把全世界嚇個半死？

一九六〇年，中國發生大地震，死了將近五十萬人，這事若發生在今天的加州，大概每個人都會認為世界末日到了；但這絕不會是世界末日的。不幸的是，同樣的災難只會照樣發生，以前地震頻繁的地帶，繼續會有地震，只是更強烈、更嚇人而已。

你們為了經濟目的，不顧後果地在海岸建立一個個港口城市，而且大都集中在太平洋海岸。連緊貼著密西西比河的聖路易城，也座落在地震斷層上；很少人意識到，紐約市也一樣座落在地震斷層上。小我真是編寫驚悚劇的能手。

阿頓：在氣候方面，你們這一世紀所面臨的最大挑戰乃是水災和旱災的不斷輪替。另外，將從歐洲開始，在三十年內，氫氣引擎以及混合式的引擎汽車將會成為主流交通工具，但在美國，要等到你們的大財閥賺飽了汽油錢以後，才會慢慢跟上。許多石油公司還會繼續存在，因為它們還有其他的副產品；但不論如何，氫氣將是未來的主要能源。

至於交通方面，目前由紐約飛到洛杉磯需要五個小時，到了世紀末，民營客機只需三十分鐘。

下一個世紀，可說有好有壞，但永遠都脫離不了二元的現象。世界依舊分為「一無所有的」與「享有一切的」兩種人。若從好的方面說，隨著共產主義的傾頹，人類史上空前的經濟成長已經起步了，你們的道瓊工業股票指數，在五十年內會達到十萬點。

〔註：阿頓講過這話的那個禮拜，道瓊工業股票指數打破紀錄，高達 11750 點，不久，股市便陷入了「熊市」。阿頓的預言如果一語成真的話，在下個五十年內，道瓊與大部分的股票市場必須繼續製造驚人的成長假相才有此可能。〕

葛瑞：還說什麼世界末日就要到了呢！

阿頓：現在，讓我問問你，有一次你遊覽紐約時，曾經參觀過帝國大廈的頂樓，對吧？

葛瑞：嗯，那次旅遊挺有趣的。

阿頓：你為什麼想要去那頂樓？

葛瑞：我想，它對我充滿了意義，不少經典電影都曾在那兒拍外景，何況，很久以來，它一直是世界最高的大樓。

阿頓：對。為什麼世貿大樓硬要蓋得比它高幾層呢？

葛瑞：才能把帝國大廈比下去啊！

阿頓：正是。但你還是去了帝國大廈，只因為它對你比較有意義？

葛瑞：對啊！你的意思是……？

阿頓：某棟大廈對你比較有意義，另一些地方對別人意義深重，每個人都有自己的偶像，但不論是哪一類偶像，它們仍有一個共通處，就是它們究竟能給人什麼？《奇蹟課程》這樣告訴你：

必須多一點，不管什麼東西，多一點美貌，多一點智慧，多一點財富，甚至多一點煩惱或多一點痛苦都好。希望獲得更多，乃是偶像崇拜的目的。一個偶像若不成，再換一個，總有一天能找到更多的東西。不要被那些東西的外形蒙蔽了。偶像只是幫你得到「更多」的一種手段。這種心態徹底違背了上主的旨意。

上主只有一個孩子，祂沒有成群的兒女。怎麼可能有人擁有較多，有人獲得較少？[3]

葛瑞：這話一點也不假，但未必制止得了我想要「更多」的本能；除非我全然寬恕，否則我不可能不想要的。你知道，有一回我去攀登「鑽石山」，山頂上的景色真是壯觀極了，我即時將它獻給上主。因為我突然明白了，自己一直想往上爬，反映出我暗中想要篡奪上主地位的意念；因此，我選擇在那高峰上與祂結合。我想，寬恕的形式有很多種，往往也隨著環境而有所不同，但關鍵只有一個：寬恕就對了，管它什麼形式呢！我並非反對人們去攀登高山，欣賞美景，我想說的只是：不論爬到哪裡去，遲早我們還是得寬恕的。

阿頓：這是你此生唯一需要做的事情，老弟！我敢跟你保證，二十一世紀會給你很多很多的寬恕機會。就以我們前面提到的恐怖份子為例吧！怎樣才會讓他們覺得更痛快？

葛瑞：我猜，他們一定會愈做愈大，而且是前所未見的，不把人們嚇得魂飛魄散，他們是不會善罷甘休的，不只如此，他們還會想盡辦法打破自己及前人的紀錄。

阿頓：正是！一回會比一回更加慘烈，他們不惜投入更多的時間和精力。整個二十一世紀，西方國家的最大威脅就是恐怖份子的核武及生化武器的攻擊。當然，人們還會繼續使用傳統的轟炸方式，但因著「更大」的心理需求，未來情勢的慘烈是不難預見的。

葛瑞：下一世紀裡，恐怖份子真的會在大城市裡引爆核彈嗎？

阿頓：我無意嚇你，答案不幸是：可能的。在那事件之後，地球上的生活會產生極大的變化，但世界還會繼續撐下去的。問題在於，人們該如何利用這一局勢？不同的人會找不同的解決辦法，但對奇蹟學員而言，只有一個答案：你必須用它來學習寬恕。

葛瑞：你能告訴我哪一個城市會遭殃嗎？

阿頓：你知道我不會說的；我若告訴你地點，可能會改變某些人的選擇。然而，不論發生什麼狀況，每個來到娑婆世界的人，潛意識中都冥冥知道將會發生的事，而他們自己選擇了這一命運，就是要給自己一個學習寬恕的機會。

你也許以為如果我們幫他們逃過一劫，等於幫了他們一個大忙；其實，就算逃過這一劫，他們遲早還是必須經歷類似的情形。因為在你寬恕以前，潛意識的內疚會不斷提供你類似的狀況，即使你目前也許還看不見這一真相。最好的應對辦法仍是：不論外界發生什麼大事，你都能學會寬恕。這是讓你由整個夢魘脫身的唯一真正出路。雖然世界對某些人來講，並不像個噩夢，但它遲早都會變成一個噩夢的。

> ❋每個來到娑婆世界的人，潛意識中都冥冥知道將會發生的事，而他們自己選擇了這一命運，就是要給自己一個學習寬恕的機會。

至於這一世紀人們的普遍心態，因著傳播資訊的普及，每個人都想擁有他們在電視上看到的東西，世人的物欲會變本加厲。這並不是說，資本主義比法西斯主義還糟，它當然勝過法西斯；在資本主義下，人們起碼還有追尋真理的自由。凡是真心追尋真理的人，必會如願以償的。

大致說來，會有更多的人把金錢奉為新的神明，包括老想用自以為「靈性」的方法追求富裕的那一群人在內。我們先前說過，金錢本身無罪，但它與靈性八竿子都扯不上關係。唯有以追尋上主為首要之務的人，才會最先尋到上主。

世間的人還需要一段時間才能了解《奇蹟課程》的思想原則，絕大多數的人仍會繼續相信以前的那一套，繼續活在逃避和否定的心態下。他們會把上主請到世界來，設法把娑婆世界裝點得靈氣一點，冀望有個仁慈的大智慧在世界背後運作著，其實，是凶殺之念在背後推動著世界的運轉。他們會把死亡視為生命的一環，其實，它只是那個根本「妄念」的一個象徵而已。

總之，人們愈來愈習於粉飾太平，沒有人敢面對現實的真相：那些無家可歸的人以及你們的囚犯，半數以上都該送到精神醫院去治療；你們的警察死於自殺的比例遠大於殉職的。

在你們這個愈來愈退步、愈來愈不文明的國家，只有國會議員才真正享有國家健康保險，一般民眾根本沾不到這種福利。明年美國將會有八千人左右死於槍下，而鄰國加拿大只有一百人死於槍下。你們的國家一向有暴力的傳統，主張「極端的問題需要非常的解決辦法」。國內那些狂熱份子愛惜槍枝甚於愛惜人命，他們將會不顧多數民眾的意願，一意孤行下去，絕不承認他們制訂的那些政策是如此瘋狂愚昧，每年奪走了無以計數的人命。小我眼看著這一發展，簡直樂不可支。

在下一世紀，人類會登上火星，而且會有驚人的考古發現，證明確有智慧生命在那兒生存過；人類會首次跟其他星球的生命進行接觸，但那個人種並非來自火星。

整體來講，好像有很多的變化，其實，骨子裡跟以前並沒有不同。

也許你目前還看不出來，這一切的一切全都指向寬恕課程，因為它們全都跟身體脫離不了關係；而且不論外在情勢如何，最後都會歸結到某種「關係」上去。你這一生的功課不只是寬恕電視上的人物或是網站上的無聊新聞而已，最最重要的，還是寬恕你日常生活裡與之建立關係的一具具身體。那些人絕不是無緣無故出現在你眼前的。

救恩並非只准你著眼於靈性而不看身體。它只願你明白你是有選擇的。你無需任何協助就能一眼看見身體，但對身體之外的世界你卻如此無知。救恩的目的就是化解你的世界，好讓你看到超乎肉眼的另一世界。[4]

你當然也可以繼續去供奉你的偶像，但何苦來哉？這部課程一再苦口婆心地勸告你：

別往身外追尋了。那註定會落空的，每當偶像破碎一次，你就會哭泣一回。你無法在天堂不在之處找到天堂，而天堂之外絕無平安可言。[5]

葛瑞：這麼說來，在我作寬恕的功課時，我仍能過自己的日子，追求我的人生目標；它只是要我們放棄心理上的執著而已。真不錯！

阿頓：沒錯，但你很快便會發現，當你練習真祈禱和真寬恕以後，在靈性的啓發與指引之下，你的人生目標很自然就改變了。事實擺在眼前，你已經在接受上主使者的訓練了，這也不是你第一世充當上主的使者，所以沒什麼好大驚小怪的。要常常記住下面這段話：

天堂使者的角色與人間的信差之間有一個基本的不同處。他們傳遞信息的首要對象乃是自己。唯有自己先接納這些信息，他們才能傳遞信息，將它送到指定之處。那些信息並非出自他們之手，這與人間信差一樣；不過，他們的的確確是第一個收信人，而收信的目的只是準備再傳出去而已。**6**

葛瑞：我懂，而且正在努力做——只是並非經常如此。

阿頓：其實，你算是經常了，只不過在某些情況下，你需要多一點時間才轉得過來；但你這樣持之以恆地寬恕，已經夠令人刮目相看的了。如果你能稍微縮短一點拖延的時間，你內心的平安必會增長並且加深的，那不正是你想達到的近程目標嗎？

每個人都有自己特定的寬恕課程，當他一路走下去，跟著聖靈一起寬恕，也愈來愈習慣把一切作為都交託給祂管理，這些人遲早會和你一樣完成這個近程目標的，那麼《奇蹟課程》的終極目標也就不遠了。J兄在〈教師指南〉勸誡每一個學員：

遵循聖靈的指示，能夠幫你消除自己的罪咎。7

接著又說：

因此，切莫認為你必須遵照聖靈的指示是因為自己的不才或無能。其實它是帶領你出離地獄的善巧方便。8

葛瑞：你們這番話，我聽得耳朵都快長繭了；不過，我知道你們的用意，除了我確實需要叮嚀以外，這番話並不只是針對我而說的，是吧？

阿頓：你猜對了，老弟。

白莎：《奇蹟課程》所呈現的都是絕對性的真理，我們說過，可以把它濃縮為幾個字：「上主永恆如是」，但只有準備妥當的心靈才接受得了它。即使兩千年後，這幾個字仍是絕對的真理，上主也仍是完美無缺的愛。

真理是不會改變的，但你必須經過這部課程的「心念訓練」，才可能領會這一真理。有些人這一生還沒準備好接受它，老想扭曲上主和世界的意義來迎合自己原有的觀念。如果他們真想如此，倒也無妨，只是J兄會這樣反問：

上主豈會把世界存在的意義交由你來詮釋？9

葛瑞：又是他那讓人無話可說的雄辯問法！

白莎：當一個人了知一切真相之後，實在不太容易裝出一派謙虛無知的模樣。整體來講，J兄已經表現得夠謙虛的了。

阿頓：只要是願意像我們一樣與J兄結合的人，我們都會很榮幸地與他（也就是你）結合的。〈教師指南〉最後說了：

你帶來了一個新世界，眼所未見，耳所未聞，卻是無比的真實。10

白莎：親愛的葛瑞，如果你真的把今年當成一九九九年而打算開個千禧年慶祝晚會的話，我們也會寬恕你的。

16 關於復活

死亡之念顯得神通廣大，因為它已成了恐懼的化身、罪惡的淵藪、罪人的神明、一切幻相及謊言之主。1

一天晚上，我在離家十三哩外的商場購物，正巧碰到我們這一區向來極少發生的兇殺案，一位年輕男子在停車場被人刺殺，我望著這人從停車場那兒衝進來，一手摀著被割的喉嚨，跌跌撞撞地穿過藥店，然後倒在人來人往的商場中間走道上，滿臉驚恐，一陣掙扎後，忼地翻過身去，臉部緊貼著地面，血流不止，好像斷氣似地。

這可憐的人傷勢嚴重到在場的人（包括我在內）都手足無措，幸好救護人員很快就趕到了現場，我只能幫忙攔住好奇的旁觀者，讓救護人員進行他們的急救。我回頭望一眼那個被刺的男子，不敢相信人的身體內竟然藏有那麼多的血液，從他喉頭冒出的血不只圍住了癱在地上的身體，那橢圓的血圈還繼續緩緩地向外擴散著。周遭的人全都一語不發地走過，好似葬禮中的一幕送別式，親友們無言地繞著開啟的棺木，瞻望死者最後的儀容。大家都被籠罩在生命上頭的死亡之念震懾得說不出話來。

我望著那一具身體，對他說：「那不是你，它不可能是你，也不是我們，我們原是基督。」就在那可怕的現場，一瞬之間，我彷彿覺得自己不是真的在那兒，那具身體、那一灘血、死亡之念，不會比電影中的影像真實到哪裡去。這並不表示我已經修到「八風吹不動」的境界了，往往在情緒起落不定時，我照樣會反彈回去；只是眼前這個駭人的景象，猛然地，讓我深深感受到身體的虛幻不實。

認為這個無常且脆弱的肉體能夠容納得了人的生命，這想法何等荒謬！這年輕人還沒活到常人壽命的三分之一，他所有的希望、夢想、恐懼及喜樂都會回歸它們所來之處虛幻的妄心。它們真的配稱為「生命」嗎？

事後，我探問了一下聖靈，我這想法會不會是壓抑或否定的心態？我所得到的答覆是：「是的，那正是你對小我的否定！」顯然，這種想法當初並沒有阻礙了我在現場盡我所能地幫忙，套用我老師的話，我還是做了自己註定該做的事情，只是在我行動之際，心念並沒有隨著這個幻相跑，反而幫我看到了另一面。

接下來那個二〇〇〇年的歲末，我一直在思考死亡的問題；那陣子，我也正在為美國總統的大選而嘔氣。眼看美國政府罔顧民意，竟然把具有高度爭議性的選舉結果交給高等法院來決定，真是義憤填膺。

阿頓和白莎第十六次出現在我眼前。

阿頓：購物商場發生的事件沒有什麼好說的，它只是讓你看到人世間的本來真相而已。

葛瑞：說得沒錯，我知道這並非我們的真相，我對此已經有相當的體驗了。只是，小我以前的把戲通常是騙我把別人的身體表現當真，這回竟然被聖靈借力使力，教我看到相反的真相，這倒是生平第一遭。

阿頓：很好。我們等一下再回到這一主題，先跟你談談你對這次總統大選結果的反應。

葛瑞：那算什麼選舉，不選也罷！那個被財閥收買的候選人，輸了五十萬票，還沒算那一百萬的廢票呢（大多出現在少數民族區域），而最高法院竟然判定他當選總統！你知道嗎，最後一票還是當年被他老爸舉薦的大法官投下的。另一位大法官還幫腔說，他跟他的對手所打的乃一場「文明之戰」，他甚至這樣為自己的決定辯護：不該繼續去重新計算佛州的選票，因為那會傷害到布希選舉的合法性。老兄，讓我告訴你一個新聞：民主政治已經死了！

阿頓：還沒死，只是受傷了。你們美國的民意確實常被當政者背後的勢力所操控，包括已經掌握在大財閥手中的新聞媒體。他們如果扭曲不了事實，就乾脆封殺新聞，不准新聞媒體報導。根據《紐約時報》的調查，如果重新計算佛州的全部選票，高爾（Gore）會贏得這場選舉的，但電視新聞故意不報導這個調查結果。

大部分的美國人都忙著自己的生計，沒時間理會大眾的福祉，加上一般民眾對政治的無知，常被政客騙得團團轉，接受一堆遺害無窮的決議，完全被蒙在鼓裡。

不過，這些決議有時未必出自總統之手，讓我跟你講個內幕故事，在七十年代末到八十年代初期，美國銀行界跟「聯準會」（Federal Reserve Board）聯手，故意製造通貨膨脹，使得夢想購屋置產的一般公民，一輩子都欠銀行的錢。以前只需貸款三萬就夠了，如今必須舉債十三萬甚至二十三萬之譜，可以說，想要擁有一個屬於自己的棲身之處，你得連本帶利付出四倍的價錢。你注意到沒有，通貨膨脹平緩之後，房價並沒有隨之降低，你們的收入永遠跟不上房價的飆升。卡特這個善良而有靈性的總統，最容易被政治利用，成為代罪羔羊了。

葛瑞：我對這事記憶猶新。福特總統在位時已經意識到通貨膨脹的問題，大家也察覺到這個危機了，他甚至還打出 WIN 的口號，就是 Whip Inflation Now（現在就打倒通貨膨脹）。但當卡特當選總統時，「聯準會」硬把利率壓低，對外宣稱此舉會扭轉經濟萎縮的趨勢，其實是火上加油。這個天大的騙局，大多數人根本不聞不問。人民確實需要多關切選舉的後果。但就算關切，恐怕也是無濟於事。

阿頓：從好處著眼，這次大選之後，你大概會對政治興趣缺缺了。

葛瑞：這算是好事嗎？這不正中那群財閥的下懷？

阿頓：從某一方面講，會有點兒好處的，因為我們敢跟你保證，政治永遠都是這麼一回事，不論你站在哪一方，都會看到另一方老在你面前張牙舞爪。我們並非勸你別用投票來表明你的觀點，我們知道你每次大選都會投票，不少自詡愛國的人士還懶得投票呢！只是當你投票的同時，仍要記得寬恕，那才是你對政治的真正貢獻。

葛瑞：即使選舉結果是作弊出來的？

阿頓：老弟，這全憑你怎麼去看。共和黨人士也會說，甘迺迪在一九六〇年大選時盜取了伊利諾州的選票呢！

葛瑞：這話也沒錯，雖說芝加哥市長奇蹟般地從死人堆裡為甘迺迪拉了一堆選票，但即使沒有伊利諾州的「作票疑雲」，甘迺迪仍有足夠的選票贏得那場選舉的。布希在佛州的情形可不是這麼一回事！何況，甘迺迪在全美的選民普選中已經囊括了多數的選票。

你曾經指出，從一九六〇年之後，美國發生了許多光怪陸離的事情，改變了我們國家的走向，不是往好的方面，而是每況愈下。依我看來，艾森豪總統針對軍事和工業的勾結所發的警告，確有先見之明。兩者聯手掌控大權之後，第一個傑作就是暗殺甘迺迪。

阿頓：我們可不打算深入那一事件的內幕，只是跟你泛泛地談論一下政治和選舉的問題。我們要強調的是，即使有些選舉充滿了詐欺，你永遠都會有失也有得，這正是人間最典型的二元對立現象。唯有跟上主在一起，你才不致失落。為此之故，你的功課最後仍需回到寬恕上頭。現在，你可以寬恕這次選舉了嗎？

葛瑞：好吧！好吧！老兄。我也不想在自己撒手西歸之時，身後還懸著一堆沒有寬恕的蠢事！

阿頓：好極了！因為你有時自視為投機商人及資本主義者，我們才會花時間跟你談金錢和政治的事，其實，你並不真的是那種人。不論你對世間問題所抱持的觀點正確與否，你所看到的那一切根本就不存在，是你自己營造出來的。

基於你已學到的那一套思想，你再也沒有藉口把潛意識的內疚投射在富人身上了，更何況你心中不也暗暗希望自己有一天能夠躋身於富比士的排行榜嗎？這一切都會帶給你一個藉寬恕別人而寬恕自己的大好機會。

總而言之，人間一切光怪陸離的事情都在寬恕課程之內，而所有寬恕課程都是同等重要，沒有輕重難易之分，包括了死亡在內。

目前為止，當你遇到較大的挑戰時，可能還無法馬上把寬恕發揮出來，但最終你還是會加以寬恕的，即使是這次的總統大選。當你寬恕之後，心裡會安定一點；轉眼可能又落入另一陷阱，開始妥協，這又會引發另一種不安。

苦難最喜歡招兵買馬，尋求盟友了；但你大可不必接受它的邀請。你現在應該知所堅持，別再輕易妥協了，這就帶入我們今晚要討論的主題。

你已經確切知道自己並不是一具身體，你也不可能真正死亡的，對嗎？

葛瑞：是的。我也相信《課程》中所引用的《新約》的話：「最後有待克服的大敵即是死亡。」[2]

阿頓：如果你不可能死亡，那麼別人也不可能；如果他們不可能死亡，你也不可能。兩者其實是一體的兩面。

白莎：死亡只是象徵你與上主分裂的幻相罷了。當你面臨所愛的人死去時，有什麼感覺？你會感受到一種分裂，好像突然失去了他，一如當初你以為失去上主一樣。事實不然，你不可能真正失去他們的，一如你不可能失去上主，你們是分不開的。當你所愛的一具身體死去時，你會傷心哭泣，其實，你哭的是你對上主和天堂的懷念：

有誰能不為自己所失落的純潔本性而哭泣？3

葛瑞：是的，我曾為父母過世而哭泣。但不論我們哀悼的是誰，其實我們真正想念的是本來的家鄉以及與上主同在之境。只因我們已經把它埋藏在潛意識底下，所以無法看出這兩件事的內在關連。

白莎：正是。你在無量劫以來，不知有過多少父母、配偶及兒女，有些親人在你生前便離你而去，這是夢幻世界的常態。然而，一切畢竟都在夢中，你其實一直都跟上主在一起。聖靈的思想體系就是為了喚醒你這一真相，但你必須作好自己的功課，也就是在你有生之年隨時記住這套人生觀。

葛瑞：正因如此，只要我時時提醒自己不該緊抓著新仇舊恨不放，那麼我就能夠不再怨恨了。更何況，這一切果真是我自己別有用心地營造出來的話，就沒有所謂公平或不公平那一回事了。

※當你所愛的一具身體死去時，你會傷心哭泣，其實，你哭的是你對上主和天堂的懷念。

當我記住這點時，心裡確實篤定了一點，但轉眼之間就忘了，又掉回小我的陷阱。

白莎：你這一句話正道盡了所有認真的奇蹟學員他們心中的痛。

葛瑞：就算你曾一度明白了真相，但狀況一發生，真的很不容易記住，尤其是面臨自己最在意的事情時。

白莎：沒錯，「隨時儆醒」不是一件容易的事，卻是必備的條件。所以你該每隔一會兒就發個隨時儆醒的願。你若記不住聖靈給你的真理，你耽誤的其實是自己的幸福。《奇蹟課程》這樣反問每一個人：

所謂奇蹟，不正是這個記憶嗎？有誰心內沒有這個記憶？[4]

葛瑞：根據我的經驗，我知道只要我記得去做，是可能做到這部課程的要求的。

白莎：當然可能，不論面對任何人生難題，你都可能做到的，即使失去你所愛的人，或是面對自己的死亡。我們已經說過，這在你自己寫的劇本中都早已預設好了，何苦為那些事情操心？它們不過給你另一個寬恕的機會而已。不論發生什麼事情，最聰明的應對之道，就是善用這個機會加以寬恕，而且愈早愈好。

阿頓：你在意識的層次十分害怕死亡，但在潛意識的層次，死亡對你其實具有無比的魅力，你曾用「飛蛾撲火」的比喻形容它。《奇蹟課程》提出了平安道上的四大障礙，死亡的吸引力乃是第三個[5]。其實你對死亡的恐懼是源自於你對上主的恐懼，甚至可以說，畏懼死亡不過是畏懼上主的象徵。若非潛意識裡的內疚，你是不可能畏懼這兩者的。J兄不怕死亡，也不會害怕上主；你也應像J兄那樣無懼於你的天父。

你該把虛幻肉體之死亡看成你的畢業典禮，表示你已經學完了你在這個具體而短暫的教室裡該學的東西。課程既然修完，理當慶祝一番，我敢保證那情境一定很有意思的。如果人們知道，在絕大部分的情況下，肉體解脫時所經驗到的那種自由，就不會為死者哀悼了，他們應該嫉妒才對。

※你該把虛幻肉體之死亡看成你的畢業典禮，表示你已經學完了你在這個具體而短暫的教室裡該學的東西，理當慶祝一番。

問題是，那個快樂也維持不了多久。我們前面提過，內疚會回頭找你，逼得你不能不趕緊躲到身體的安全毯下；生死循環的夢，就是這樣一幕幕演出來的。

葛瑞：為此之故，我該盡量善用此世的寬恕機會，這樣，臨終之際，也會充滿趣味，不論那時我是否仍在身體內，都能趁機向前跨出一大步。如果這一生能夠開悟最好，若不能，日子也會好過一點。你曾經談論過輪迴，我現在了解了，那也是一種假相，我只是夢見自己由一具身體轉換到另一具身體而已。

阿頓：沒錯。說到輪迴，只要懂得寬恕，信不信輪迴都無關緊要，因為：

> 總之，他只需把握住一點，即是：誕生不是生命的起點，死亡也非它的終點。[6]

葛瑞：如此說來，人的意識即使不是真的存在，身體死亡之後，它仍會繼續運作下去；只有當你徹底由夢中覺醒，意識才會消失，你才能經驗到你與上主以及一切造化的一體性。

白莎：老弟，你說的一點都不錯。每個人都會一起重歸天國的，因為我們說了，時間只是幻相，在你開悟以及等別人開悟之間，並沒有一段「等候期」，因為悟境屬於實存的境界，它超越了時間和空間的限制。

心靈既然能夠營造出時空，表示它必然存在於時空之外。讓我再提醒一次，在你失去親人的初期，難免會哀悼一段時日，但人們遲早都得寬恕這種失落之苦的。當你面對別人的感受時，也得顧及人間的情理。

葛瑞：你以前提過J兄真的治癒了已經死去的人，我猜拉撒路（Lazarus）也是其中之一吧！J兄怎有這般能耐？

阿頓：讓死人復活跟治癒病人並沒有什麼不同，真正的治療師最後還是病人自己的心靈，你只需與他的心靈結合，提醒它自己的真實身分就行了。憑著J兄如此高深的境界，絕不會在這關鍵問題上掉以輕心的。他曾這樣向你解說過你們之間的關係：

你的心靈遲早會選擇與我結合的；我們一旦攜手並進，必然所向無敵。你與你的弟兄會相聚於我名下，而恢復了清明的神智。我能使死者復活，因為我知道生命是永生上主的造化，永遠不朽。你為什麼會相信，為心神不堅的人堅定信心，或為了無靈氣的人激發他的靈氣，對我是更難的事？我從不相信奇蹟有難易之分，而你卻深信不疑。[7]

葛瑞：你是說，對J兄而言，讓死人復活，跟治癒病人、寬恕別人的毀謗，或其他種種奇蹟，都毫無差別，而且也沒有什麼出奇之處，只因J兄深知上主所創造的一切都擁有永恆的生命，死亡並不存在，只有上主創造的才是真實的，祂所創造的永遠不死。

阿頓：也不要忘了，身體只是一個象徵，J兄使拉撒路復活，並沒有把他的身體變得與眾不同，他連自己的身體都不認為有何特殊可言。他透過心靈復甦了這一具投射出來的身體，這當中，只具有象徵的意義，肉體本身無足輕重。藉著這個事件，他只是要透露一個訊息：死亡並不存在。

何況，拉撒路並沒有像福音記載的那樣；J兄讓他復活之後，他並沒有留世太久，很快又捨下身體，平安喜悅地進入生命另一階段，因為他已經看到了，真的沒有什麼好怕的。

葛瑞：你是說，當每個人的注意力都集中於躺在墓穴裡的拉撒路時，J兄卻與拉撒路進行心靈的結合，就像他與自己的基督自性或聖靈結合那般，那麼，他必然同時也與拉撒路合一了。心靈本來就是一體的，J兄才能將愛照入拉撒路的心靈，一起結合於聖靈之內，J兄知道那原是他們的本來面目。就這樣，他向拉撒路顯示了生命的真相，幫拉撒路的心靈復甦了他自己投射出來的身體形象，藉以表達他對死亡的否定。

阿頓：老弟，我們總算選對人了，只是別忘了，J兄能進入人的心靈深處而提醒他的純潔無罪的這種能力，是一般人望塵莫及的，正因如此，他才堪稱為歷史上最偉大的心靈治療師。如果你第一次想要使死人復活而結果失敗了，也別太失望就是了。

葛瑞：我明白。如果有一天我在祝福死人時，他突然爬起來走路，那表示我大概也走對路了。

阿頓：說得好！幾年前我們就說過，你那時不可能了解我們是如何投射出身體的；如今，你懂得夠多也愈來愈上道了。現在，讓我們再為你綜結一下：你投射出身體形象的方式跟你晚上作夢的方式完全一樣，你的心先投射出一段影片，然後你經驗到你的肉眼好像真的看到了自己的身體以及別人的身體，事實上，那是你自以為分裂的心靈在觀看自己的心從另一隱秘層次所投射出來的心念而已。

當心靈復歸於生命整體之後，再也沒有層次之別，那麼也沒有什麼電影情節需要投射，也不需要身體演給你看，於是你的身體便由電影中消失了。身體跟世間所有的事物一樣，都屬於心識中的經驗，而非生理或物質性的經驗，它們其實是不存在的。但是已經開悟的生命，仍可能基於愛的緣故，在夢中顯示形狀的，好比J兄被釘十字架之後顯示給門徒那樣；他的愛如今成了聖靈之愛。話又說回來，你若不與聖靈合一的話，你也不可能悟道的。

白莎：親愛的老弟，隨後的歲月，繼續學習、繼續成長吧！等到你覺力加深，自然會明白這類事情的。容我再提醒一下，此後，你若能再加強一點寬恕的願心，對你將更有幫助。過去幾年來，你已經長進不少了，何不再發個更大的願心。

葛瑞：我會的。《奇蹟課程》多次提到真理的不可妥協性，我想我是該認真一點了。

白莎：好極了，別人若想用折衷或妥協的方式去解說這部課程，無需你去糾正或阻止，你的責任只是寬恕。但你自己別再走折衷或迎合大眾的路了，何況，說穿了，除了你以外，外面沒有任何人，只是同一個小我的千百萬化身而已。當人們自視為一個分立的個體時，沒有比死亡之夢的信念更讓人甘心妥協的了。《奇蹟課程》這樣說：

※除了你以外，外面沒有任何人，只是同一個小我的千百萬化身而已。

如果死亡有一點真實的話，生命就不可能存在。因為死亡否定了生命。然而，生命若有一點真實的話，死亡就被否定掉了。兩者毫無妥協並存的可能。不是可怕的神明，就是慈愛的上主。這世界試過上千種方法企圖讓兩者並存，將來還會繼續如法炮製。但上主的教師絕對不會接受任何一種妥協的觀點，因為上主是不接受任何妥協的。祂從未創造死亡，因為祂不會創造恐懼。對祂而言，兩者都是同樣的無意義。

死亡的「真實性」深深紮根於「上主之子是一具身體」的信念中。如果上主真的創造了身體，死亡必然變得真實無比。而上主便不可能是慈愛之神了。真實世界與幻相世界兩種知見之間的對比，在這一點上顯示得再清楚不過了。8

葛瑞：換句話說，必須等我完全寬恕了世界，且不再把自己潛意識的內疚投射到世界時，我才會看到「真實世界」；當然，不是用肉眼去看，而是一種遼闊無邊的心胸。到那時，表示我也完全受到了寬恕；到那時，知見或時間對我來講，也自然而然告終了。9

白莎：說得很正確，老弟，看到你不只精讀這部課程，還老老實實地作寬恕功課，我們真的感到欣慰。

葛瑞：多謝。說到人們總把上主之子視為身體的這類信念，讓我想起今年科學家提出的「人類基因譜」（human genomics），把人類基因密碼完整地排列出來了，他們自詡為「生命書」，而且聲稱這一系列密碼決定了你是什麼。

白莎：沒錯，科學家們特別熱中於生命的複雜性，即所謂的「身體之美」，卻徹底漠視操縱身體的心靈。這種心態，好比只知重視那一無所能的電腦硬體，卻徹底漠視寫程式的人。小我這類陰謀在世上有時還挺炫人眼目的。

只要是有助於研究人員找出醫療妙方的事情，我們都不反對，我們已經說了，如果某種治療能夠消除病患的恐懼心態，將會有助於心靈進行身體的療癒；但也別忘了另一事實。有些人在生理上有心臟病或阿茲海默症的傾向，或是因為血管阻塞，或是由於家族遺傳，但他們並不一定會罹患這種病症。究竟要生病或是痊癒，最後都取決於自己的心靈。

葛瑞：酷！還有一件事情，這些年來一直想問你，卻老是忘了。義大利杜林教堂的屍布（Turin Shroud），真的是J兄當年的裹屍布嗎？他真的故意把自己的面容留在布上，作為復活的證據嗎？

阿頓：我們真不願澆你們的冷水，但我必須說，那塊屍布是個天才的仿冒傑作。目前所有的科學研究結果出現不少矛盾之處，有些研究顯示屍布是真的，但是連那個結論都可能有其他解釋。

你該明白，那塊屍布的製作時代正是教會史上特別重視聖人遺骨的時代，人們對那些遺骨所具有的神力堅信不移。

讓我問你，你真的認為J兄會在身後留下一些東西來炫耀自己的形體嗎？絕不可能的！人一旦復活，身體就消失了。順便告訴你，屍布上的面容和教會流傳的耶穌聖像，並不是J兄真正的模樣。葛瑞，這些有形的證據其實都是多餘的，你所需要的只是信心，J兄的身體對他而言一文不值，你也別在這些形象上大作文章了。

身體、宇宙以及娑婆世界中的一切只是心靈顯示出來的圖像，好比虛擬實境的電腦遊戲，即使它們仿冒的人生有時幾乎足以亂真，其實就像那塊屍布一樣，全都是假造的贗品，別再從那兒尋找救恩了。永遠記得往終極答案所在之處去尋找，也就是聖靈所在的那一部分心靈，你終會找到答案的。記住「我們只能說：『上主永恆如是』，然後便緘默不語」這一句話，因為此外真的別無他物。

白莎：我們就要結束這回「死亡」的討論了，隨時記住《課程》是怎樣為你描繪虛擬人生與死亡現象的：

> 活在天堂之外的生命全是幻相。最好的時候，它看起來像是生命；最糟的時候，它與死亡無異。然而，這兩種形式只會告訴你什麼「不是」生命，兩者同樣的不正確，同樣的無意義。生命不可能不在天堂內；凡不在天堂內的生命，也不可能存在於任何地方。[10]

J兄呼喚你與他同在，與他結合於生命真正所在之處：

基督的第一次來臨只是創造的別名，因基督即是上主之子。基督的第二次來臨不過宣稱「小我結束統治」以及「心靈已獲療癒」而已。在第一次來臨時，我和你都是受造；在第二次的來臨，我邀請你與我共襄盛舉。**11**

如果你已經準備好答覆他的呼喚，而且已經警覺到潛意識裡的罪咎埋藏得多深，你便會更堅定地把握每一個寬恕弟兄的機會的。

時間結束之後，你就會與他同在；先前隨著死亡哀歌而起舞的那個噩夢從此無跡可尋。**12**

17 告別娑婆

你自己造出的種種形相絲毫抵擋不了上主親自賦予你的真相。1

九年以前，當阿頓和白莎首次現身於我家時，那時的我，身心都處在交戰狀態；如今，我的心靈已漸趨寧靜，但我的國家卻陷入了交戰狀態。

二〇〇一年九月十一日。這一天，世貿大樓、五角大廈以及四部客機都陷入恐怖份子的魔掌，他們一舉命中了所有的攻擊目標，五角大廈雖然倖存，但也嚴重受創，數千個手無寸鐵的百姓慘遭橫死。舉國上下大概沒有幾個人有心情去想寬恕這一問題。

在日趨複雜的世界裡，這算是一種新型戰爭，就小我劇本而言，以前界定儼然、敵友分明的傳統戰爭似乎已經不夠看了。再沒有比這種既看不見又無法預測而且陰魂不散的敵人更可怕的，他們不僅不遵守戰爭中「盜亦有道」的協定，還瘋狂地認為是真主阿拉要他們屠殺美國人的，這類戰爭一打下去，豈有了結之日？

那個星期二早晨，我和千百萬人啞口無言地盯著電視現場轉播第二棟世貿大樓的倒塌，剪接鏡頭在我們眼前呈現出一幕幕慘不忍睹的畫面。它確實是天人分裂、天堂失陷、人類流離失所最具體的象徵了，但一般觀眾未必意識到這一點。從世間的角度去看，這是小我瘋狂的思想體系推展到極致的必然結果；無可避免地，這一世的迫害者將會在另一世的劇本中淪為受害者。

眼看著地獄一般的慘烈現場，不難想見大樓內外的人所曾歷經的恐怖，淚水忍不住奪眶而出。在那一刻，我習慣性地向J兄求助了，心中頓時浮現好幾個念頭。那些觀念我不知道讀過多少遍，只有這一回，我才深深體會到它們的意義：

> 奇蹟沒有難易之分。一個奇蹟不會比另一個奇蹟「更難」或「更大」。[2]

面對如此慘劇，我甚至會為自己竟然還能懷有與J兄同行的平安而感到不安。事情真的那麼簡單嗎？我真的只需否定「任何非出自上主之手的事情有左右我的能力」就夠了嗎？這些假相，包括死亡的形式，真的沒有輕重之分嗎？我真的能夠真心只為上主及天國而活嗎？難道這類塵世影像純是設計好要誘使我相信自己果真只是一具身體，讓我理直氣壯地批判那群人而保全我潛意識的內疚、夢中的輪迴及小我的存在嗎？聖靈的寬恕真的是唯一解脫之道嗎？它真能將我導向上主、回歸天國，而整個娑婆世界就會如此告終嗎？

我明明知道這些問題的答案都是「是的」，然而，我的心情依舊消沉了好幾天。我也明白，若非J兄以及這部《課程》，我此刻的感受大概已經跌到谷底了。我並不認為在此局勢下我們不該付諸行動；但有一點是可以確定的，小我為我們設計了一個註定「贏不了」的陷阱。

美國若不動武，這些喪心病狂的人就會像希特勒那樣，因著西方國家睜一隻眼閉一隻眼而更加肆無忌憚；但如果美國動武（看起來是免不了的），就算打了勝仗，大概也只會引發更多的恐怖攻擊和暗殺行動。沒有人能預測那些恐怖行動何時來臨，世貿大樓的兩次受襲，前後相距八年，那些恐怖份子還能耐住多久才會再次攻擊美國本土？美國報復的話，會受到攻擊，不報復的話，照樣受到攻擊；它可能發生於旦夕，也可能拖上一些時日。這種兩難的處境沒有一個現成的解答，小我的劇本不是一向如此嗎？它扣人心弦之處不正在於：「你做的話，下場堪憐；不做的話，也是下場堪憐。」

※小我的劇本不是一向如此嗎？它扣人心弦之處不正在於：「你做的話，下場堪憐；不做的話，也是下場堪憐。」

不論如何，我的責任只是寬恕，我把我們國家該怎麼回應的決定交給政客去處理，這是他們的工作，也是他們的選擇。如果他們懂得如何寬恕，他們仍然可以在決策過程中發揮真寬恕的精神。至於我，我只是捐錢、捐血、捐我的寬恕。不論以哪一種方式回應，我們是有可能不懷著報復、批判或內疚的心態的。

不論外面發生了什麼事，我一再提醒自己：美國本土受到攻擊，不過證明了這個世界真的不是上主的世界，任何具備正念的人是不會進入這一世界的（除了前來度我們的少數覺者以外）；然而，我們仍然可能在這兒作個寬恕的美夢，慢慢邁向「真實世界」。

當我想到阿頓和白莎答應我今年年底還會來訪一次，心裡踏實了一點，我很需要跟他們談談這個意外事件。說實話，難道我還猜不出他們會說什麼嗎？我此刻幾乎可以聽見白莎說：「葛瑞，奇蹟全是同一回事，不論你相不相信。如果連奇蹟學員都無法寬恕，世上還有誰能夠寬恕！」

十月末，我參加了在緬因州貝索城（Bethel）舉行的「奇蹟課程第十屆大會」，在那兒，我碰到了許多很棒的奇蹟學員與教師，Jon Mundy 是其中之一。他算是所有教師中最早入門的學員了，早在一九七五年，海倫舒曼與比爾賽佛就在肯尼斯的公寓裡向他介紹了這部《課程》。我十分喜歡貝索城的大會，我第一次發現一直困擾著我的羞怯感竟然消失了。那時我心中生起一念，如果聖靈認可的話，我倒很想四處旅行去拜會各地的奇蹟學員呢！

十二月二十一日，阿頓和白莎出現，這是我們計畫中的最後一次會晤了。

白莎：哈囉，我親愛的弟兄！還記得嗎？我們首次會晤時，我就是這樣稱呼你的。很高興看到你，我們知道美國正面臨相當大的挑戰，你還好吧？

葛瑞：相形之下，我算是不錯的了。身為股票交易員，我對世貿大樓裡的證券公司那些來不及逃生的職員的遭遇難免感同身受。我知道這是我們自己選擇的劇本，但你們說過，這一選擇不是這一世作出來的；若由這一世著眼，這種經歷對許多人和他們的家人，都是難以承受的痛苦。美國人的不安全感也愈來愈深了，至少目前是如此。

我想你一定知道，在紐約受到攻擊之後的一週，家兄特地從佛州趕來，和我一起去芬威球場（Fenway）看紅襪隊棒球賽，以行動表示我們的生活不受恐怖份子的擺佈。最讓我感動的是，到了第七局時，我們紅襪隊球迷通常都會向紐約的洋基隊大開汽水，但這回大家都站起來高唱"New York, New York"那首流行歌，表示我們對「大蘋果城」市民的支持，現場的氣氛十分感人。

白莎：它表達了一種結合心態，大部分的紐約市民聽到這個消息也很感動。我必須說，你在世貿受襲的那一天，寬恕的功課做的不錯！

葛瑞：那天，我正在編輯這本書，根本沒開電視，等我打開電視時，看了好半天都還搞不清究竟發生了什麼事，直到電視報導一棟世貿大樓已經倒塌了，我還不敢相信，那個龐然大物怎麼可能倒塌！等我親眼看到第二棟大樓倒塌時，我都快抓狂了。

阿頓：但你想起了J兄。

葛瑞：是的，這一招確實有效，只要我一記起他來，分裂便結束了（雖然我知道分裂不曾發生過）。只是面對這樣的慘劇，我若不同情受害者，反而會感到有些不對勁。

阿頓：這是自然的反應。你知道，我們絕不反對合情合理的情緒反應，只是你仍可以跟他們內在的基督自性認同。感到難過與感到內疚並沒有什麼不同；微微的不悅與大發雷霆也沒有什麼差別。這些層次的觀念都是你自己製造出來的。

憶起真相必會帶給你平安，不論外表上有待寬恕的是什麼事或何種人，只要你能憶起真相，你就已經盡到責任了。

你們的人生夢境有時候看起來很不錯，但平地一聲雷，它就突然轉成一場噩夢。不論噩夢也好，好夢也好，都是重演天人分裂的老戲碼而已，全不是真的。《奇蹟課程》這樣提醒你：

童話故事不論是快樂還是可怕的，沒有人會把它當真。只有孩童才會相信，而他們最多也只會當真一時而已。只要真相一現身，幻相就會自行隱退。即便在幻相當道之際，真相也不曾消失過。3

白莎：你只需要把握一個原則：不論外面發生什麼事，你照舊寬恕下去就對了。外在的事件都是為了慫恿你把自己看成一具身體，首先它要你以血肉之軀的身分去回應九一一慘劇，然後再以美國人的身分覺得「是可忍，孰不可忍」，認為沒有一個善良且有骨氣的美國人該承受這種侮辱，如此一來，你又掉回同一個惡性循環了……。除非你能寬恕。

有些人會認為，寬恕那種邪惡或「教人愛而非恐懼」這類觀點太不實際了。這些人不妨想一想，如果人們以前肯投入一點時間去教那些瘋狂的恐怖份子如何寬恕的話，他們今天就不會作出這類天理不容的事情了。

平常最愛問「耶穌在世的話，他會怎樣做」的基督徒，一遇到這類事件，就不再問了。因為他們知道J兄的答案不會遷就他們內心感受的。我們前面說過了，答案永遠只可能是：「他會寬恕。」毫無爭議的餘地。當年他連殺他的人都寬恕了，今天還會去報仇嗎？當然，我指的是那個毫不妥協的歷史上的J兄，而不是指那被宗教塑造成「這也好，那也好」的教主偶像。我這番話是專門講給「有耳的」基督徒聽的。至於美國受襲事件，待會兒我們會提出最好的回應之道。

隨時記住一點，你的心境及最後的成就都掌握在自己手中，因為你只有兩種選擇：批判他們或寬恕他們。前者是恐懼的表現，後者是愛的表現；一種知見能帶給你上主的平安，另一種知見則會導向戰爭。《奇蹟課程》這樣說：

> 你若不著眼於血肉之軀，就會認出靈性。兩者之間沒有中間地帶。一個若是真的，另一個必是假的，因為真的必會否定假的。你只能看到一個選擇。[4]

它又說：

> 有待學習的人生課題只有兩種。它們各自為你架構出不同的世界，而每一個世界又會對自己的源頭唯命是從。你所學的若是「上主之子有罪」的課題，結局就是你眼前的世界，一個充滿恐怖與絕望的世界。[5]

阿頓：你願把你的財寶藏在何處，在於你的選擇，你會選擇哪一條靈修道路來幫你把寶藏存於天堂裡，也在於你自己。如果你選擇這條路，效法我們最後那一世，那麼我們就會要求你認真去聽這一部自修課程裡面真正要說的話，踏實地去做，別老想改變它的原意，因為J兄這樣解釋：

對於還不了解上主天律之人，聖靈就是他的「偉大譯者」。你自己是無法勝任此職的，因為矛盾的心靈不會只聽信一種意義，它還可能為了保全形式而不惜改變原意。6

葛瑞：好吧，我不想再拖延下去了，你快告訴我怎樣才是回應九一一這類慘劇的最佳心態吧！

白莎：你不妨試著回想一下，我們談真祈禱時所提到的接受神聖指引的方式，唯有那樣，你才可能獲得靈感而找到更具創新意義的解決辦法；不論哪一類的問題，都可如法炮製。先結合於上主內，體驗到祂的愛，那麼答案自會以某種形式出現的，這是自然的結果。

※先結合於上主內，體驗到祂的愛，那麼答案自會以某種形式出現的，這是自然的結果。

世上沒有比甘地的解決方案更具啓發性了，他沒有開過一槍，就把大英帝國趕出印度。他的「非暴力原則」可是經過深思熟慮且周詳計畫的，最後終於贏得英國人民的同情，寧願跟自己的軍隊為敵，也要擁護印度獨立。

葛瑞：確實如此，但甘地的方法奏效是因為英國本身的文明素養；「非暴力原則」並不適用於那些草菅人命甚至以殺人為樂的恐怖份子身上。

白莎：你說的也有道理，這就引出了另一個要素：受靈感啓發的解決方案必會因時因地因人而有所不同，沒有一個答案能夠解決所有的問題，但真實的靈感必能具體答覆現實之所需。甘地的表現大概只有在那時代那地區才行得通，而你們如今面對的問題大不相同，需要更具創新性的解決辦法。但人們若不知道究竟是什麼引來真實靈感，也無從練習的話，他們哪有機會獲得靈感的啓發？

我們說過，身為史上最大強權的美國，比任何國家更有責任去探討創新性的解決方案。雖然你沒有選擇參政為你的職業，你仍能在這一生中將自己的經驗分享出去；總有一天，美國會出現一位知道如何透過真祈禱而結合於上主的總統，為人類找出真能利益眾生的靈感。聖靈進行的方式常是因人而異的，那麼，如何與祂配合也應成為每個人時時刻刻的課題才是。

葛瑞：我們過去曾經聊過，如果美國不受制於石油的因素，根本無需插手中東的事情，除非對那兒的百姓真正有益。這似乎是個最合理的下手處。

白莎：會有點兒幫助的，只是近期內不可能實現，以你匹夫之力也愛莫能助。但你仍能在靈感的指引下做你該做的事情；如果每個人都能如此，這虛幻的世界不可能不從中獲益的。

阿頓：你得在基督的大能及小我的軟弱之間作一選擇，世界仍在昏睡之中，如果你能及早覺醒，不可能影響不到別的心靈的。你通常看不出自己的寬恕所帶來的成就，我可以向你保證，它極其關鍵，缺了你，聖靈的計畫便難以完成，《奇蹟課程》這樣說：

> **你必須把知見的法則扭轉過來，因為它們與真理之律背道而馳。**[7]

你只需專心去作自己的寬恕功課，少管別人的功課，你就已經參與這個「反轉」大業了。我們很榮幸能與你共事，幫助更多的人了知真相。我們並非要你去領導別人，那是聖靈的工作，你只需跟隨祂，扭轉自己的知見。你一旦把握住自己的學習機會，所省下的時間是難以估計的。

你對小我概念中那個無常身體所構成的世界，早已習慣，甚至上癮了，因此，你需要多一些魄力及鍛鍊才能慢慢擺脫它的控制。我們對你有足夠的信心，你做得到的。

白莎：別再囚禁你夢裡那群機器人了，當他們演出你的劇本時，釋放他們吧！〈練習手冊〉下面這一課的觀念有助於你調整每一天的生活方向：

今天，我要讓基督的慧見為我去看一切，放下自己的評判，給每一個人愛的奇蹟。8

阿頓：千萬別忘了白莎給你的那個「寬恕思維過程」。聖靈要你在這一生活層次中開始用這方式去想，祂才能夠帶領你邁入那超越層次的境界。其實，當娑婆世界消失了，你發現自己安坐家中時，這些層次性的觀念，你連想都想不起來。

你不可能記得天堂曾經發生任何改變的。只有在世上才需要變化作為對比。對比與差異是人間必備的教學工具，使你從中學到什麼是你該避免的，什麼又是你應追求的。你一旦學會這本事，便已找到了答案，從此再也無需差異或對比來協助你學習。9

白莎：你愈深入這部書，就愈容易看出我們所說的真實不虛，下面這段話頗能代表J兄對小我（也就是世界）思想體系的看法：

罪咎要求懲罰，而它必會如願以償。但絕非在真相境界，而是在那奠基於罪且充斥著魅影的幻相世界裡。**10**

這部課程也教了你另一套與小我無法並存，只能用來取代它的一套思想體系。你已經學得很好了，你會以J兄教你的心態去寬恕世界的：

我們也由所有的天譴中得救了，我們原以為那是來自上主的懲罰，結果發現那只是一個噩夢而已。**11**

葛瑞：我相信。我早就知道J兄的教誨絕不只是我從小由教會所學來的那一套。你說的這些，聽起來相當耳熟；我想，這套愛的思想體系與兩千年前的J兄心境如出一轍，是吧？

白莎：當然。那時的他徹頭徹尾只剩下一個愛，他的寬恕完美無瑕。

葛瑞：那麼你有時嘴下不留情的教法也純粹是為了我好？

白莎：不只為你，也為其他的人。這一世代的人大多像是「尖叫俱樂部」的會員，有時你不能不誇張一下，才能引起他們的注意。至於你，老弟，你已經穩穩地踏上正途了，你在此所學的寬恕課程，與所有高靈上師過去所學的一樣完美。

天堂裡，除了完美的愛以外，你一無所知。請記住一點，當你由夢中醒來，夢境就消失了，而且消失得無影無蹤。你不會失去任何人的，因為你所認識或愛過的人全都在那兒，他們跟你原是同一個生命。那一境界真是美妙極了。

葛瑞：我懂了。最後，你們對這本書可有任何指示？

阿頓：由於你會錄下我們引用的《奇蹟》章句，我們特意作了一些安排，當全書結束時，你所錄下的奇蹟引言整整有三百六十五則，一天一則，正好湊上一年。即使只唸這些引言，也能編成一套《奇蹟課程》的進階教材，雖然有些句子是用轉述的方式，摻雜在我們的話語裡，讀者仍可以按照你書中的排列順序讀下去。我們盡量用J兄自己的話來呈現他的思想，只有幾處是重複的。讀者甚至可以把它當成一年的練習，一日一段，穩住他們在世間的腳步。不論如何，將來讀者愛以什麼方式去讀這本書，就以什麼方式去讀。

還有，很久以前你曾說過，等你寫完這本書以後，會把所有的筆記和錄音帶毀掉，你不希望有一天看到網路上在拍賣這些資料，記得嗎？此外，你只需把書寫完，並且按照我們吩咐你的話去進行。你的心不要慌亂，這些訊息是不受時空限制的。

葛瑞：酷！你知道這些錄音帶的品質有時也很差，不少地方還空白無聲，幸好我記了筆記。你說過，這本書不必以「逐字稿」的方式去寫，是吧！

白莎：是的。你可知道，兩千年前J兄曾跟達太及我說過同樣的話：「你們的心不要慌亂。」時機成熟時，救恩自會降臨每個人的心中。想想，那位眾人認定已經死去的人竟然還站在那兒苦口婆心地叮嚀我們：只需把你們的愛、寬恕以及所經歷到的一切分享出去，其餘的，聖靈自會照料。

葛瑞：哇！那個場面一定很震撼吧！真希望那時就認識那個身為聖多瑪斯的你，你一定是個很酷的人，想也知道。

白莎：我那時還沒成聖呢！那是教會後來搞出的名堂。當我身為多瑪斯時，你其實認識我的，說得更明確一點，你比任何人都了解我。

葛瑞：你這話是什麼意思？

白莎：你和我近得超乎你的想像。

葛瑞：你究竟在說什麼？

白莎：葛瑞，你就是多瑪斯。

葛瑞：你說什麼？我是多瑪斯！

白莎：兩千年前你是多瑪斯，到了下一世時，你就變成了我。

葛瑞：什麼？

白莎：老弟，劇本早已寫好了，你得演完自己的角色。你有好幾世活得很精彩，有幾世只是混日子而已。其實，所有的人幾乎都是如此。

葛瑞：你是說，你只是現身給前一世的自己？我就是你？兩千年前我是那個與達太一起追隨J兄的多瑪斯？我寫了〈多瑪斯福音〉？再來的一世，我就變成你，一個女人？那將是我最後一世，我會在那一世成道？

白莎：你的腦子總算轉過來了。葛瑞，若沒有一些靈修背景，你不可能領會得這麼快的。你不妨這樣了解，我和阿頓來此幫你，透過你再幫助更多的人，這正是聖靈的「全像式」寬恕計畫。

你和阿頓認識好幾世了，包括我們身為多瑪斯與達太那一世；其實，你在這一世也認識他的，我讓你自己慢慢揣摩他是誰。我是按照聖靈的計畫化身為未來的你，以白莎的形象示現於你，在這一世中助你一臂之力。到頭來，我幫助的其實是我自己，這與天堂之律正好不謀而合：不論你幫誰，其實都在幫自己。在此打個岔，我為了讓你認真一點，故意顯現為白莎三十二歲的形體，效果果然不差。

你心內有一部分其實徹底清楚過去、現在與未來的你，聖靈從時間的盡頭回顧世界，有時會用未來的形式來治癒某些人的過去；有時祂會利用現在的存在來治癒未來的形式。世間的人真需要學習放下傳統的直線性思考，多熟悉一下「全像式」的思考方式了。

葛瑞：你是說，我是你的前一世？

白莎：但是，我們其實是同時存在的，此刻的我們是由超越時空之境來訪的。

葛瑞：我簡直不知道該說什麼了。

阿頓：好極了，這正是最佳的學習條件，還記得這句話嗎？我知道這類觀點會把你搞得暈頭轉向，你最好努力適應一下，還有好多不可思議的事情等著你呢！你只需繼續做你的寬恕功課，再提醒一次，你得寬恕「所有的」事情，不論未來會以何種假相呈現；只有上主才是真實的。

我們很抱歉沒有早日透露此事，因為你那時還沒準備好。你以前若知道自己是那位有名的聖人再世的話，豈能不生出特殊感？如今，你已經能夠看出這不過是人生教室中的另一堂課而已。

許多人以為教會既然封我們為聖人，表示身為大宗徒的我們一定在那一世就悟道了，事實並非如此。所以我們說，沒有人能夠判斷別人的靈性成就，只有聖靈才具備了作此判斷的完整資訊。

在此之前，你尚未準備好憶起自己原是多瑪斯；如今，你總算明白了為什麼自己心中一直渴望知道兩千年前受教於J兄的感受，因為你在那兒活過，兩千年前，你曾是他的入門弟子，你現在只是一直想要憶起此事而已。

葛瑞：我懂了，就如同我想要記起前一晚的夢，卻無論如何也想不起來的那種感受。我想，那種感受大概跟我們懷念天堂卻想不起它的模樣差不多吧！我們還需要一些暖身運動。我真不敢相信是我寫了〈多瑪斯福音〉！

白莎：是你寫的。但身為多瑪斯的那一生並非你的最後一世，你後來還寫了另一本靈修書籍，這本書將來會流傳得更廣，帶領更多的人邁上正道，書名叫做《告別娑婆》（*The Disappearance of the Universe*）。今晚一別之後，你會在幾個月內完成它，你甚至可以稱它為〈多瑪斯福音續集〉。加把勁吧，懶蟲！

葛瑞：這麼深的開示，我擔心自己一時消化不了呢。不過，聽到我即使修此課程一輩子，還需要一世才能大徹大悟，心裡有一點不甘。

白莎：有些人需要練這《課程》好幾世才能悟道，有些人練一世就悟了，不論哪一種情況，都只是過程而已。你已經進步神速了，還會繼續進步。你跟大部分的人一樣，心裡仍藏著一些埋得很深的內疚，連自己都意識不到，為此，你才會至今擺脫不了恐懼；你需要更多的寬恕才能慢慢消除潛意識裡的罪咎，直到徹底覺悟為止。

這就是我們為什麼不厭其煩地強調寬恕的原因，只有寬恕才能幫你覺醒。你已經上道了，眼睛也開啓了，再用最後兩世的時間修完這部課程，總比花上好幾百世要強得多吧！我敢跟你保證，若非這部課程，你大概還需輪迴個上百次才悟得了道呢！

根據我的經驗，當你在白莎那一世學這部課程時，會感到輕鬆愉快，因為你這一世已經相當熟悉它的觀念了。

葛瑞：我下一世還會記得這一切嗎？

白莎：老弟，你很會問問題。有趣的是，你會記得夠多，也會忘得夠多，才可能在最後一世繼續你的學習。那時，你會找到許多藉口無暇去讀你這一世所寫的書，直到我先前告訴過你的那個「大學事件」所帶給你的寬恕課程。在那之前，你已經閱讀了不少其他書籍，包括了肯尼斯（Kenneth Wapnick）的經典作：直到你開始閱讀《告別娑婆》，拼圖遊戲裡的所有碎片才算兜攏了，你突然憶起了一切。你的覺力會提昇到高靈上師的境界，而且，阿頓也會出現在你的生活中，那一陣子，你們會一同記起許許多多的事情。

我之所以用「過去式」來敘述，是因為它對我們而言已經發生了。由更高層面來看，這一切全都發生了。你們兩人一起寬恕了一切，放下了所有的怨尤，活得一無所懼，因為你的價值放對了地方，而且利用每個日常機會選擇基督的力量。

順便跟你講一下，我們並沒有用那一世的真名，免得未來的讀者會四處探訪我們究竟是誰，這會把事情搞得很複雜。我確實有個南亞國家的名字，但為了我們談話的目的，我用了假名。

葛瑞：眼看著你所談到的事情慢慢兜攏起來了，真有意思。

白莎：這就是「全像式」的本質。若想徹底解脫，連這些片段你都需要與聖靈一起寬恕。你必須先認清娑婆世界的虛幻本質，你才可能真有解脫的願望。

不要迷失在你的成就中，也不必期待別人的認同，更無需等到世上所有的人都覺醒之後，才聞得到實相的芬芳。

你非常幸運，在上千次的輪迴中親近過J兄及「偉大的太陽」這些善知識，但你若因此而自命不凡，不妨記住：世上每一個人至少都有一世有幸結交到一位住世的覺者。有些覺者名聞遐邇，但大部分都是無名之輩。我們說過，悟境高超的人通常不會追求領導地位的，然而他們會很自然地吸引一群朋友或追隨者，為那些人的學習過程打下重要的基礎。我也告訴過你，J兄在世時，遠沒有施洗者約翰有名；J兄要等到被釘十字架而又復活之後才開始有名的。在他成名以前，我們這群忠實的朋友及門徒一直跟在他的身邊。

你們這一代會有更多有福之人，讓聖靈治癒潛意識裡的內疚，有些人已經覺醒了，有些將在這一世醒悟。正因很多人已經開始研讀並操練這部《課程》，這幾十年間覺醒的人數會激增。你大概希望我說這是因為世界比較進化或覺醒的緣故，抱歉，事實並非如此。幸好，救恩絕不是靠著最近流行的說法「決定性的多數」（a critical mass）而完成的，人們若老寄望著其他的高人或追逐善知識的話，是永遠不可能悟道的；高人最多也只能為他們指出一個正確的方向。

※救恩絕不是靠著最近流行的說法「決定性的多數」（a critical mass）而完成的，人們若老寄望著其他的高人或追逐善知識的話，是永遠不可能悟道的。

而這群覺者或即將覺悟之人，大部分都不會名留青史，也沒人在意此事；夢裡的事有什麼好在意的。他們若真的看透人生夢境，有誰會在意別人知不知道他們？他們的生平事蹟又有何意義？縱然沒有意義，仍有不少人會因著他們所分享的經驗而獲得極大啓發的。

阿頓：你知道自己這輩子註定要學什麼了，沒有比研讀〈正文〉及〈學員練習手冊〉更重要的事，即使你已經練過一遍〈練習手冊〉了。記得護守你的心念，隨時在身體與真實的靈性之間作一選擇，藉此而寬恕世界，唯有寬恕才能化解得了你的小我。《課程》中有這麼一段生動的描述：

> 救恩即是化解。你若決心著眼於身體，就會看見一個分裂的世界、互不相干的萬物，以及諸多不可理喻的事件。這個生命出現於你眼前，轉眼便在死亡中消逝了；那個生命又難逃失落與受苦的命運。沒有一個人能在前一分鐘和後一分鐘保持不變。有誰會對這種瞬息萬變的人生產生信心？遲早會化為塵土之人又有什麼價值可言？只有救恩能化解這一命運。只要決

心放下罪咎，他的雙眼便會在救恩中獲釋而看到永恆之境冉冉上升；因他已決心放下罪咎，不再著眼於它的苦果。12

白莎：J兄說得不能再清楚了，你的救恩對他何等重要。當小我逐漸化解之際，你會愈來愈接近一切之始，也就是你作出那錯誤的基本選擇的那一刻（日後一切錯誤均由此而生）。在此，你能夠重新作出最後的選擇，將你領回天堂，與上主永恆一體。J兄一路上都會伴隨著你，他在〈練習手冊〉中對你這樣說：

我從未忘記過任何一人。現在就讓我領你回到旅程的起點，和我一起重新再作一次選擇吧！13

沒有比這一句話更合適作為我們引用的三百六十五則奇蹟章句的總結了。J兄，我們愛你，也更感謝你賜予我們的永恆光明與確切的指引，我們尊你為師，直到世界窮盡之日。

葛瑞，我們也一樣愛你，我們還有最後一個訊息請你轉達，但你會聽到我們的聲音融為一個聲音，因為它們其實就是聖靈之音。我們消失之後，祂會一直與你同在的。

※當小我逐漸化解之際，你會愈來愈接近一切之始，也就是你作出那錯誤的基本選擇的那一刻（日後一切錯誤均由此而生）。在此，你能夠重新作出最後的選擇。

葛瑞：將來還有機會看到你們嗎？

阿頓：這要看你與聖靈的決定了，老弟，你不妨問問祂，所有的事情都該如此。

葛瑞：拜託慢點走嘛！

阿頓：沒事的，你會明白，一切都沒事的。

（說完這話，阿頓和白莎的身體開始融為一團莊嚴美麗純淨無瑕的白光，漸漸瀰漫整個房間，最後我所能看到及感受到的，只有那籠罩在我身邊的溫暖而美麗的光輝。然後，我從那聲音中聽到下面的訊息。話一說完，那一團光輝，燦爛地閃動瞬間就消逝了，留下我獨坐房中，沉思這段不可思議的經歷，還有我日後這一路上所需要的援助）

阿頓與白莎合一之聲：

我的弟兄姊妹，我如此愛著你們，你們其實就是「我」，只是目前還無法徹底覺知這一真相而已。請你們為彼此所給予的寬恕機會，尤其是寬恕自己的機會而感恩吧！從此，以愛取代你們的怨尤，讓你們的心靈接受上主的平安，你們遲早會悟出那存於自己內的真理實相的。

你們也許還記得我們開始對談時，阿頓把J兄形容為帶領孩子回歸天鄉的光明，確實，所有的孩子最後都會找到回家之路的。當他們一旦看清了彼此原是一體，而且純潔無罪的，基督自性裡好似分裂且迷失的那一部分便不復存在了，上主會親自將它迎回永生的天國。於是，虛妄的娑婆世界便消失了，回歸它從未真正存在的虛無；虛幻的心識也被釋放到靈性內，進入它當初受造的愛裡。

如今，基督的喜悅已經滿盈了，推恩至無窮盡，那些幼稚的夢魘也不復記憶，再也沒有疆界或限制，只有完整與圓滿；再也沒有過去或未來，只有安寧和喜悅。因為基督無所不在，因為上主無所不在，永世無窮；祂們之內亦無分別，一切終歸於一，因為「上主永恆如是」。

本書引文與《奇蹟課程》章句代碼對照索引

前　言

本書的註解均是直接或間接引自《奇蹟課程》的章句。《奇蹟課程》共分三部，〈正文〉、〈練習手冊〉與〈教師指南〉。本書還引用了《奇蹟課程》前面的〈序言〉、附於〈教師指南〉之後的〈詞彙解析〉，以及海倫・舒曼生前筆錄的〈心理治療〉與〈頌禱〉兩篇文章（以上均完整收錄於《奇蹟課程》中文版新譯本）。

本索引的章句代號如下：

T → 正文

W → 學員練習手冊

M → 教師指南

C → 詞彙解析

PR → 序言

intro → 導言

P → 心理治療—目的、過程與行業

S → 頌禱—祈禱、寬恕與療癒

對照索引

本索引之排序為：本書引文註解、奇蹟課程章句代碼

1 阿頓與白莎的出現

1.M-26.2:1~6 2.M-25.2:2

2 地下份子J

1.T-6.V.三.2:8 2.W-92.2:1~2 3.T-19.Ⅳ.17:4~7
4.T-8.Ⅶ.12:3~4 5.C-1.4:1 6.T-5.Ⅶ.2:6 7.W-169.5:4
8.T-13.I.1:2 9.W-139.10:2 10.T-31.Ⅶ.7:7

3 奇蹟

1.W-PⅡ.13.5:1 2.M-intro.2:1 3.T-23.Ⅱ.1:6~2:3
4.T-1.Ⅶ.4:1 5.W-intro.1:3 6.PR 7.M-3.1:6 8.C-6.1:4~5
9.M-4.Ⅰ.3:3 10.T-1.Ⅵ.2:1 11.T-1.Ⅱ.3:10~12
12.W-15.3:1~5 13.T-1.Ⅵ.2:1 14.T-15.Ⅹ.4:2
15.T-1.Ⅰ.48:1 16.T-1.Ⅱ.6:7 17.C-4.1:1~4 18.T-1.V.5:1~3
19.W-intro.1:1 20.W-intro.8:3~6 21.T-24.intro.2:1
22.T-intro.1:1~2:4 23.T-5.V.6:5~8 24.T-16.Ⅳ.3:1~3
25.T-11.V.1:1 26.T-6.Ⅱ.2,3 27.T-8.I.1:1~3
28.W-161.2:1 29.C-6.4:5~6 30.T-5.V.5:1
31.T-3.Ⅱ.2:1~5 32.PR 33.T-29.Ⅸ.8:1~3
34.W-intro.9:1~3 35.W-PII.12.1,2 36.T-2.Ⅱ.1:11~12 37.C-3.1:3~4
38.T-6.Ⅰ.11 39.C-6.2:2~3
40.T-21.Ⅶ.7:8 41.T-21.intro.1:7 42.T-29.Ⅶ.1:9
43.T-11.Ⅵ.2:1~3 44.M-4.Ⅱ.2:5~6 45.T-1.Ⅰ.50
46.C-intro.2:1~3 47.PR 48.T-19.Ⅱ.6:1~8

4 人類存在的秘密

1.T-23.Ⅱ.19:1~2　2.W-intro.3:1　3.W-intro.1:1　4.M-12.3:3~4
5.T-31.V.17:6~9　6.T-13.Ⅶ.17:6~7　7.T-27.Ⅷ.6:1~2
8.T-5.Ⅱ.2:1~2;3:8　9.T-13.intro.3:1~2　10.T-1.Ⅰ.24:3
11.T-10.Ⅰ.2:1　12.T-3.Ⅳ.2:1~2　13.T-3.Ⅳ.1:5~6
14.T-3.Ⅳ.5:1　15.T-15.V.2:2　16.T-4.Ⅵ.1:6　17.T-5.Ⅰ.5:2
18.T-6.Ⅱ.10:5~7　19.T-4.Ⅲ.3:3~5　20.T-18.Ⅰ.5:2~6
21.W-31　22.T-8.Ⅰ.2:2~4　23.T-4.Ⅲ.3:6~8
24.T-intro.1:7　25.T-8.Ⅶ.16:5　26.T-intro.1:8　27.T-19.Ⅳ.四
28.T-5.V.3　29.T-11.V.1:1~4　30.T-10.Ⅱ.1:2~3
31.T-8.V.1:1~4　32.T-30.Ⅶ.2:1~5　33.W-169.9:3
34.T-9.Ⅷ.7:2　35.C-intro.1:1~3　36.T-29.Ⅷ.6
37.T-9.Ⅶ.8:4~5　38.T-8.Ⅳ.6:3~4

5 小我的計謀

1.T-8.Ⅰ.3:1~2　2.T-17.Ⅲ.1:5　3.T-12.Ⅰ.1:7~8
4.T-31.Ⅲ.5　5.T-1.Ⅰ.5　6.W-68.1:1~4:3
7.T-31.Ⅷ.9:1~2　8.T-29.Ⅶ.1:9　9.T-31.Ⅷ.1:1~2
10.W-72.9:2~5　11.T-20.Ⅵ.11:1~3　12.T-19.Ⅳ.二
13.T-19.Ⅳ.一.(1)標題；T-19.Ⅳ.二.(1)標題
14.T-19.Ⅳ.二.(1)12　15.T-1.Ⅱ.6:1　16.T-18.Ⅱ.5:5~14
17.T-12.Ⅳ.1:4　18.T-11.V.1:1　19.T-12.Ⅰ.9:5
20.W-161.8:1~9:1　21.T-21.Ⅳ.2:3　22.T-21.Ⅳ.2:8~3:3
23.T-3.Ⅶ.6:11　24.T-30.Ⅵ.1:1~3　25.T-27.Ⅷ.10
26.T-13.Ⅰ.10:1~3　27.T-13.Ⅰ.11:2~3　28.W-46.1:1~2:1
29.T-13.Ⅰ.11:4　30.T-20.Ⅵ.11:1~2　31.T-18.Ⅱ.3:5
32.T-8.Ⅲ.4:2　33.PR　34.T-2.V.11:3
35.T-1.Ⅱ.6:9~10　36.T-16.Ⅵ.8:8　37.W-79.6

6 聖靈的另一途徑

7 寬恕法則

8 悟道

1.W-188.1:4 2.W-PⅡ.1.1:1~4 3.T-18.Ⅵ.3:1
4.T-4.Ⅵ.1:7 5.T-12.Ⅲ.5:1~2 6.W-PⅡ.2.3:4
7.T-6.Ⅰ.7:1 8.T-5.Ⅵ.12:1 9.T-1.Ⅱ.1,2 10.W-169.5:4~7
11.W-PⅡ.8 12.C-intro.2:5~6 13.T-8.V.4:1~2
14.T-30.Ⅳ.7:2~3 15.T-27.Ⅶ.13:4 16.T-31.Ⅶ.15:5
17.M-28.1:1~2 18.M-28.2:1~2 19.M-28.2:6
20.M-28.3:1~7 21.W-PⅡ.9.4 22.W-PⅡ.10.5
23.T-11.Ⅷ.15:4~5 24.T-18.Ⅵ.1:5~6 25.T-11.Ⅰ.2:3
26.T-11.Ⅰ.5:10 27.T-11.Ⅰ.6:1~2 28.M-27.6:10~11
29.W-169.5:1~3

9 瀕「活」經驗

1.S-3.四.10:3 2.W-184.9:1~4 3.W-184.10
4.T-5.Ⅳ.2:9~10 5. W-70 6.W-158.1:1~3
7.W-155.1:1~3 8.W-155.5:3~4 9.W-166.9:2
10.T-15.Ⅸ.1:1 11.T-1.Ⅱ.1:5 12.T-1.Ⅱ.5:4~5
13.T-1.Ⅱ.3:1 14.T-1.Ⅱ.2:7 15.T-4.Ⅲ.3:6~7
16.T-1.Ⅶ.5:9~11 17.T-1.Ⅱ.1:1 18.M-25.2:1 19.M-25.2:5
20.M-25.2:7 21.M-25.3:7 22.M-25.4:1
23.M-25.1:4~6
24.T-6.Ⅰ.16:1 25.T-15.Ⅹ.4:1~2 26.W-182.1:1~2
27.W-168.4:1~2 28.T-15.XI.10:11 29.W-PⅡ.14.5:4~5

10 治療疾病

1.M-5.Ⅱ.2:1~2 2.T-13.Ⅶ.17:7 3.T-31.Ⅷ.6:5
4.P-2.七.3:1~2 5.M-17.8:4 6.M-5.Ⅱ.3:1~4
7.M-5.Ⅱ.2:5~9 8.M-5.Ⅱ.3:8~11 9.T-31.Ⅷ.6:2
10.T-31.Ⅷ.6:4 11.T-31.Ⅷ.5:6~7 12.M-5.Ⅲ.2:1~2

13.M-5.Ⅲ.2:11~12　14.M-16.9:5　15.W-140　16.W-140.4:4~6
17.T-5.V.5:2~3　18.T-5.V.5:6~8　19.T-10.Ⅲ.2:5~6　20.M-6.3:1~2

11 時間概說

1.T-26.V.3:3~6　2.T-31.Ⅷ.5:2~4　3.T-1.Ⅵ.3:5~6　4.W-167.9:1~2
5.W-167.9:3~4　6.T-26.V.13:1~14:1
7.T-22.Ⅱ.10:1~2　8.T-22.Ⅱ.8:7~8　9.T-22.Ⅱ.8:1~2
10.W-158.2:8~4:5　11.W-169.6:3　12.W-169.6:6~7
13.W-169.7:1~2　14.W-169.8:1~9:2　15.W-169.11
16.W-169.12:1　17.T-31.Ⅷ.1:5　18.T-9.Ⅶ.1:4~7　19.T-2.Ⅵ.4:6
20.T-26.Ⅲ　21.T-26.Ⅲ.3:1~2
22.T-5.Ⅲ.11:2~5　23.T-9.Ⅵ.6:4~7:1　24.T-10.intro.1:2
25.T-9.V.6:3　26.T-29.Ⅸ.8:7

12 電視新聞

1.S-2.一.5:7~8　2.M-9.1:7~9　3.M-16.4　4.M-10.2:7~9
5.T-4.V.6:6~10　6.M-13.4:2~6　7.T-13.XI.7:1~3

13 真祈禱與富裕

1.T-12.Ⅲ.1:1~3　2.S-1.一.4:1~4　3.S-1.一.2:7~9
4.S-1.一.3:1~3　5.S-1.一.4:7~8　6.S-1.一.3:4~6

14 比「性」更美妙

1.T-1.Ⅱ.1:1~3　2.T-31.Ⅷ.6:5　3.T-1.Ⅶ.3:6~9
4.T-29.Ⅷ.2　5.W-133.2:3　6.W-132.12
7.W-132.13:4~6　8.T-17.Ⅱ.7

15 展望未來

1.W-48.3:1　2.T-31.Ⅶ.15:5　3.T-29.Ⅷ.8:7~9:2
4.T-31.Ⅵ.3:1~4　5.T-29.Ⅶ.1:1~3　6.W-154.6
7.M-29.3:3　8.M-29.3:10~11　9.T-30.Ⅶ.1:1　10.M-29.8:5

16 關於復活

1.W-163.2:1　2.M.27.6:1　3.P-2.四.1:7　4.T-21.Ⅰ.10:4~5
5.T-19.Ⅳ.三　6.M-24.5:7　7.T-4.Ⅳ.11:5~9
8.M-27.4:2~5:4　9.W-PⅡ.8　10.T-23.Ⅱ.19:3~6
11.T-4.Ⅳ.10:1~3　12.C-6.5:6

17 告別娑婆

1.T-31.Ⅷ.4:1　2.T-1.Ⅰ.1:1~2　3.T-9.Ⅳ.11:6~9
4.T-31.Ⅵ.1:1~4　5.T-31.Ⅰ.7:1~5　6.T-7.Ⅱ.4:5~6
7.T-26.Ⅶ.5:2　8.W-PⅡ.349　9.T-13.XI.6:1~4
10.T-26.Ⅶ.3:1~2　11.W-最後的幾課.intro.5:3　12.T-31.Ⅵ.2
13.W-複習五.intro.7:4~5

一窺《奇蹟課程》的究竟堂奧（究竟義）。此書可說是肯恩留給奇蹟資深學員最珍貴的禮物。**（全書413頁）**

《奇蹟課程誕生》

《奇蹟課程》的來歷究竟有何玄虛？為什麼它選擇經由海倫．舒曼博士來到人間？它的記錄方式及成書過程，與它傳給人類的訊息有何內在關係？有幸親炙此書的我們，又該如何延續奇蹟精神的傳承？

不論你只是好奇《奇蹟課程》的精采傳奇，還是有心以「史」為鑒，窮究奇蹟的傳承精神，本書都提供了最可靠的第一手資料。作者因與茱麗、海倫與比爾等人交往密切，故受這些開山元老之託，冷靜而客觀地梳理《奇蹟課程》的記錄及成書經過，佐以三位奇蹟元老的親筆自白，融鑄成一部信實可徵的《奇蹟課程》誕生史，帶領讀者重新走過五十年前那段精采神奇的心靈歷程。**（全書195頁）**

《飛越死亡的夢境》

本書榮獲美國出版界著名的「活在當下書籍獎」（Living Now Book Awards），全書以嶄新的視角詮釋曠世靈修經典《奇蹟課程》的教誨，為讀者剴切指出「起死回生」的著力點。

作者特別選取在人間每個角落不時作祟的「死亡陰影」入手，揭露小我抵制永恆生命的伎倆。作者以親身的經歷為奇蹟作證，並且提供了極其實用的反省練習，解除我們潛意識中對死亡的恐懼，為百害不侵的生命本質開啟了一扇門，真愛與喜悅得以流過人間，讓奇蹟成為日常生活裡「最自然的事」。**（全書524頁）**

《告別娑婆》

宇宙從哪兒來的？目的何在？我究竟是什麼？為什麼會在這裡？我要往哪裡去？我該怎麼活在這個世界裡？當你讀完本書，會有一種「千年暗室，一燈即亮」的領悟。

全書以睿智而風趣的對話談當今世局、原子彈爆炸，一直說到真愛、疾病、電視新聞、性問題與股價指數等等，讓我們對複雜詭異的人生百態，頓時生出「原來如此」的會心一笑。它說的雖全是真理，讀起來卻像讀小說一樣精彩有趣，難怪一問世便成了西方出版界的新寵。**（全書 527 頁）**

《一念之轉》

作者拜倫．凱蒂曾受十餘年的憂鬱症所苦，一天早上，她突然覺悟了痛苦是如何形成又如何結束的。由此經驗中，她發明了四句問話的「轉念作業」(The Work)，引導你由作繭自縛中徹底脫身，是一本足以扭轉你人生的好書。**（全書 448 頁，附贈轉念作業個案 VCD）**

《斷輪迴》阿頓與白莎回來了！

繼《告別娑婆》走紅之後，葛瑞的生活形態發生重大的轉變，也面臨了更多的挑戰。葛瑞仍是口無遮攔地談八卦、論是非、臧否名流，阿頓和白莎兩位上師在笑談棒喝中，繼續指點葛瑞如何在現實挑戰下發揮真寬恕的化解 (undo) 功能，徹底瓦解我執，切斷輪迴之根。**（全書304頁）**

《人生畢業禮》

本書是保羅與Raj在1991年的對話記錄。對話日期雖有先後，內涵卻處處玄機，不論由哪一篇起讀，都會將你導入人類意識覺醒的洪流。

Raj借用保羅的處境，提醒所有在人間孤軍奮鬥的人，唯有放下自己打造的防衛措施，才可能在自己的心靈內找到那位愛的導師。也唯有從這個核心出發，我們才會與所有弟兄相通，悟出我們其實是一個生命。**（全書 288 頁）**

《療癒之鄉》

《療癒之鄉》中文版由美國「獅子心基金會」委託台灣「奇蹟資訊中心」出版。

作者羅賓．葛薩姜把《奇蹟課程》深奧又慈悲的教誨化為一套具體的情緒啟蒙和心靈復健課程，協助犯罪和毒癮的獄友破除心理障礙，學習處理人與人之間的衝突，調整情緒，建立自信，切斷「憤怒→攻擊→憤怒」的惡性循環。《療癒之鄉》陪伴無數受刑人度過獄中歲月。

《療癒之鄉》也是為所有困在自己心牢裡的讀者而寫的。世間幾乎沒有一人不曾經歷童年的創傷、外境的壓迫，以及為了生存而形成種種不健康的自衛模式。獄友的心路歷程給予我們極大的啟發，鼓舞我們步上心靈療癒之路。**（全書 440 頁）**

《我要活下去》

這本書不只是一本鼓舞信心的療癒指南，還是一個女人把自己從鬼門關前拉回來的真實故事。

作者朱蒂．艾倫博士（Judy Edwards Allen, Ph.D.）原本是成功的專業顧問、大學教授、大學教科書作者，四十歲那年獲知罹患乳癌的「噩耗」，反而成為她生命的轉捩點，以清晰、熱情的文筆，記錄了她奮力將原始的求生意念成功地轉化為「康復五部曲」的歷程。讀者會看到她如何軟硬兼施地與醫生打交道，如何背水一戰克服無助感，又如何透過寬恕，喚醒內心沉睡已久的愛與生命力。最後，她終於超越自己對生死的執著，在這一場疾病與療癒的拔河大賽中，獲得了靈性的凱旋。**（全書280頁）**

《時間大幻劇》

人們對於時間，存在著種種截然不同的看法，比如：時間是良藥，可以癒合一切創傷；善惡終有報，只等時候到；時間是無情的殺手，終將剝奪我們的一切……。人類早已視時間的存在為天經地義，戰戰兢兢地活在過去的懊悔、現在的焦慮和對未來的恐懼中。我們好似活在一座無形的牢籠裡，苟延殘喘，等待大限的到來。

《奇蹟課程》的泰斗肯恩博士曾說：「不了解時間，不可能讀懂《奇蹟課程》的。」他引經據典，將散落全書有關時間的解說，梳理出一個完整的思想座標，猶如點睛之龍，又如劃破文字叢林的一道靈光，讓我們

《教師指南行旅》

（共二冊，含《詞彙解析行旅》）

〈教師指南〉是《奇蹟課程》三部書的最後一部，它以「如何才是上主之師」為主軸，提綱挈領地梳理出〈正文〉的核心觀念，全書以提問的形式鋪敘而成，為其他兩部書作了最實用的補充。

肯恩在逐句解說〈教師指南〉時，環繞著兩個主題：「個別利益」對照「共同福祉」，以及「向聖靈求助」。因為若不懂得向聖靈求助，我們根本學不會「共享福祉」這門功課。當然，全書也穿插不少副題，如「形式與內涵」、「放下判斷」等等，就像貝多芬的偉大樂章那樣，不時編入數小節旋律，讓主題曲與變奏曲銜接得更加天衣無縫。肯恩說：「我希望藉由本書讓學員看出，耶穌是如何高明地把他的基本訊息串連為一個整體，一如交響樂以主旋律與變奏曲那般交叉呈現、迴旋反覆地將我們領上心靈的旅程。」**（第一冊337頁，第二冊310頁）**

羅森濤紀念專輯

《從失心到一心》

作者歷盡千帆，融合畢生經驗智慧，為後來人指點出路。議題精深幽渺，在作者筆下卻有聲有色、有滋有味，上至東西方宗教哲學、心理學、物理學、社會學、人類學、神經生物學，下至科幻電影、電腦技術、流行歌曲、童謠玩具，細緻入微，抽絲剝繭，全面解構世人習以為常的人生現實，一舉揭破「失心」的千古內幕，進而點出回歸「一心」的出離之途，讓讀者在人生苦旅走出一條充滿奇蹟與真愛的道路。**（全書300頁）**

《從情愛到真愛》

顧名思義，本書的主題即是「轉化關係」。何謂關係？又何謂關係的目的？羅森濤博士提出了嶄新的見解：關係並不僅僅是兩個乃至於多個特殊個人之間的相互關連狀態；而「關係的目的」所在，則是人藉著與他人的相互關連狀態，來從中學會如何在創造我們的真愛（也就是上主聖愛）的反射中，讓所有的關係都能大放光明。只要懷抱這個目標，關係不僅會轉化，並且是以某些看似不可思議的方式轉化，而那些方式是無法用理性來解釋或了解的。尤其是，那些關係的轉化並非由於我們的外在行為，而是由於我們的身分（聖愛），以及我們對真相的記憶。這正是《奇蹟課程》的獨有法門。**（全書329頁）**

《從恐懼到永恆》

本書是羅森濤系列著作的第三部作品。《奇蹟課程》引領我們踏上的這段旅程，絕非外在之旅，因為身體的層次只能在舊有的物質世界打轉；相反的，它，純屬一段內心之旅。在這過程中，我們的心靈學會了轉變對自我身分和本質的錯誤認知，讓我們覺醒於自己的靈性真相。這一真相永恆不易，不論我們做了什麼，也不論我們如何緊閉雙眼，拒它於千里之外，它都永不改變。要知道，我們沒有改變真相的能力，因為它出自上主的創造。為此，這段旅程其實就是「從恐懼到永恆」的旅程。**（全書174頁）**

其他出版品

《寬恕十二招》

《寬恕十二招》的作者保羅．費里尼，有鑒於人們的想法與情緒反應模式，早已定型僵化，成了一種「癮」，不是一朝一夕可以化解得掉的。因此，他將《奇蹟課程》的寬恕理念，分解為十二步驟，一步一步地引導我們超越自卑、自責以及過去的創痛，透過自我寬恕而領受天地的大愛。這是所有準備好負起自我治癒之責的人必讀的靈修教材，也是曠世靈修經典《奇蹟課程》的輔讀書籍。**（全書 110 頁）**

《無條件的愛》

作者保羅．費里尼繼《寬恕十二招》之後，另以老莊的散文筆法，細細描述我們每一個人心中都擁有的「無條件的愛」。他由大我的心境出發，以第一人稱的對話方式，直接與讀者進行心與心的交流，喚醒我們心中沉睡已久的愛，開啟那已被遺忘的智慧。此書充滿了「醒人」的能量，是陪伴你走過人生挑戰的最好伙伴。**（全書 215 頁）**

渲染成複雜又艱深的學問。

《逃避真愛》溫柔地解除了人心無需有的恐懼，讓我們明白心牆的「不必要」，陪伴我們無咎無懼地跨越過去。**（全書156頁）**

《假如二二得五》

從古至今，多少人心懷救苦救難的大志，傾注一生之力貫徹自身理想，卻往往受現實所囿而終不能及。我們這些凡夫俗子，亦不乏拼搏自救之心，然而在現實面前，還是屢屢敗陣，活得憋屈而無奈。問題究竟出在哪裡？

對此，本書剴切提出：整個世界其實一直按照 2＋2＝4 的「鐵律」來運作，萬物循著固定的軌跡盈虧盛衰，一切可謂「命中註定」，無怪乎歷史上的種種救世之舉皆以失敗告終。然而，《奇蹟課程》識破世界的詭計，小我既然使出 2＋2＝4 的苦肉計，它便祭出 2＋2＝5 的救贖原則，破解小我編織的羅網，溫柔地引領我們走出世界的幻境。本書即是教導我們，如何在貌似 2＋2＝4 的世界活出 2＋2＝5 的生命氣象，而且更進一步，迎向天地間唯一真實的等式 1＋1＝1。**（全書171頁）**

《駱駝‧獅子‧小孩》

本書書名出自德國哲學家尼采的代表作《查拉圖斯特拉如是說》裡的「三段蛻變」——駱駝、獅子、小孩。這則寓言提綱挈領地勾勒出靈性的發展過程，尼采的幾項重要論點，包括強力意志、超人、永劫輪迴，也在肯恩博士精闢的詮釋之下，與奇蹟學員熟悉的抉擇心靈、資深上主之師、小我運作模式等觀念相映成趣。

肯恩博士為奇蹟學員引薦這位十九世紀天才的作品，企盼在大家為了化解分裂與特殊性而陷入苦戰之際，可以由這本書得到鼓舞和啟發。我們終將明白，唯有「一小步又一小步」的前進，從駱駝變成獅子，再進一步蛻變為小孩，不跳過任何一個階段，才能抵達最後的目標。**（全書177頁）**

肯恩《奇蹟課程釋義》系列

《奇蹟課程序言行旅》

如果說《奇蹟課程》是一首曠世交響曲，《序言》便奠定了整首樂曲的氣質與基調，不僅鋪敘出奇蹟交響樂的關鍵理念，還將讀者提昇到奇蹟形上思想的高度和意境，堪稱《正文行旅》最佳的暖身之作。

肯恩有如一流的樂評家，領著讀者，在宏觀處，領受樂章磅礡的主旋律，在微觀處，諦聽暗藏其中的千百種變奏，致其廣大，盡其精微，深入課程之堂奧，回歸心靈之家園。**（全書121頁）**

《正文行旅》（陸續出版中）

《奇蹟課程》在人類靈性進化史上的貢獻可謂史無前例，而《正文行旅》乃是《奇蹟課程釋義》三部曲的完結篇。肯恩由文學，詩體，音樂三重角度，依循各章節的主題，提供了「重點式」以及「全面性」的導覽，幫助學員深入奇蹟三昧，沉浸於智慧與慈悲之海。

這部行旅可說是肯恩一生教學的智慧結晶，奇蹟學員浸潤日久，必會如他所願：奇蹟，發自心靈，必將流向心靈。**（第一冊335頁，第二冊314頁，第三冊331頁）**

《學員練習手冊行旅》（陸續出版中）

整套《奇蹟課程釋義》的問世，可說是無心插柳。1998年起，肯恩應學生之請，為〈學員練習手冊〉做了一系列的講解，基金會將研習錄音增編彙整為逐句詮釋的〈練習手冊行旅〉。此案既定，〈正文行旅〉以及〈教師指南行旅〉應運而生，為奇蹟學員提供了最完整且精闢的修行指針，訂名為《奇蹟課程釋義》，幫助學員將〈正文〉理念架構所引伸出來的教誨，運用到現實生活中。這三部《行旅》，可說是所有踏上奇蹟旅程的學員最貼心的夥伴。

《學員練習手冊行旅》的宗旨，乃是幫助奇蹟學員了解三百六十五課的深意，以及它們在整部課程中的作用。更重要的是，幫助學員將每日一課運用於現實生活中，否則《奇蹟課程》那些震古鑠今之言可謂枉費唇舌，徒然淪為一套了無生命的學說。**（第一冊346頁，第二冊292頁，第三冊234頁，第四冊337頁，第五冊289頁，第六冊289頁）**

程》的抽象理念與現實生活銜接起來，幫助讀者了解《奇蹟課程》的精髓所在，是奇蹟學員不可或缺的有聲輔讀教材，由於教材內容每年不盡相同，欲知詳情，請上網查詢。
www.acimtaiwan.info 奇蹟課程中文網站
QJKC1314 微信公衆號（官方賬號）

肯恩實修系列

《奇蹟原則50》

許多讀者久仰《奇蹟課程》之盛名，興沖沖地讀完短短的導言後，就怔忡在一條一條有如天書的「奇蹟原則」之前。讀了後句忘前句，「奇蹟」的概念好似漂浮在字裡行間，始終無法在腦海中落腳，以至於閱讀了一兩頁之後便後繼無力，難以終篇，竟至棄書而逃。

「奇蹟原則」前後五十條，其實是整部課程的濃縮，若無明師指點，讀者通常都不得其門而入。於今多虧奇蹟泰斗肯尼斯旁徵博引，以深入淺出而又幽默的答問形式，將寬恕與奇蹟的精神落實於生活中，為初學者乃至資深學員提供了一個實修的指標。**（全書209頁）**

《終結對愛的抗拒》

追尋心靈成長的人，學到某個階段往往面臨一個瓶頸：儘管修習多年，一遇到某種挑戰，就不自覺地掉回原地，因而自責不已。問題到底出在哪裡？

佛洛依德在他的臨床經驗中，驚異地發現，病人的潛意識中有「拒絕療癒」的本能，肯尼斯根據《奇蹟課程》的觀點，犀利地剖析人們「拒絕療癒或轉變」的原因，又仁慈地為讀者指出穿越小我迷霧的關鍵，由停滯不前的窘境中突圍。對於追尋心靈成長和平安的人而言，本書不但有提點指授的功效，更有當頭棒喝的力道。**（全書109頁）**

《親子關係》

坊間論及親子問題的書籍可謂汗牛充棟，泰半繞在親子關係複雜且微妙的糾結情懷，唯獨肯尼斯．霍布尼克不受表象所惑，借用《奇蹟課程》的透視鏡，澈照出親子之間愛恨交織的真正關鍵。

本書表面上好似在答覆「如何教養子女」、「如何對待成年子女」以及「如何照顧年邁雙親」等具體問題，它其實是為每一個人點出我們在由「身為兒女」，到「照顧兒女」，繼而「照顧雙親」的艱苦過程，以及我們轉變知見時必然經歷的脫胎換骨之痛。**（全書238頁）**

《性．金錢．暴食症》

在紛紜萬象的世界裡，性、金錢與食物可說是人生問題的「重頭戲」，最易牽動小我的防衛機制，故也最具爭議性。作者肯恩沿用《奇蹟課程》中「形式與內涵」的層次觀念，針對性、金錢等等所引發的光怪陸離現象（形式），揭露它們背後一貫的目的（內涵）——小我企圖藉無止盡的生理需求，抹滅心靈的存在，加深孤立、匱乏、分裂等受害感，最後連吃飯、賺錢與性交都可能變成一種攻擊的武器。

肯恩與學員的趣味問答，反映出我們日常是如何受制於這些生理需求的；然而，我們也能藉聖靈之助，將現實挑戰化為人生教室，將小我怨天尤人的陰謀，轉為寬恕與結合的工具。**（全書196頁）**

《仁慈——療癒的力量》

這是一部針對奇蹟教師及資深奇蹟學員的實修指南。全書分上下兩篇，上篇列舉奇蹟學員常有的現象，例如以奇蹟之名攻擊他人，或以善意為由掩蓋自己批判的心態；下篇探討如何用仁慈的眼光來看待自己與他人的缺陷，教我們將自身的限制或缺陷轉為此生的「特殊任務」，在人間活出寬恕的見證，成為聖靈推恩的管道。**（全書251頁）**

《逃避真愛》

本書是針對道理全懂卻難以突破的資深學員而寫的，它一針見血地指出，綑綁我們修行腳步的，不是世界的黑暗，也非人間的牽絆，而是自己打造出來的一道心牆。

只因我們深怕真愛會消融了自己的特殊性，故把心靈最深的渴望隱藏到心牆之後，與之「解離」，在人間展開一場虛虛實實又自相矛盾的追尋。一邊痛恨小我的束縛，一邊又忙著為小我說項；以至於內心有一部分奮力向前，另一部分則寧可原地觀望。藉著裝傻、扭曲、辯駁，把回歸真愛的單純選擇

奇蹟資訊中心出版系列：

《奇蹟課程》
（A Course in Miracles）——新譯本

《奇蹟課程》是二十一世紀的心靈學寶典，更是近年來各種心理工作坊或勵志學派的靈感泉源。中文版已在1999年由若水譯出，並由作者海倫．舒曼博士所委託的「心靈平安基金會」出版。

新譯本乃是根據「心靈平安基金會」2007年所出版的「全集」，也是原譯者若水在「教」「學」本課程十年之後再次出發的精心譯作。全書分為三冊：第一冊：〈正文〉；第二冊：〈學員練習手冊〉；第三冊：〈教師指南〉、〈詞彙解析〉以及〈補編〉的「心理治療」與「頌禱」二文。新譯本網羅了《奇蹟課程》所有的正式文獻，使奇蹟讀者從此再無滄海遺珠之憾。**（全書三冊長達1385頁）**

《奇蹟課程》
〈學員練習手冊〉新譯本隨身卡

《奇蹟課程》第二冊〈學員練習手冊〉共三百六十五課，一日一課地，在力求具體的操練中，轉變讀者看事情的眼光，解開鬱積的心結。

若水由十餘年的奇蹟課程教學譯審經驗出發，全面重譯這部曠世經典。新譯版一本經典原文的精確度，語意更為清晰，文句更加流暢。精煉再三的新譯文，吟誦之，琅琅上口，饒富深意，猶如親聆J兄溫柔明晰的論述，每天化解一個心結，同享奇蹟。

為方便現代人在忙碌生活中操練每日一課，經三修三校的重譯版，首度以隨身卡形式發行，以頂級銅西卡精印，紙版尺寸8.5×12.6公分，另有壓克力卡片座供選購。**（全套卡片共250張）**

奇蹟課程導讀與教學系列

《奇蹟課程》雖是一部自修性的課程，只因它的理論架構博大精深，讀者常易斷章取義而錯失精髓，故奇蹟資訊中心陸續推出若水的導讀系列、米勒導讀，以及一階理論基礎及二階自我療癒DVD、其他演講錄音或錄影教材，幫助讀者逐漸深入這部自成一家之言的思想體系。

若水導讀系列

（一）《創造奇蹟的課程》**（全書272頁）**
（二）《生命的另類對話》**（全書272頁）**
（三）《從佛陀到耶穌》**（全書224頁）**

若水在這三冊中，解說《奇蹟課程》的來龍去脈與理論架構，透過問答的形式，說明崇高的寬恕理念如何落實於生活中；最後透過《奇蹟課程》的理念，闡釋佛陀和耶穌這兩位東西方信仰系統的象徵，在實相裡並無境界之別，而只有人心的「小我分裂」與「大我一體」的天壤之隔。

米勒導讀

《奇蹟半生緣》

一位慧心獨具卻不得志的記者，三十多歲便受盡「慢性疲勞症候群」的折磨，群醫束手無策，他在走投無路之下，不禁自問：「究竟是誰把我這一生搞得這麼慘？」

《奇蹟課程》讓他看到，自己竟是一切問題的始作俑者。他對這一答覆百般抗拒，直到有位心理治療師對他說：「恭喜你！你若讀得下這本書，大概就不需要心理治療了！」

《奇蹟半生緣》全書穿插作者派屈克．米勒浮沉人生苦海的經歷，但他並不因此獨尊自身的經驗和詮釋，而以記者客觀實証的精神，遍訪散居全美各地的奇蹟講師與學員，甚至傾聽圈外人的質疑。本書可說是一部美國奇蹟團體的成長紀實。**（全書319頁）**

奇蹟課程有聲教學教材

奇蹟資訊中心歷年發行《奇蹟課程》譯者若水的演講錄音或錄影光碟，將《奇蹟課

國家圖書館出版品預行編目資料

告別娑婆／葛瑞・雷納（Gary R. Renard）作；
若水譯 -- 初版 -- 臺中市：奇蹟資訊中心，奇蹟課程，民 94
535面；15×21公分
含索引
譯自：The Disappearance of the Universe : straight talk about illusions, past lives, religion, sex, politics, and the miracles of forgiveness
ISBN 986-81540-0-6（精裝）

1. 心靈學 2. 奇蹟

175.9 94015600

告別娑婆
The Disappearance of the Universe

作　　者：葛瑞・雷納（Gary R. Renard）
譯　　者：若　水
責任編輯：何品頻
校　　對：黃真真　林妍蓁
封面設計：翁國鈞
美術編輯：浩瀚電腦排版股份有限公司
出　　版：奇蹟資訊中心・奇蹟課程有限公司
桃園市光興里縣府路 76-1 號
聯絡電話：(04) 2536-4991
劃撥訂購：帳號 19362531　戶名　劉巧玲
網　　址：www.acimtaiwan.info
電子信箱：acimtaiwan@gmail.com

印　　刷：世和印製企業 (02) 2223-3866
經銷代理：聯合發行公司
電話 (02) 2917-8022 # 162
(03) 212-8000 # 335

定　價：新台幣 450 元
2005 年 9 月初版
2012 年 8 月三版十六刷
2024 年 7 月四版九刷

本版之《奇蹟課程》引文已改用新譯本

ISBN　986-81540-0-6